Découvrez l'histoire par les archives de presse

RETRONEWS

Le site de presse de la BnF

www.retronews.fr

LA Petite LUNE

Dessins de GILL

VAS-Y, LÉON!

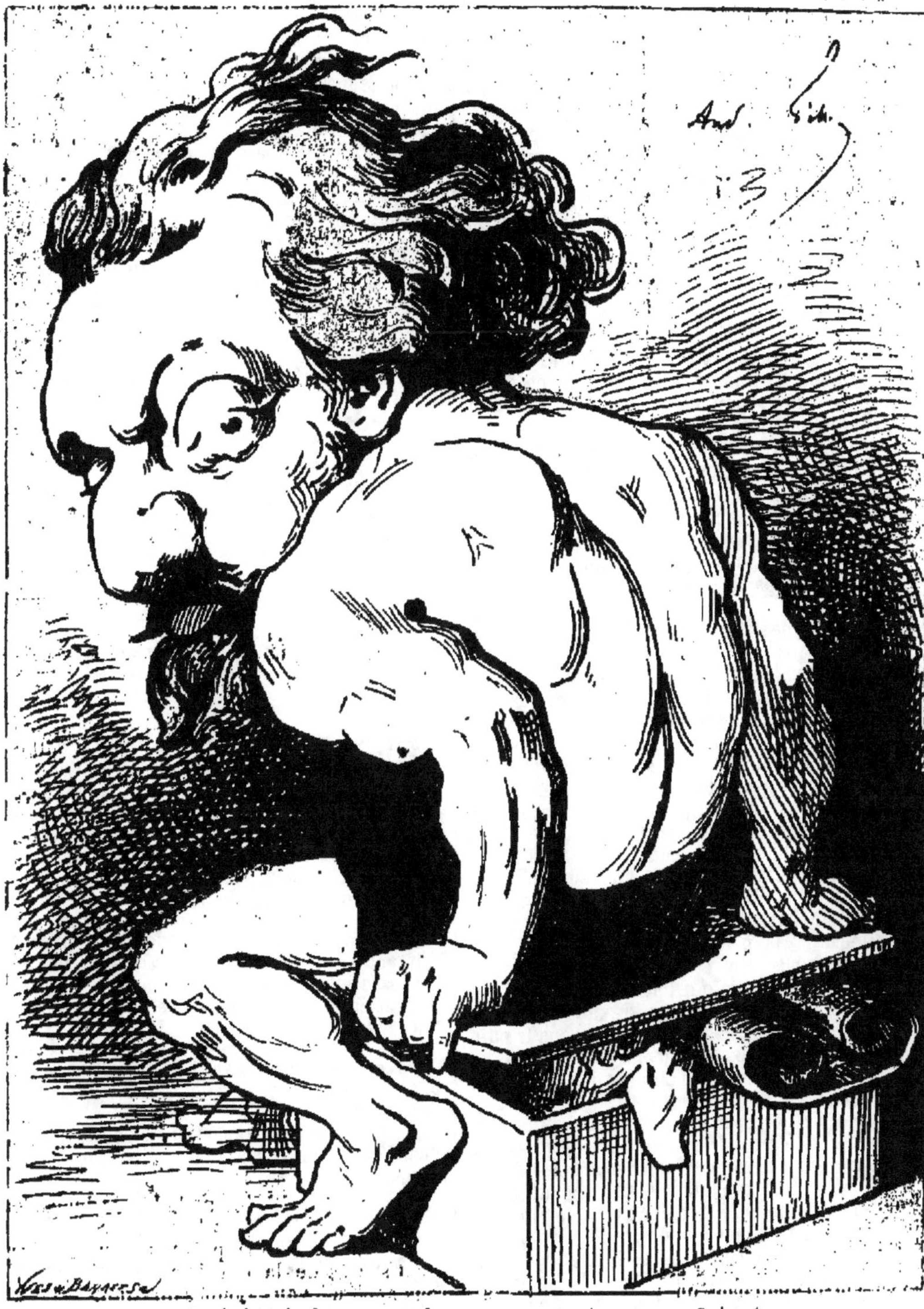

Assieds-toi dessus un bon coup, — et que ça finisse!

A Michel Populot,

Bûcheron aux ROQUES,

Par HÉRICOURT (près BELFORT).

———

Paris, 14 juin 1878.

Mon vieux frangin,

Tu veux des nouvelles de l'Exposition. Je vais t'en donner, et je souhaite que ma lettre te fasse autant de plaisir que m'en a fait la tienne.

La tienne, mon frère Michel, j'en ai encore les larmes aux yeux du coup de poing qu'elle m'a flanqué dans le côté gauche. Je te vois d'ici, fêtant l'Exposition à toi tout seul, dans ta pauvre petite turne, perchée au fin bout des Roques, comme un nid de pinson à la coupette d'un arbre. C'est là-haut que tu remontes tous les soirs, après ta journée faite, éreinté d'avoir bûché dans le bois pendant douze heures, et sans avoir personne pour te tenir compagnie, que ta vieille bouffarde en merisier. Et, ce soir-là, tu as tiré du bahut deux chandelles des six, tu as collé autour deux bouts d'un journal républicain, et tu as fait ta petite illumination pour fêter le grand jour à ta manière.

Eh bien ! c'est une chouette idée, tu sais, que tu as eue là ; et tout notre gaz de Paris, toutes nos lumières électriques, toutes nos lanternes vénitiennes qui faisaient le poil aux étoiles du ciel, tout ça n'est pas plus rupin que tes deux lampions de pauvre homme, allumés comme une paire d'yeux dans la campagne toute noire.

A Paris, des drapeaux partout ! des illuminations partout ! Paris était comme une femme qui sort tous ses falbalas et tous ses diamants. Les maisons ressemblaient aux collines de chez nous quand le soleil incendie les fleurs. Et les fusées, les pétards, les chandelles romaines au coin des rues ! Bji ! bji ! boum ! paf ! Ça vous partait dans les guiboles. Et on rigolait, je ne te dis que ça ! Pas des feux d'artifice de commande ; des feux d'artifice à la bonne franquette, chacun tirait le sien, va comme je te pousse, à doux ronds tout le paquet. Et tout le monde à l'unisson, ma vieille, tout le monde content ! Nous autres, gens aux mains calleuses, à la poitrine poilue, nous qui gâchons le plâtre, qui scions le bois et la pierre, qui taillons le cuir, qui forgeons le fer et coulons la fonte, nous que le travail féroce devrait rendre sombres, nous qui faisons le pain et qui souvent n'en mangeons pas, nous avons comme ça des heures d'oubli et des gaietés de môme !

Croirais-tu cependant qu'on a voulu nous rendre solidaires d'un coup de fusil tiré à Berlin sur l'empereur, alors que nous étions encore tout débordants d'enthousiasme et en humeur de nous réconcilier avec nos pires ennemis, à pardonner à ceux-là mêmes qui nous accusent, les Basiles et les Ratapoils ? Nous qui sommes pour qu'on supprime la peine de mort, je te demande un peu comment nous pourrions approuver le meurtre d'un homme de 82 ans qui, d'ailleurs, en tombant, pouvait nous écraser sous sa chute ? Tiens, vois-tu, ce serait à prendre sous le bras les polissons qui huaillent de telles infamies, et à leur administrer une fessée que le diable en prendrait les armes, tant les baguettes des cinq doigts taperaient dur leur peau d'âne !

La rage de leur défaite affole ces gens-là, ce serait même à croire qu'ils se piquent le nez pour se consoler. Ils se sont rués, il y a une quinzaine, sur le char de Voltaire qu'on voulait promener, à l'occasion du centième anniversaire de la mort du grand écrivain, et avec leurs casques et leurs gourdins dans les roues ont tenté de le renverser ; c'était un mêlé de duchesses du faubourg et de marchandes de poissons, bras dessus, bras dessous avec des rats de sacristie et de corps de garde ; on se serait cru à une véritable descente de la Courtille, qui donnait envie de crier à la chie-en-lit.

Bah ! crachons là-dessus, frangin Michel. Verse-toi encore une lampée de pinaud, buvons un coup jusqu'au fond du cœur à la santé de la France. Et quand tu le pourras, prends ton bâton, viens faire un tour par ici. Nous irons voir ensemble la Fête de la Paix, sur ce Champ de Mars où notre grand-père, tu te le rappelles ? nous disait avoir vu la Fête de la Nation, en 90, quand il était gosse.

JEAN POPULOT.

———

<table>
<tr><td>ON DEMANDE
ON DEMANDE
ON DEMANDE
ON DEMANDE
ON DEMANDE</td><td>Un Zigue calé et ami du peuple pour payer des tournées dans un atelier de fondeurs en caractères</td></tr>
</table>

PERSONNEL NOMBREUX ET DESSÉCHÉ

LA SEMAINE

—o—

Dimanche. — Pluie et soleil. Le diable bat sa femme et marie sa fille. Louis Veuillot assiste aux offices et enrichit son vocabulaire de quelques grossièretés à l'endroit des personnes qui préfèrent visiter l'Exposition.

Le soir, en se couchant, M. le docteur Bergeron croit remarquer des traces de sulfate de cuivre dans son vase le plus utile.

Lundi. — Une fête fleurie est donnée à Châtenay, en l'honneur de Voltaire, par la jeunesse intelligente.

L'absence deux fois motivée de M. Dupanloup est remarquée.

Mardi. — En se levant, M. le docteur Bergeron croit remarquer des traces d'arsenic dans sa chemise.

La Chambre vote 500,000 fr. pour célébrer des fêtes à l'occasion de l'Exposition de Paris.

Mercredi. — Là-dessus, le *Figaro* demande que les fêtes aient lieu à Versailles.

Parfait ! nous voilà prévenus. Au premier grand succès de la Comédie-Française, nous irons applaudir aux Bouffes du Nord.

M. le docteur Bergeron croit remarquer des traces d'acide prussique dans son pantalon.

Jeudi. — Saint Antoine de Padoue. Chacun sait que le bienheureux saint Antoine de Padoue a le privilège de faire retrouver les objets perdus, moyennant une petite oraison qu'on lui adresse.

Mlle Thérésa adresse l'oraison et retrouve un aquarium.

Vendredi. — M. le docteur Bergeron ne croit remarquer la trace d'aucun poison et s'en chagrine.

Rien autre à signaler qu'un léger attentat. Les sœurs du Rosaire apprendront avec mélancolie qu'on a tiré sur Angélina. Les médecins accourus en hâte assurent que la mère et l'enfant se porteront bien.

Samedi. — M. le docteur Bergeron déjeune de fort bon appétit, constate que, s'il n'est pas empoisonné, il aurait pu l'être, et rédige un rapport très serré, concluant à la peine de mort pour tous les prévenus en général. Puis dîne de fort bon appétit.

· BIBI.

TOUT PAR LE MERCURE
Dr VABONTRAIN
(Consultations hors de prix, même en voyage)

Le Dr Vabontrain recommande son système d'un seul mot : « Les métaux sont comme les hommes, ils se font la guerre ; et c'est l'argent qui combat le plomb. »

Rue Antoine, au *Lapin sauté*,
Chez Tapalœil, on gobelotte
La plus chouette gibelotte
Qu'on ait jamais gobelotté.

SILHOUETTES DE PROLÉTAIRES

FIFINE

Elle allait sur ses quinze ans, quand la misère entra au logis. On venait d'envoyer le père *là-bas*, pour des affaires de politique. La mère tomba malade. Avec ça, un petit frère — un gosse — qui gueulait la faim.

Mais Fifine était une vaillante. Elle se dit :
— Travaillons.

Seulement, comme dans les jours heureux on la gâtait, elle ne savait pas faire grand-chose. A la fin, pourtant, elle put entrer dans un atelier de brochure. Et elle se mit à piocher ferme, ayant trois bouches à nourrir.

Par malheur, elle était jolie comme un cœur. Une blondine, toute mince, avec des mirettes bleu-de-ciel, des quenottes de chatte et des menottes de fée.

Le patron de la boîte, — un nommé Frédéric, — une vraie rosse, — la trouva de son goût, le lui dit, lui proposa la botte, quoi !

Elle, honnête et faite pour devenir une bonne ménagère, résista tant qu'elle put. D'autant qu'il n'était pas beau et pas jeune...

Alors, lui, mit le marché à la main de la petite, la menaça de la ficher à la porte. Elle eut peur de se voir sur le pavé. Retrouverait-elle de l'ouvrage ? Pas sûr. S'il ne se fût agi que d'elle, elle aurait crevé plutôt que de céder. Mais, pour la mère et le petit frangin, elle se sacrifia.

Elle devint la maîtresse de Frédéric.

Elle l'est encore.

Elle en a eu un môme, qu'elle aurait bien voulu garder, élever. Mais l'autre n'entendait pas de cette oreille-là. — Il a envoyé le mioche en nourrice à tous les diables, a payé les mois irrégulièrement, et le mioche, mal soigné, est mort.

Ça fait que Fifine qui, autrefois, avait des gaîtés de pinson, est maintenant silencieuse, et ne rit plus guère. Son histoire, — l'histoire de bien d'autres, d'ailleurs, — prouve que, s'il n'y a plus de droit du seigneur, le droit du patron l'a rudement remplacé.

Par exemple, il y a une chose qui gêne un peu Frédéric aux entournures.

C'est que le père de Fifine n'en a eu que pour dix ans, qu'il aime sa fille comme ses petits boyaux, et que c'est un bougre qui a du poil.

Or le temps passe, et Fifine, qui compte les jours lorsqu'on lui parle de son père, envoie à son « amant » des regards étranges...

Si j'étais Frédéric, j'aurais le taf !

MARTIAL.

MADRIGAUX DES HALLES

Pas gueulard, Alphonse : non, c'est que je tousse !

L'autre matin, il s'amène aux Halles et demande à une marchande de beurre :
— Combien la livre ?
— Trente-six sous.
— Ah ! Et si je vous prends la motte ?
— Toute la motte !... Mâtin ! Faut qu' t'aies l'dos rudement creux pour y loger tout ça. Je l'dirai à Jeanne d'Arc !

THÉATRES

Peu de personnes savent que Daubray, l'iné-narrable comique des Bouffes, est doublé d'un athlète sans rival et d'un gymnaste qu'on peut dire aérien.

Nous croyons donc produire quelque sensation en prophétisant l'engagement probable du comédien sympathique à l'Hippodrome.

C'est là qu'il faudra le voir dans les vertigineux exercices qu'il n'a jusqu'à cette heure pratiqués que dans l'intimité : voltige, trapèze à double fond, pyramide humaine, etc...

On parle même d'une innovation gymnique pour laquelle il s'adjoindrait son camarade Scipion. Titre : *le Bilboquet.*

A l'Ambigu, dernières des *Abandonnés*, de Poupart. C'était pourtant chouette!

LA CLAQUE.

A L'APPROCHE DES GRANDES CHALEURS

On ne saurait trop recommander les trois mélanges suivants :

1° Le **Fédéré**, qui se fait avec de la grenadine et du kirsch;

2° Le **Cosaque**, qui se compose de rhum, de kirsch et de bitter;

Et 3° le **Tigre**, vermouth panaché de cassis.

Le tigre fera le tour du monde !

REMPLACEMENT CONJUGAL

Devant la marche incessante et de jour en jour plus accélérée du ramollissement dans les classes dirigeantes, le besoin d'une institution de secours physiques devenait impérieux.

La Maison **Barbeaux** *(de Langres)* et C° peut dès à présent fournir aux maris prématurément déboulonnés des suppléants sur mesure, garantis d'aplomb, inusables et vaccinés de fond en comble. — Prix modérés. — Clientèle essentiellement aristocratique. — Célérité, discrétion. — *Spécialités.*

VOULEZ-VOUS ÊTRE D'ATTAQUE?

Allez chez **Duracuir**, professeur de canne, boxe, savate et chausson. Il vous tapera sur la tirelire de tant de façons différentes et si fort, que vous n'aurez plus rien à craindre.

Le cachet : 20 ronds et la goutte.

CROQUIS

La scène est dans un bal de la barrière. Alphonse
Entre, coiffé de sa casquette, — qu'il enfonce
Très peu, pour ne pas nuire à ses accroche-cœurs.
Les garces, sous le feu de ses regards vainqueurs,
Tressaillent. Mais il est rejoint par sa maîtresse,
Qui le contemple avec des yeux pleins de tendresse,
Heureuse que son homme ait l'air si comme il faut.
Ils s'attablent. On leur sert un bol de vin chaud,
Et l'homme liche, et dit à sa largue : « Allons paye,
Et tu me passeras ensuite la monnaie »

HIPPOLYTE, MARCHAND DE VINS, rue des Trois-Frères, prévient Messieurs les ambassadeurs et souverains de passage à Paris, que, pendant toute la durée de l'Exposition, il n'augmentera pas son vin du broc. Toujours, comme par le passé :

Trois sous le verre.

MENU DU DIMANCHE 16 JUIN

PATÉ DE CAMPAGNE

Envoie ta femme, le matin, chez ton boulanger ; elle y choisira une miche bien gonflée, bombée comme une brioche de ménage, pas trop cuite, dorée seulement. Avec ton couteau, enlève une rondelle de croûte aussi large qu'une assiette à dessert : arrache la mie ; remplace-la par une farce de chair à saucisse hachée par toi ou sous tes yeux, rehaussée de persil, échalote, ail, épice, sel, poivre ; pare ta bombe à l'intérieur de bandes de lard empruntées aux petites côtes et d'une couche transparente de beurre frais ; bouche ton pâté avec son couvercle de croûte ; confie-le au four pendant une demi-heure. Laisse refroidir l'œuvre. Sur le coup de midi, fourre le pâté sous ton bras droit, ta bourgeoise sous ton bras gauche, gagne la place de la Bourse, et, avant de grimper sur l'omnibus qui doit te mener à la gare Montparnasse, d'où tu gagneras Chaville, jette la mie de ton pain dans la boutique de Jullien, qui en fera des quenelles pour les riches.

AVALE-TOUT-CRU.

PETITE CORRESPONDANCE

UN TYPE TRÈS BATH, vingt-cinq ans, du biceps et du poil au cœur, demande à entrer en relations avec une dame. Ecrire aux initiales M. A. C.

DE MUN. Ce soir ôte cuirasse. M'a fait mal la dernière fois.

AVALPHAVONSAVE. — Lerdemoque! *Jupitiepi.*

VICOMTE ANATOLE DE Q... — Pas ce soir. Mes affaires me retiennent à la maison.   *Mélie.*

UN M. A LA REDRESSE. Pas poss. insérer. Voyez *Figaro.*   *(Administration.)*

Le gérant : P. GENAY.

Imprimerie du journal la *Petite Lune*, P. GENAY, rue Coq-Héron, 5

Nº 2

25 C^{mes}

LA Petite LUNE

Bureaux : rue Coq-Héron, 5 | **Dessins de GILL** | Abonnem^{ts} : Paris, 8 fr. — Dépar^{ts}, 8 fr. 50

PAQUERETTE

On m'aime... un peu... beaucoup... passionnément... PAS DU TOUT !... Je m'en .doutais.

À Françoise Populot,

MA FEMME

Blanchisseuse à Montpernasse

OU NOUS DEMEURONS

———

Paris, 21 juin 1878.

Ma chère et tendre,

Ça va te paraître une idée de loufoque, que je t'écrive, à toi, vu que nous vivons ensemble et ne nous quittons guère plus que la chemise et la peau; mais si je t'écris au lieu de te parler, c'est parce que je tiens à être entendu de tout le monde, n'ayant que de bonnes choses à dire.

Pour être une chouette femme, tu es une chouette femme, dure au turbin, douce aux mômes ; tu ne perds ton temps ni aux potins des voisines, ni aux préchi-prêcha des ratichons; tu ne me ruines pas en affutiaux de toilette, et tu fais plutôt une reprise à ta robe pour mettre un morceau de bidoche de plus dans le rata ; bref, ce n'est pas pour des prunes qu'on t'a surnommée la perle de Montpernasse. Et cependant, Françoise, j'ai un reproche à te faire !

Tu n'es pas assez à la rigolade, vois-tu.

Entendons-nous! Je ne voudrais pas te voir comme des que nous connaissons, qui ne demandent qu'à balocher et à licher, et qui, au lieu de retenir leurs hommes, les poussent chez le troquet pour partager les tournées. Je ne voudrais pas non plus apprendre que tu cours les bastringues et que tu fais là des ailes de pigeon à rester un quart d'heure en l'air. Non, bon sang, non ! Ce n'est pas ça que je dis. Mais je serais content de toi tout à fait si, par-ci, par-là, tu te payais une bosse de bon temps, si tu ne faisais pas la mine quand je te propose un petit gueuleton en famille.

Ainsi, tiens, dimanche dernier, c'était le grand Prix de Paris ! Eh bien! tu n'as pas seulement voulu sortir pour aller voir ça.

— Qu'est-ce que ça me fait? que tu m'as dit. J'ai bien d'autres chats à fouetter que d'aller regarder courir des carcans montés par des singes, et revenir des ventrus, des drôlesses et des crevés dans leurs roulottes.

Ce que tu as dit là, Françoise, n'est pas gentil. Il ne faut pas que la pauvreté nous rende envieux, tu sais. J'avoue qu'on ferait mieux d'améliorer le sort des hommes que celui des chevaux, et je n'aime pas non plus beaucoup le défilé des fainéants qui ont le sac. Mais, tout de même, ces déballagés de monde sont rigolos à voir, et puis ça fait aller le commerce. Quant aux richards, moi je ne les envie pas, va. Ils ont l'air, la plupart du temps, de s'embêter à cinq francs l'heure, si bien qu'au lieu de leur en vouloir, moi qui suis bon zig, je les plains. Laisse-les donc s'amuser comme ils peuvent, ces pauvres riches !

D'ailleurs, qu'ils s'amusent ou non, ce n'est pas notre affaire, hein ? Le principal, c'est que nous ayons du plaisir à leurs fêtes, nous autres. Et je te promets que nos petits poireaux ne se seraient pas ennuyés si tu les avais menés là-bas. Tu les aurais vus ouvrir leurs bras, leurs doigts, leur bouche, leurs yeux, pousser des oh! et des ah! devant les jockeys bariolés et les équipages à postillons ; et quand les enfants sont en joie, cré nom! moi je trouve que c'est une belle fête.

Aussi je t'ai laissé faire ton nez hier, et je les ai menés voir la revue. Tant pis pour toi, si tu es restée seule à la maison. C'est toi qui l'as voulu, Madame du Sérieux.

Je sais bien ce que tu vas me dire : que les jours comme ça, je ramène les gosses éreintés, le ventre balonné de cerises, les yeux rouges de poussière, et que moi-même je suis un peu humecté, que j'ai un petit commencement de cocarde, et qu'en somme tu trouves de moins dans le tiroir une pièce de quarante sous, trois francs.

Bah! ma bonne Françoise, pour ce qui est de la braise, ne t'inquiète pas. Je donnerai un coup de collier la semaine prochaine, je ferai quelques heures en plus, et tout sera dit. Je ne suis pas un bambocheur, n'est-ce pas? Tu sais bien que, si je ne recule pas devant le zinc, je suis encore plus crâne devant l'établi.

Quant à l'éreintement, tu me fais rigoler. Ce n'est pas ça qui nous minera la santé, au contraire. Ces fatigues-là, c'est du repos pour nous. Nous vivons trop à l'ombre, nous autres ouvriers. Si tu veux que les lardons ne soient pas blancs comme des fromages à la crème, il faut les faire culotter par le grand air, il faut leur coller du soleil sur les joues.

Allons, la mère Populot, un peu moins de sagesse et d'économie, et un peu plus de gaîté. Toi aussi, tu as besoin de prendre un bain de rigolade. Tu l'as foutre bien gagné, ma bonne Françoise. Dimanche, c'est l'anniversaire de Hoche, du grand citoyen, du grand général. Eh bien! tu auras beau dire et beau faire, tu le fêteras avec nous, tu sortiras, tu avaleras de la poussière, et puis aussi quelques demi-setiers, et je veux que tu reviennes en te cramponnant à mon bras, l'œil allumé, le bout du nez rose, et que tu montres tes belles dents blanches, en criant avec les aminches :

Vive la joie !

Vive la République !

JEAN POPULOT.

———◆———

PIERREUSES

———

Comme jusqu'à ce jour, elles ont, pauvres chattes,
Vécu de fruits pas mûrs et de saucisses plates,
Elles trouvent que c'est canulant. — Vous savez,
On se lasse. — Elles vont, trottant sur les pavés.
— Or, quelqu'un les remarque et se met à les suivre.
L'espoir de voir finir la dèche les enivre :
Leur pas se ralentit, d'instinct, sans faire exprès....
Le monsieur est bien mis et fume des londrès,
Tandis que leurs premiers amants fumaient la pipe.
Elles tournent la tête, et, jetant sur ce type,
Par dessus leur épaule, un regard curieux,
Songent: « Oh! si c'était un miché sérieux! »

CRIC.

LA SEMAINE

—o—

Dimanche. — Apparition du premier numéro de la *Petite Lune*. La face du monde s'illumine. Du Vatican nous arrive une bénédiction que nous revendrons à Veuillot. Le Czar annonce qu'ayant ri, il va désarmer. Les Japonais se déclarent vaincus, ce qui est beaucoup. Villemessant ouvre une souscription pour le père de *Fifine*.

A Longchamps, Grand Prix de Paris, remporté par un cheval anglais, dont le propriétaire est russe; — d'où l'on peut espérer qu'au Congrès, Russes et Anglais s'entendront... pour réprimer le socialisme.

La veille, grande panique à la Reine-Blanche et dans quelques salons très *high-life :* la pêche venait d'être ouverte !

Lundi. — Première séance du Congrès littéraire, salle du Châtelet. Discours de Victor Hugo, qui n'est jamais las de triomphes, et réponse probable de Dupanloup, qui n'a jamais assez de vestes.

Mardi, 18 juin. — Anniversaire de Waterloo et de l'éloquence de Cambronne qui résuma d'un mot la fin du premier empire et l'ensemble du second.

Funérailles du roi de Hanovre. Il sut donner l'exemple d'un homme qui, quoique aveugle et musicien, ne jouait pas de la clarinette.

Mercredi. — Dupanloup flagelle ses collègues de l'Académie, qui viennent de nommer Henri Martin, et démontre qu'un fauteuil d'immortel serait allé comme un *gant* à *l'ami Taine*.

Jeudi. — Pour les cléricaux : Fête-Dieu; pour nous : fête de la Patrie, puisque c'est grande revue de notre armée, détruite par les monarchies, réorganisée par la République.

Vendredi. — Souvenez-vous, bonnes ménagères, que c'est un jour à Vénus consacré, et ne faites pas faire trop maigre à vos époux.

Samedi. — Jour de la paye. Ce samedi-ci, on n'y touche pas; la consigne est de ne prendre ni un *perroquet*, ni un *mêlé*, ni un *tigre*, ni seulement un *cintième*, — et de tout garder pour demain, fête de Hoche.

BIBI.

LES DRAMES DU PAVÉ

BU QUI S'AVANCE...

Eh bien ! oui, quoi ! il a bu, cet homme. Et puis, après ?

Toute la semaine, le père Morel pioche sans desserrer les dents. Le samedi soir, il se commence, et le dimanche il est complétement paf. Voilà. Il boit du cogne, comme les gens cossus prennent de l'opium, pour oublier, — et se souvenir. Une fois plein, il se revoit dans le passé, bon ouvrier, sobre et bûcheur, avec une brave ménagère et un amour de gosseline toute blanche et rose. Il était heureux. Mais la mort, la débauche ont tour à tour visité le père Morel. Il n'a plus ni femme, ni fille. Il est vieux, seul. C'est pourquoi tous les dimanches, il se soûle.

Aujourd'hui, les hasards de sa promenade titubante et ses rêves d'alcoolique l'ont conduit sur les grands boulevards. Il marche devant lui, sans voir. Machinalement, il descend du trottoir pour traverser ; puis, il s'arrête au milieu de la chaussée, et reste planté là comme un somnambule...

Voici qu'un tilbury arrive droit sur lui, au galop, traînant un drôle à col cassé, puis une drôlesse à chignon jaune. On revient des courses. Monsieur et mademoiselle sont éméchés. Le cocher, lui-même, a son petit plumet.

Il aperçoit bien le vieil ouvrier, immobile, et lui crie : *Gare !* mais ne peut retenir son cheval.

Le père Morel, qui n'a rien entendu, est heurté, renversé Les roues lui passent sur les jambes. « File vite ! » crie la maquillée au larbin. Le cocher enveloppe sa bête d'un coup de fouet...

Mais quelques passants, indignés, arrêtent la voiture...

Et devant les grondements de la foule, elle prend le porte-monnaie de son complice, la fille, elle descend, elle entre dans la pharmacie en face, où le blessé râle. Elle lui tend le porte-monnaie :

— Tenez, brave homme...

A cette voix, le vieux rouvre les yeux, fixe la donzelle. Leurs regards se croisent. Tous deux tressaillent.

Et la gueuse devient toute pâle. Il se soulève, le père Morel, la colère empourprant sa face, et, terrible, il s'écrie :

— Fous-moi le camp, catin ! rien de toi, je ne veux rien !

Et l'or qu'elle lui a glissé dans la main, il le lance au visage de la coquine qui s'enfuit, épouvantée...

Les assistants, surpris, demandent :

— Qu'est-ce donc ?

— C'est ma fille ! dit le vieux, d'une voix éteinte.

Puis il retombe, moribond...

De nouveau le tilbury s'élance, emportant l'élégante parricide, qui peu à peu se rassérène, et au bout de quelques minutes, jette au vent un éclat de rire argentin.

MARTIAL.

UN JEUNE HOMME A MARIER
Se recommande aux familles riches

Physique agréable. — Talents de société : Piano, Flageolet. Imite à ravir les principaux acteurs de Paris, le coq et le petit cochon qu'on tire par la queue. Largeur d'épaule, 0,90 ; longueur de nez : 0,15.

TRIBUNAUX
—

Le nommé Poivrot (Hyacinthe), accusé d'avoir déposé un numéro de la *Défense* au pied d'un mur, comparaît à la barre :

— *Le prévenu* : Mon président, j'étais bu.

Cet aveu sincère a déterminé l'indulgence du tribunal : — 15 fr. d'amende.

THÉATRES
—

Une nouvelle *scie* se répète en ce moment dans les caf.-conç. En voici le refrain, qui nous semble destiné à devenir populaire :

> Pour les vingt francs,
> Pour les vingt francs
> Qu'une femme demande,
> On ne peut qu' l'adorer ;
> Tandis qu' pour l'éventrer
> Avec l'aid' d'un curé,
> Ça n'est qu' cinq francs,
> Ça n'est qu' dix francs,
> Dix francs cinquant' d'amende !

Aux Ambassadeurs, Plessis, dit l'*Idole du peuple*, continue d'esbinder la foule en imitant quatorze mille types différents. Dommage qu'il soit perdu pour la galanterie : tous les soirs, sa légitime, la Femme-Canon, vient le chercher, le met sous son bras comme une pièce de vingt-quatre chargée, et l'emmène coucher.

Et toute la nuit, d'heure en heure, nous affirme un indiscret voisin, l'aimable gaillard jette en rêve son cri familier :

— *C'est pas fini !*

Un bon ménage, quoi !

M^r. DU POULAILLER.

Dans les **BASTRINGUES**, on ne veut plus frétiller qu'au son des morceaux épatants du maestro BIBI-TAPIN : *Petit-Salé, Trognon-de-Chou*, polkas ; *Chouette Frimousse*, valse ; et *Mince de Chabannais*, quadrille.

PETITE CORRESPONDANCE
—

96 Retourne.
Emma.

VEUILLOT. — Viens avec moi pour fêter le printemps !
Niniche.

PRINCE DE W. — Continuez.
Ricord.

UN MONSIEUR respectable, qui pourrait être agent de change, offre de donner des leçons de Bourses comparées aux jeunes personnes qui ont des capitaux disponibles.

SIR RICHARD WALLACE. — Manque dix centimes pour insérer v. annonce. Si gêné en ce moment, dites-le : vous ouvrirons l'œil.
Administration.

Le gérant : P. GENAY.

Imprimerie du journal la *Petite Lune*, P. GENAY, rue Coq-Héron, 5

LA Petite LUNE

Bureaux : rue Coq Héron, 8 | **Dessins de GILL** | Abonnem^{ts} : Paris, 3 fr. — Départs, 3 fr. 50

LA FÊTE NATIONALE DU 30 JUIN

Illuminations de la *Petite Lune*

Aux Pauvres

A MES FRANGINS EN MISÈRE

AUX BONS BOUGRES

Qui ont plus de faim que de pain

———

Paris, 30 juin 1878.

Tas de gueux,

C'est à vous que je m'adresse, à vous la canaille, et j'en suis, comme dit la chanson, et je m'en flatte.

Vous ne lisez jamais le *Figaro*, n'est-ce pas? moi non plus. Nous ne boulotons pas de ce brignolet-là. Cependant, je l'ai lu la semaine dernière, ou plutôt on me l'a fait lire, pour me montrer quelque chose qui en valait vraiment la peine. Voici ce que c'est:

Un pauvre vieux a été se coucher en travers des rails, devant une locomotive, et s'est fait couper en morceaux par le train; et quand on est venu relever ses débris sanglants, on a trouvé sur son chapeau une bande de papier où il avait inscrit en grandes lettres cet adieu à la vie: *Je me tue parce que je ne veux pas mendier.*

Eh bien! qu'est-ce que vous dites de ça, les fanandels? En voilà un de notre famille que le sort n'a vraiment pas eu à la bonne, et qui tout de même avait du poil au cœur, puisqu'il a mieux aimé tendre sa poitrine à la mort que sa main à la charité. Et qu'il a eu raison, le pauvre vieux! Notre main calleuse, tordue et gercée par le travail, n'est pas une sébile à aumônes... Quand il a vu qu'il fallait en venir là, il a crânement piqué à son chapeau sa sinistre cocarde, ce conscrit du désespoir, et il a dit à sa manière le mot des braves: *Je meurs et ne me rends pas.*

C'est tellement triste et tellement grand, ce fait divers, que le nommé Chapron, en brochant sa tartine là-dessus dans le *Figaro*, en est resté tout épaté lui-même. Du coup, il a eu le courage de dire à sa clientèle de repus: C'est vrai, il y a des gens qui meurent de faim; il faut leur faire la charité.

Mais savez-vous ce qu'il ajoute, le bon jeune homme? Il dit à ces charitables qu'on leur rendra leurs petits sous en pétrole et en coups de fusil. Il finit, pour la forme, par conseiller la charité quand même; mais avouez qu'il a une drôle de façon d'encourager à la faire.

Qu'importe, après tout! La charité, nous n'en voulons pas. Ouvrier, oui! prolétaire, va-nu-pieds, crève-la-faim, oui! Mendigo, jamais. Le pauvre vieux n'est pas seul à penser comme ça. Nous sommes du bois dont on fait les martyrs. Et voyez comme nous n'avons pas de veine: c'est nous qu'on veut faire passer pour les bourreaux!

Nom de nom! Ces gens-là nous en veulent rudement, ou bien ils sont bêtes à manger leur journal.

Nous méchants! nous, envieux même! Ils n'ont donc jamais vu le peuple, quand il est content, quand un peu de joie vient illuminer sa face noircie par les sombres besognes. Oui, nous souffrons, et nous turbinons sans relâche, et nous suons sang et eau pour nourrir nos femmes et nos mioches; et quelquefois les femmes, les mioches et nous, tout ça meurt de faim. Mais, parce qu'on se serre le ventre, ce n'est pas une raison pour s'étouffer le cœur; et M. Chapron a beau dire, le peuple est bon, bon comme le pain, quoiqu'il n'en mange pas toujours à sa faim.

Tenez, tous les godelureaux qui ne voient en nous qu'un ramassis de misérables, n'ont qu'à venir à la fête de dimanche pour reconnaître comme ils se fourrent le doigt dans l'œil. Là, nous serons joyeux; là, nous chanterons et nous rigolerons. Ce sera la fête de la République, pas vrai? Paris va sortir toutes ses lumières, toutes ses richesses, tout son rire. Le maréchal, qu'on voudrait tant mettre en colère contre nous, aura pour dais les drapeaux de la démocratie française. Eh bien! ce jour-là, adieu les fatigues et la misère, adieu les soucis du lendemain, adieu le souvenir des veilles et des jeûnes! Tout au bonheur et à la gaîté! Voilà comme nous sommes, nous, les misérables!

Et si le pauvre vieux, qui s'est fait tuer pour ne pas mendier, avait eu quelques morceaux de pain à se mettre sous la dent, il se joindrait à nous ce jour-là, non pour pousser un cri de vengeance, mais pour entonner la chanson de la paix et de la fraternité.

JEAN POPULOT.

———◆———

NOUVELLES DU PETIT

———

Petit Oreillard chéri, voulant faire souche d'Oreillards (il est vraiment gentil, ce gamin-là!), vient de proposer l'oreiller nuptial à Mamselle Tyrrha, la petite au roi de Danemark.

Malheureusement, ça n'a pas mordu.

Petit Oreillard est invité à repasser la semaine des quatre jeudis.

Pas si *danoise*, la demoiselle!

———◆———

LA SEMAINE

—o—

Cette semaine-ci, après tant de jours mauvais, c'est la semaine à jamais joyeuse. Commencée par la fête de Hoche, donnée à Versailles pour célébrer l'un des héros de la première République, la grande, elle se termine par la fête solennelle donnée à Paris pour célébrer le triomphe de la République nouvelle, — qui sera grande aussi, le peuple aidant.

Cette fête, c'est aux hôtes cosmopolites de la grande ville qu'elle est offerte...

Aussi est-ce à eux que nous nous adresserons cette fois, dans un langage connu des quatre parties du monde, le *javanais*:

Avétravangavers! navalgravé laves cavalavomnavies dave lava ravéavactavion avet davu clavéravicavalavismave, vavous avavez ravépavondavu avà l'avappavel dave lava Ravépavublaviquave. — Vavous avétaves va-

venavus vayisavitaver lave mavagnavifavi-
quave tavemplave qu'avellave ava avélave-
vavé avà l'Avindavustravie, avà lava Scavien-
cave avet avau Pravogravès. .

Avaussavi, Pavaravis vavous avoffrave
avunave favêtave quavi davégavottave laves
quavinzave avaoût d'avantavan. Vavous,
aven avy pravenavant pavart, vavous cavon-
savacravezdavéfavinavitavivavemavent navo-
trave javeunave Ravépavublaviquave...

Avet savi, avau mavilavieu daves lavam-
pavions, daves dravapaveaux, daves avillavu-
mavinavatavions, avet dave lava javoie, avet
davu tavumavultave, quavelqu'avun dave-
mavande :

— Avoù savout laves Saveizave-Mavaya-
veux ? avoù savont laves Bavadavingavouins?
avoù savont laves Ravatavichavons ?

Avunave favormavidavavablave clavamaveur
ravépavondrava :

— Avils savont davans la maverdave !
Qu'avils avy ravestavent !...

Vavivave lava Ravépavublaviquave !

BAVIBAVI.

UN CONSEIL PAR SEMAINE, Mais un Bon !

En cette saison, ne sortez pas sans un fla-
con d'acide phénique, pour cautériser sur-le-
champ les piqûres de mouches. Pas de remède
contre les piqûres de celles dont la trompe, le
dard ou les pattes ont été en contact avec
le nez de Veuillot ou les pieds de Villemessant.

FILLETTES

Rien n'est plus rigolo que les petites filles,
A Paris. Observer l urs mines, c'est divin.
A dix, douze ans ce sont déjà de fort gentilles
Drôlesses, qui vous ont du vice comme à vingt.

Elles savent montrer en riant leurs dents blanches;
De précoces désirs font tressaillir leur chair.
Elles vont dans la rue, en tortillant des hanches,
Perverses, la prunelle au vent, le nez en l'air.

Et c'est coquet, et ça vous dévisage un homme
Du haut en bas, avec un regard polisson!
Ah ! ces gamines... c'est tout de suite grand comme
La botte, et c'est déjà — fille — comme chausson.

CRIC

ÉTABLISSEMENT DE BAINS PROGRESSIFS
POUR AUVERGNATS
Du Docteur CALEÇONNIER

Cette institution véritablement philanthropique a pour
but de vaincre la répugnance des personnes qui, par
instinct naturel ou éducation, sont rebelles au lavage de
leur propre (?) corps.

La place manque ici pour insérer les attestations nombreuses témoignant de l'efficacité du traitement. Qu'il
nous suffise de dire que le Dr Caleçonnier se fait fort,
après douze bains savamment gradués, de faire entrer
l'Auvergnat le plus têtu dans l'eau pure.

NOUVELLES DE LA HAUTE

Naissances. — La comtesse de Pignon-sur-
Rue vient de mettre au monde un enfant du
sexe mâle, héritier présomptif du beau nom
et de la colossale fortune (84 millions
675,830 francs 15 centimes) des Pignon-sur-
Rue. Le jeune vicomte est légèrement hydro-
céphale; la colonne vertébrale est déviée un
tantinet, la jambe droite de deux centimètres
plus courte que l'autre, et l'œil gauche recou-
vert d'une taie, d'ailleurs presque diaphane.
Malgré ces insignifiantes défectuosités, le vicomte a déjà très grand air, et les médecins
répondent qu'il vivra, grâce à des soins minu-
tieux et au bienfaisant usage de l'iodure de
potassium. Nul doute que cet enfant n'ajoute
plus tard un nouveau lustre au blason de ses
innombrables ancêtres, et ne devienne l'un
des plus dignes représentants de l'aristocratie
française.

On peut juger de l'allégresse du comte de
Pignon-sur-Rue, à qui la Providence a pro-
curé cette paternité — tardive, — car il a
soixante-douze ans. Les domestiques mâles
de la maison, — de vigoureux gaillards au
large dos, — prennent leur part de cette joie,
et s'enquièrent chaque matin de la santé de
leur maîtresse...

—o—

Mariages. — Le baron Sapeck vient d'é-
pouser Mlle Constance Goldmisheim, fille du
célèbre banquier de ce nom. Jamais union
n'aura été mieux assortie. Le baron a quatre-
vingt-sept ans, l'estomac perdu par des remèdes mercuriels et une belle fortune, acquise
aux colonies espagnoles, dans l'intimité de
riches planteurs dégoûtés des négresses.
Mlle Goldmisheim a seize ans, des yeux bleu-
clair, des cheveux blond-cendré, et 18 millions
de dot.

Aussitôt après son mariage, le baron Sapeck, qui est à cheval sur les mœurs, a, d'accord avec sa femme, expulsé d'une maison à
lui appartenant, deux jeunes mariés qui avaient
eu l'effronterie de ne s'unir que civilement. Ces
principes austères, qui ont toujours présidé à
la vie du baron Sapeck, sont pour la nouvelle baronne une sérieuse garantie de sa fé-
licité future.

Le vidame OSKAR.

UN MIRACLE

Il va sur ses quatre-vingts ans, le père
Malou.

Ç'a été un gas, et un rude. Un nom de Dieu
de bougre qui ne canait pas.

Il a fait la campagne de France, lors de la
première invasion. Il a aidé les camarluches
à foutre par terre Charles X en 1830 et Louis-
Philippe en 48. Il a été un de ceux de Juin.
Cette fois-là, il l'a échappé belle. Mais il l'a
échappé. — Pas pour longtemps : on l'a re-
pigé en 51, et on l'a foutu à Cayenne pour
avoir défendu la République contre les brigands du Deux-Décembre.

Faut croire qu'il avait l'âme chevillée dans le corps, puisqu'il en est revenu.

Seulement, dame! tous ces sacrés bataclans-là vous culottent bougrement un homme:...

Heureusement pour le père Malou qu'il a son petit-fils, un vrai travailleur, pas feignant, et dont la ménagère, Jeanne, soigne le vieux commé sa prunelle. Puis il y a une nichée de gosses qu'adore l'aïeul, et qui l'adorent : il a de si belles histoires à conter!

Quand le père est à la forge et la mère au marché ou au lavoir, la sœur aînée, Jacqueline, fait au vieux la lecture du journal. La politique l'intéresse. Pendant le Seize-Mai, en écoutant, il devenait sombre et colère :

— Ah! les gueux! grommelait-il.

Maintenant que les choses vont mieux, que la République l'emporte, il se remet, il a l'air content.

Cependant, perclus et presque paralysé, il ne bougeait plus de son lit; et on disait de lui dans la maison :

— Le père Malou ne sortira plus que les pieds en avant, pour aller manger des pissenlits par la racine...

Et, à cet âge-là, n'est-ce pas? c'était bien vraisemblable.

Aussi, qui est-ce qui a été épaté, l'autre jour? C'est Jeanne, qui avait laissé le vieux seul avec Jacqueline, et qui l'a retrouvé debout, habillé et se balladant dans la chambre avec l'aide de la petite. Comme elle s'exclamait :

— Fille, a dit l'ancien, ça t'étonne de me voir vaillant, hors du pieu, et trottant comme un grand garçon? C'est comme ça. J'ai voulu voir. Ça m'a ragaï lardi de penser que la République triomphait de ses ennemis. Ça m'a rendu de la vigueur. J'ai essayé de me lever. Et me voilà.

— Oui, dit Jacqueline, grand-père m'a dit de lui apporter ses habits, et il s'est levé presque tout seul.

Et le vieux reprend :

— Et j'irai, avec vous autres, voir la fête qu'elle donne, la République, aux étrangers qui sont ses hôtes. Je veux voir de mes yeux la joie universelle et entendre de mes oreilles les acclamations. J'irai, quand je devrais en mourir !

Comme on avait peur tout de même, on a consulté le médecin. Il a dit que le père Malou n'en mourrait pas, que ça lui ferait même du bien, qu'on pourrait le laisser sortir, pas beaucoup, mais un peu.

— Mais c'est un miracle! a dit Jeanne.

— Oui, un miracle, a dit le vieux. Et si ça embête les calottins qu'on en fasse sans eux, tu leur diras que c'est l'eau de Lourdes qui a fait celui-là. Faut contrarier personne !

MARTIAL.

Great attraction !

Mlle Océana fait la planche au Cirque d'été, sur un fil de fer.

Tout le monde comprendra combien il est difficile, sur une couchette si frêle, de se mettre sur le dos, et il est à croire que nul ne dégottera Mlle Océana dans cet exercice qu'elle a pratiqué longtemps en Russie, devant les plus hauts personnages.

Mᵣ. DU POULAILLER.

POUR S'AMUSER

Vous êtes en société. On a bien pinté, goualé, rigolé. On ne sait plus quoi dire. Alors vous vous levez et vous proposez une devinette quelconque : charade, logogriphe, énigme, cryptographie, langage artificiel, mot carré, triangulaire, en losange, en cercle, en éventail, n'importe quoi. Et tout le monde se dit : Tiens, en v'là un qui a de l'esprit !

Seulement, on ne trouve pas toujours ces machines-là illico. C'est pourquoi nous proposerons chaque semaine quelques problèmes.

Nous commençons :

I. — *Charade homonymique.*

Mon premier est un bel oiseau ; je l'ai dans mon habit ; les anciens l'adoraient.

Mon second est une plante ; on le plaque derrière les miroirs ; quand elles l'ont frais, les fillettes en sont fières.

Et mon tout, qui est une grande ville, sert de joujou aux mômes.

II. — *Problème.*

Clémenceau, Cassagnac, Raoul Duval, le comte de Ger... et M. Alphonse se présentent en même temps pour passer une rivière. Le bateau du passeur ne peut contenir que deux personnes à la fois.

Or, impossible de laisser Clémenceau en présence de Popaul, ni Popaul avec Raoul Duval : il y aurait du raisiné de répandu.

Quant à MM. Alphonse et de Ger..., personne ne veut rester avec eux.

Alors, comment fera le batelier pour les passer tous sans grabuge ?

Voilà ! Ceux qui devineront n'ont qu'à envoyer la solution aux bureaux de la *Petite Lune*, avant mercredi.

On imprimera le nom des vainqueurs. Il y a UN LAPIN à gagner pour celui qui répondra juste dix fois de suite.

Le gérant : P. GENAY

Imprimerie du journal la *Petite Lune*, P. GENAY, rue Coq-Héron, 5

LA Petite LUNE

Bureaux : rue Coq-Héron, 3 | **Dessins de GILL** | Abonnam^ts : Paris, 3 fr. — Départ^ts, 3 fr. 50

BON CONSEIL D'ÉTÉ

Attacher, museler — et, autant que possible, empailler.

Aux Réactionnaires

AUX GRINCHEUX

Qui osent encore bouder

LA RÉPUBLIQUE

Paris, 5 juillet 1878.

Messieurs,

On me dit comme ça que vous n'avez pas fini de cuver votre mauvaise humeur du 30 juin, et que vous portez toujours le nez pyramidal que vous avez si fort allongé ce jour-là. Eh bien ! que votre bile vous remonte au gaviot, et que votre blaire se change en trompe ! Car c'est encore de la grande fête que je vais vous parler. Ces sujets-là, c'est toujours actuel ; ça ne vieillit pas ; ça vous a la jeunesse des choses immortelles.

Vrai, votre colère et votre pif, je ne les comprends pas. Il faut que vous ayez le cœur rudement à sec, et l'esprit diablement barbouillé de mauvaises intentions, pour avoir résisté à l'entraînement général, à cet enthousiasme magnifique qui, l'autre jour, mettait de la joie dans toutes les bouches, du soleil et des larmes dans tous les yeux !

Quelle grande chose, pourtant, qu'un peuple entier soulevé par une pensée unique, fort de son présent assuré, tranquille pour son avenir, oubliant les dangers et les calamités de la veille, et se fondant, comme un amoureux dans un baiser, dans une explosion de concorde et de bonheur ! Ces moments-là sont rares, aussi bien dans la vie d'une nation que dans celle d'un homme, ces moments où tout l'être vibre dans une minute de passion, et tant pis pour les gens qui n'ont pas connu cette ivresse ! Tant pis pour vous !

Moi, je peux mourir, maintenant : j'ai vu la République triomphante. L'autre jour, dans les cris et les bravos, parmi les éclats des fanfares et la pétarade des feux d'artifice, sous les guirlandes de feuillage, toutes fleuries de lanternes, sous les plis glorieux et frissonnants des drapeaux gonflés comme les voiles d'un vaisseau qui arrive au port, sous le ciel embrasé où planait le grand oiseau revenu d'exil, la *Marseillaise*, au milieu de mes concitoyens, de mes frères, j'ai senti un moment, dans ma poitrine de pauvre homme, sous ma blouse d'ouvrier, battre le cœur de la France et chanter la liberté du monde.

Un jour comme celui-là, messieurs, ça ne s'oublie jamais. Ça vous fait dans votre vie un trou de lumière. Viennent les heures mauvaises, les moments de misère et d'abandon, le foyer sans feu, la table sans pain, et pour retrouver le courage perdu, je n'aurai qu'à me rappeler la grande fête de l'espérance.

Mais ceux qui se rappelleront autant que nous, ce sont les enfants, qui ont reçu ce jour-là le baptême de la République, et qui entrent dans la vie trempés, non par l'eau d'un bénitier insipide, mais par le vin généreux de la fraternité, qui en fera des citoyens et des hommes. Oh ! comme ils ont été beaux ce jour-là, les mômes, beaux de joie délirante, beaux de promesses ! Eux, ils n'ont pas vu comme nous les malheurs de la patrie, la liberté foulée aux pieds pendant dix-huit ans, les vieux ennemis essayant d'étouffer l'indépendance naissante. Ils n'auront connu que la patrie en fleurs, la liberté en fête, le monde nouveau poussant son premier cri de bonheur et ouvrant ses bras pour embrasser l'avenir.

Non, ceux-là n'oublieront jamais le 30 juin. Les enfants se souviendront, messieurs, et les vôtres aussi, malgré vous. Et plus tard, quand vous aurez vieilli dans vos regrets inutiles, dans votre bouderie impuissante, vos fils vous regarderont avec pitié, et se joindront aux nôtres, la main dans la main, pour dire aux races nouvelles :

— Nous avons vu l'aurore de la fraternité, et nos pères ont été les derniers lambeaux de la nuit ancienne, que le soleil du 30 juin a chassée pour toujours du firmament de la République.

JEAN POPULOT.

LE CENTENAIRE DE VEUILLOT

La mode est aux centenaires. Centenaire de Voltaire, — centenaire de Rousseau, —. on n'entend parler que de centenaires.

La *Petite Lune*, qui saisit aux crins tous les dadas et toutes les occasions de se montrer plus ronflante que ses grands confrères, a voulu s'offrir un centenaire, elle aussi. Elle a cherché un nom vraiment populaire à jeter en pâture à l'enthousiasme des foules. Après de longues et patientes méditations elle a choisi le nom de l'homme providentiel qui fait notre orgueil à tous,

Louis VEUILLOT :

Le centenaire de Loulou, voilà notre fête. Désireux de donner à cette solennité tout l'éclat désirable, nous avons ouvert une souscription.

En voici le résultat :

Le comte de Ger..... Deux sous.

Personne n'ayant voulu s'inscrire derrière M. le comte, la souscription est close.

CHANSON DE MER

Quand je n'ballad' plus sur la mer,
Quand j'ai lâché brick et steamer,
  Corvette et lougre,
Feu-z'à bâbord ! feu-z'à tribord !
Chez l'mastroquet j'pitanche à mort,
  Comme un bon bougre.

Puis, quand je suis plein un' bonn' fois,
La premièr' p'tit' catin que j'vois,
  J'm'en amourache,
Et j'la fais valser ferme et dur,
Avant, arrièr', — quoiqu'ça soit sur
  L'plancher des vaches.

Donc l'amour, l'eau d'aff, ça m'connaît,
J'suis toujours prêt ! V'là comme on est
  Dans la marine...
Mais, ça ne s'ra jamais ça, je crois,
Qui fera s'rouiller ma p'tit' croix,
  Sur ma poitrine!

ROUGET DE LA PRESQU'ILE.

Mlle ANNA

Rue d'Amsterdam

❖ AU CHAT FLEURI ❖

FLEURS BLANCHES NATURELLES ET AUTRES

SOUVENIR DE LA FÊTE DU 30

Ce jour-là, s'est passée une chose rudement attendrissante... Quand j'y pense, des larmes me picotent les yeux, comme si j'épluchais des oignons!

C'est à Montrouge. Deux ouvriers, deux vieux camaros d'atelier, qui demeurent dans la même bicoque, se sont levés à l'aube crevant. L'un a dit à l'autre :

— Allons, mon vieux, voir nos gars...

L'autre a fait : oui, de la tête. Ils ont appelé leurs bourgeoises, puis sont partis bras dessus, bras dessous.

On est allé acheter des petits drapeaux et des fleurs tricolores; puis, on est entré au cimetière Montparnasse.

Là, laissant de côté les sépultures orgueilleuses des riches, on est allé visiter deux tombes, humbles entre toutes, deux petits tas de terre marqués d'un morceau de bois. Et sur l'une et sur l'autre successivement on a planté des drapeaux, posé des fleurs nationales. Et les mères pleuraient, et les pères refoulant les sanglots qui leur cassaient la poitrine mieux que de l'eau d'aff, se sont foutu une rude poignée de main...

— Maintenant, a dit l'un d'eux brusquement, ne songeons plus qu'à la République et à sa fête, à laquelle les tombes de nos fils prendront part !

Alors on est parti, encore graves, mais contents du devoir accompli.

Or, les fils de ces prolétaires, — deux gars qui auraient près de trente ans aujourd'hui,— sont tombés tous deux dans la même bataille, chacun d'un côté différent de la barricade.

L'un, soldat, exécutait les ordres reçus, se sacrifiait pour la France.

L'autre, révolté, défendait la République et se battait pour elle. Blessé seulement dans la lutte, il alla mourir chez son père, qui put ainsi lui donner une tombe.

Je dis que les deux pauvres vieux ont eu là une pensée grande et sainte...

Aujourd'hui que la France et la République ont un même drapeau, ils ont uni, réconcilié leurs morts sous ce drapeau, — le tien, Patrie !

Vous qui tenez le pouvoir, la clémence, quand ferez-vous résolûment, pleinement pour tous les fils vivants de France autant que ces vieillards pour leurs fils endormis ?

MARTIAL.

NOUVELLES DE LA HAUTE

Echos des cercles. — Le duc Emile, un de nos plus brillants *sportmen*, vient de perdre à son *cleub* quatre-vingt-cinq mille francs à l'écarté. Le lendemain, conformément aux usages aristocratiques, il a payé son heureux adversaire, un grec de distinction, en ce moment de passage à Paris, M. Athanasios Quintakoulis.

Par une piquante coïncidence, le même jour, la vieille nourrice du duc mourait de misère dans son village. Cette femme avait prêté ses petites économies au duc, avant que celui-ci eût hérité de son père.

Paysanne sans usages, elle s'était permis, dans ces derniers temps, de réclamer doucement, et inutilement d'ailleurs.

On le voit, les belles manières ne sont pas encore perdues.

—o—

Décès. — Nous avons la douleur d'enregistrer la mort de Mme la duchesse douairière de Troufignon-en-Tapinois, décédée en son splendide hôtel de la rue de Varennes, après avoir été huilée de la tête aux pieds par l'Eglise. Sa rare bienfaisance avait fait d'elle la mère des pauvres. Elle était allée jusqu'à donner une fois cinquante centimes à un cocher qui lui rapportait une rivière en diamants.

La duchesse de Troufignon avait été l'une des femmes les plus marquantes de la Restauration et du règne de Louis-Philippe. Elle avait conservé les traditions nobiliaires. Pour employer l'expression d'un de nos grands confrères, nulle ne savait comme elle *entrer en reine* dans une loge et *s'y asseoir en déesse.*

C'est un art dont les pauvres muffles ne se doutent pas. Nous allons essayer de leur en donner une faible idée.

Ce talent, qui se perd tous les jours, consiste à se faire ouvrir la porte toute grande, entrer comme un coup de vent, la tête haute, la bouche en cul-de-poule, les yeux plissés, repousser brusquement son fauteuil avec le talon droit, enfin se laisser tomber dessus en serrant les fesses. Tous ces mouvements veulent une précision que la feue duchesse avait porté au *summum.* Les personnes désireuses d'avoir plus amples renseignements sur cet exercice d'une si colossale importance pour le bonheur des peuples et le progrès de l'humanité, n'ont qu'à s'adresser au *Figaro*, journal du classe-dirigeantisme, dont tous les rédacteurs, à commencer par le patron, descendent plus ou moins des croisés — par l'escalier de service.

Le vidame Oskar.

MALADIES HONTEUSES Monarchies, virus bonapartiste, cléricalisme, ploutocratie.

TRAITEMENT RADICAL

Par le Suffrage universel et l'Instruction obligatoire.

NOUVELLES DU TRAVAIL

La vertu devient enfin possible aux filles du peuple.

Les patrons d'ateliers de femmes, dans leur générosité inépuisable, ont porté le prix de la journée à 55 c.

Les ouvrières ne sont tenues que de 6 heures du matin à 9 heures du soir.

Elles ont un quart d'heure pour déjeuner ; — ce qui est encore du luxe : car généralement elles économisent ce repas.

SPORT

Dimanche, 7 juillet, fête nationale dans le XVe arrondissement (un bon !)

Ce qu'il y aura de plus rigolo. ça sera un *steeple-chase* pour ânes et ânesses.

Gagnant de la *Petite Lune* :

Magnard.

GRANDS MAGASINS du COIN DE BOIS

MESDAMES !

Nos confrères (mon Dieu ! qu'il y a du sale monde !), ont tour à tour employé toutes les rubriques pour conquérir votre gracieuse clientèle : CESSATION DE COMMERCE. LIQUIDATION, VENTE APRÈS DÉCÈS, *la* FAILLITE *même ! Vains et ridicules efforts ! Nous seuls pouvons dire hautement et avec fierté :*

NOUS SOMMES DES VOLEURS !

Ce mot suffit pour expliquer le bon marché sans précédent de nos articles.

Zéphyr d'Asie, souple et léger	»	**05**
Charmes imitation en caoutchouc vulcanisé, la paire.	»	**10**
Peignoirs transparents, garnis d'applications. . . .	»	**50**
Chemises de nuit et de travail.	»	**25**
Nœuds de toutes les couleurs et de toutes les grosseurs, étoffes variées.		

Cet article, si à la mode, est offert g atuitement à nos visiteuses.

POUR S'AMUSER

3. — *Mot carré.*

Tout candidat à la députation rêve d'être mon *second*, et quand les électeurs lui répondent mon *troisième*, il fait mon *premier*.

Solution de la charade du n° 3 : Paon, pan d'habit, le dieu Pan ; thym, tain et teint. — Le tout est PANTIN (jouet d'enfant, et nom de *Paris* en argot).

Ont deviné : Paul Kuppenheim. — Arnoux. — Alarosyus (?). — Eugène Arthot. — Raoul Soret. — Robinet. — Auguste Jourdain. — Ernest F. — G. Vassy. — Un lunatique nantais. — Ben-Zouf. — Clavier. — Cassen. — Noiraut. — Marquis de Montgrelet. — D. Ratté. — Elime Vurled. — Hymon X. — Om. Cailly. — Ch. d'Aubremont. — Bibi, de Caen. — Trois joyeux banquiers. — E. Noël. — A. Champion — Maria Béranger. — Em. Chicot. — Paul Follin. — P. Bobèche. — Gigougnard II. — Albert Pasc... de Mios. — Gabourdès. — Emile Bultel. — Cassagne. — Maria Jardinier. — Sères. — Estoppey. — L. E. F. — Cosinus. — Luc. — Romulus. — Un club de moutons champenois. — Eugène Descaves. — Ch. Anquetin. — K. perdu la Boula. — Un lecteur. — L. Vigneron. — Jules Dyonnet. — Trois Desséchés. — Leplay. — C mbes. — V. D. — T. Léfone. — Victor Galliand. — Deux abrutis. — Chavarlaves Lardennedem. — Père Pan. — Vorimore. — V. C. — H. C. — Félix Rougnairolle. — Eug Chaubet. — Ben Mohamed-Ali. — E. Pasvaillant. — Thavéavas. — Kou-Taou. — Pasquino.

Beaucoup des solutions envoyées sont incomplètes. — Nous avons, dans notre magnanimité, inséré tous les noms pour cette fois. Mais, à l'avenir, nous n'insérerons que ceux des lecteurs qui nous enverront des solutions complètes et *détaillées*.

Nous prions aussi nos correspondants de signer lisiblement et de n'employer que des pseudonymes décents qui se puissent insérer.

Maintenant, le *problème*. Personne ne l'a résolu. C'est un peu notre faute. Nous n'avions peut-être pas assez indiqué que « le bateau ne peut contenir que deux personnes, *y compris le batelier*, — c'est-à-dire : le batelier, plus un passager. »

Eu égard à cette négligence et à la difficulté du problème, nous donnons aux pantes huit jours encore pour le deviner.

Néanmoins, une mention honorable est décernée au citoyen Siprien Craimèdemuffe qui a trouvé la solution radicale du problème. Mais c'est la solution opportuniste et transigeante qu'il nous faut.

Mention honorable aussi à Mme Maria Béranger à laquelle nous pouvons assurer que le *lapin* est réel. Il n'a pas peur. Il attend.

Le vainqueur du tournoi aura même le choix du sexe : *lapin* ou *lapine*.

PETITE CORRESPONDANCE

CLÉMENCE. — Te trouve pas assez large.
Populot.

Le gérant : P. Genay

Imprimerie du journal la *Petite Lune*, P. Genay, rue Coq-Héron, 5

N° 5 — La Petite Lune — 5 C^mes
Bureaux : rue Coq-Héron, 5 | Dessins de GILL | Abonnem^ts , Paris, 3 fr. — Départ^s, 2 fr. 50

PETITE REVANCHE

C'est nous qui fessons
Et qui refessons
Les mauvais r'ati —
Mauvais ratichons.

A la santé de la République!

VIVE L'ANNIVERSAIRE
de la
PRISE DE LA BASTILLE

C'est dimanche, 14 juillet, l'anniversaire de ce grand jour. Allons, les aminches, le verre au poing, deux doigts de petit bleu dans l'avaloir, pour nous rendre la voix claire, et en chœur, trinquons et chantons à la République !

Il y a de quoi, vous savez. La prise de la Bastille fut une chouette affaire, quoi qu'en disent les journaux de la réaction, qui bavent sur tous nos souvenirs, comme ces gens qui vous crachent dans votre soupe pour vous en dégoûter. Cela les embête de nous voir joyeux et fiers, de nous entendre compter nos victoires et célébrer nos fêtes, et alors ils font feu des quatre pieds, ces ânes !

Ces ânes, oui. Car ils ignorent l'histoire. Ou bien, s'ils ne l'ignorent pas, ils la falsifient. Sots ou malhonnêtes, choisissez ! Peut-être tous les deux à la fois.

Ces ânes, oui ! ces menteurs, oui ! Lisez un peu ces feuilles-là, et vous verrez le mal qu'on se donne là-dedans pour salir notre belle République. On y travaille la boue à pleines mains. Mais ce qu'ils en remuent ! et ce que ça remue ! Paperasses sans authenticité, vieux articles sans justice, mémoires d'émigrés partiaux, potins venimeux et rancuniers laissés comme des fientes dans des lettres particulières, ils ramassent toutes ces ordures contre nous, et ils les digèrent pour pouvoir nous les vomir. Sale repas ! triste briffe ! Et quant au dégueulis, c'est en l'air qu'ils le jettent, si bien que ça leur retombe sur le blaire.

D'ailleurs, ils ont beau dire et beau inventer ; maintenant l'histoire est faite, et son jugement est rendu. La journée du 14 juillet n'a pas été, comme ils le prétendent, une journée de vilaine émeute sans raison, une échauffourée uniquement sanguinaire où le peuple s'est amusé à tuer pour tuer. Non, ils en ont menti.

D'abord, et d'une, le peuple n'est pas une bête féroce. Il a plus soif de vin que de sang, allez ! et plus faim de pain que de chair humaine. Quand il a l'air d'un fauve, c'est que son ventre crie ou que son cœur saigne. Mais, au fond, il est la bonté même. Bon, parce que fort.

Seulement, dame ! il ne faut pas non plus abuser de cette bonté et la prendre pour de la bêtise. Il n'est pas sage de vouloir faire tourner le lion en bourrique. Vous lui arrachez la barbe, vous le pincez, vous lui tirez les oreilles, vous lui piquez le muffle, et vous vous étonnez qu'il finisse par vous allonger un coup de patte. Écoutez donc ! vous n'aviez qu'à ne pas commencer. Comme dit la chanson :

Cet animal est très méchant ;
Quand on l'attaque, il se défend.

Là, franchement, la main sur la conscience, croyez-vous qu'on l'embêtait depuis assez longtemps, ce pauvre peuple, quand enfin il s'est révolté ? Lui on avait-on fait de ces mistoufles ? Tailles, dîmes, corvées, on ne savait quoi imaginer pour lui retirer le pain de la bouche. Prisons, tortures, on se servait dé tout pour étouffer la voix de ceux qui réclamaient pour lui. Ah ! c'est cela surtout que représentait la Bastille ! La Bastille, c'était le bâillon, l'éteignoir, la nuit, l'oubli pire que la mort. Et on vous y fourrait sans jugement, mes petits agneaux. Une lettre de cachet, et le tour était joué. Vous étiez escamoté sous ces gobelets sinistres, les ours de la Bastille. Voltaire y a été. On vous y coffrait pour des riens. Latude y a passé trente-cinq ans pour avoir offensé Mme de Pompadour, la catin du roi.

Et vous croyez qu'on n'a pas bien fait de démolir cette forteresse de la tyrannie ! Et vous en voudriez au peuple d'avoir accompli cette besogne avec des cris de colère ! Oui, on a tué ceux qui la défendaient. Pourquoi la défendaient-ils ? Ce n'est pas de la politique que j'écris ici, c'est de l'histoire que j'explique. La Bastille représentait la royauté, Le peuple ne voulait plus de rois. Au pelotte, la Bastille ! à la batte, les bastillards ! crevons les portes, éventrons les murs, et que la liberté luise pour tout le monde !

Ce jour-là, il est arrivé, enfin. Le premier rayon qu'il ait jeté au monde, ce fut la prise de la Bastille. A la santé de la République ! Vive l'anniversaire du 14 juillet !

JEAN POPULOT.

LE PAILLASSON

—o—

Je m'fais pas plus marioll' qu'un aut'e ;
L'Emp'reur l'était, mon père autant ;
C'est d'nature : on a ça dans l'sang...
J'suis paillasson ! C'est pas d'ma faute.

Pa'llasson, quoi ! cœur d'artichaut.
C'est mon genre : un' feuill' pour tout l'monde.
Au jour d'aujourd'hui, j'gob' la blonde ;
Après-d'main, c'est la brun' qu'i m'faut.

L'une après l'aut', — en camarade, —
C'est rupin. Mais l'collag', bon dieu !
Toujours la mêm' chauffeus' de pieu !
M'en parlez pas : ça m'rend malade.

A c'fourbis-là, mon vieux garçon,
— Qu'vous m'direz, — on n' fait pas fortune :
Faut un' marmite, — et n'en faut qu'une :
Y a pas d'fix' pour un paillasson.

Tant pir' pour moi ; j'suis trop artisse,
Trop volag' pour signer des bails ;
Je m'dégoût' des plus beaux travails :
Sans ça j'm'aura s mis d'la police.

C'est d'nature, on a ça dans l' sang :
J' suis paillasson ! c'est as d' ma faute ;
Je m' fais pas plus marioll' qu'un aut'e :
Mon pèr' l'était ; l'Emp'reur autant !

UGÈNE.

CALENDES GRECQUES

Prédic ions pour la semaine ... des Quatre Jeudis

On en parle beaucoup, de cette fameuse semaine. Mais on ne la voit jamais venir.

Pourquoi ?

Parce qu'elle exige de longues et minutieuses préparations, vu les événements extraordinaires qui s'y doivent accumuler.

Grâce aux révélations d'une somnambule extra-lucide, la **P. L.** peut vous donner un avant-goût de ces merveilles.

Ouvrez vos escoutes, et jugez :

Lundi. — Paul de Cassagnac envoie des témoins à Clémenceau.

1er Jeudi de la Semaine. — Les électeurs renomment librement un Seize-Mayeux invalidé.

Mardi. — L'eau de Lourdes opère une cure authentique.

Mercredi. — Un monsieur, qui paraît jouir de toutes ses facultés, prend un abonnement de quinze jours à la *Défense*.

2e Jeudi. — La croix de la Légion d'honneur est offerte à Villemessant. — Il s'en déclare indigne et la refuse avec un sourire.

Vendredi. — Louis Veuillot fait gras à table et ne parle pas gras dans son journal.

Samedi. — Une jeune fille du plus grand monde veut épouser Albert W. par amour.

3e Jeudi. — M. Dupanloup publie un mandement qui interdit aux curés de son diocèse de s'occuper de politique, et Saint-Genest écrit un article moins loufoque que d'ordinaire.

Dimanche. — Des agents des mœurs arrêtent, dans les Champs-Elysées, une roulante aux stores baissés. Ils y trouvent le comte de Ger.... en innocente conversation avec une femme, et se retirent décontenancés.

4e et dernier Jeudi. — Une amnistie est accordée à tous les détenus politiques.

RIBI.

NOUVELLES DE L'ÉLYSÉE

On y rigole de plus en plus...

C'est de l'*Elysée-Montmartre* que je parle.

RÉCOMPENSE PROPORT ONNELLE

IL A ÉTÉ PERDU, aux abords de l'Exposition, vingt-deux cousins et cousines de province.

Celui qui les a perdus a l'honneur d'informer le public qu'il est disposé à brûler la cervelle de quiconque les lui ramènerait.

LES DRAMES DU PAVÉ

Le jour du terme

Ils s'en vont tous trois, — le mari, la femme et la gosette, — à travers les rues empestées du quartier souffrant, — à la recherche d'un gîte.

Il faut qu'avant la nuit, ils trouvent un asile, n'importe où, fût-ce dans le taudis le plus ord et le plus infect.

D'eux, ouvriers, leur rossard de propriétaire a fait des vagabonds, — pour deux termes en retard.

S'ils n'ont pas pu payer, pourtant, ça n'est pas leur faute. Ça n'est pas parce qu'ils ont liché et godaillé...

Seulement, Jean-Claude n'a pas grand ouvrage en ce moment.

L'ouvrage, ça ne se trouve pas toujours comme on voudrait. — Quant à la femme, grosse de huit mois, elle ne peut plus turbiner du tout. Puis, la gosseline, qui a sept ans, quand elle a faim, il faut qu'elle bouffe. A cet âge-là, n'est-ce pas, on ne sait pas se serrer le ventre comme plus tard.

Devant tant de débine, un tigre se serait attendri. Mais le propriétaire, pas !

Il les a expulsés, foutus sur le pavé, en gardant encore leur pauvre mobilier de quatre sous...

Ils s'en vont, en quête d'une turne.

Le père pousse devant lui, dans une petite voiture à bras qu'un aminche lui a prêtée, un matelas, une vieille couverture et quelques frusques, — tout ce qui leur reste.

A côté de lui, marche la moucheronne, avec ce regard fixe des mômes nés dans la misère.

Derrière, la mère, pâle et haletante, se traîne...

Tout à coup :

— Mon homme, dit-elle, arrêtons-nous; je ne peux pas aller plus loin...

Elle chancelle. L'homme lâche sa voiture, court à elle, l'assoit sur une borne...

Elle devient livide, une sueur froide lui coule sur la face, un spasme la contorsionne. Elle s'empoigne le ventre à deux mains...

Cependant, le monde se rassemble: ouvriers, balladeurs, sergots...

— Qu'est-ce qu'il y a ?

— Eh ! dit Jean-Claude, c'est ma femme qui va accoucher !

Heureusement qu'il y a une pharmacie, pas loin. C'est là qu'on porte la malade, — et qu'on l'accouche, en effet, tant bien que mal.

Elle met au monde un garçon. Le Peuple souverain compte un citoyen de plus. Jean-Claude prend son fils et le regarde d'un air hébété...

Allons, prolétaire ! c'est un dénouement comme un autre. On fourrera l'accouchée à l'hôpital, le nouveau-né aux *Assistés*. Toi et ta petite, maintenant, vous trouverez plus facilement un abri...

Ce qu'il y a de rigolo, c'est de penser que les bourgeois entripaillés s'épateront si quelque jour ce gosse, né sur les pavés, est, dans un moment d'égarement et de folie, un de ceux qui les remuent.

MARTIAL.

AVIS A LA HAUTE

Les gens calés ont inventé un tas de règles bêtes comme tout, que les pauvres bougres doivent observer quand ils se fourvoient dans la haute. Sans ça, on les traite de mufles. — Voilà qui est bien.

Seulement, ceux de la haute vont quelquefois aussi dans la société des pauvres bougres, et, au lieu de changer de manières, continuent de la faire à la pose.

Qu'est-ce qui arrive? Leurs esbrouffes embêtent les bons bougres, et les bons bougres leur cassent la gueule.

La **P. L** n'a aucune sympathie pour les gens du monde. Mais elle est magnanime et veut leur éviter des affronts et des beignes, en achevant leur éducation. C'est pourquoi nous commencerons, dans un de nos plus prochains numéros :

L'ART DE SE CONDUIRE

DANS LA SOCIÉTÉ DES PAUVRES BOUGRES

Enseigné aux gens du monde en 30 leçons

Avis à nos abonnés du Faubourg Germain.

Le vidame OSKAR.

A LA FLEUR D'ORANGER

LITS DE NOCES

EN BOIS SCULPTÉ

Blancs, Jaunes ou Rouges

A Sommiers archi-élastiques et Couvertures imperméables.

SPECTACLES ET CONCERTS

Samedi dernier, au Moulin de la Galette (bal Debray), a eu lieu une rigolade monstre.

C'est insensé ce qu'on y a pincé de quadrilles... et d'autres choses.

—o—

Au caf. conc. des Ambassadeurs, tous les soirs le populaire gouale en chœur les refrains de *Madame Lenglumé* et de *Coco!* les deux blagues du jour roucoulées, l'une par Libert, l'autre par Elise Faure.

Plessis est de plus en plus tuant dans les types de l'*Assommoir*.

MONSIEUR DU PARTERRE.

POUR S'AMUSER

4. — *Mot carré syllabique*

Ce que les ratichons voudraient nous faire croire.
— Le défaut dont on peut taxer
Un arbuste chétif. — Et l'ennemi notoire
Qu'il nous faut écraser.

SOLUTION DU MOT CARRÉ DU Nº 4

N E Z
E L U
Z U T

Ont deviné : A. Champion. — Pomme d'Api. — 3 étudiants plus que ramollis. — A. Lepmug. — Em. Chicot. — Hetermolle. — Un cornichon du marché Saint-Rémi. — Robinet. — Hédoux. — La jeune Cie Fse des six. — P. de Nonne. — Maz et Rac. — Bébé et Mimi. — Bucquet. — G. Tassy. — E. Pilon, D. Pilou et ma tante Frazi. — Deux ressemelés. — Ben-Zouf. — Robustus. — T. J. — Arthot François. — A. Rensaur et A. Renfrai. — Anna Accroche-Cœur. — Pôle Cambré. — Eugénie Chassard. — Un Rép. de la Guille. — G. Ranneau. — P. Kuppenheim...

(La suite au prochain numéro.)

Ont deviné la charade du nº 3 *(solutions arrivées en retard) :* Riff. — R. Serro. — A. Querry. — G. M. — Hortense — Quid Vetat? — L. B. — P. Caze. — G. Lambert. — Guérin. — Louise Yollé. — Drarever.

PROBLÈME DU Nº 3

1. — *Solution radicale du citoyen Siprün Craimedemuffle :*

« Sai de faire pascé mos eu Claiman seau è de foute laï quate dairnié à lau. »

2. — *Solution opportuniste de la* **P. L.**

« Le batelier passe Cassagnac ; puis il va prendre Clémenceau et le passe ; ramène Cassagnac, prend Raoul Duval et le passe, et retourne chercher Cassagnac.

« M. Alphonse passe à la nage. — Quant au comte de Ger...., froissé de l'accueil qu'on lui fait, il renonce au passage et se retire sous sa tente. »

Voilà! Personne n'a trouvé ça : c'est pourtant simple comme un bock.

Mentions honorables : Maria Béranger et Pasquino.

Le lapin prend des airs narquois. Lecteurs! ne souffrez pas qu'un vil rongeur vous fasse le poil. Et vous, mesdames, n'oubliez pas que le lapin est l'ennemi naturel de votre sexe : sus au lapin!

Encore six problèmes, et nous décernerons la palme!

P. S. — Merci à ceux de nos correspondants qui nous envoient des charades, mots carrés et autres devinettes : nous les utiliserons en temps et lieu.

PETITE CORRESPONDANCE

MES BOTTES. T'aim. Suis riche. Ma voiture t'attendra ce soir à la porte de ton mastroquet.
Mme de la Tourprendsgarde.

VICOMTE DE R... Me prenez donc pour femme du monde du *Fig?* N'écout. rien q. pour bon motif.
Jenny l'Ouv.

Le gérant : P. GENAY.

Imprimerie du journal la *Petite Lune*, P. GENAY, rue Coq-Héron, 5

N° 6

25 Cmes

LA Petite LUNE

Bureaux : rue Coq-Héron, 5 | **Dessins de GILL** | Abonnem^{ts} : Paris, 8 fr. — Dép^{ent}, 3 fr. 50

GOSSE A MARIER

Le portrait ci-dessus est spécialement adressé aux princesses souveraines des cinq parties du monde. La *Petite Lune* se fait un devoir d'offrir un coup d'épaule à la modestie d'un jeune homme qui a la violette pour emblème.

AUX PROPRIOS

AUX MAUVAIS BOUGRES

Qui font la fortune des huissiers

et le malheur des prolétaires

Paris, le 19 juillet 1878.

Tas de rapias,

Vous êtes encore en train, sans doute, de compter les roues de derrière que vous a rapportées le terme de juillet, et vous vous frottez les mains en songeant à profiter de l'Exposition pour augmenter les loyers. Eh bien ! c'est moi qui vous dis, moi, Jean Populot, Jean Sans-le-Sou, Jean Crève-la-Faim, vous n'êtes que des barboteurs et des salopiots.

Entendons-nous ! Je ne veux pas qu'on m'accuse d'exciter mes concitoyens les uns contre les autres. Je ne dis pas que les proprios sont tous des criminels, bons à foutre à la lanterne. Je n'ai pas à m'occuper ici de la question sociale, de savoir si la propriété est oui ou non légitime. C'est là des affaires trop graves pour moi. Je laisse ça à discuter aux grands philosophes comme Proudhon, qui a dit : *la propriété, c'est le vol*. D'ailleurs, nous autres, les gens de peu, on ne nous permet d'en parler que lorsque nous prenons la permission nous-mêmes, et alors, par malheur, nous ne raisonnons plus à coups de plume. Laissons donc les mots brûlants et revenons à la vulgaire et terrible question du terme.

Oui, proprios de malheur, vous qui spéculez sur notre misère, vous qui abusez des avantages que vous donnent les circonstances, vous qui nous accablez pour que votre braise vous rende 15 du cent, c'est vous que j'appelle sans crainte des barboteurs et des salopiots ; c'est vous que je flétris du nom de mauvais bougres, et c'est vous qui excitez vos concitoyens à la haine, car on ne peut pas ne pas vous haïr.

Tenez, vous croyez que c'est rigolo ! La semaine dernière, il y a eu onze saisies dans mon quartier. Onze, que je vous dis. Et là-dedans, des femmes, de pauvres gonzesses sans homme, des mères qui turbinent à crever pour donner la becquée à leurs lardons, et aussi des vieux sans ouvrage, des invalos du travail, qu'on devrait respecter encore plus que ceux de la guerre, nom de Dieu ! et qu'on plaque sur le pavé comme des crottés de chien. Eh bien ! quoi ! est-ce que c'est chouette à voir, ça, et en République encore ?

Je sais bien que les proprios ont leurs petits raisonnements à eux : — Dame ! qu'ils disent, moi, il faut que mon argent me rapporte. L'exactitude, je ne connais que ça. Payez, vous serez considéré. L'ouvrier ne serait pas si gêné pour son terme s'il rigolait un peu moins les jours de paie.

Mais, bon sang ! nous ne sommes pas des forçats. Oui, nous travaillons ; oui, nous voulons payer nos dettes ; oui, nous admettons que votre argent vous rapporte ; mais nous ne désirons tout de même pas nous crever pour ça. Voyons, vous autres, est-ce que vous ne rigolez jamais ? Moi, je vous ai vus soûls comme les camarluches. A chacun son tour. Vous plaignez donc pas de ça, allez ! Soyez doux au pauvre monde. Patientez quand on vous doit. Laissez un peu lever le coude à des gens que ça empêche de trop lever la tête. Le jour où le peuple serait assez riche pour payer régulièrement son terme, le jour où il cesserait de s'amuser un brin et ne penserait comme vous qu'à faire fortune, ce jour-là, je n'aurais plus de sottises à vous dire, mais vous n'auriez plus de maisons à louer.

A bon entendeur, salut !

JEAN POPULOT.

AU FOND DU VERRE

J'suis un vrai zig pour les amis :
On peut pas sout'nir le contraire ;
D'mandez à Polyte, un vieux frère :
Avec moi, tout leur est permis.
Pourtant, faut pas qu'on croi' qu'j'en craigne ;
Quand on m'embêt', ça n'est pas long :
— Ah ! zut, que j'dis, je m'sens d'aplomb ;
J'sais pas si j'vas vous fout' un' beigne !

J'trait' mon épouse avec bonté ;
Mon épous', c'est un aut' moi-même ;
Mais j'veux qu'ê m'respecte et qu'ê m'aime,
Et qu'ê marche à ma volonté.
Faut pas qu'ê gueul', faut pas qu'ê geigne,
Ou j'l'arrang' comm' les camaros,
Et j'y dis : Numérot' tes os...
J'sais pas si j'te vas fout' un' beigne !

Si quéqu'un, lisant cett' chanson
Et n'la trouvant pas rigolotte,
Déclar' que j'l'ai faite en ribote
Et que j'n'ai pus tout' ma raison,
J'm'écrierai : De quoi ! l'on dédaigne
Les élans lyriqu's de Bibi ?
Viens-y donc, Zoïle, eh ! viens-y :
J'sais pas si j'te vas fout' un' beigne !

BIBI.

LE CHOURINEUR

En pleine campagne. Un chemin désert. Silence. Nuit. Ciel sans lune. Personne. Si : voilà qu'une ombre se meut, sort d'un fossé. Un homme, va-nu-pieds échappé de quelque *centrale*, vagabond de carrure athlétique, un gourdin formidable au poing.

Il a d'un bond franchi une haie, traversé un jardin, ouvert la porte d'une maisonnette. Il entre à pas de loup.

Dans cette maison isolée demeure une vieille avaricieuse, toute seule, sans même un chien. L'homme, qui, depuis quelques jours, rôde dans le pays, sait sans doute cela. Il a bien choisi son moment : le moment où la vieille fait sa ronde avant de se coucher. Elle vient et se trouve soudain face à face avec l'homme. Elle veut crier ; le gourdin se lève, siffle, frappe, l'abat, le crâne fracassé. L'assassin rallume la chandelle qu'elle tenait et que sa chute a éteinte. Voyant qu'elle remue encore, la vieille, il l'achève d'un coup de talon dans la poitrine.

Tranquille alors, il ouvre les meubles, fouille dans les tiroirs, prend l'argent ; puis il sort, repasse la haie, s'en va, dans la nuit, d'un pas allègre, en sifflotant.

Il va, il va. Du temps se passe. Tout à coup une cloche se met à sonner. Le tocsin ! L'homme frissonne.

— Est-ce que ça serait pour moi ? pense-t-il.

Il se hâte, suant la peur, lorsque, à un tournant de la route, il aperçoit une rougeur sinistre. Ça le rassure :

— Suis-je bête ! C'est rien. Y a le feu là-bas !

Il y a le feu, en effet. Des paysans courent, affolés, autour d'un tas de chaumières qui flambent. Devant l'une d'elles, une femme hurle, se tord les bras :

— Mon petit ! mon petit est là-haut ! Laissez-moi !

Mais on la retient. La malheureuse ! Elle s'était attardée à la ville ; elle revient et trouve sa chaumière qui brûle et son petit qui va brûler avec...

Brusquement, un homme en guenilles et tout pâle se dresse dans la foule, jette son bâton et son sac ; d'où s'échappent des jaunets ; et, salué d'une clameur immense, il se lance dans le brasier.

C'est lui, le vagabond, le chourineur, le monstre, que ce désastre, ce cri de mère ont éveillé de son sanglant cauchemar, et qui se transforme en héros.

Il traverse la fournaise, il gravit l'escalier croulant, il disparaît dans les flammes et la fumée...

Puis reparaît, chancelant, défiguré, horrible, mais tenant dans ses bras le môme sain et sauf.

— Tenez, dit-il d'une voix très douce à la mère, voici votre petit, madame.

Et il tombe, mourant de ses épouvantables brûlures.

Il en est, hélas ! combien de ces êtres abandonnés que nul n'essaya d'instruire et dont les âmes sombres, pareilles à celle de ce va-nu-pieds, sont capables également d'horribles crimes et de sublimes sacrifices ?

MARTIAL.

LES MEMBRES de la magistrature assise doivent être fort incommodés — surtout pendant la chaleur — de ne pouvoir quitter leurs sièges. Cela finit même par gêner la société, à qui cette vue fait chaud dans le dos. Combien nous sommes heureux d'annoncer l'apparition des

PANTALONS A FOND DE BOIS

spécialement destinés à MM. les magistrats, pour les soulager et leur rafraîchir les idées!

Quant aux cléricaux, — la **P. L.** (si bonne fille!) leur offre des

PANTALONS A FOND DE LIÈGE

pour les soutenir à flot quelque temps encore.

MATAMORE

Le capitaine
Fracass-agnac,
— Ce très réac
Croquemitaine

A voix hautaine, —
Fout tout à trac,
A sang, à sac,
Lorsqu'il dégaîne

La fougue, dont
Dieu lui fit don,
Est toujours prêt

Pour un assaut,
Et ne s'arrête
Qu'à Clémenceau.

CRIC.

L'ART DE SE CONDUIRE

Dans la Société des Pauvres Bougres

ENSEIGNÉ AUX GENS DU MONDE

I

Généralités de saison : Chez le mastroquet

D'abord et d'une, on ne va pas chez les pauvres bougres à propos de bottes. C'est bon pour les crétins qui n'ont rien à faire d'aller les uns chez les autres sans savoir pourquoi.

N'allez chez l'honnête prolétaire que pour le bon motif : affaires de travail ou si vous êtes demandé. N'essayez pas de vous introduire dans sa société à tort à travers comme un hanneton dans une soupe au fromage ; vous passeriez pour un mouchard ou pour une oie qui veut blaguer le pauvre monde.

***

Lorsque vous rencontrerez un travailleur de votre connaissance, commencez par lui foutre une vigoureuse poignée de main. Après, ue vous essuyez pas la pince à votre mouchoir ou votre paletot, vous auriez l'air de dire que le pauvre bougre a les mains sales. Au contraire, soyez heureux d'avoir pu frotter vos pattes de feignant aux crânes abattis du peuple.

Si l'honnête prolétaire vous offre une tournée, vous devez l'accepter sans faire le malin, sans parler de votre estomac ruiné. Si vous n'êtes qu'une andouille, c'est pas la peine de le faire voir.

***

Une fois chez le troquet, faut pas avoir l'air de ne pas savoir quoi prendre, comme si les cheveux vous dressaient sur la tête. Faut pas non plus demander des vins à 36 fr. la bouteille. On étouffe tranquillement un *cintième*, un *petit cogne* ou un *mêlé*, comme l'honnête prolétaire.

***

La tournée avalée, vous en offrez une autre au bon bougre et aux amis qu'il a pu rencontrer : une politesse en vaut une autre. Payez avec des sous. Il ne s'agit pas d'étaler à tout moment des lingots d'or. Vous auriez l'air d'un voleur.

***

En partant, donnez des poignées de main à tout le monde, y compris le patron de l'établissement : une fois par hasard, vous passerez peut-être pour un zig.

Ctesse DE ROTENVILLE

(A suivre — à pied, à cheval et en tramway)

À VENDRE

PAS CHER

Un stock d'injures grossières, outrages au gouvernement établi, excitations à la guerre civile et à la haine des citoyens les uns contre les autres, provenant du balayage des bureaux de l'*Univers* et du *Pays*. — Le meilleur des engrais connus pour la violette et les fleurs de lys.

THÉATRES, BALS, CONCERTS

La Comédie-Française a l'honneur d'informer le public et les nobles étrangers de passage que M. Coquelin cadet est toujours le frère de Coquelin.

—o—

L'*Evénement* nous apprend que Mme Céline Montaland, ayant mangé de la compote d'abricots dans une casserole mal étamée, a été dérangée pendant la représentation de *Coco*.

Il termine en disant :

« En somme, plus de *bruit* que de mal. »

Dérangée … Bruit… — Quels bruits ?

—o—

Tous les mardis, bal de nuit chez Bullier.

A ce propos, quel rapport y a-t-il entre le traité de Berlin et le bal que dirige Bullier ?

Un rapport immédiat, puisqu'il n'y a pas de traité sans clause et que clause rit des lilas. (Pour les brutes et les gens mariés : *Closerie des Lilas*.)

—o—

Lundi dernier, aux Folies-Bergère, les orphéonistes, leur concours terminé, ont fait une ovation au musicien L. *Deffès*.

Ovation légitime et bien placée.

La musique *Deffès* est une musique simple, naturelle et à la portée de tout le monde.

M^r. DU POULAILLER.

POUR S'AMUSER

Suite des solutions du mot carré du n° 4.

L. Vigneron.— A. Panneau. — Un Maure.—Vorimore. — Pijoule Ier. — Anne Bâté. — A. Pascal de Mios. — Ernest Pont. — Benjamin Lucas et Kissel de la Hagelmatt. — Un concombre en enfance. — Un lecteur du quartier latin (2 sol. diff.). — Roux Silloné. — Zidore François.— Comtesse Mac' Duph and Loo. — André Olivier. — Un P. L. M. — Un club de moutons champenois.— G. Hibon. — Ben Mohamed-Ali. — Lavéavon Bavourgaves. — Luc Cnall.— Mac.— Aillon.— Bec de Gaz.— Siro O'Dkalabre. — Radi. — Fantoccini. — Sentat. — Bibi de Caen. — M. Clavier. — Casino de Gap. — Le Torto de Bordeaux.— T. As. — Gonstempinard. — Eugène Tridon. — De-Lu-Ron-Ki-On-di-zut. — Deux vieux colons. — Romanoff de Moscou. — X. Y. Z. — 7 de Paris. — Michaud le Bassieu. — Victor Galliand. — P. Trousquin. — Limonich.— Popaul et Nini. — R. Scrra. — Félix B. — Mis de Montgrelet. — Léon Némo. — Naz de Cabre. — O. Live.— Dnamra-Etcod-el ed Zuolbmeg.

~~~

Le nombre des lettres reçues augmente tous les jours… Quatre notaires sont chargés de dépouiller la correspondance ; ils ne peuvent y suffire. D'autre part, le lapin, à qui l'on a lu la liste des devineurs, a été saisi d'un tremblement nerveux. Son état exige les plus grands ménagements.

Aussi, pour laisser respirer le lapin et les notaires, renvoyons-nous à huitaine la solution du *mot carré syllabique* du n° 5, et l'insertion des noms des roublards qui l'ont trouvée.

PETITE CORRESPONDANCE

A RTHOT (EUGÈNE), rue Basse-Audra, maison Finot, à Dijon (Côte-d'Or), a perdu son frère FRANÇOIS ARTHOT. — François Arthot est quelque part où il n'est nulle part ; c'est l'un ou l'autre. S'il est quelque part, qu'il le dise à Arthot (Eugène).

Le gérant : P. GENAY.

Imprimerie du journal la *Petite Lune*, P. GENAY, rue Coq-Héron, 5
~~~

N° 7   5 C^{mes}

LA Petite LUNE

Bureaux : rue Coq-Héron, 5 || **Dessins de GILL** || Abo^{mts} : Paris, 8 fr. — Départ^{ts}, 8 fr. 50

DEUX AMIS DU PEUPLE, DEUX VRAIS!

— Hé! Jean Raisin, mon fieu, comme te v'là beau! Quéqu'i disaient donc, les corbeaux, qu't'étais tout malade?

— Les corbeaux, Grain-de-Blé, i disaient ben qu'tu n' pousserais point.

— Hi! hi! hi! — Hu! hu! hu! — Miam! miam! miam! — Glou! glou! glou!...

AUX GRÉVISTES D'ANZIN

ET

A TOUS LES PAUVRES DIABLES

Qui sont de temps en temps obligés de faire comme eux, non par paresse, mais par misère

Paris, le 26 juillet 1878.

Frangins du ventre creux,

Je ne suis pas un donneur de mauvais conseils, et je ne viens pas vous surexciter. Moi, on me connaît pour bon zig, et plutôt à la rigolade qu'à la colère. Quand le feu est quelque part, je ne suis pas pour foutre de l'huile dessus. J'aime mieux qu'on y verse le cul d'un litre, après en avoir bu les deux chopines. Donc, qu'on ne m'accuse pas de haine, et si ma parole va plus loin que ma pensée, pardon, excuse ! c'est que le cœur déborde quand il est trop gros.

Mille tonnerres de nom de Dieu ! Il n'y aura donc jamais de lendemain tranquille pour les bons ouvriers; et toujours cette garce de misère nous fourrera des bâtons dans les roues ! Quoi ! on est là, plein de force et d'espoir, on fête la République, on ne demande qu'à turbiner, on fait crédit à l'avenir, et voilà que malgré tout la vieille gueuse vient montrer à l'horizon son blaire de malheur ! C'est une fatalité, voyons, et la société est faite à la va-t'fair' fiche, puisqu'il n'y a pas de pain pour tout le monde.

Et pourtant, qui est-ce qui en mérite plus que vous, du pain ? Quelle vie que la vôtre, mes pauvres vieux, et quels services vous rendez à cette marâtre qui vous nourrit si mal ! Elle vit de l'industrie, et l'industrie vit de charbon, et c'est vous qui lui bourrez le ventre, à cette mangeuse. Le charbon, que les Anglais appellent le diamant noir, c'est vous qui le tirez des boyaux de la terre, dans lesquels vous grouillez comme des asticots, loin du jour, loin de l'air, loin du soleil, sans jamais voir le beau ciel bleu et la nature en fête.

Toujours la nuit, la nuit épaisse comme une glu, et dans cette nuit, pour tout firmament, les maigres étoiles de vos lanternes ! Et trimer là-dedans sans relâche, suer, piocher, les reins cassés de fatigue, les poignets raidis, les yeux troubles, les poumons gorgés de mauvais gaz ! Et quelquefois le grisou qui éclate, la galerie qui s'écroule, la mort dans le noir ! Enterré vif ! Ah ! misère de vous !

> Et pourtant, votre sang vermeil
> Coule impétueux dans vos veines.
> Vous vous plairiez au grand soleil
> Et sous les rameaux verts des chênes.

Mais qu'importe, n'est-ce pas ? Si dure que soit la besogne, vous ne demandez qu'à la faire. Vous avez du poil et du cœur. Vous savez que la femme et les mômes ont besoin de soupe, et vous la leur trempez coûte que coûte. L'âpre labeur dans l'ombre, la poitrine serrée, le gaviot sans air, les risques du grisou, la mort aussi, vous acceptez tout pourvu que la famille boulotte. Loin de renâcler devant le travail, vous en voulez encore et quand même. Il faut bien vivre ! Le pélican n'est pas seul à s'ouvrir l'estomac pour ses gosses.

Alors, disent les heureux du monde, pourquoi ces gens-là sont-ils en grève ? Pourquoi, tas de propres à rien ? Vous voulez savoir pourquoi ? Eh bien ! il y a de quoi en crever d'esbloquement, allez ! Ces gens-là sont en grève parce qu'on ne leur donne pas assez de besogne, voilà.

Oui, vous vous plaignez, vous autres, non pas de votre travail, mais du chômage. Braves enfants, soldats héroïques du combat de la vie, vous trouvez qu'on vous laisse encore trop de bon temps, parce que ce temps où vous ne foutez rien, c'est l'existence des vôtres qui se perd. Qu'ils y réfléchissent, ceux-là qui nous traitent de fainéants, et qu'ils ôtent leur chapeau devant les martyrs du travail qui réclament un redoublement de torture.

On répond à ça que les compagnies sont gênées, que les commandes font défaut, que les capitaux manquent. Des blagues ! Alors, à quoi donc servent les banques, les administrations, tout le tremblement et le mic-mac des actions, obligations et cœtera pantoufle ? Parbleu ! je comprends ! Dès que l'argent des bourgeois ne rapporte plus 15 ou 20 0/0, ces avares-là guculent comme des baleines, et disent que rien ne va plus. Mais, sacré chien ! contentez-vous de moins, attendez, et surtout faites crédit aux pauvres diables qui avant tout ont besoin de pain. Crédit de quoi, d'ailleurs ? De braise ? non. C'est crédit de travail qu'ils demandent. Donnez-leur de la besogne, voilà tout. Les capitaux qui manquent, ça se trouve toujours, en ce temps de spéculation forcenée. Ce qui ne se trouve pas, messieurs, c'est la soupe de l'ouvrier quand il est sans ouvrage.

Et qu'on y songe ! Le ventre creux fait la mauvaise tête.

Je ne veux rien dire de méchant, ni de dangereux. Mais avouez que ça vous met la cervelle en l'air, quand on pense qu'en ce moment il y a des milliers de malheureux sans lendemain assuré, et que les routes d'Anzin sont couvertes de femmes et de mômes qui mendient. Ils mendient, oui, les pauvres bougres ! Eux, des hommes, des courageux qui ne veulent que turbiner, ils tendent leurs mains noires qui ne demanderaient qu'à brandir le pic, et qui sont faites pour arracher le charbon et non pour recevoir des gros sous.

Ah ! mes frères, mes braves frères d'Anzin, quel malheur que la République soit encore si jeune, et ne puisse pas faire tout ce qu'elle doit ! Mais, patience ! Tenez bon contre les mauvais conseils. Ne vous laissez pas soûler par le désespoir. Et, pour prendre un peu de cœur, s'il vous en manquait, songez que le jour est proche où le peuple aura conquis, non-seulement le *droit au travail*, mais aussi un peu le *droit au repos*.

JEAN POPULOT.

REPEUPLONS!...

Si vous voulez savoir mon goût,
Ben j'gob' pas, — mais là, pas du tout,—
　　Les p'tit's femm's mince';
C'est rien de rien,— des vrais moineaux,—
Et puis on n'attrap' que des os
　　Quand on les pince.

J'suis lib' d'avoir mon opinion,
N'est-c' pas?... Eh ben, v'la ma passion :
　　C'est la boulotte!
Pa' c' que (vous d'vez bien comprend' ça)
Avec ces particulièr's-là,
　　Y a d' la p'lote.

Et puis, si vous n'êt's pas un sot,
Vous pig'rez tout d' suite l'fin mot
　　D'ma préférence :
Faut qu'la bourgeoise à l'ouvrier
Pond' des moutards sans s'fair' prier,
　　Et peup' la France.

C'est pour ça qu'j'aime les gross's mamans,
Avec ell's, pas d' désagréments,
　　Jamais d' fauss's couches!
Tandis qu' ces femm's gross's comme rien
Ça fiche avec un mal de chien
　　Des p'tits goss's *mouches!*

BIBI.

THEATRE DE LA *PETITE LUNE*

LE VIDANGEUR & LE BANQUIER

Drame populaire

PERSONNAGES :

UN BANQUIER............... MM. DAUBRAY
UN VIDANGEUR.............. 　　COQUELIN CADET

ACTE PREMIER

La pleine Mer

Deux hommes sur un radeau. — LE VIDANGEUR calme et
debout; LE BANQUIER affalé comme un veau.

LE BANQUIER

Mon Dieu! mon Dieu! quelle aventure! Re-
verrai-je jamais ma caisse? (Coup de tonnerre.)

LE VIDANGEUR

Hein! crois-tu qu'i pètent fort là-haut?

(Une vague passe sur le radeau et inonde les deux naufragés.)

LE BANQUIER

O ma mère!

LE VIDANGEUR

Ah! m....!

ACTE II

L'Ile déserte

La scène représente l'intérieur de la cabane que l'in-
dustrieux vidangeur s'est aménagée dans l'île — naturellement déserte — où les naufragés ont abordé. Pour
les détails, voir *Robinson*, ou un roman quelconque de
Jules Verne.

SCÈNE PREMIÈRE

LE VIDANGEUR, *seul*

Chouette, hein, ma p'tite villa? C'est Bibi
qui s'l'a arrangée. C'que je m'tire d'affaire,
c'est un miel. Je me loge, je me nourris, je
me vêts, tout moi-même. De temps en temps,
pour me distraire, je me vidange. Ça me rappelle Paris. Pas feignant, moi. C'est pas comme le Banquier. I voulait faire part à deux.
J'y ai dit : turbine! I n'veut pas. Alors, j'y ai
dit : m.... (On frappe.) Entrez!

SCÈNE II

LE MÊME, LE BANQUIER, *pâle, hâve, déguenillé*

LE VIDANGEUR

Qué que tu veux?

LE BANQUIER

Un abri. De la nourriture.

LE VIDANGEUR

Ah! tu me fais ch....anter.

LE BANQUIER, *avec hauteur.*

Je ne demande rien pour rien. C'est une affaire que je vous propose. Grâce au ciel, je
n'ai pas perdu mon portefeuille. Je vous paierai le prix que vous exigerez.

LE VIDANGEUR, *sans ouvrir la bouche.*

......!

LE BANQUIER, *tirant son portefeuille.*

Combien voulez-vous?

LE VIDANGEUR, *même jeu.*

.....!

LE BANQUIER

Voulez-vous cinq cents francs? mille francs?
dix, trente, cent mille francs? (Il lui tend des
liasses de billets de banque.)

LE VIDANGEUR

Qué que tu veux que j'foute de ce papier-
là? J'm'en sers jamais!

LE BANQUIER

Voyons, un million! dix millions! un mil-
liard! Veux-tu? Mais réponds donc!

LE VIDANGEUR, *se levant*

Pourquoi que tu me tuteyes? Est-ce que
nous ons cueilli des roses ensemble?

LE BANQUIER, *interdit.*

Mais... vous me tutoyez bien...

LE VIDANGEUR

Minute! Je te tuteye comme un égal; tu
me tuteyes comme un domestique!

LE BANQUIER

Enfin...,

Il Signor Barbiere

J'aime le roy : je suis bien né,
Et l'on me connaît, même à Tarbe.
Jeune, au pouvoir j'ai fait la barbe ;
Afin d'allumer l'abonné,

Je crie au public étonné :
« — Mes convictions, c'est du marb'e... »
Mais je passe aux gens la rhubarbe,
Quand ils me passent le séné.

Aujourd'hui, je suis proxénète.
Pour expliquer en style honnête
Ce métier qui n'est pas mauvais,

Et pour ajouter un volume
A mes *Mémoires*, je m'en vais
Faire encore tailler ma plume.

CRIC.

ÉCHOS DU PALAIS

Mercredi dernier, Mᵉ Demange et Mᵉ Lachaud se rencontrent au vestiaire.

Dialogue :

Mᵉ DEMANGE. — Mon client vaut mieux que le tien ; il est encore plus criminel.

Mᵉ LACHAUD. — Non pas. Le mien l'est davantage.

Mᵉ DEMANGE. — Pardon, c'est Lebiez qui a découpé.

Mᵉ LACHAUD. — Oui, mais c'est Barré qui a mangé le morceau !

DANS LA COUR DES TUILERIES
ON ENLÈVE LE BALLON
Pour vingt francs

D U R A C U I R

Professeur de chausson et de boxe française
Rue Contrescarpe

L'enlève pour moins que ça.
(Se charge même de l'enlever pour rien à ceux qui le regardent de travers.)

THÉATRES

Une indisposition légère a failli interrompre les représentations du géant chinois. Le médecin de l'Hippodrome s'est borné à prescrire une feuillette d'eau de Pullna, et le remède, qui vient d'opérer au bout de trois jours (dame ! il faut le temps), a donné les résultats les plus satisfaisants.

L'administration de l'Hippodrome, qui ne recule, on le sait, devant aucun sacrifice, avait fait agrandir, pour son pensionnaire, l'établissement à 15 centimes le plus proche.

Aujourd'hui, l'heureuse propriétaire de ce *buen retiro* — une veuve à remarier — quitte les affaires. Sa fortune est faite.

MONSIEUR DU PARTERRE.

POUR S'AMUSER

6. — *Curiosité philologique*
Par V. GALLIAND

Trouver au mot **épatant** un synonyme de **13** lettres qui ne contienne qu'une seule voyelle répétée cinq fois.

Solution du casse-tête synonymique du n° 7

t	oque	t
é	léganc	c
l	ibéra	l
p	ositi	f
è	ffro	i
r	adica	l
e	mbarra	s

(TEL PÈRE — TEL FILS)

Ont deviné : Em. Chicot. — Un club de moutons champenois. — Félix B. — Pangel. — Dranem et Camuzardeau. — Bébé et Mimi. — Un Bellevillois. — Kissel de la Hagelmatt. — Le vidame de Buc. — Ernest Pont.

Et voilà tout ! C'est rudement maigre, cette fois-ci, le nombre des solutions. Le lapin rit à se tordre. On lit dans son œil railleur une douce pitié pour l'espèce humaine.

Une chose nous attriste : c'est le silence de Maria Béranger. Nous aimons mieux croire à une erreur de la poste qu'à la défaite de cet Œdipe en jupons... De grâce, Maria, éclairez-nous !

N. B. — Prière de nous envoyer les solutions par lettres fermées. Quand on nous envoie de simples cartes postales, les devinettes deviennent vraiment trop faciles pour les facteurs.

PAR TÉLÉPHONE

Petite Lune à **2,900**

Vieux lascar, as supprimé ta « Petite correspondance. » Ai envie de supprimer la mienne... Qu'en penses-tu ?

×

2,900 à *Petite Lune*

Bah ! fais comme moi : continue à insérer sous la rubrique : *Renseignements*. Ça fait même sac, et ça fout dedans les bégueules.

×

Petite Lune à **2,900**

M'étais doutée du truc ! Merci.

Le gérant : P. GENAY.

Imprimerie du journal la *Petite Lune*, P. GENAY,
rue Coq-Héron, 5

N° 8 — LA Petite LUNE — C^{mes}

Bureaux : rue Coq-Héron, 5 || Dessins de GILL || Abonnem^{ts} : Paris, 3 fr. — Départ^{ts}, 3 fr. 50

LE MOT DU CANAQUE

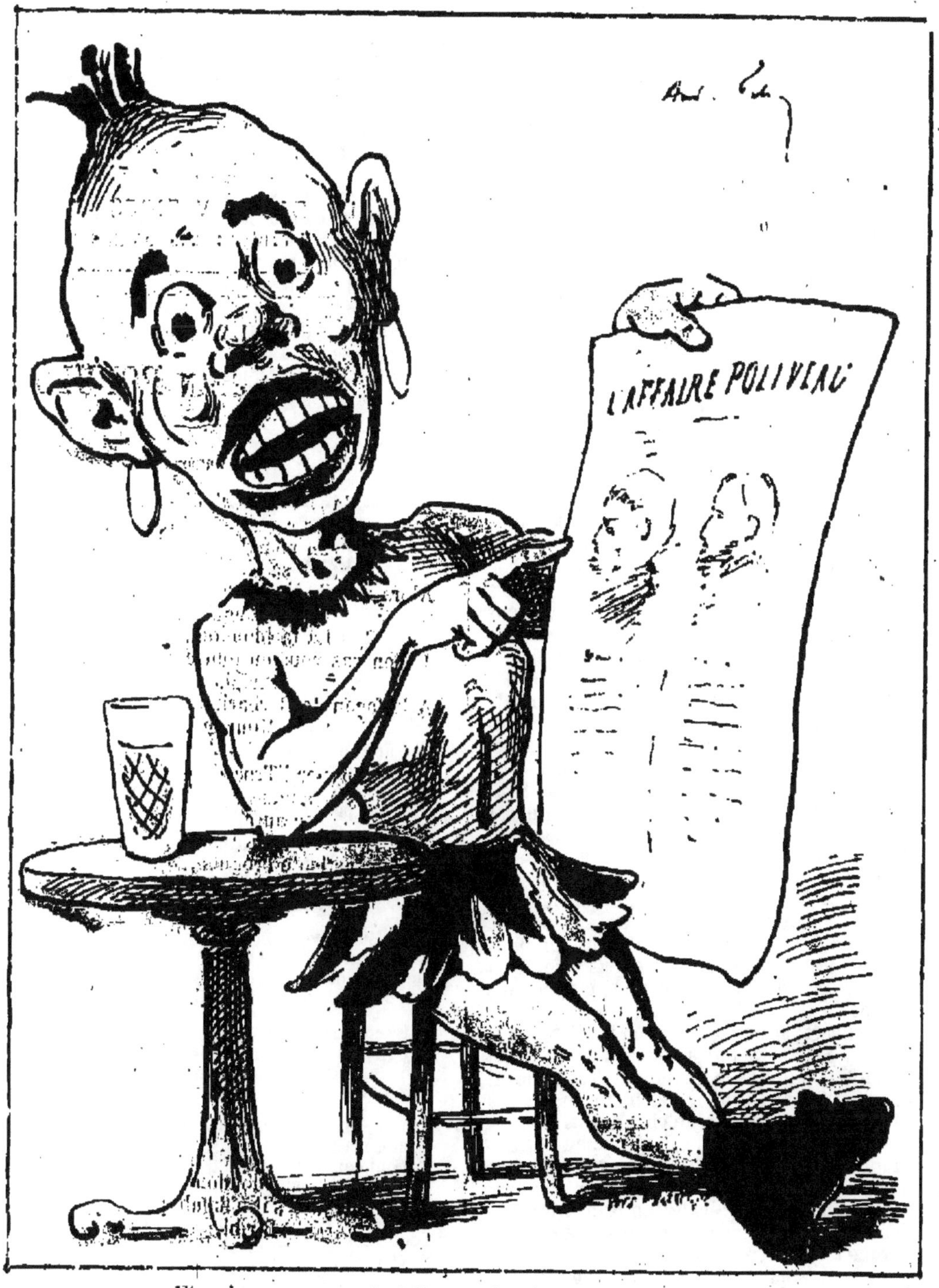

Et puis, vous savez?... C'est moi qu'on appelle sauvage !...

A MON BEAU-FRÈRE JEAN POPULOT

Charpentier de Paris,

A MONTPERNASSE.

———

Honfleur, le 8 août 1878.

Mon vieux Frérot,

Vécy au moins dix années que nous ne nous sommes point vus. C'était en 1867. J'avais quitté ma plage normande, ma cabane et mes engins de pêche, pour m'en aller droit à Paris, à l'occasion de l'Exposition universelle. C'est comme ça que je t'ai connu, que j'ai connu ta sœur Mathurine Populot, que j'ai aimé cette fille d'un fin gabarit, cette solide ménagère, et que nous nous sommes donc épousés, pour repartir cheux nous ensemble.

Or ça, mon fieu, je ne voudrais pas avaler ma gaffe sans t'avoir revu ; et ma femme aussi a grand désir d'embrasser son fralin Jean, comme elle dit en son parler de Parisienne. M'est avis que c'est ton tour de nous venir faire un bout de visite. Hein ? C'est-il point là une idée qui te fait sourire en douceur, Populot ?

Tu me marques dans ta dernière lettre que dans ce moment-ici tu étouffes à Paris ; qu'il ne s'y passe plus grand'chose d'intéressant, et qu'on y parle de crimes dégoûtants à lever le cœur. Eh ben, hillot, c'est bien le cas d'en démarrer pour quelques jours. Demande à ta bourgeoise quelques pièces pour le voyage ; deux chemises dans un mouchoir, un bon bâton, et en route !

Parguienne, il n'y a pas si loin de cheux vous cheux nous : tu dois filer pas mal de nœuds à l'heure. En quelques jours, tu seras rendu ; et je te réponds qu'on te fera un accueil soigné !

Tu verras Mathurine et les mousses qu'elle m'a donnés, qui sont en train de devenir rudes. Si ça ne fait pas des matelots, des grands, adieu, va ! c'est que je ne m'y connais pas. Et bitte et bosse ! attrape à rire ! nous lamperons de bonnes verrées de cidre, du *ber* de Normandie, du vrai, dont on jacasse à Paris, sans le connaître. Puis tu avaleras l'air salé ; du haut des falaises, le long des plages, tu promèneras ta quille sur le sable et sur les galets. Tu verras l'Océan, comme c'est beau ; et tu comprendras pourquoi, nous autres pêcheurs, nous naviguons jusqu'à la mort, et pourquoi nous aimons la mer comme une patrie.

D'ailleurs, si un moment ton Paris te manque, tu pourras le retrouver sans aller loin. Il te suffira d'aller faire un tour à Trouville. Il en grouille par là un tas des biaux messieurs et des belles madames de chez toi. Mais c'est du monde qui, j'en suis sûr, te pue au nez autant qu'à moi ; des richards crevés de la noce qu'ils font à Paris tout l'hiver, et qui viennent ici, chaque été, se recaler un brin. Dire que des fois il faut promener ce monde-là dans sa barque ! Ah ! sacrédié, on ne rapporte pas toujours des soles, des turbots et des thons ;

mais, ce qui manque pour le quart d'heure, ce n'est pas la marée du Boulevard.

Nous irons à la pêche, pas moins. Nous embarquerons ensemble dans ma petite coquille. La manœuvre, ça n'est rien ; en une heure, je te l'apprendrai ; tu me donneras un coup de main. Et au large ! nous filerons droit et grand train, à travers les lames et l'écume, dans le vent de mer, au soleil du jour, la nuit sous la lune, et tu verras, Populot, comme c'est grand et doux, le lit mouvant des vagues, et comme ça vous berce un cœur !

Et puis, sais-tu quoi, hillot ? Si la chance est pour nous dehors, si nous prenons un beau poisson, si le vent nous aide, on poussera jusqu'à Guernesey. Victor Hugo est là, à cette heure, non point malade, comme l'espéraient les mauvais gueux de la réaction, mais solide et droit comme un mât. En voilà un qui aime la mer, et qui sait parler d'elle ! Il aime les pêcheurs aussi. Il a raconté sur eux une crâne histoire : les Pauvres Gens. On m'a lu ça, et ma floe, j'en avais les écubiers tout humides. Eh ben ! nous irons le voir, Populot, et nous lui offrirons notre pêche. Ça fera plaisir à lui, peut-être, et, pour sûr, à nous, pas vrai ?

Et là dessus, mon vieux Jean, j'espère que toutes ces choses te décideront à naviguer jusque par cheux nous, et que ta prochaine sera pour nous avertir de ton arrivée.

Et je te serre la main, Populot, et faut que j'embrasse ta bourgeoise et tes mousses, malgré que j'aie la barbe un peu dure.

Nicolas Roque,
pêcheur.

———

Cocher du jour

———

D'la politiqu' j'suis un' victime !
— Mon père était, au temps jadis,
Sous la monarchi' légitime,
Épicier du roi Charles Dix ;

Car un jour, souv'nir qui m'enivre
Et me remplit d'un doux émoi,
On vint ach'ter chez nous un' livre
De sucr' pour la maison du Roy !

Ça fait qu' j'étais légitimiste
Pendant la Restauration ;
Je fus ensuite orléaniste :
L' juste milieu fut ma passion.

Puis j'suis d'venu bonapartiste ;
Puis on m'a nommé député,
Dieu sait comment... Mais, ça, c'est triste,
Mes collègu's m'ont invalidé.

J'ai r'commencé crân'ment la lutte,
Indigné de ce tour mesquin...
Mais les électeurs m'ont dit : Flûte !
I's ont élu l'républicain !

Et moi, qu'avais en frais d'affiches
Bouffé ma fortun' ! quel sal'tour !
Moi qui comptais, pour être riche,
Sur mes p'tits vingt-cinq francs par jour !...

J'enrageais, pleurant mon beau rêve...
Tout à coup, je lis sur l'journal :
« Les cochers d'fiacre s'mett'nt en grève. »
Alors j'm'ai dit : « y a pas trop d'mal ! »

L'sang des raisins, l'or des moissons,
   Teindront nos drapeaux d'fête ;
Les môm's oiseaux, dans leurs chansons,
   Goual'nt que la paix est faite ·
Tout' la natur' à l'unisson,
     La faridondaine,
     La faridondon,
Fait la basse au peuple ravi,
     Biribi,
A la façon de Barbari,
     Mon ami.

Quant à moi, sans cal'ter plus loin
   Pour voir si l'on rigole,
J'me trott' chez l'mastroquet du coin,
   Avec des zigs en riolle,
Et là, nous en sifflons du bon,
     La faridondaine,
     La faridondon,
A la santé du frèr' Lundi,
     Biribi,
A la façon de Barbari,
     Mon ami.

N'y a qu'à r'moucher les ouvriots
   Pour savoir si tout marche.
Quand vous les verrez poivriots
   Comm' David devant l'arche,
C'est d' la choquott' pour la nation,
     La faridondaine,
     La faridondon.
L' peuple est content lorsqu'il est gris,
     Biribi,
A la façon de Barbari,
     Mon ami.

Si nous lichons un glacis d'trop,
   Y en a qui nous en veulent.
A ceuz-là, nous lâch'rons un rot.·
   Faut pas qu'ils nous engueulent!
Ça empêch'-t-il qu'nous turbinons,
     La faridondaine,
     La faridondon ?
C'est l'bleu qui nous graiss' notre outil,
     Biribi,
A la façon de Barbari,
     Mon ami.

La v'là, ma cantat', qu'en dit's-vous ?
   Elle en vaut bien une autre.
Si ça n'fait pas vot' blot, j'm'en fous ;
   Ça fait joliment l'nôtre.
Tous les grincheux sont des cochons,
     La faridondaine,
     La faridondon,
Et sur leur gniasse j'fais pipi,
     Biribi,
A la façon de Barbari,
     Mon ami.

JEAN POPULOT.

L'HOMME NU

D'ANGERS (*affaire Poliveau*)

et sans ouvrage. Il se tient toujours nu à la disposition des personnes qui voudraient lui faciliter la reprise de ses travaux, interrompus comme l'on sait.

L'ART DE SE CONDUIRE

Dans la Société des Pauvres Bougres

ENSEIGNÉ AUX GENS DU MONDE

II

De la toilette

Quand vous allez chez le prolétaire, pas de gants ! Ça le vexerait. Vous auriez l'air de ne pas vouloir lui toucher la peau.

***

Et pas de carreaux sur l'œil. Ça donne un air méprisant. Si vous êtes une espèce d'infirme, si vous n'y voyez pas clair, tant pis !... — ou tant mieux ! Vous garderez vos illusions devant les miroirs.

***

Une sale habitude que vous avez, c'est de vous fourrer sur la couenne des cochonneries de parfums qui vous font puer comme des rats morts. Faut la perdre, cette habitude-là, quand vous fréquentez le prolétaire. Si le peuple sent quelque chose, lui, c'est la sueur, la masse, le turbin. Ça n'est pas la rose, mais c'est honorable. S'agit pas d'aller l'empester avec vos saloperies fadasses qui vous donneraient quelque chose de louche. Aux Champs-Elysées, le soir, ça peut plaire ; mais, chez le prolétaire, non. Chelinguez plutôt, carrément, si c'est votre nature (et c'est probable, puisque vous éprouvez le besoin de vous empuanter de parfumeries)...

Pas d'odeurs !

***

Après ça, si c'est plus fort que vous, si vous allez faire, quand même, de la gomme chez l'ouvrier, au moins ne grognez pas si on vous calotte, — et dur !

Ce sera trop juste !

Ctesse DE ROTENVILLE

(A suivre — à pied, à cheval et en tramway)

Avis aux Assassins

Quelques criminels joignent à la manie de couper en morceaux les personnes, l'habitude déplorable de manger de la soupe au fromage. La magistrature française flétrit ce cumul qui constitue une circonstance aggravante.

PAS DE CHANCE !...

Il a été un instant question d'exécuter le plan que Monselet vient de proposer pour construire un *Hôtel des Invalidés* aux candidats malheureux. M. Numa Baragnon aurait rempli les fonctions délicates d'*Invalidé à la tête de bois*. Les pensionnaires auraient eu une marmite à l'instar de celle des Invalides.

C'est cette marmite qui a tout gâté.

La ci-devant famille impériale, ruinée par les frais de tournée matrimoniale du Petit, n'est plus assez riche pour la faire bouillir.

Il Signor Barbiere

J'aime le roy : je suis bien né,
Et l'on me connaît, même à Tarbe.
Jeune, au pouvoir j'ai fait la barbe ;
Afin d'allumer l'abonné,

Je crie au public étonné :
« — Mes convictions, c'est du marb'e... »
Mais je passe aux gens la rhubarbe,
Quand ils me passent le séné.

Aujourd'hui, je suis proxénète.
Pour expliquer en style honnête
Ce métier qui n'est pas mauvais,

Et pour ajouter un volume
A mes *Mémoires*, je m'en vais
Faire encore tailler ma plume.

      CRIC.

ÉCHOS DU PALAIS

Mercredi dernier, Me Demange et Me Lachaud se rencontrent au vestiaire.
Dialogue :

Me DEMANGE. — Mon client vaut mieux que le tien ; il est encore plus criminel.

Me LACHAUD. — Non pas. Le mien l'est davantage.

Me DEMANGE. — Pardon, c'est Lebiez qui a découpé.

Me LACHAUD. — Oui, mais c'est Barré qui a mangé le morceau !

DANS LA COUR DES TUILERIES
ON ENLÈVE LE BALLON
Pour vingt francs

—

DURACUIR
*Professeur de chausson et de boxe française
Rue Contrescarpe*

L'enlève pour moins que ça.
(Se charge même de l'enlever pour rien à ceux qui le regardent de travers.)

THÉATRES

—

Une indisposition légère a failli interrompre les représentations du géant chinois. Le médecin de l'Hippodrome s'est borné à prescrire une feuillette d'eau de Pullna, et le remède, qui vient d'opérer au bout de trois jours (dame ! il faut le temps), a donné les résultats les plus satisfaisants.

L'administration de l'Hippodrome, qui ne recule, on le sait, devant aucun sacrifice, avait fait agrandir, pour son pensionnaire, l'établissement à 15 centimes le plus proche.

Aujourd'hui, l'heureuse propriétaire de ce *buen retiro* — une veuve à remarier — quitte les affaires. Sa fortune est faite.

    MONSIEUR DU PARTERRE.

POUR S'AMUSER

6. — *Curiosité philologique*
Par V. GALLIAND

Trouver au mot **épatant** un synonyme de 13 lettres qui ne contienne qu'une seule voyelle répétée cinq fois.

—

Solution du casse-tête synonymique du n° 7

t	oque	t
é	léganc	e
l	ibéra	l
p	ositi	f
e	ffro	i
r	adica	l
e	mbarra	s

(TEL PÈRE — TEL FILS)

—

Ont deviné : Em. Chicot. — Un club de moutons champenois. — Félix B. — Pangel. — Drapem et Camuzardeau. — Bébé et Mimi. — Un Bellevillois. — Kissel de la Hagelmatt. — Le vidame de Buc. — Ernest Pont.

—

Et voilà tout ! C'est rudement maigre, cette fois-ci, le nombre des solutions. Le lapin rit à se tordre. On lit dans son œil railleur une douce pitié pour l'espèce humaine.

Une chose nous attriste : c'est le silence de Maria Béranger. Nous aimons mieux croire à une erreur de la poste qu'à la défaite de cet Œdipe en jupons... De grâce, Maria, éclairez-nous !

N. B. — Prière de nous envoyer les solutions par lettres fermées. Quand on nous envoie de simples cartes postales, les devinettes deviennent vraiment trop faciles pour les facteurs.

PAR TÉLÉPHONE

—

Petite Lune à **2,900**

Vieux lascar, as supprimé ta « Petite correspondance. » Ai envie de supprimer la mienne... Qu'en penses-tu ?

    ×

2,900 à *Petite Lune*

Bah ! fais comme moi : continue à insérer sous la rubrique : *Renseignements*. Ça fait même sac, et ça fout dedans les bégueules.

    ×

Petite Lune à **2,900**

M'étais doutée du truc ! Merci.

Le gérant : P. GENAY.

Imprimerie du journal la *Petite Lune*, P. GENAY,
rue Coq-Héron, 5

N° 9 — 5 C^{mes}

LA Petite LUNE

Bureaux : rue Coq-Héron, 5 || Dessins de GILL || Abonnem^{ts} : Paris, 3 fr. — Départ^{ts}, 3 fr. 50

PENDANT LA GRÈVE

Un flotteur à ton fouet, mon vieux Joseph, un hameçon, un petit asticot... et profite de l'occase ! C'est jamais la Compagnie qui te paiera des fritures.

A MON BEAU-FRÈRE JEAN POPULOT

Charpentier de Paris,

A MONTPERNASSE.

———

Honfleur, le 8 août 1878.

Mon vieux Frérot,

Vécy au moins dix années que nous ne nous sommes point vus. C'était en 1867. J'avais quitté ma plage normande, ma cabane et mes engins de pêche, pour m'en aller dreit à Paris, à l'occasion de l'Exposition universelle. C'est comme ça que je t'ai connu, que j'ai connu ta sœur Mathurine Populot, que j'ai aimé cette fille d'un fin gabarit, cette solide ménagère, et que nous nous sommes donc épousés, pour repartir cheux nous ensemble.

Or ça, mon fieu, je ne voudrais pas avaler ma gaffe sans t'avoir revu ; et ma femme aussi a grand désir d'embrasser son fralin Jean, comme elle dit en son parler de Parisienne. M'est avis que c'est ton tour de nous venir faire un bout de visite. Hein ? C'est-il point là une idée qui te fait sourire en douceur, Populot ?

Tu me marques dans ta dernière lettre que dans ce moment-ici tu étouffes à Paris ; qu'il ne s'y passe plus grand'chose d'intéressant, et qu'on y parle de crimes dégoûtants à lever le cœur. Eh ben, hillot, c'est bien le cas d'en démarrer pour quelques jours. Demande à ta bourgeoise quelques pièces pour le voyage ; deux chemises dans un mouchoir, un bon bâton, et en route !

Parguienne, il n'y a pas si loin de cheux vous cheux nous : tu dois filer pas mal de nœuds à l'heure. En quelques jours, tu seras rendu ; et je te réponds qu'on te fera un accueil soigné !

Tu verras Mathurine et les mousses qu'elle m'a donnés, qui sont en train de devenir rudes. Si ça ne fait pas des matelots, des grands, adieu, va ! c'est que je ne m'y connais pas. Et bitte et bosse ! attrape à rire ! nous lamperons de bonnes verrées de cidre, du *ber* de Normandie, du vrai, dont on jacasse à Paris, sans le connaître. Puis tu avaleras l'air salé ; du haut des falaises, le long des plages, tu promèneras ta quille sur le sable et sur les galets. Tu verras l'Océan, comme c'est beau ; et tu comprendras pourquoi, nous autres pêcheurs, nous naviguons jusqu'à la mort, et pourquoi nous aimons la mer comme une patrie.

D'ailleurs, si un moment ton Paris te manque, tu pourras le retrouver sans aller loin. Il te suffira d'aller faire un tour à Trouville. Il en grouille par là un tas des biaux messieurs et des belles madames de chez toi. Mais c'est du monde qui, j'en suis sûr, te pue au nez autant qu'à moi ; des richards crevés par la noce qu'ils font à Paris tout l'hiver, et qui viennent ici, chaque été, se recaler un brin. Dire que des fois il faut promener ce monde-là dans sa barque ! Ah ! sacrédié, on ne rapporte pas toujours des soles, des turbots et des thons ;

mais, ce qui manque pour le quart d'heure, ce n'est pas la marée du Boulevard.

Nous irons à la pêche, pas moins. Nous embarquerons ensemble dans ma petite coquille. La manœuvre, ça n'est rien ; en une heure, je te l'apprendrai ; tu me donneras un coup de main. Et au large ! nous filerons droit et grand train, à travers les lames et l'écume, dans le vent de mer, au soleil du jour, la nuit sous la lune, et tu verras, Populot, comme c'est grand et doux, le lit mouvant des vagues, et comme ça vous berce un cœur !

Et puis, sais-tu quoi, hillot ? Si la chance est pour nous dehors, si nous prenons un beau poisson, si le vent nous aide, on poussera jusqu'à Guernesey. Victor Hugo est là, à cette heure, non point malade, comme l'espéraient les mauvais gueux de la réaction, mais solide et droit comme un mât. En voilà un qui aime la mer, et qui sait parler d'elle ! Il aime les pêcheurs aussi. Il a raconté sur eux une crâne histoire : les PAUVRES GENS. On m'a lu ça, et ma foi, j'en avais les écubiers tout humides. Eh ben ! nous irons le voir, Populot, et nous lui offrirons notre pêche. Ça fera plaisir à lui, peut-être, et, pour sûr, à nous, pas vrai ?

Et là dessus, mon vieux Jean, j'espère que toutes ces choses te décideront à naviguer jusque par cheux nous, et que ta prochaine sera pour nous avertir de ton arrivée.

Et je te serre la main, Populot, et faut que j'embrasse ta bourgeoise et tes mousses, malgré que j'aie la barbe un peu dure.

NICOLAS ROQUE,
pêcheur.

———

Cocher du jour

———

D'la politiqu' j'suis un' victime !
— Mon père était, au temps jadis,
Sous la monarchi' légitime,
Épicier du roi Charles Dix ;

Car un jour, souv'nir qui m'enivre
Et me remplit d'un doux émoi,
On vint ach'ter chez nous un' livre
De sucr' pour la maison du Roy !

Ça fait qu' j'étais légitimiste
Pendant la Restauration ;
Je fus ensuite orléaniste :
L' juste milieu fut ma passion.

Puis j'suis d'venu bonapartiste ;
Puis on m'a nommé député,
Dieu sait comment... Mais, ça, c'est triste,
Mes collègu's m'ont invalidé.

J'ai r'commencé crân'ment la lutte,
Indigné de ce tour mesquin...
Mais les électeurs m'ont dit : Flûte !
I's ont élu l'républicain !

Et moi, qu'avais en frais d'affiches
Bouffé ma fortun' ! quel sal'tour !
Moi qui comptais, pour êtr' riche,
Sur mes p'tits vingt-cinq francs par jour !...

J'enrageais, pleurant mon beau rêve...
Tout à coup, je lis sur l'journal :
« Les cochers d'fiacre s'mett'nt en grève. »
Alors j'm'ai dit : « y a pas trop d'mal ! »

' Mon existenc' n'est pas finie !
J'peux vivre encor : soyons cocher ! »
J'suis allé z'à la Compagnie
Des P'tit's Voitur's, m' fair' embaucher !

Faut toujours, c'est pas un' bêtise,
S'contenter de c'qu'on peut avoir :
J'ai donc pris les rên's d'un' remise
A défaut des rên's du pouvoir.

Ça fait mon blot : conduire l'monde,
C'était mon unique souhait :
Ben, j'conduis les gens à la rônde ;
Clic ! clac ! hop ! hop ! faut voir mon fouet !

Je guide un char dans la carrière :
Ça n'est pas le char de l'Etat ;
Mais n'importe : j'fais ma poussière ;
Y faudrait pas qu'on m'embêtât.

A Versaille, on veut pas que j'siége ?
J'm'en bats l'œil : j'suis automédon,
Et dès lors, quel chouett' privilége,
J'occupe un siég' tout d'même... Hue donc !

Pour l'invalide :

BIBI.

L'HÉRITAGE

—

Ils vivaient ensemble, tous deux, la mère et le fils, pauvres, très pauvres ; mais heureux pourtant.

Heureux de leur mutuelle tendresse.

Le fils n'avait au monde que sa mère. La mère, que son fils.

C'était une bonne vieille, la mère, trop vieille pour travailler. L'eût-elle pu, d'ailleurs, elle n'eût pas su peut-être. Elle avait eu des jours prospères, n'avait connu la misère que tard.

Puis, le fils n'aurait pas souffert que sa mère travaillât. Il avait une petite place, avec de maigres appointements ; mais, à force d'économie, de privations, il suffisait à tous les besoins du ménage. Certes, il ne faisait pas la noce, celui-là. C'était un jeune homme rangé ; un cœur vraiment filial.

×

Un jour (nous avons tous de ces dates funèbres), en revenant de son bureau, il trouva là vieille évanouie, raide, froide, — morte...

Aux cris que poussa le malheureux, toute la maison accourut. Jamais désespoir pareil ne s'était vu. On eut toutes les peines du monde à empêcher l'orphelin de se tuer près du cadavre maternel. Il fallut qu'un voisin restât là, avec lui, jusqu'à l'enlèvement du corps.

×

Du reste, une joie égale à sa douleur attendait ce fils éprouvé. Au moment où on la mettait dans la bière, il sembla que la morte faisait un mouvement. Puis, on crut entendre un gémissement léger comme un souffle. On interrompit les lugubres préparatifs. Le jeune homme courut chercher un médecin.

On ne s'était pas trompé : la morte était simplement une cataleptique. Elle revint à la vie...

Et pour son fils et pour elle l'existence d'auparavant recommença.

×

Un bonheur jamais n'arrive seul. Ces pauvres gens en eurent la preuve.

La bonne femme avait un parent riche qu'elle ne voyait plus depuis longtemps. Il mourut intestat. Elle était sa seule héritière. La voilà donc riche à son tour.

Aussitôt le fils quitte sa place. On s'installe dans un appartement spacieux et bien meublé ; on prend des domestiques, on goûte enfin tout le bien-être que donne la fortune.

×

Seulement, peu à peu, la tendresse filiale du jeune homme diminua. Il fut moins expansif, moins empressé. Il ne songea plus qu'à se livrer aux plaisirs jadis interdits, délaissa la mère, autrefois tant aimée. Pour la première fois, il eut avec elle des disputes, des scènes violentes.

Puis, il devint sombre, inquiet, taciturne, comme un homme qui nourrit un dessein sinistre, qu'agitent d'impatientes colères...

Enfin, sa mère mourut, — réellement cette fois, — de mort subite.

Cette mort parut louche au médecin qui l'assista dans ses derniers moments ; il fit part de ses soupçons à la justice. Autopsie de là morte, — enquête, — instruction...

Et le fils, arrêté, fut convaincu d'avoir empoisonné sa mère, devenue riche.

Pour hériter !

MARTIAL.

LES FÊTES DE LA « POMME » A CAEN

—

A Caen, sous l'œil de Monselet,
— Disons la chose comme elle est,
     Sans autre exorde —
On a fêté la *Pomme*. (Il n'y
A là-dedans rien d'Eve, ni
     De la Discorde.)

Or, qui devait être vainqueur
Du concours ? Tout le monde en chœur
     Déjà le nomme :
C'est le bon Daubray ; car il a
De Paris, de l'univers, là
     Plus belle *pomme !*

TRIBUNAUX

—

Une jeune fille, séduite avec promesse de mariage, puis abandonnée par son amant lorsqu'il la vit enceinte, a tiré sur le don Juan un coup de pistolet... à poudre. Le tribunal d'Angers l'a condamnée... à 1 *franc d'amende.*

C'est bon.

Mais le saligaud ? A quoi va-t-on le condamner ?

L'ART DE SE CONDUIRE

Dans la Société des Pauvres Bougres

ENSEIGNÉ AUX GENS DU MONDE

III

A Table

Une supposition que l'honnête prolétaire vous invite à dîner. Ça n'est pas probable, mais, enfin ! je suppose.

Faut tâcher de vous tenir.

**

J'espère bien que vous n'irez pas réclamer de serviette, ni essuyer les couverts et les assiettes comme s'ils n'étaient pas suffisamment propres. Autant dire à l'ouvrier qu'il est un cochon.

Mangez ce qu'on vous donne, buvez ce qu'on vous verse. Faites l'éloge de tout au fur et à mesure. Et si la cuisinière, qui est toujours la maîtresse de la maison, n'a pas l'air contente d'un plat, soutenez-en vivement le mérite, et redemandez-en jusqu'au bout, quitte à crever.

**

Gardez-vous de faire du pied ou du genou sous la table à la femme et aux filles de l'honnête ouvrier. Ces manières de débauché sont peut-être goûtées dans votre monde ; mais chez le prolétaire, ça ne rapporte que des beignes.

**

Parlez peu, vous direz moins de bêtises. Néanmoins, ne restez pas fermé, pareil à une moule, et tâchez de rigoler comme tout le monde ; mais pas de cochonneries — à cause des dames.

Le récit de vos bonnes fortunes en toc n'est pas à faire. On vous demanderait l'adresse de votre pharmacien.

Au dessert seulement, quand ça sera votre tour de pousser la romance, vous pouvez risquer quelque chose d'aimable. Envoyez : *Quel cochon d'enfant* ou le *Petit lapin de ma femme*, par exemple. C'est gentil. Ou bien quelque chose de patriotique, ou de sentimental. Si vous ne savez rien, apprenez par cœur, chaque semaine, les poésies de notre collaborateur Bibi. C'est simple et de bon goût. Ça vous fera un joli répertoire.

**

Surtout ne vous faites pas prier deux heures en tortillant des fesses avant de commencer.

Si la voix vous manque, au milieu du morceau (les éreintés doivent s'attendre à ça), vous n'avez qu'à sourire le moins bêtement possible, en murmurant : « Au fond du verre, » et à payer un litre.

On verra que vous avez de l'usage, et, après, ça marchera mieux.

**

Une dernière recommandation, à peine utile :

Si l'honnête prolétaire lâche un vent, ne prenez pas un air étonné en le regardant ; c'est son droit : il est chez lui.

Mieux vaut, si vous êtes musicien, noter la modulation pour l'exécuter au piano en rentrant chez vous.

Ctesse DE ROTENVILLE

(A suivre — à pied, à cheval et en tramway)

POUR S'AMUSER

Solution de la curiosité philologique du n° 8

ABRACADABRANT

Ont deviné : V. Locipède. — Bec de Gaz. — Gustave Tassy. — Un réac d'Avignon. — Gaveavorgaves S. — Maboul. — A. Panneau. — P. de Zouille. — Un bancal et un manchot. — Un coco. — Jenbavelemou. — E. K. Rance et G. Boit-Rôt. — Matricsar. — K. Perdu la Boula. — Sans-Taie et Pangel. — Un prolétaire en riolle. — Van Duboisvert. — Plume-Pattes. — De Fontonezauc. — Hermann Barrère. — Un toquet troyen. — Castor et Paul Lux. — Grosbouyff. — Laval. — Trousleichosatowsky. — Omer II. — Un Belloraque. — Félix B. — Trois abruts par le B. zig. — Baverlhavéavas. — Crouskouyouski. — L. N. A. — Un club de moutons champenois. — R. Goth et A. Rhum. — Em. Chicot. — E. Cutané. — Dranem et Camuzardeau. — Un cordonniais de Burq. — Ka-Ka-O-Li. — De Railg. — Théos. — Nicolas et Eugène Arthot. — François Arthot. — La canaque Anada. — Lesiol le rouge. — Un abruti du Crédit lyonnais. — Oreste et Pylade de Nantes. — G. Marcol. — Paul Kuppenheim. — Un ex-Mathurin. — Abbud Ukase VI. — A. Bruti. — Ch. Lardemedem. — J. Goyard. — G. Bucquet. — H. P. — Un chercheur d'or. — Deux lascars à poil de la Compagnie d'Orléans. — Claire Guilbaud. — Brick et Cold-Cream. — Lisette de Pithiviers. — Un des poils du lapin. — Georges Claudel.

Et c'est pas fini !... La dernière fois, je me plaignais du petit nombre de devineurs...

Cette fois, je trouve qu'il y en a trop. Le lapin effaré me supplie de combiner un casse-tête terrible ; quinze jours ne sont pas de trop pour trouver ça. Ce sera donc pour la prochaine fois.

P. S. — Aux solutions du casse-tête synonymique du n° 7, ajouter les noms de Léon Nemo et Eugène Arthot.

· Le gérant : P. GENAY.

Imprimerie du journal la *Petite Lune*, P. GENAY, rue Coq-Héron, 5

N° 10   5 Cmes

Bureaux : rue Coq-Héron, 5 || Dessins de GILL || Abonnem¹⁵ : Paris, 3 fr. — Départ¹⁵, 3 fr. 50

DARWIN

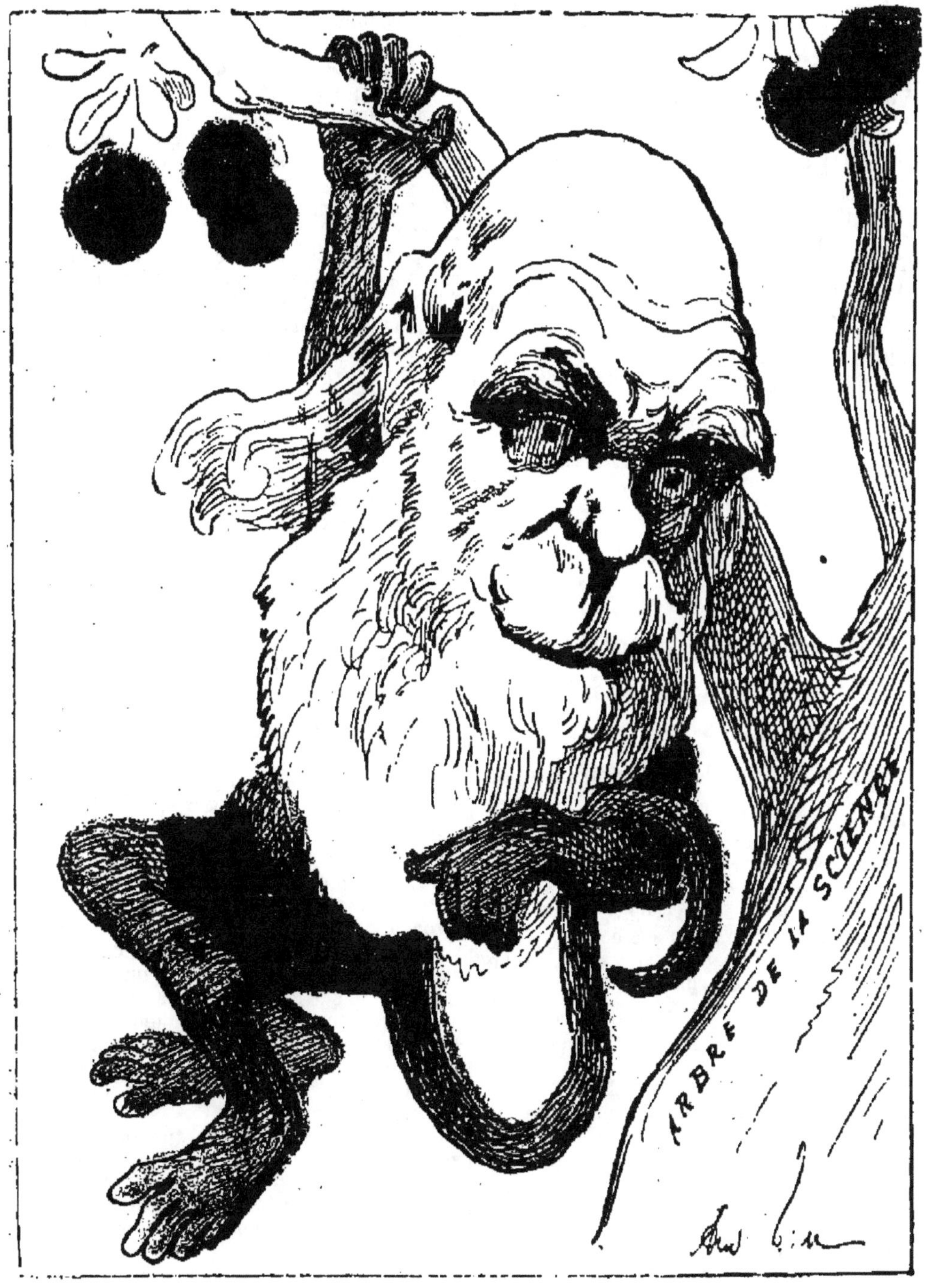

(Voir à la page 2.)

LES HOMMES ILLUSTRES

DARWIN

Bien des gens ignorent ce qu'est Darwin.

Sans le chourineur Lebiez, qui se croyait Darwinien, vous ne sauriez peut-être pas son nom.

Eh bien, voici ce que c'est.

C'est un savant Anglais, un naturaliste, un bûcheur.

Il a dit que l'homme descendait du singe. L'homme est un singe transformé, perfectionné, *sélecté*, comme disent les gens qui ont de l'instruction.

Vous comprenez que ça canule les esbrouffeurs qui croient avoir — pondu — la colonne !

Et les ratichons ? Vous voyez d'ici leurs pifs !

Alors ils ont trouvé ça : que, si Lebiez avait escarpé la veuve Gillet, c'était la faute à Darwin !

A ce compte-là, si un assassin, la veille de son crime, avait enveloppé deux sous de gruyère dans un morceau de la *Défense*, Dupanloup serait son complice ?

Tas de quadrumanes mal sélectés, va !

LA MÈRE PLUTARQUE.

DISCOURS D'UN CONTRIBUABLE

Citoyens,

Je réclame la parole. On ne dira pas que j'en abuse.

Depuis La Fontaine et Perrault, ni mes ancêtres ni moi n'avons soufflé mot. Je parlerai d'abord avec résolution, mais sans colère : vous voyez que je remue la queue, et la preuve que je ne suis pas enragé, c'est que je demande un verre d'eau sucrée ayant d'élever la voix — ouah ! ouah ! ouah ! — au nom de mes frères opprimés.

(L'orateur lape quelques gorgées, puis il reprend) :

Citoyens,

L'éloge de ma race n'est plus à faire.

Un des vôtres l'a résumé d'un trait, trait immortel :

« Ce qu'il y a de meilleur dans l'homme, c'est le chien, » a dit Charlet.

Charlet fut un zig. Je bois à sa mémoire.

(L'orateur relape, puis continue) :

Certes, le meilleur de l'homme, c'est le chien ; et voyez comment l'homme nous traite : c'est à faire dresser sur la peau les poils les plus frisés ! Ai-je besoin de signaler tout d'abord les hécatombes que l'homme fait de nous à notre naissance ? Que de chiens à peine entrés dans la vie en sont aussitôt ressortis comme des flèches, précipités dans les eaux meurtrières des fleuves ou dans des lieux innommables !...

Je passe et ne m'occuperai que des survivants.

Le chien, qu'Homère a chanté, que Diogène se proposait pour modèle, le chien, dès son aurore, se voit, neuf fois sur dix, couper les oreilles et la queue. Par qui ? Par l'homme. Pourquoi ? Pour l'embellir. L'embellir ! Ah ! si les chiens avaient mission d'embellir les hommes, que ne leur couperaient-ils pas ?

Ainsi mutilé, amoindri, rogné, le chien passera par tous vos caprices, expiera toutes vos fautes, essuiera toutes vos crises de nerfs. Il fera l'exercice, portera des paquets, donnera la patte, que sais-je ! Il sera l'instrument de vos passions, le martyr de vos misères, la victime de vos ignominies. Chasseur, vous le conviez au meurtre ; saltimbanque, à la parade ; aveugle, vous le traînez sur les ponts ou le plantez sur des orgues ; il demande l'aumône !

Et quelle est notre récompense ? On nous accable de mauvais traitements, on nous roue de coups, on nous étrangle avec des colliers, on nous étouffe avec des muselières. Pis encore : on nous insulte ! Notre nom est un terme de mépris ! Le cynisme du chien est devenu proverbial. Et nous payons l'impôt ! nous engraissons le budget !!!...

(L'orateur frappe la tribune d'une patte indignée).

Eh bien, ce n'était rien encore !

L'ordonnance Gigot a comblé la mesure. Cette ordonnance, que je ne veux pas examiner en détail, c'est le massacre organisé contre notre espèce proscrite.

Et quel prétexte ose-t-on invoquer ? La rage !

Or, écoutez : *La rage n'est pas du chien, mais du loup.* Ceci est de Toussenel, un sage entre les écrivains ; un homme, il est vrai, mais digne d'être chien, et de porter la queue en trompette.

La déclaration de ce savant notoire suffit à faire à jamais justice de l'ordonnance Gigot !

(Un grand geste circulaire).

Plus qu'un mot, citoyens, sur le cynisme dont on nous taxe ! L'accusation est bouffonne. Nous avons toutes les vertus. Si, parfois, entraînés par l'ardeur de la tendresse, nous oublions un moment les lois de la décence, un seau d'eau glacée, jeté sur nos reins, nous rappelle bientôt au respect des bonnes mœurs. Mais ces égarements éphémères sont-ils comparables aux humaines turpitudes ? J'en appelle à tous les juges !... notamment à ceux du procès Desquiens-Hodister !

Et cependant, j'entends dire que la Belgique a réclamé l'un des accusés de cette répugnante affaire : et, parce qu'il n'a pas quinze ans, les tribunaux vont déclarer qu'il manquait de discernement, et le soustraire à la peine capitale...

(Un silence. — Avec amertume) :

Eh bien, ai-je quinze ans, moi qui vous parle ?

Soumis aux vexations barbares de l'homme, qui se dit notre ami, combien d'entre nous

parviennent à cet âge? A peine quelques-
uns ; le reste est fauché dans sa fleur !...

(L'orateur essuie quelques larmes.)

Au reste, si la Belgique a des lois plus hos-
pitalières ; s'il est au monde un coin de terre
où s'épanouissent des ordonnances plus éco-
nomes de notre vie, nous émigrerons ; oui !
dussions-nous traverser les mers : — nous
savons nager. La patience canine a des bornes. Un chien n'est pas un ange.

Et alors, que ferez-vous, malheureux hommes de France? Livrés à vous-mêmes et à
l'ennui profond que vous dégagez, vous en
aurez vite plein le dos : vous végéterez !

Quant à nous, la queue basse, il est vrai,
les yeux en pleurs tournés vers la patrie marâtre, nous broierons en silence la croûte
amère de l'exil, soit ! mais loin des préfets
de police canicides. Ouah ! ouah ! ouah !

Ouah ! ouah ! ouah ! je le répète ; ne parlez
plus de *gigot*, citoyens.

Si ce vocable jadis éveilla dans nos âmes le
rêve appétissant, aujourd'hui c'en est fait : il
est devenu pour nous synonyme d'arbitraire,
de tyrannie ; il marque les plus mauvais jours
de notre histoire.

Gigot, voyez-vous, nous l'a trop faite à
l'oseille, — j'allais dire à l'ail.

*(L'orateur lape son reste et se retire avec
dignité.)*

Pour sténographie conforme :

MARTIAL.

Ballade de Bibi

POUR LES JOURS DE DÈCHE

Des tas de malheurs, vraiment brusques,
Sont tombés sur moi tout à coup :
J'ai pris le meilleur de mes frusques,
Je suis allé les mettre au clou.
Dam ! quand on se voit sans le sou,
Pour sortir d'ennui, l'on fait flèche
De tout bois ; on est comme fou...
C'est rasant de battre la dèche.

Je suis dans la débine, jusques
Aux épaules, jusques au cou.
Deux vases, nullement étrusques,
Une chaise, un lit d'acajou,
Voilà tout mon mobilier. Où
Trouver des picaillons ? Pas mèche !
Je reste aplati comme un pou...
C'est rasant de battre la dèche.

Bourgeois, qui, sans doute t'offusques
De mes plaintes, ô vieux grigou,
Fils abâtardi des mollusques,
Tu ne vaux pas un franc-cagou
Qui dîne d'un trognon de chou,
Puis s'endort sur la paille sèche,
En grommelant d'un ton voyou:
« C'est rasant de battre la dèche. »

Princes, rois de la finance ou
De l'industrie, ayant calèche,
Chevaux, hôtel et maint bijou, —
C'est rasant de battre la dèche !

BIBI.

FEMME ÉMANCIPÉE

—o—

Nous sommes pour toutes les libertés.
Nous voulons la recherche de la paternité,
le châtiment de la séduction, l'augmenta-
tion du salaire des femmes. Mais la femme
homme ne fait p s notre blot.

Et nous en rigolons, de peur de la haïr.

Tant pis pour le Congrès de ces dames !

MADAME, MONSIEUR et l'ENFANT achèvent de déjeuner
La BONNE dessert

MADAME, *bouchonnant sa serviette et la po-
sant sur la table.* — Bien mauvaise, Marie,
votre omelette...

MONSIEUR, *timidement.* — Mais non ; moi je
l'ai trouvée bonne...

MADAME. — Eh ! n.. de D..., je sais ce que
je dis. Elle était détestable ! Passe-moi un cigare. (Elle fume.) Il ne tire pas ce cigare... In-
fumable. La régie se fout du monde, parole !
(A son mari.) Va donc me chercher ma pipe !
Marie, le cognac ! — Merci. — Eh bien ! cette
pipe ?

MONSIEUR. — Je ne la trouve pas...

MADAME. — Allons, tu ne sais jamais ce
que tu fais de rien ! Va encore falloir que je
me dérange.

MONSIEUR. — Non, non, je l'ai. (Il apporte la
pipe.)

MADAME, *la bourrant et la fumant.* — Pas
malheureux. (Elle se verse du cognac. — A l'enfant ;)
Tu peux aller jouer, toi.

L'ENFANT. — Bien, m'man. (En se levant, il
renverse et casse un verre.)

MADAME. — Sacré maladroit, va ! (Elle envoie
un coup de serviette à l'enfant, qui jette quelques hurlements et se réfugie dans les bras de Monsieur.)

MONSIEUR. — Viens, mon bichet ; viens,
mon coco,

MADAME.— Allons, tu vas prendre son parti, n'est-ce pas ?

MONSIEUR. — Dame ! tu le brutalises toujours, ce petit.

MADAME, *tapant du poing.* — Cré n.. de D...! Suis-je le maître, oui ou non ? Emporte-le, ton sacré moutard, et que ça finisse ! (*Monsieur emporte l'enfant.*)

MADAME, *regardant la pendule.* — Onze heures et demie ! — Marie ! l'eau chaude... le savon !... mon rasoir !...

LA BONNE. — Voilà, madame.

MADAME, *prenant l'eau chaude.* — Qu'est-ce que vous avez ? Vous avez l'air grognon...

LA BONNE. — Dame ! Madame me gronde toujours...

MADAME. — Allons, allons, ne parlons plus de ça... Tu sais bien que je ne t'en veux pas ! (*Elle lui prend la taille.*)

LA BONNE, *se sauvant.* — Oh ! madame... si monsieur nous voyait !... (*Madame rit.*)

MONSIEUR, *rentrant.* — Qu'est-ce que tu fais, mon amie ?

MADAME, *qui a saisi vivement un journal.* — Rien... C'est ce procès qu'on juge à huis clos.

MONSIEUR. — Ah ! oui... Je n'ai pas bien compris...

MADAME. — Je t'expliquerai ça... ce soir... (*Elle le prend par la taille, le fait asseoir sur ses genoux, et l'embrasse.*) Ce soir, polisson... (*bas*) comme la nuit dernière... Tu te rappelles... cette nuit ? (*Monsieur rougit.*) Tu en as pour tes neuf mois !

MONSIEUR. — Oh !...

MADAME. — Tu en as pour tes neuf mois, je te dis ! Tiens voilà cent sous pour ton marché : économise.

MONSIEUR *s'en allant.* — Tu sais bien que je ne gâche pas l'argent ; je n'ai rien à me mettre.

MADAME, *à part.* — Pauvre chat !... qu'est-ce qu'il deviendra... quand j'irai faire mes vingt-huit jours !

FRANÇOISE

ÉCHOS DU PALAIS

Dans l'affair' de la veuv' Crémieux,
Defrance, avec un rud' franchise,
S'est r'connu des goûts monstrueux
Qui brav'nt toute espèc' d'analyse.

Avec Hodis er et Desquiens
I faisait des horreurs, ru' d' Seine...
Et dir' que c'est les pauvres chiens
Que l'on accuse d'être obscènes !

PENDANT LA GRÈVE

Dans un fiacre :
La dame. — Non, non, finissez...
Le monsieur. — .....!
Le cocher, tapant au carreau. — Dites donc, là dedans, vous savez, c'est pas le moment. J'suis pas à la rigolade !

ÉCHOS DES BAINS DE MER

A Trouville :

La duchesse de Kassnoisett et la marquise de Biribis s'égarent sur la plage, du côté où se baignent les gens du pays.

Ceux-ci — pas gommeux — sont nus comme des vers.

Les deux faraudes s'arrêtent, — regardent, appuyées sur leurs cannes Louis XIV, — puis repartent.

Un long silence...

LA DUCHESSE (*songeuse*). — Hein ! chère belle, c'est épatant ce qu'il y a d'Israélites, cette année.

POUR S'AMUSER

---

7. — Mot carré

Mon premier, général, servit la République ;
Mon second, ville forte, est près de Brescia ;
Mon troisième veut dire : « Ayant du penchant à... »
Le suivant est un nom qui brave la critique ;
Mon cinquième est l'échelle où le flot montera,
Et mon dernier, une plante qui pique.

Suite des *abracadabrants* : N. Levallois. — E. Poirot. — Trois poivrots du Grand-Centre à Lyon. — Pommade denticalvitique. — Un Bellevillois. — Kissel de la Magelmatt. — Le vidame de Buc. — Ernest Pont. — B. L. H. T. — Ben-Tate-El. — Alphonse Carcacautre, Mal, Rogomme — Enilès Asco. — El Bahbouche. — Quatre Gascons de Bordeaux. — Th. de Cucuron. — G. V. — Ludwig A. — J. Rolla. — Michaud le Bassieu. — Sportman-Club. — L. Bourgeois et M. Baluze.

Nous publions ci-dessus le portrait du LAPIN. Il s'achemine vers la casserole, victime déjà parée pour le sacrifice. Comme tous les condamnés à mort, comme Lacenaire, comme Lebiez, il occupe ses derniers jours à faire des vers. Peut-être imprimerons-nous prochainement une de ses élégies touchantes à faire chigner un badingouin. Ce sera pour l'infortuné une consolation suprême !

Le Gérant : Auguste de la BILLETTE.

Imp. du journal la *Petite Lune* : A. de la BILLETTE 5, rue Coq-Héron, 5.

LA Petite LUNE

Bureaux : rue Coq-Héron, 5 || **Dessins de GILL** || Abonnem.ts : Paris, 9 fr. — Départs, 9 fr. 50

POUAH!

Voilà ce qu'ils ont fait de lui...
De l'Amour qui, sur toutes choses,
Met des splendeurs d'apothéoses,
Du dieu des lys, du dieu des roses,
Voilà ce qu'ils font aujourd'hui !

A JEANNE POPULOT

MA NIÈCE,

Couturière à MONTMARTRE

Paris, le 23 août 1878

Ma pauvre Jeanne,

Hein ! l'autre jour, est-ce que j'ai eu besoin de te reluquer longtemps pour voir de quoi il retournait? Tu avais fauté, ma pauvre fille, tu étais grosse ; ton père, mon frangin Jérôme, s'était aperçu de la chose, et tu venais me prier, — moi, ton oncle et ton parrain, — de m'interposer.

C'est que Jérôme s'était foutu dans une sacrée colère contre toi et le jean-foutre qui t'a séduite et engrossée, puis plantée là pour reverdir. Il avait voulu te forcer à lui donner le nom et la demeure du saligaud ; t'avais refusé carrément. Scène à tout casser. Alors tu t'étais ensauvée et carapatée chez l'oncle Jean.

Moi qui, sous l'écorce, suis bon bougre, et qui chéris ma filleule Jeanne, je ne t'ai pas engueulée une miette ; je t'ai consolée, au contraire, dorlotée comme quand tu étais gosseline, — tu te rappelles? J'ai séché tes mirettes rougies, et tu t'es confessée à moi. Je le savais, ce que tu avais à me raconter, je l'ai entendue si souvent, cette histoire-là ! Toujours la même. Un beau monsieur, un freluquet, qui a des gants, du linge fin, une redingote. On le trouve sur son passage, en allant à l'atelier, en s'en retournant à la maison. Il vous suit, vous accoste. On en rigole d'abord; puis on l'écoute ; ces muffles-là savent si bien jouer du chiffon rouge pour enjôler les petites filles! Puis on accepte un rendez-vous. Il vous emmène dans un hôtel, et, quand il vous tient là, vous viole… car c'est du viol, nom de Dieu ! — Un beau jour, on lui déclare qu'on est enceinte. Le monsieur fait une gueule, se tire des pieds, et va te faire foutre! on ne le revoit plus. V'là ton histoire.

Quand j'ai su ça, je suis allé voir le fralin Jérôme, et je lui ai fait comprendre que lui aussi est coupable de ta faute; qu'il aurait dû te marier; pas vrai ? dès que tu as été en âge, avec un brave ouvrier, turbineur et poilu, qui aurait élevé les gosses qu'il t'aurait faits. Quand on laisse trotter une jeunesse sur le pavé de Pantin, faut toujours s'attendre à la casse.

Pour le sale fils de bourgeois qui t'a collé un polichinelle dans le tiroir, tu n'as pas voulu dire qui c'est, tu as bien fait. Quand Jérôme serait allé le trouver, belle affaire ! Il l'aurait envoyé dinguer. Jérôme lui aurait cassé la gueule, et se serait fait fourrer au bloc : jolie avance ! Le salaud a la loi de son côté; qu'il reste où il est : le déshonneur est pour lui, pas pour nous !

Maintenant, ça vaut mieux que, chez toi, on ait découvert le pot aux roses. Si tu étais parvenue à cacher ton état, qui sait à quoi t'aurait poussée la honte, le désespoir et le trac ! Tu aurais peut-être perdu la boule, et qui sait?… qui sait? tiens je n'ose pas l'écrire, ce que tu aurais pu faire… Ça se voit tous les jours, ces choses-là. — On parle de rétablir les tours, il est vraiment temps, nom de Dieu ! On trouvera moins de petits machabées, le cou tordu, sur les pavés, les tas d'ordures, dans l'angle des portes cochères !

J'ai dit tout ça au frangin. Ça l'a fait chigner. Il t'a rouvert les bras, il t'a reprise.

Tu vois, Jeanne, que tu me dois une fameuse chandelle. J'ai donc le droit de te donner quelques conseils. Eh bien, si t'as pas su rester honnête fille, sois bonne mère. Soigne bien ton moutard, turbine double pour l'élever, et pour en faire une brave fille, si c'est une fille, — un rude ouvrier, si c'est un gars ! Tu me le promets, et je suis tranquille ; car je sais que vous, les filles du peuple, si vous êtes faibles et étournettes avec les enjôleurs, vous redevenez de fières masseuses pour nourrir les petits qui sont sortis de vos entrailles !

A présent, dame ! si jamais on se décide à faire des réformes, plus urgentes de jour en jour, à introduire dans les lois le châtiment de la séduction et la recherche de la paternité, alors, ce jour-là, — toi, ton petit bâtard, Jérôme et moi, — nous irons demander, non pas de l'argent, mais des comptes… au salaud qui t'a foutue dans ce pétrin-là. Et ce sera rude !

En attendant, Jeannette, ma ménagère Françoise qui sait ce que c'est que de faire des mômes, te crie : *Courage!* et moi, je t'embrasse doublement : une fois pour toi, et une fois pour le moucheron que tu es en train de bâtir.

Ton oncle,

JEAN POPULOT.

Ç'est la belle âge !…

ou

CENT ANS OU LA VIE D'UN JOUISSEUR

BALANÇOIRE

Quatre ans ! — Pour dir' maman, papa,
Aimer les bonbons, les images,
Et dans son dodo fair' caca,
C'est la belle âge !

Dix ans ! — Pour aller en pension,
Commencer son apprentissage,
Bref, acquérir de l'instruction,
C'est la belle âge !

Dix-huit, vingt ans ! — Pour fair' l'amour,
Pour gober les gentils corsages,
Les minois, les jamb's fait's au tour,
C'est la belle âge !

Trente ou trent'-cinq ans ! — Pour songer
A contracter un clicouett' mariage,
Loin des voitur's pour se ranger,
C'est la belle âge !

Quarante ans ! — Pour dev'nir rentier,
Faire à la Bours' des tripotages,
Et des esbrouff's dans son quartier,
C'est la belle âge !

Cinquante ans ! — Pour être cocu,
Et de l'homme qui vous outrage
Recevoir des coups d'pied au cul,
    C'est la belle âge !

Soixante ans ! — Pour crever d'argent,
Dev'nir un immond' personnage,
Jésuit', pourri, class' dirigeant,
    C'est la belle âge !

Quatre-vingts ans ! — Pour êtr' gaga,
Avoir la tê' qui déménage,
Et d'nouveau fair' sous soi caca,
    C'est là belle âge !

Cent ans... — Pour perd' le goût du pain,
Et s'en aller, suivant l'usage,
Pioncer dans un' boîte en sapin,
    C'est la belle âge...

                                BIBI.

SILHOUETTES DE PROLÉTAIRES

L'HOMME DU PECQ

Dimanche dernier, j'étais au Pecq, avec un camerluche.

On entra dans un cabaret. Après deux heures de promenade, ça se comprend, n'est-ce pas ? Nous étions assis en face d'un litre. — Un homme parut.

Quel homme !

Le vagabond, le va-nu-pieds, le crève-la-faim, dans toute sa formidable horreur. Face terreuse, trouée d'yeux caves à y fourrer le poing. Les pommettes perçant la peau. Des cheveux gris embroussaillés. Le menton hérissé de poils rudes. Pour vêtements, des choses sans nom : la loque, le haillon, la guenille... Sur la tête, une vieille casquette sans visière, ramassée au coin de quelque borne. Un bissac, vide, au flanc, et dans la main un bâton noueux...

**

Il se dirigea vers le comptoir, se découvrit, et d'une voix très humble, demanda un peu de nourriture.

La cabaretière le toisa d'un air dur. Elle allait refuser. Elle vit que nous l'observions. Alors, d'un ton rogue :

— Donnez une soupe à cet homme, dit-elle au garçon.

L'homme remercia, puis s'installa au coin d'une table. On lui apporta une soupe,— non, une pâtée dont n'auraient pas voulu les chiens de Cunéo. Lui, la dévora.

L'écuelle vidée, il se leva et fit le tour des consommateurs, en balbutiant d'inintelligibles paroles.

On lui donna quelques sous.

Il allait reprendre son chemin, d'un pas plus allègre.

**

Mais la patronne avait tout vu. Comme il allait passer la porte :

— Eh ! l'homme ! cria-t-elle.

Il s'arrêta. Elle reprit :

— Puisque vous avez DE L'ARGENT maintenant, vous pourriez bien me *payer ma soupe;* c'est trente centimes !

L'autre ne souffla mot. Résigné, il donna la monnaie, puis franchit le seuil, et disparut dans la poussière de la route.

Es-tu bien heureuse, femme, d'avoir *gagné* six sous qu'un voleur ne voudrait pas ?

                                MARTIAL.

L'apparition du livre de PAUL MAHALIN
LES JOLIES ACTRICES DE PARIS
vient de suggérer à l'un de nos plus habiles financiers l'idée d'une
SOCIÉTÉ EN COMMANDITE
POUR
L'EXTRACTION DU MERCURE DES CORPS
DE BALLETS ET AUTRES
—《‥》—
Les progrès de la chimie ont donné lieu de supposer la fréquente présence de ce métal sur nos plus aimables scènes.

L'ART DE SE CONDUIRE

Dans la Société des Pauvres Bougres

ENSEIGNÉ AUX GENS DU MONDE

IV

Conversation — Langage

C'est ici le pays de la franchise :

Vous parlerez au peuple la langue du peuple, nette, carrée, pas bégueule. Voire, vous la parlerez gaîment :

Vous appellerez un chat, *un greffier;* un enfant, *un gosse;* un jésuite, *un Jean-fesse;* Alphonse, *un dos;* Mme Florina, *une morue,* et le monsieur de la rue de Seine, 73...

Halte-là !... Attention aux dames !

×

Et vous ne confondrez pas la langue énergique, expressive et colorée du travailleur, avec l'argot des coquins.

Vous avez peut-être fait de la prison (quand on tripote à la Bourse !). N'allez pas vous imaginer que c'est le cas d'employer les mots que vous y avez appris.

La langue du bagne et celle de l'atelier, ce n'est pas la même chose.

Pas d'erreurs !

On vous les ferait sentir du haut en bas de l'escalier.

×

Et n'appelez pas l'honnête prolétaire : *Chose... Machin.*

L'honnête prolétaire a un nom, — le nom de son père, très souvent. — Appelez-le par son nom.

Et ne le traitez pas non plus de *mon garçon, mon ami,* de l'air d'un prophète qui parle à une pomme cuite. Il n'est pas votre garçon, il est votre égal; et s'il devient jamais votre ami, ce sera quand vous l'aurez mérité.

×

Inutile d'afficher vos ardentes convictions républicaines. On sait bien que, si vous faites le républicain, c'est par trac ou pour attraper une place.

Encore inutile de faire le savant pour esblinder le prolétaire. Le prolétaire sait toujours quelque chose de plus que vous :

Gagner son pain avec ses pattes..

×

Et parlez en face, le regard ouvert, le caillou d'aplomb sur le tube, le tube d'aplomb sur les quilles, et distinctement.

Pas de bouche froncée en cul de poule, pas d'yeux clignés en trous de pipe.

Et ne vous dandinez pas comme un cerf-volant qui tombe.

Et surtout...

Pas de postillons !

Gardez cela pour faire l'absinthe de vos pareils.

Ctesse DE ROTENVILLE

(A suivre — à pied, à cheval et en tramway)

APRÈS LA GRÈVE

Les cochers ne sont plus en grève. — Tout s'arrange.
Les cochers ont raison, Bixio n'a pas tort. —
Et le cheval? Ah! lui, c'est la victime. Il mange
Toujours du son, et sur de la sciure il dort.

Les révolutions ressemblent à ces grèves;
On les fait en ton nom, ô Peuple souverain !
Mais, après comme avant, de misère tu crèves,
Et des maîtres nouveaux te font sentir le frein.

COCOTTE

THÉATRES

Une voiture où se trouvait le flamboyant Daubray avec une autre personne a été renversée par un tramway.

Daubray n'a rien de cassé, pas le moindre membre.

Son compagnon est broyé, mais qu'importe? Périssent les colonies, pourvu que Daubray soit sauf!

Il l'est...

Y aurait-il un Dieu pour Daubray?

Avec celui des biberons, cela ferait deux.

Ça ferait-il bien *deux* ??

—o—

Le ténor Bettini plaide en Angleterre contre un colonel de la garde écossaise.

Il paraîtrait que le colonel apprend l'exer-
cice à Mme Bettini depuis l'an de grâce 1872, c'est-à-dire depuis six ans.

Le ténor lui réclame 250,000 francs de dommages-intérêts.

En supposant une leçon par jour (un colonel de la garde écossaise n'est pas une andouille) cela met à un peu plus de 114 fr. 15 le.....
rendez-vous.

C'est raide! Qu'en dites-vous, colonel ?

Est-ce que Bettini ne pourrait pas nous rabattre quelque chose ?

Il est vrai qu'il a assez chanté... pour faire un peu chanter les autres.

MONSIEUR DU PARTERRE.

CONCERTS

L'autre soir, chez Besselièvre, où il y avait concert soi-disant *populaire*, un travailleur s'est vu refuser l'entrée parce que sa femme était en bonnet.

Qu'est-ce qu'il *faut donc* coiffer pour être *populaire*, mon vieux Besselièvre?

Un casque?... ou une mitre?

LE RENOUVELLEMENT PARTIEL

NOUVEAU COLCORAME
infaillible

POUR LA GUÉRISON DES *CORPS*

de l'Etat.

POUR S'AMUSER

Fin (enfin !) d*s *abracadabrants : Le Brahme de Billac — L. Vigneau et P. Blanchon. — T. As. — Parpaillot. — E. Bujard. — Mignon. — Pasquin. — P. Marion. — Noix de Coco. — Popaul et Nini. — Un P. L. M. — G. V. G. T. — Moumoute. — Dix huîtres. — Un fourreur. — Nez de Rubis et Boule de Suif. — G. Tann... — Ben-Zouf. — Sirvot. — K. K. d'oie. — Omer Niar. — Deux lascars. — Beaucanard. — Vorimore. — Une pie de Montmartre. — Chevrier. — Yup-ud-. — Un lecteur par hasard. — J. Federmann. — Lord Fleos. — Paupaul. — Un Pantluois. — Bizouard et Sivadier. — Tigade dégommée. — So-sol. — Un badingouin (*pouah!*). — Paillasse et Crottin. — Desq..bres et Durand. — Trois Kro-to... — Hautboïste de Guise. — Les frères G. P. T. — Une favouille marseillaise. — Boudaille. — Grain de sel, Bébé et Lapin VII. — La taupe bleue de la E. C. — Republicanus Chanion. — Un visage décomposé de Gembloux. — Bébé et Mimi. — Boule de Gomme. — Th. — Manche à balai. — Deux gones de Lyon. — E. Poirot. — N. Levallois.

———

Ouf!... le lapin sent le sapin... A huitaine la solution du dernier mot carré et les noms des devineurs.

Le Gérant : Auguste de la BILLETTE.

Imp. du journal la *Petite Lune* : A. de la BILLETTE,
5, rue Coq-Héron, 5.

N° 12

25 Cmes

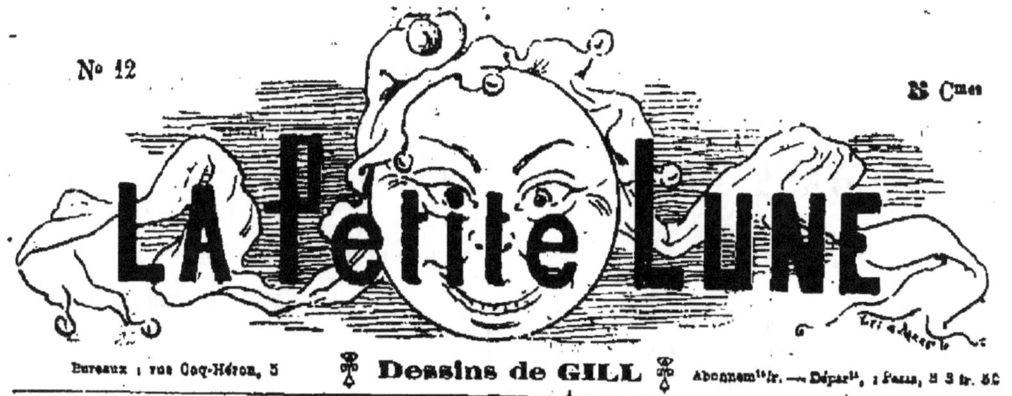

LA Petite LUNE

Bureaux : rue Coq-Héron, 5 — **Dessins de GILL** — Abonnemts fr. — Départts, : Paris, 5 3 fr. 50

LA CHASSE EST OUVERTE

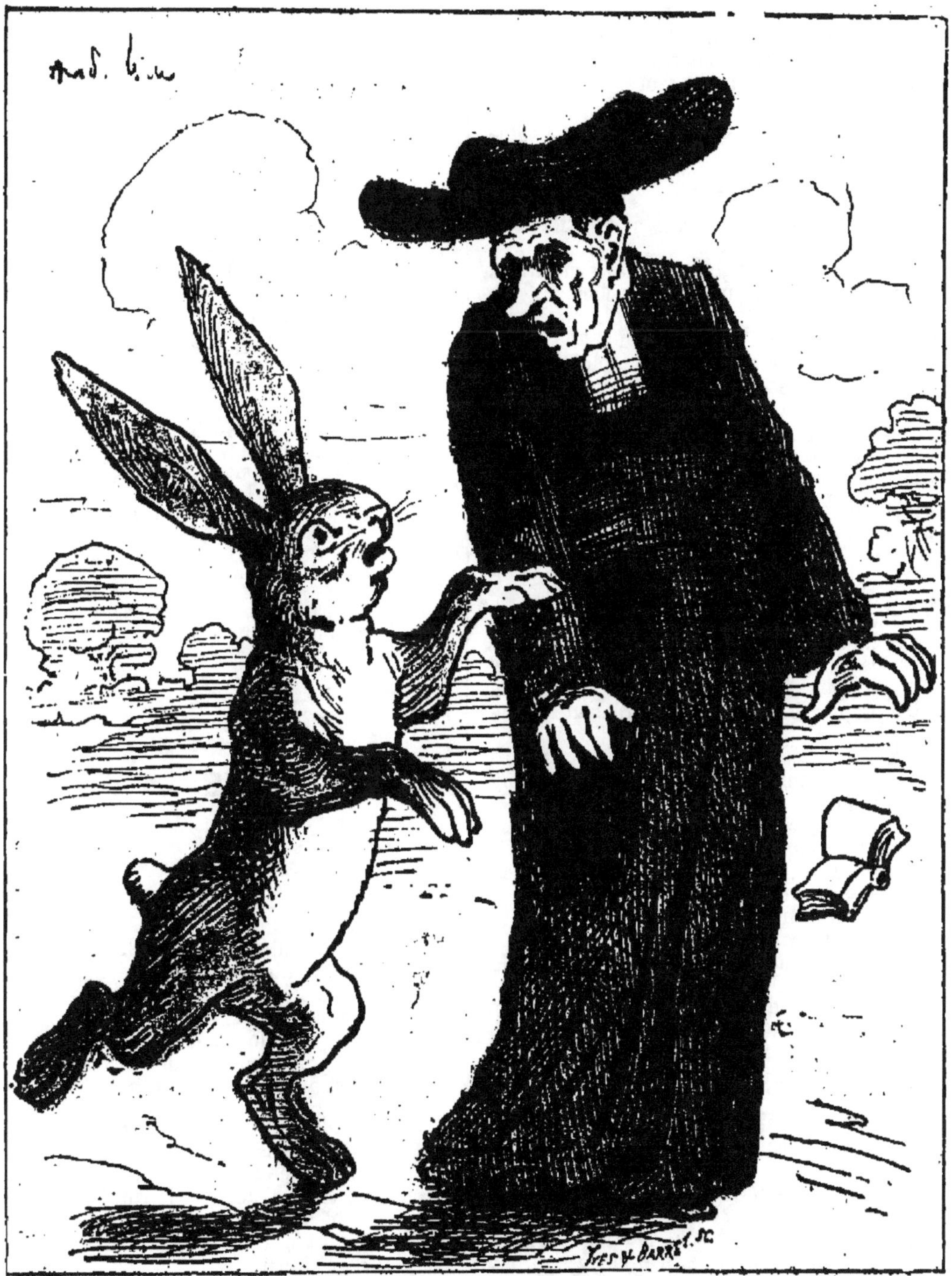

Fichons le camp... Il n'est que temps!...

LE TESTAMENT DU LIÈVRE

Cejourd'hui, 1er septembre 1878, la chasse étant ouverte, je, soussigné, Lièvre unique et légendaire de la plaine Saint-Denis, prêt à comparaître devant l'Eternel et à me suspendre à la grande patte de mon aïeul qui termine la sonnette du Paradis, écris mes volontés dernières.

D'abord, un bref adieu à tout ce qui me fut cher : à mon castel souterrain, au thym, à la luzerne, au serpolet, et à vous, petites hases galantes, ô mes folles maî resses !...

Mais point de faiblesse humaine. Soyons digne du capitaine Lelièvre, le défenseur de Mazagran, mon parent par les femmes. Assez de lyrisme !

LAPIN de la *Petite Lune*, je t'institue mon légataire universel.

Je te lègue mes haines et mes sympathies. Mes haines sont pour les gens riches, les classes dirigeantes stupides, qui ont inventé la chasse, image des coups d'Etat.

Mes sympathies pour les prolétaires qui travaillent, bêchent, piochent, ensem ncent, bâtissent, — et n'assassinent pas bêtement. Ceux des champs, il est vrai, braconnent. Mais le braconnier tue pour vivre, tandis que le chasseur tue pour tuer. Le braconnier est défendable.

Haine aux riches, honneur aux pauvres ! Cher lapin, c'est le cri de guerre que je te lègue...

Ce legs est un aveu et une réparation.

Lièvre fantastique de la plaine Saint-Denis, animal-symbole, hôte séculaire de la basilique et des tombes royales, je n'étais qu'un vieux préjugé, une image du passé, un mythe aristocratique. Je suis le classedirigeantisme qui s'en va.

Toi, tu es le Lapin, le vieux Lapin gaulois. le Lapin populaire qui s'élève, grandit, monte et triomphe.

Le Lapin, c'est le Lièvre de la démocratie.

En te nommant mon héritier, je répare mes torts anciens, j'exprime à ma façon l'ascension des nouvelles couches.

Ma conscience ainsi mise en repos, je puis faire quelques legs particuliers :

Je lègue mon râble, morceau prisé des délicats, à Monselet ;

A Petit Loulou, mes oreilles, pour qu'il en ait une paire de rechange ;

Mes quatre pattes, aux quatre plus vieilles actrices de Paris, pour opérer leur maquillage ;

Ma peau à Saint-Genest...

Et à toi, Popaul, mon courage ! Oui, mon courage...

Car ma réputation de pusillanimité est une calomnie...

Depuis cinq cents ans que les Parisiens croient à mon existence, n'ai-je pas affronté des millions d'armes homicides, — arba ètes, fusils à rouet, fusils à pierre, tabatières, chassepots, rewingtons, fusils Gras, — braqués sur mon poil... ?

Je vais les affronter encore... pour la dernière fois sans doute.

Je serai *roulé*, — mais roulé d'un cœur léger, — sachant qu'avec ou bientôt après moi, Lièvre, symbole des serfs, disparaîtra la meute des tyrannies féodales.

LE LIÈVRE DE LA PLAINE SAINT-DENIS

LE CONNÉTABLE

Air de la **GRANDE DUCHESSE**

I

A cheval sur la discipline,
　　Dans mon journal,
Je fends, je pourfends, j'extermine
　　Le radical !
Et l'opportuniste se cache,
　　Tremblant, penaud,
Quand il aperçoit le panache
　　Que j'ai là-haut!

Et pif, paf, pouf, tarata, poum,
Je suis, moi, le rédacteur Boum!

II

Un autre est — c'est indubitable —
　　Le Maréchal...
On m'a nommé, moi, « Connétable, »
　　Nom triomphal !
— Quand je vante, d'un ton bravache,
　　Le Seize-Mai,
Chacun voit que j'ai mon panache...
　　Ou mon plumet!

Et pif, paf, pouf, tarata, poum !
Je suis, moi, le rédacteur Boum !

CRIC.

DRAMES DE LA RUE

La Civière

Paris est plein de soleil, de mouvement, de bruit, de joie.

Le va-et-vient des affairés et des oisifs emplit l'immense ville d'un tumulte immense.

Des voitures se croisent en tous sens. Charrettes, fiacres, remises, coupés élégants, menant à la promenade la cocotterie du grand monde et le grand monde de la cocotterie. Paris! Paris, quoi !

*
**

Une civière passe, que portent deux hommes à la démarche lente.

Sur cette civière, derrière le rideau de toile blanche et bleue qui le dérobe aux yeux indifférents, un vieux est étendu, pâle, immobile, soufflant à peine.

Qu'a-t-il ? Rien. Seulement il meurt, — d'avoir vécu.

Il meurt d'avoir turbiné soixante ans, d'avoir sué sang et eau pour gagner la pitance quotidienne. Il meurt des privations endurées, de la fatigue ancienne, de l'épuisement causé par l'âge. Il est tout blanc. Ses mains, qui tremblent, ne peuvent plus tenir l'outil. Et pas de famille. Que faire ?

On l'a couché sur cette civière. Des voisins. Maintenant on le porte à l'hôpital le plus proche.

**

On arrive. On entre. On présente ce vieux corps d'où la vie s'est presque retirée...

Les gens de l'hôpital refusent de le recevoir.

Pourquoi ?

Parce que l'hôpital est pour les malades. Ce vieux n'est pas malade. Il n'a rien. Il est anémique, voilà tout. L'anémie n'est pas une maladie aiguë !

Les porteurs reprennent leur fardeau, se remettent en marche.

On n'a pas réussi dans cet hôpital-là. Dans un autre, on sera peut-être plus chançards. En route !

**

Et l'on promène ainsi le vieux à travers Paris, d'hôpital en hôpital. Partout on reçoit le même refus, motivé par les mêmes raisons...

De guerre lasse, à la nuit tombante, on reporte le vieux chez lui, dans son taudis. De la civière, on le dépose sur son grabat. Il deviendra ce qu'il pourra. Pour lui faire avoir une place dans un asile de vieillards, il faudrait des démarches, du temps... il sera mort avant.

**

Ce drame se répète tous les jours...

Eh bien, si, tonnerre ! l'anémie est une maladie : c'est la maladie des grandes villes, la maladie des vieux travailleurs... et c'est une honte qu'il n'y ait pas de refuge contre cette maladie-là !

On a parlé du droit de la femme, du droit de l'enfant. C'est bien.

Mais le droit du vieillard ?

L'abandon de la vieillesse est un crime dans lequel tous nous trempons.

La société ne ferait que son devoir en ouvrant un immense asile où quiconque, à soixante-dix ans, n'aurait qu'à se présenter pour être reçu.

Honnête homme ou bandit, n'importe ! Ils n'ont plus l'effort du bien, ni l'énergie du mal, les vieux de soixante-dix ans.

Tous aspirent au repos. Tous y ont droit.

— Mais il faudrait des millions !...

Et puis ?...

Combien de millions l'agio, les arts et la luxure ne dévorent-ils pas chaque année ?

D'ailleurs, le moyen de les avoir, ces millions, c'est de les demander !...

Pourquoi la presse n'ouvre-t-elle pas à cet effet une souscription permanente ?

MARTIAL.

CHANGEMENT D'ADRESSE

Mlle B... L..., avenue de la Mothe-Piquet, va rue de la Pompe, à Passy.

LA BOITE A MUSIQUE

Chez le troquet. Boulevard Voltaire. A l'enseigne de : *la Boîte à musique*. Entre deux tournées, le patron demande :

— Ces messieurs veulent-ils entendre la boîte ?

— Parbleu !

On l'apporte. Un cercueil. Un cercueil qui joue : *Cocu, cocu mon père...* Par respect filial, nous demandons :

— Vous n'auriez pas un autre air ?

— C'est le seul. Mon gosse, qui est apprenti luthier, a promis de m'en fabriquer un autre l'année prochaine...

Et il ajoute :

— Le jour de l'enterrement de M. Thiers, nous avons exposé la boîte à la fenêtre du premier étage...

Et quand le corbillard a passé elle a joué....

TOUT LE MONDE PLEURAIT !!!

Le Ballon Olivier

L'auteur versatile
Du *Dix-Neuf janvier*,
Olivier Emile,
Emile Olivier,

A Paris, en France,
Revient sans retard
Faire concurrence
Au ballon Giffard.

Par une ficelle,
Sous son « cœur léger »
Pend une nacelle !
— On peut voyager :

Ce cœur vole, monte,
Devient tout petit...
Car remords ni honte
Ne l'appesantit !

BIBI.

NOUVELLES DE LA HAUTE

On déjeune entre dames. Déjeuner à la fourchette, naturellement.

Le commencement du repas est froid. Petit à petit, on s'échauffe...

— Maintenant, dit une des convives, nous pouvons mettre les coudes sur la table.

— Pas ceux de mon mari, toujours ! s'écria la baronne.

Le mot est masculin, madame !

TRIBUNAUX

—o—

L'accusé. — Quand le loup a faim, il tue.

Le président. — Il ferait mieux de travailler !

(Respectueusement offert à M. Mathieu de Vienne.)

CONSEIL AUX HOMMES PAS AFFAIBLIS

Lire

Le nouveau volume de Mahalin

LES JOLIES ACTRICES DE PARIS

—o—

CONSEIL AUX HOMMES AFFAIBLIS

Ne pas le lire

DÉCLARATIONS DE FAILLITES

—

Maison de distractions d'Auch. — Juge commissaire : Honoré Gendarme. — Syndic provisoire : Germiny.

PETITE BOURSE

—

Ce n'est pas l'affaire du peuple.

CORRESPONDANCE

Monsieur le rédacteur,

Vous me connaissez, tout le monde me connaît : je suis Jules, jeune premier, quoi ! jeune premier au théâtre... en Algérie. Du talent, j'en ai : venez chez moi, vous verrez mes couronnes. Pour le moment, je ne joue pas, mais j'attends un engagement au théâtre de la Varenne.

Eh bien, décidément, faut pas blaguer les miracles. L'autre soir, nous étions chez Thérésa. On avait apporté une bouteille d'eau de Lourdes, histoire de rigoler.

Thérésa avait mangé beaucoup de raisins.

Après le café, histoire de rire, elle liche un petit verre de l'eau en question...

Crac ! une feuille de vigne qui se dessine...

en plein sur les estomacs. (Nous avions un peu chaud, on s'était mis l'aise.)

Vrai, faut pas blaguer l'eau de Lourdes !

JULES,
Jeune premier.

THÉATRES

M. Gil-Naza entre à l'Ambigu.

Tout le monde connaît son double talent de comédien et de dentiste. Il n'endort ni comme l'un ni comme l'autre.

Vraiment merveilleux, le téléphone !

A 11 h. 36, Mme Doche adressait une communication à M. X..., à Philadelphie.

A 11 h. 37, M. X..., répondait :

— Je croyais que les vidangeurs étaient en grève !

POUR S'AMUSER

—

8. — *Charade.*

Mon *tout*, on ne peut le nier, n'a jamais *mon second* de se voir *mon premier*.

—

Solution du mot carré du n° 10

```
K L E B E R
L O N A T O
E N C L I N
B A L Z A C
E T I A G E
R O N C E S
```

Solutions justes : Maria Béranger (*chouette !*). — Char. O'Gnarg. — Club de moutons champenois. — P. Bollentin de Bron. — Crouskouyouski. — El Bahbouhe. — Le petit frère à Pomme d'Api. — Pafroianzieux. — A. Wagner. — P. Kuppenheim. — Léon Bourgeois. — A. Panneau. — Dranem et Camuzardeau. — Céline Conférence. — Le brahme de Billac. — P. de Zouille. — Ben-Tatc-Zt. — Félix B. — Trois abrutis par le B.zig (Epernay). — Enilès Asco. — N. Levallois. — Movéchujet. — Le dompteur du Gâtinais. — Plompon. Copeau et Clément. — Lirvat. — Dunerf et Duboyau. — Lutzem. — Pôdhal. — Roll. — Caul de Passagnac. — Claire Guilbaud. — L'idiot de Saint-Amour. — Broquette. — Montaulieu. — Dous gascouns. — Le Canus. — O. de Lourdes et V. Locipède.

(A suivre).

—

Nouvelles du lapin : l'héritage qu'il vient de faire (voyez plus haut) lui a remis du baume dans l'âme. — Il se résigne.

Le Gérant : Auguste de la BILLETTE.

Imp. du journal la *Petite Lune* : A. de la BILLETTE, 5, rue Coq-Héron, 5.

N° 13

5 Cmes

LA Petite LUNE

Bureaux : rue Coq-Héron, 5 — Dessins de GILL — Abonnemts fr. — Départs, : Paris, 3 2 fr. 50

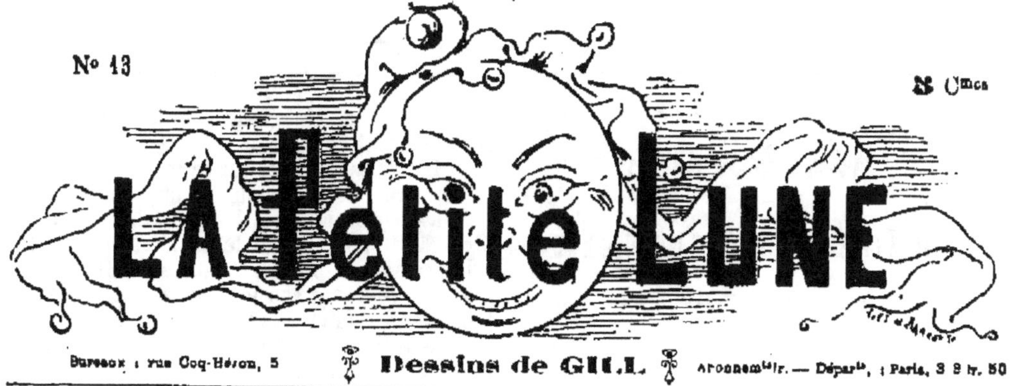

SOUVENIR

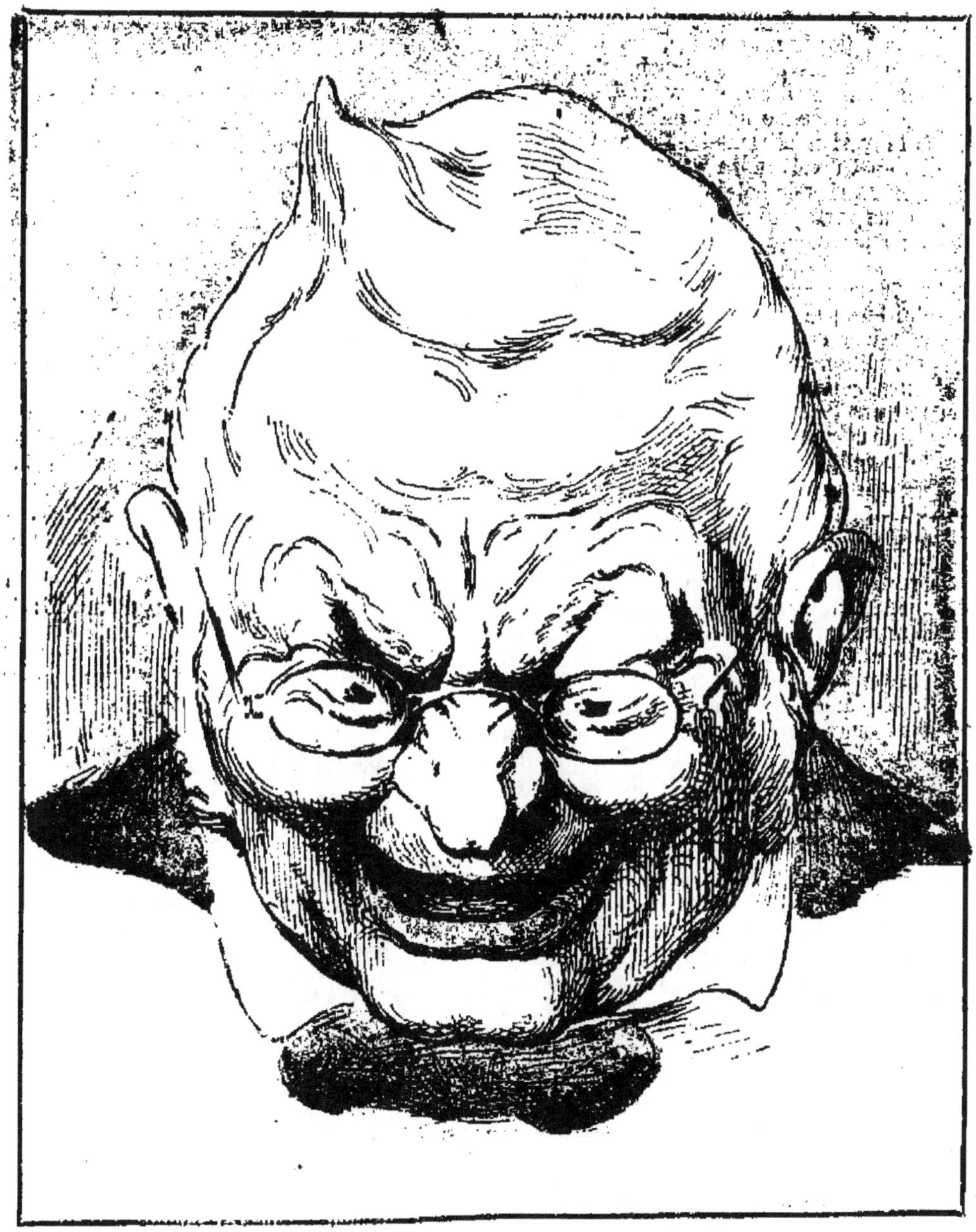

Il n'est plus, — mais il règne encor,
Ce fin et sage politique
Qui fut — un peu tard — le mentor
De notre jeune République ;

Et, si parmi nous il n'est plus,
Tous ceux qu'anime sa pensée
Achèveront, cœurs résolus,
La tâche qu'il a commencée.

AUX OUVRIERS

ET

A TOUS CEUX QUI ONT FOUTU L'EMPIRE EN BAS

Le 4 Septembre 1870

Frangins et aminches,

Vous rappelez-vous?... Il y a huit ans! Quoi qu'en disent, dans les papiers réactionnaires, les sales journaleux payés par Chislehurst, ce fut une belle et grande journée. J'y étais, j'en étais; je m'en vante.

L'empire, après nous avoir abrutis, pillés, déshonorés dix-huit années, venait de couronner son édifice de honte en livrant la Patrie à l'invasion allemande. La mesure était comble. — Quand on se verse dans le tube des cochonneries de boissons, on en avale un verre, deux verres, dix verres sans piquer de renard ; mais quand on en a jusqu'au goulot, finalement, faut dégueuler. Eh bien, le 4 septembre 70, la France dégueula l'empire. Et on ne le lui fera pas ravaler !..

Quelle joie ce fut! quelle délivrance! Jamais révolution pareille — aussi calme, aussi généreuse, aussi enthousiaste — ne s'était vue. Pas une cartouche brûlée, pas une goutte de raisiné versée. On oublia tout : les désastres de la veille, — Forbach, Reichshoffen, Sedan, — notre armée vaincue, prisonnière, — les Prussiens marchant sur Paris... On ne pensait qu'à une chose : l'empire disparu, évanoui, écroulé dans sa propre fange !

On rayonnait. Tout le monde : ouvriers et bourgeois, pauvres bougres et gens hurés. Des partisans du régime déchu, on n'en rencontrait pas un seul. Ils se cachaient ou s'étaient cavalés la veille comme des merdeux, sentant la révolution dans l'air. Toutes les mains étaient tendues pour de fraternelles étreintes. Embrassade générale. Place de la Concorde, où j'étais avec mon bataillon, des messieurs bien mis, des farauds que je ne connaissais pas, me serraient les pattes avec attendrissement, en m'appelant : *Citoyen*. Et comme, à pleins poumons, on criait : *Vive la République!*

La République ! enfin ! C'était elle. On l'avait. On la tenait. Rien qu'à l'acclamer, on reprenait espoir et courage. Si, par instants, l'idée des Allemands venait jeter une ombre sur tant d'allégresse, on se rappelait les grands souvenirs de 92, la Patrie en danger, la levée en masse, toute la France debout, face à l'ennemi, les volontaires luttant, pieds nus, et triomphant à la voix de la République; ça remettait du cœur au ventre. — Et puis, on avait Trochu...

Comme il nous a fait voir le tour, celui-là! Lui et d'autres. Un tas de farceurs qui, sitôt la révolution faite, grimpaient en sapin, et filaient à l'Hôtel de Ville, pour piger les places. Des marioles, qui devaient rien rigoler tout bas de nous voir, nous autres nigauds, battre des mains au passage de leurs voitures ! Il y a un auteur qui a fait, après 1830, une pièce de vers rudement tapée sur ce genre de manigances : la *Curée*. Paraît que

les choses ne changent guère. Ça a été vraiment kifkif en 70 !

Mais c'est surtout sur le compte de Trochu que nous nous sommes monté le verre en fleurs. On y croyait. Un militaire ! Il disait : « J'ai un plan. » Tout le monde a coupé. Moi, le premier. A preuve qu'après le 31 octobre, quand il a fait son plébiscite, j'ai voté pour, comme un daim. Et vous avez fait comme moi, — les trois quarts d'entre vous. Parbleu! Dans ces circonstances-là, un homme qui est général, gouverneur de Paris, tout le tremblement, ça vous épate. On se dit : « Il a promis de ne pas capituler. Il ne capitulera pas. Un soldat n'a que sa parole... » Et va te faire foutre !... Ah ! nous sommes guéris de ces naïvetés-là. Méfions-nous des gens à galons, à panaches, à dorures, et de leurs promesses ronflantes !

Non, dans cette boutique de la Défense nationale, il n'y a eu qu'un homme propre : c'est Gambetta. Lui, il avait du poil au cœur, il ne voulait pas désespérer de Paris. Aussi on te l'a foutu en ballon, et expédié en province où il ne pouvait plus rien faire. Et alors, ça a fini... Ah ! nom de Dieu !

Mais je m'aperçois que j'en arrive aux satanés jours du siége, à tous nos malheurs, à toutes nos hontes... Ne pensons qu'à l'anniversaire glorieux du 4 septembre. Un jour, je l'espère, viendra où l'on fêtera publiquement la date de l'avènement de la République définitive. En attendant, les bons bougres doivent la célébrer en famille, à la bonne franquette, le verre en main. C'est ce que j'ai fait, ne voulant pas laisser passer ce souvenir sans serrer la pince aux cameluches, et sans trinquer avec eux à la santé du Peuple.

JEAN POPULOT.

C'est d'la Choquotte !

Roupiller comme un' marmotte
Dans un bon p'tit lit bien chaud
Et bien bordé jusqu'en haut,
 C'est d'la choquotte !

A grands coups d'poing, à coups d'botte
S'batt'e avec de sal's voyous
Et sans r'cevoir des atouts
Leur fiche un' roulée à tous,
 C'est d'la choquotte!

S'mett'e un p'tit brin en ribote
Et, dans l'coin d'un cabaulot,
Gentiment s' rincer l' goulot
Sans c'pendant sortir soûlot,
 C'est d'la choquotte !

Avoir un' vieille tant' bigote
Qui veut vous déshériter,
Et la voir s' carapater
Pour l'autre mond' sans tester,
 C'est d'la choquotte !

Rigoler chez un' coco'te
Et, le lendemain matin,
Lui fair' cadeau d'un lapin,
C'est chic, c'est bath, c'est rupin,
C'est d'la choquotte !

Voir qu'la Républiqu' boulotte,
Prend un air définitif,
Et qu'à m'sur' — c'est positif, —
Des réacs s'allong' le pif,
C'est d'la choquotte !

Bref, est-ell' bien rigolotte,
L'existenc' ? J'os' pas dire oui...
Mais i' faut r'connait'e aussi
Qu' y a encor bien des chos's qui
Sont d'la choquotte !

BIBI.

UN PÈRE

— Camarade, me dit le vieux, voici la chose. Je n'en veux rien conclure. Comme elle m'est arrivée, je la conte. — Le 3 septembre, sachant qu'à Notre-Dame on allait célébrer, avec toute sorte de pompes et de magnificences, un service pour M. Thiers :

— Moi, pensai-je, il faut que j'aille voir mon gars...

Je partis. — Je connais l'endroit où, après l'avoir fusillé, on le jeta pêle-mêle avec d'autres cadavres. C'est aux Buttes-Chaumont. Tout là-haut. — La montée est longue. Vingt fois, dans le chemin, je manquai de défaillir. Enfin, j'arrivai. J'allai droit à la place où gît le corps — troué de balles — de mon fils. Il y a dans le sol un renflement. C'est là-dessous qu'il est couché. Je m'arrêtai, stupide et morne, contemplant d'un œil fixe cette terre bosselée sous laquelle dort mon enfant.

><

Tant de larmes déjà ont coulé de mes vieilles paupières, qu'il ne m'en reste plus beaucoup à verser. Je finis cependant par pleurer. Par pleurer des pleurs brûlants, qui, le long de mes joues, traçaient d'amers sillons. Alors, à bout de forces, je tombai d'abord à genoux. Puis je m'étendis la face contre terre, bégayant des paroles sans suite à l'oreille du mort. Et, à travers mes sanglots, des malédictions se pressaient sur mes lèvres, contre l'homme au nom de qui l'on m'avait tué mon fils, et pour qui, en ce moment même, les orgues chantaient sous les voûtes de la Métropole.

Combien s'écoula-t-il de temps ? Je ne sais. Peu à peu, le crépuscule vint ; puis l'ombre. Épuisé par la douleur, engourdi par le froid, je m'endormis.

><

Alors se passa la chose extraordinaire.

J'eus un rêve. — Dans ce rêve, mon fils m'apparut, — tel qu'il fut au jour suprême : vêtu de son uniforme de fédéré ; les mains, le visage noirs de poudre ; le front et la poitrine criblés. Appuyé sur son fusil, il me regardait d'un air triste et doux. Il me parla. Il me dit :

— Père, ne maudis point l'homme que j'ai combattu. Nous, les morts, nous ne voulons pas le maudire. Fusillés par ses soldats, nous lui pardonnons aujourd'hui, parce qu'à la fin, dans son esprit, la lumière s'est faite ; parce qu'il a reconnu ses erreurs anciennes ; parce que, descendu du pouvoir, il a contribué à fonder cette République que nous pensions défendre contre lui, lorsqu'il était le maître.

— C'est pourquoi, nous qu'il ne voulait point que l'on amnistiât, nous amnistions du fond de l'ombre sa mémoire !

Il dit cela, et disparut.

><

Les premières clartés de l'aube m'arrachèrent à mon lourd sommeil. Mais j'avais gardé l'indélébile souvenir de la vision nocturne...

Et moi, qui étais venu là le cœur gonflé de haines, d'amertumes et de colères, — je m'en allai calme, apaisé. »

MARTIAL.

L'ART DE SE CONDUIRE

Dans la Société des Pauvres Bougres

ENSEIGNÉ AUX GENS DU MONDE

V

Musées, Théâtres, Lieux publics

Avez-vous la chance de rencontrer en public un prolétaire de votre connaissance ? Allez droit à lui, serrez-lui les mains. Soyez chaud, soyez zig !

Si les gommeux qui vous suivent rigolent, engueulez raide et lâchez-moi ces andouilles-là pour le prolétaire. Tout à gagner au change.

* *

Si le prolétaire vous prend sous le bras, chouette ! S'il vous tutoie, rupin ! S'il vous tape sur le ventre, bath aux pommes !

Est-ce qu'elle n'est pas à lui, ta bedaine, bouffi ?

Est-ce que tu ne t'engraisses pas des sueurs du peuple ?

* *

Si le prolétaire vous emmène au musée, profitez de l'occasion.

Vous n'aurez pas tous les jours l'occasion de recueillir des impressions fraîches d'assainir, au contact d'une jugeotte sincère et franche, votre intelligence empoisonnée par la lecture des romans scandaleux et des feuilles de joie réactionnaires.

Écoutez pieusement le prolétaire devant les œuvres d'art, et profitez.

S'il dit que c'est tapé, c'est que c'est tapé ; que c'est envoyé, c'est que c'est envoyé ; qu'il n'y manque que la parole, c'est qu'il n'y manque que la parole.

Et s'il dit que ce n'est pas ça, et que ça le fait ch...anger de caractère, allez ch...anger de caractère avec lui.

**

De même au théâtre, au concert.

Il ne s'agit pas de ricaner quand le prolétaire est ému.

Si vous n'êtes pas ému, c'est que vous n'avez pas de cœur.

**

Dans les entr'actes, allez, comme de juste, vous rafraîchir avec le prolétaire.

Mais ne l'humiliez pas en affectant de payer tous les verres.

Chacun sa tournée ; ça fera le compte.

**

A part les musées, les théâtres, il est encore maints endroits pour lesquels nous pourrions multiplier les recommandations, mais l'exiguïté de ce recueil nous fait un devoir d'être bref.

Signalons, pour finir, les lieux où vous ne pouvez accompagner l'honnête ouvrier, mais dont la fréquentation vous est aussi indispensable qu'à lui, si malin que vous vous croyiez.

Au seuil de ces lieux donc, où vous ne pouvez pénétrer que successivement, cédez le pas au prolétaire.

Son travail le réclame. Il est plus pressé que vous !

Ctesse DE ROTENVILLE

(A suivre — à pied, à cheval et en tramway)

THÉATRES

Sur le Pont d'Avignon
Monsieur Comte, Charles Comte,
Sur le Pont d'Avignon
Monsieur Comte a du guignon.

La petite Lody débutait aux Bouffes sur ce pont-là ; mais la victoire a déserté le pont de Lody.

Daubray lui-même, Daubray (!) s'est en vain fendu l'arche.

TRIBUNAUX

—o—

Enfin !...

Un maître d'hôtel, nommé Bonneau, avait voulu augmenter un de ses locataires, sous le prétexte de l'Exposition, et, sur son refus, l'avait immédiatement expulsé.

Le juge de paix du X⁰ arrondissement a condamné Bonneau à **cinquante francs** *de dommages-intérêts !*

Juge de paix du X⁰, montez au ciel de la popularité !

POUR S'AMUSER

---

9. — *Mots en losange*
par Eugène ARTHOY

La tête d'un Yankee — T..rm.e du jeu d'échecs.
— Endr.. il où les troupeaux v..nt .. e.
— Ar..e au tra..cha..t recour..é, que les Grecs
V'ren aux.. ra..s.. T..res — C.. ns .un ne.. e t..naître
Une p'ante — Un tam.. — Le..errière d..un c..ien.
En tout, ..ecteur, s..pt mots que vous trouve..e.. b..en.

Solution de la charade du nᵒ 12

SOU — PEUR

Ont deviné : L. Bourgeois et M. Guyon. — Nez de rubis et Boule de Suif. — Lantiméch..nski. — Un yeur.

**

Suite des solutions du mot carré du nᵒ 10 : Il l'avalera — Ri..o Ihard et Guilhot — Léo Jouve. — ..arpaillot. — La Taupe..leue. — K. perdu...Bo..'a. — ..'arc-en-ciel de C. — Don Mid..s. — O. de..ourles et V. Loc..pède. — B..bé..t Mimi. — Em. Chicot. — Gui..lo et C⁰. — Trois amis à..Francine. — Micha..d..c B..ssieu. — Un gros rat. — Salm..Irod. — Antonin et Gustav..Théos de Lyon. — Un clerc de lune — G. Marcel. — Fa..o le. — Deux lapins e..rdeaux. — L'ami Fritz. — ..i sel de la II..gelm..t, un Be.levillois, tc. — Un typ (O. de Chartr.s). — Bertrand et R..ton. — ..en-Zo..n. — Nicolas et Eugène Arthot. — Léon Géniès. — Cotillon et Mouchabeu. — O. Stobal. — Augustine Le..u. — Brick. — L'ami Camoin et C⁰. — Tr..is..r..h..urs in..aligabies. — Rigollet. — G. Ta..sy. — Re..bli..anus C..avillon. — Arthé..on et Charles. — Un lecteur du Midi. — Arme..la-Folle et J..ly. — La gare d'aire. — D..n Ful..no. — Sidi-ben-Boulo. — Deux..ons..ougres. — Vi..cent. — Grosbou..f. — Lapin de Garenne. — Un abruti du café du Commerce, à..au. — Zraquerbarbiski. — Pavérac Marongave. — Yup-ud. — Sportman-Club.

Encore une devinette... et l'heure suprême sonnera pour le lapin de la P. L. ! Disons à sa louange qu'il est superbe de calme et de fermeté. Il fait l'admiration de tous ceux qui le voient. Pour nous tous, il restera inoubliable.

Le Gérant : Auguste de la BILLETTE.

Imp. du journal la *Petite Lune* : A. de la BILLETTE, 5, rue Coq-Héron, 5.

Nº 14 — 5 Cmes

LA Petite LUNE

Bureaux : rue Coq-Héron, 5 — **Dessins de GILL** — Abonnem¹ Paris, 3 fr. — Départ¹, 3 fr. 50

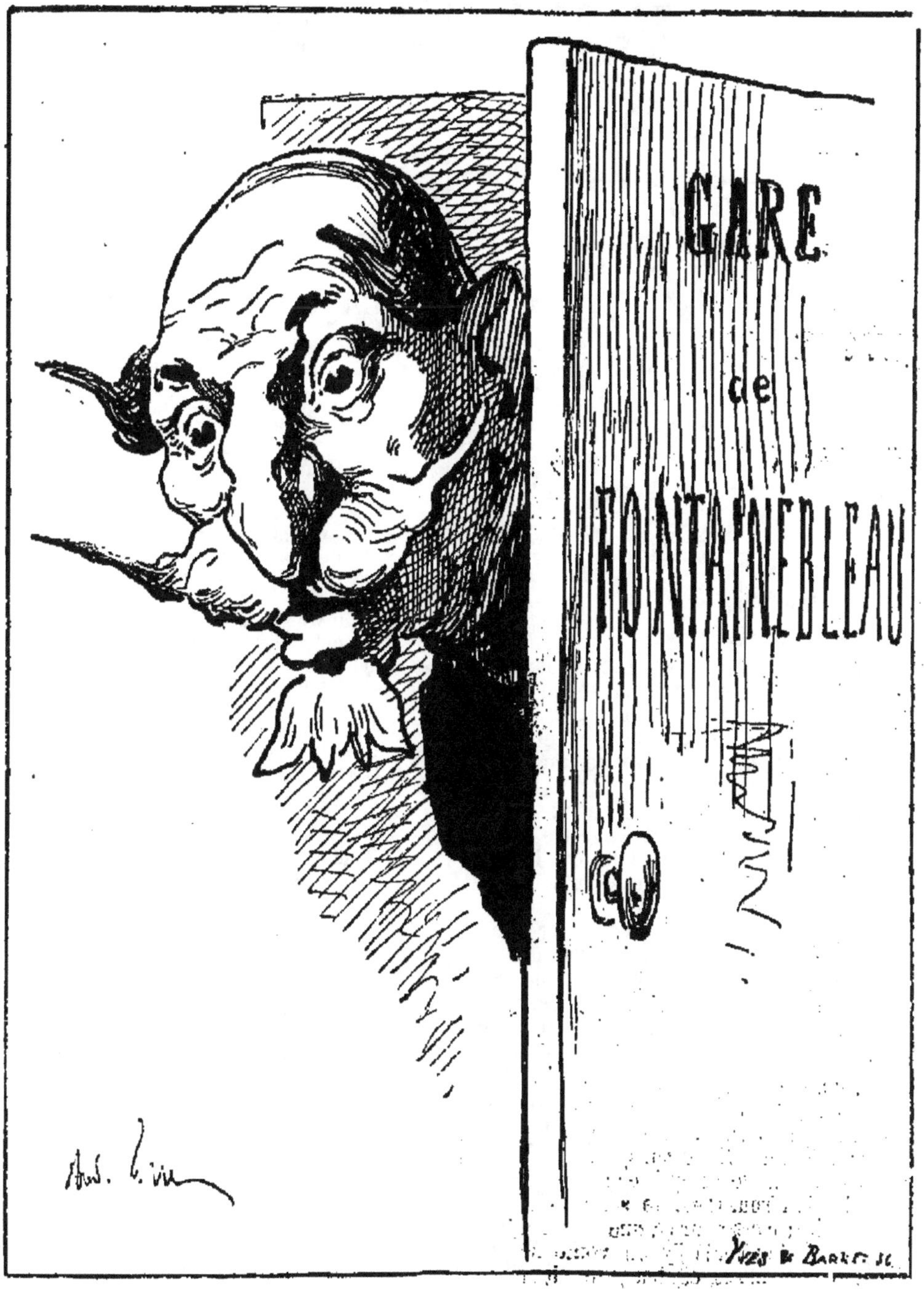

(Voir à la 2ᵉ page.)

Qui qu'a vu Cocotte?

Qui qu'a, qui qu'a vu Coco,
Coco dans l'Trocadéro ?
Qui qu'a, qui qu'a vu Cocotte
A la gar' de Fontain'bleau ?
Ratapoil, bon patriote,
Qui sans relâche complote,
Avait cru — ça f'sait son blot —
Voir Cocotte à Fontain'bleau.
Mais c'était d'la blagu' ! Tableau !...
Ratapoil, que ça débotte,
En vain demande à l'écho :
— Qui qu'a, qui qu'a vu Cocotte ?
Qui qu'a, qui qu'a vu Coco ?
Cotte à Fon, Cotte à Bleau,
Cocotte à Fontainebleau !

LETTRE D'UN VIGNERON

A Monsieur Isidore Champrenot,

Calicot, à PARIS.

Beau-frère,

Je mets la plume à la main pour te marquer que ça marche pas trop mal chez nous, y a du raisin, et je crois ben que cette année encore, je boirons pas avec un pipiot. C'est pas un mal, tu le sais ben, et on est a sez obligé de galer tout le temps pour empiécer un brin de vendange, et les vignerons ont ben le droit d'écraser une grume quand dedepuis le premier janvier jusqu'à la Saint-Sylvestre, ils s'en vont, la hotte sur le rein et la tête baissée, turbiner sur les côtes, et foutre au bois tordu toutes les façons qu'il y faut.

Tu sais ben qu'y a pas à blaguer quand le bourgeon grille, et que le Bourguignon fait une sacrée mine quand y voit, en une nuit d'avril, toute une vendange de foutue, et quand y se demande pas seulement s'y boira du jus de guernouille, mais pas moins, s'y pourra acheter quelques boisseaux de solé pour faire boulotter la bourgeoise et les crapauds.

Et pis, y a pas à dire, le vigneron peut pas se mettre en grève, comme vous faites à Paris quand ça marche pas, autant dire au soleil de se mettre à l'ombre. Nous sons trois associés qu'y a pas moyen de se quitter : le soleil, la vigne et le vigneron. C'est le soleil qu'est le commanditaire; c'est pour ça que c'est lui qui travaille le moins, mais j'y en voulons pas pour ça. Il fournit sa chaleur, le vigneron fournit sa sueur et ses coups de pieuche, et la vigne fournit le raisin. Comme ça, ça va.

Eh ben, comme ça va pas trop mal aujourd'hui, je t'attendons sans faute quand tu voudras venir. Comme je te l'ai marqué déjà, t'auras pas besoin ni de vendanger, ni de hotter, t'iras, si tu veux, te promener dans les Monts-Ardoins, pendant qu'on coupera le raisin et qu'on foncera les pièces. Et pis, quand ça sera le moment du marc, avec tous les voisins et amis qui t'attendront comme moi, nous viderons pas mal de ces vieux brocs qui te connaissont ben, à la santé de la République et de la Bourgogne.

Viens, le rouge de la vigne vaut mieux, et fait autrement de bien que celui qu'on vient de répandre à Paris, place de la Roquette !...

Sur ce, ta sœur qui est grosse de son cinquième me dit de t'embrasser.

Moi, mon vieux, je te serre la patte.

Moti Bernot,
Vigneron à Chevannes,
près d'Auxerre (Basse-Bourgogne).

ÇA FAIT CH...ANTER

L'bourgeois prétend d'un ton rogue
Qu'faut voir dans tout ouvrier
Un partageux démagogue
 Ça fait ch...anter !

Des vieill's gru's, presque fossiles,
Mais qu'ont l'art de s'maquiller,
Pig'nt la brais' des imbéciles :
 Ça fait ch...anter !

C'qui vous agac' l'épiderme,
Chaqu' trimestre, c'est l'portier
Qui vous dit : « V'là l'jour du terme...»
 Ça fait ch... anter !

Vous lichez un lit'e à douze
Chez le troquet d'vot' quartier...
Crac! v'là qu'aboul' vot'e épouse :
 Ça fait ch...anter !

Le *Pays* et la *Défense*
S'esquint'nt pour injurier
Le gouvernement d'la France :
 Ça fait ch...anter !

L'parti badingouin espère
Que l'jeune Oreillard premier
Mont'ra su' l'trône à son père :
 Ça fait ch...anter !

Les ratichons — minc' de bourdes! —
Assur'nt qu'on peut enrayer
Tous les maux avec l'eau d'Lourdes :
 Ça fait ch...anter !

Enfin, l'jour n'est pas loin, ousse
Qu'à tout ordremoralier,
L'électeur répondra : Mousse!
 Tu m'fais ch...anter !

... J'pourrais prolonger cett' scie;
Mais, j' m'arrêt' faut' de papier...
Et puis, j'ai l'taf qu'on n'me crie :
 Assez ch...anté !

BIBI.

POUR NE PLUS GUILLOTINER

« Lebiez et Barré ont *payé leur dette à la société.* »

Ce cliché des grands journaux se retrouve dans tous les comptes rendus d'exécutions capitales.

Donc, les coupables finissent par « payer leur dette » à la société. — Soit.

Maintenant, une question :

La société a-t-elle commencé par leur payer la sienne ?

Pas toujours.

Lorsqu'un homme commet un crime, la société devient sa créancière : c'est vrai.

Mais, auparavant, qu'était-elle ? Sa débitrice.

Criminel, l'homme paye sa dette en mourant.

Mais, tant qu'il demeure innocent, la société devrait lui payer la sienne en le faisant vivre.

L'individu est toujours solvable. Sa liberté, sa vie, servent de gages.

La société, qui ne s'acquitte jamais, est donc insolvable ?

Alors, qu'elle dépose son bilan !

Le couperet de M. Roch n'est pas une solution. Cette façon de trancher les difficultés et les têtes équilibre assez mal le Doit et l'Avoir.

×

Je dis ces choses *à propos* — non *à cause* — de Lebiez et Barré. Je m'apitoie peu sur les chourineurs en redingote : ils ont reçu de l'instruction, ont été armés de pied en cap pour la lutte vitale ; à coup sûr, ils sont responsables.

Bien que haïssant la peine de mort, si on ne raccourcissait jamais que des bourgeois, je serais moins indigné.

Mais sur l'échafaud montent parfois aussi des blousards, — jeunes ou vieux.

Ceux-là ont une excuse : les jeunes, l'ignorance ; les vieux, la misère.

Les a-t-on instruits ?

Les a-t-on secourus ?

Non !

Chaque fois, donc, que « la vindicte publique » envoie la tête d'un besogneux rouler dans le panier au son, une dette nouvelle doit s'inscrire au passif de la société.

×

On parle du pacte social. Convention, chimère, hypothèse. Nous le subissons : nous ne l'avons pas accepté. Où est-il, ce pacte ? Nous ne l'avons jamais signé ! Bon gré, mal gré, pourtant, nous sommes, dès notre naissance, soumis à ses lois, et ne pouvons nous y soustraire.

Du moins, met-on les prolétaires à même de remplir les dures conditions du contrat imposé ? Non : ils vont à tâtons dans une nuit noire, où, de temps à autre, brille le couteau de la guillotine. Cette lueur est insuffisante.

×

La société aurait cet impérieux devoir d'élever, avant tout, deux édifices augustes :

Une école immense, où l'on préparerait les enfants à vivre honnêtement ;

Un vaste asile où l'on permettrait aux vieillards de mourir en paix.

Au lieu de ces bâtiments bénis, que construit-on ? Des bagnes, des prisons, des pénitenciers.

A la Petite Roquette, les mômes ! A la Grande Roquette, les vieux !

C'est si effroyable, tenez, que le figariste Ignotus, ayant visité ces enfers, en est sorti pâle d'horreur !

×

Les choses sont arrangées de telle sorte : le pauvre, à un moment donné, se trouve pris dans l'étau de ce dilemme : tuer ou mourir.

S'il meurt, — la fosse commune…

S'il tue, — le cimetière des suppliciés…

A-t-elle bien le droit de dresser des échafauds, une société qui compte tant d'âmes obscures et tant de bouches affamées ?

×

Allons, allons, ouvrez des écoles à l'enfance ! des refuges à la vieillesse !…

Des deux édifices, si vous voulez, n'en faites qu'un, et, — pour rapprocher la faiblesse qui entre dans la vie, de la faiblesse qui s'en va vers la mort — mettez d'un côté les petits, les vieux de l'autre.

Qu'est-ce que ça coûterait, à vue de nez ?

Mettons 500,000 francs par an et par département, soit un total annuel de cinquante millions de francs. On gâche plus que ça en saloperies !

Cinquante millions, ce ne serait pas trop cher payer une si glorieuse réforme !

D'autant qu'au bout de quelques années, on pourrait démolir les prisons inutiles et supprimer un tas d'emplois devenus sinécures…

Tout bénéfice !

MARTIAL.

MOUCHARD DE LETTRES

Sous l'empire, il faillit devenir sénateur.
— Il s'est fait espion, policier, délateur,
Justifiant ainsi le choix de Bonaparte.
Il doit avoir un œil au milieu de sa carte.
Il rêve de cueillir les lauriers de Vidocq.
Bravement, il s'escrime et de taille et d'estoc
Contre ses ennemis, — quand il les voit à terre.
Il s'agite, il tempête, et crie, et déblatère ;
Dénonce les vaincus par miracle échappés ;
Et lorsque, grâce à lui, la loi les a frappés,
Il se rengorge. — Hélas ! plaignons ce misérable :
Il se débat rongé par la honte incurable. |crits,
Cet homme, en outrageant les morts et les pros-
Qu'espère-t-il ? La haine. Et qu'a-t-il ? Le mépris !

AMENDE HONORABLE

—o—

Décidément, on bêche à tort l'éducation cléricale.

La P. L., impartiale, le déclare — à regret — mais hautement : les enfants les plus bouchés ne sont pas plutôt chez les jésuites qu'ils en savent plus long que père et mère.

L'eau de Lourdes y est-elle pour quelque chose ? Mystère. En tout cas, nous ne pouvons qu'engager les parents à envoyer leurs mioches se faire miraculer chez les bons Pères.

———◆———

DE MUN

—ww—

Non, si malin qu'il soit, l'auditeur que tu rases,
Rhéteur bigot, ne peut découvrir dans tes phrases
  L'ombre du sens commun,
O mystique bavard, ô donneur d'eau bénite,
Apôtre cuirassé, capitaine et jésuite,
  Qu'on appelle de Mun !

Oh ! de Mun, quelle étrange chose !
De quoi de Mun est-il donc fait ?
De Mun du ciel défend la cause
Sans produire le moindre effet.
De Mun — quand se lève la toile
Parlementaire — se dévoile
Comme le ténor et l'étoile
De la troupe de Loyola.
Il veut voir au clergé, qu'il prône,
D'un gros budget faire l'aumône ;
De Mun, c'est le Scapin du trône...
Du trône ? Quel trône ? Oh ! la la !

De Mun, c'est un miracle et c'est un phénomène ;
De Mun, c'est le monsieur qui veut que l'on ra-
  Tous les anciens abus ;   [mène
De Mun, des pèlerins guide les caravanes ;
De Mun, c'est Pontivy ! c'est le Morbihan, Van-
  Rome et le *Syllabus* !   [nes,

Dieu conserve de Mun, et nous laisse le reste.
On peut être ici-bas salutaire ou funeste,
Être diabolique ou providentiel ;   [sie,
Vous, czar ! vous pouvez prendre, à votre fantai-
L'Europe à Mahomet, à Beaconsfield l'Asie...
Mais tu ne prendras pas de Mun à l'Eternel !

                              CRIC.

THÉATRES

Une troupe d'opéra-comique va parcourir le département du Gers, avec le répertoire de M. Ambroise Thomas.

Le succès paraît certain, au moins dans le chef-lieu : on assure que le morceau le plus goûté à Auch, c'est l'ouverture de *Mignon*.

POUR S'AMUSER

PROBLÈME Nº 10

ou

LE COUP DU LAPIN

Mot carré syllabique

PAR O. DE LOURDES ET V. LOCIPÈDE

Etes-vous mon premier ? Non, non, j'aime à le
                                         croire !
Cependant j'en connais qui le sont bien un peu,
  Sans que ça ternisse leur gloire.
— Pour sentir mon second, approchez-vous du feu ;
  — Puis cherchez dans votre mémoire :
  Vous avez dû voir mon dernier,
  Souvent, chez votre cordonnier.

Solution du mot en losange du nº 13

```
        Y
      P A T
    P A T I S
  Y A T A G A N
    T I G E S
      S A S
        N
```

Ont deviné : G. Dubonthe Abbah. — L. Bourgeois et M. Guyon. — Brick. — Périeux Satron. — Un pensionnaire du jardin des Plantes. — L'OEdipe de la rue du Jour. — Lirvat. — Trois Malagas du café des Halles, à Tours. — Dunerf et Duboy.au. — Augustine et son cher Popaul. — Restenblanc. — Buzy. — Bocage. — Félix B. — Poirot de Pierre la Palud. — Trois abrutis par le B.zig. — Savacravé pavèrave Mavong.ave. — Le café Turin à Lyon. — Dranem et Camuzardeau. — G. Archer. — Il est mi poussé. — G. Néodor. — G. Tassy. — Chictip. — Une tenue d'Oc. — P. (dit curé). — Non do rubio et Boule de Suif. — Léon Geniès. — Un musicien de la cochette. — Un apothicaire japonais. — Un pompier de Brest. — A. Capdeville. — N. Levallois-Bésoly. — Jack Cran. — Un abruti du café du commerce, à Pau. — Cotillon et Mouchabeu. — En riz de la gare d'Aire. — Le clerc (de not'ère).

Nous donnons aujourd'hui le dixième et dernier problème de la première série. Les solutions reçues, nous nommerons le vainqueur. Le lapin demande une commutation de peine ; mais que nos lecteurs se rassurent : nous n'examinerons même pas son recours en grâce !

Le Gérant : Auguste de la BILLETTE.

Imp. du journal la *Petite Lune* : A. de la BILLETTE, 5, rue Coq-Héron, 5.

LA Petite LUNE

Bureaux : rue Coq-Héron, 5 — Dessins de GILL — Abonnem^ts Paris, 3 fr. — Départ^ts, 3 fr. 50

UNE COLLE

— Vous, mon frère !... Ous qu'est ton fusil ?

LA LETTRE DU SUICIDÉ

A *Jean POPULOT, charpentier*

A MONTPARNASSE

Belleville, le 21 septembre 1878.

Mon brave Populot,

Quand ma gamine te remettra la présente, Joseph Coinchard aura fait le plongeon dans la Seine. Oui, Populot, je vais casser moi-même ma pipe. J'ai mal vécu; je veux bien mourir; c'est ce que je fais.

Ça doit t'étonner que moi, qui étais clérical, je me suicide, malgré que les ratichons disent que le suicide est un crime et une lâcheté. C'est que, vois-tu, je suis revenu de bien des choses. Entre autres, je ne coupe plus dans les prêchi-prêcha des curés. Je ne coupe plus dans rien, Populot; je suis désabusé de tout, et c'est pour ça que je me noie.

Tu sais que j'étais bonapartiste et réactionnaire enragé. Bien que sorti des rangs du peuple, je trahissais la cause du peuple. A cause de mes opinions, je suis devenu contremaître au chantier où je t'ai connu. J'ai arrondi ma pelote par mes bassesses et mes sales trucs. Je faisais des grattes sur la paye des frangins. Enfin, toutes les infamies, quoi! La honte engraisse, à ce qu'on dit; paraît que c'est vrai, car elle m'a engraissé, enrichi, et maintenant je pourrais vivre sans rien faire. Mais l'existence m'est devenue odieuse, et justement je ne peux plus vivre.

Tant que l'empire a duré, ça allait bien. Je rigolais comme une baleine, et je me foutais de vous autres, qui parliez de République, de fraternité et de démocratie. La catastrophe de la guerre m'avait un petit peu ébranlé. Mais je me suis remis quand j'ai vu que la réaction luttait et avait l'air de reprendre le dessus. Le Seize-Mai m'avait remis tout à fait d'aplomb. Aujourd'hui, tout ça est fini, disparu, envolé. C'est la République qui l'emporte, qui triomphe définitivement. Aussi je donne ma démission!

Je donne ma démission, parce que je comprends que j'avais tort. J'étais un mauvais patriote en me mettant avec les conservateurs, comme ils s'appellent. Je vois bien que c'est la République qui a régénéré la France, lui a rendu une armée, lui a fait reprendre sa place au premier rang des nations... Et moi, j'ai passé ma vie à conspuer cette République bienfaisante!

Peut-être tu me diras que ce n'est pas la peine, pour ça, de se foutre à l'eau; que la République est généreuse, qu'elle accueille à bras ouverts tous les convertis; que je n'ai qu'à vous tendre la patte et qu'à vous dire: « J'abjure mes erreurs anciennes, je suis des vôtres!... »

Non, Populot, j'y ai pensé; ça ne se peut pas! D'avoir été réac, calotin et bonapartiste, ça m'a enlevé le sens moral. Je ne pourrais pas m'empêcher de rester canaille; moi, il n'y aurait pas encore grand mal. Mais c'est ma petite, qui n'a plus que moi. — Elle s'appelle Eugénie, tu sais. A cause de l'impératrice. Du reste, c'est un joli nom. — Eh bien, malgré moi, je lui donnerais de mauvais exemples! j'en ferais une perdue! une catin!... Ça, je ne le veux pas! J'aime mieux faire ma crevaison... J'y vais!

J'ai embrassé la gosseline, je lui ai mis ses petites affaires dans un mouchoir, et je te l'envoie avec cette lettre. Elle t'amènera aussi un chien qu'elle aime beaucoup... Je lui ai dit que j'étais obligé de partir pour un bout de temps et qu'elle aille te trouver. Je compte sur toi. Je la confie à toi et à Mme Françoise. Recueillez-la, élevez-la avec les autres, et faites-en une brave fille et une bonne républicaine... Ne lui parlez jamais de moi. Qu'elle m'oublie!...

Maintenant, adieu, Populot; porte-toi bien et prospère.

C'est le tour des honnêtes gens.

JOSEPH COINCHARD.

NOCTURNE

—o—

Bon sens d'bon Dieu! fait-i' un vent!
J'fais pas quat' pas l'un l'aut'e d'vant.

J'arriv'rai jamai' à Montrouge.
Qué sal' vent! C'est pas c'que j'ai bu.
J'ai rien bu; ça m'est défendu;
J'peux boir' qu'avec Alphonse l'Rouge.

Zinguer tout seul, c'est pas mon blo'
Qui ça? Joseph el' machinisse,
Un homme d'théat', un artisse,
Boir' tout seul? — Oh! la la. — Tableau!

Tiens! Pig's-tu la lun' qui s'ballade?
Qué qu'a boit donc, c'te bourriqu'-là
Pour avoir la gueul' blanch' comme ça?
Y a pas d'bon sens; vrai, qué panade!

Si j'y payais un lit'! — Tableau!...
Un peu plus longue, un peu moins ca'mé,
On dirait la gueule à ma femme:
C'est tout craché.. sauf el' bandeau

Qu'a s'coll' chaqu' fois su' l'coin d'la hure
Après qu'nous nous somm's expliqués,
C'est pas qu'j'aim' y taper dans l'nez;
J'hai ça; c'est cont' ma nature.

Mais pourquoi qu'a m'fait des ch'veux gris?
Faudrait qu'j'y fout' l'argent d'mes s'maines
J'ai beau y coller des châtai'nes,
A r'pique au tas tous les sam'dis.

Qu'a pleur', qu'a rigol'; c'est tout comme ;
Sûr ! j'y foutrai pas un radis.
« T'as qu'à turbiner, comm' j'y dis,
» J'travaill' ben, moi qui suis un homme ! »

« J'trouv' pas d'ouvrag' » qu'all' me répond.
Et puis tous les ans c'est un gosse ;
Qué pondeuse ! En v'là d'un négoce,
C'est épatant ! A pond ! a pond !

J'en ai mon sac, moi, d'mon épouse ;
Mince d'crampon ; j'y trouv' des ch'veux,
C'est rien de l'dire. C'que j'me fait vieux !
Par là-d'sus madame est jalouse !

Il chante :

« Je n'ai gardé dans mon malheur
» Que la moitié d'une hirondelle... »
En v'là n'encor' d'un' ritournelle :
Delphin' jalous' ! — Tais-toi, mon cœur !...

Trois heur's qui sonn'nt ! Faut que j'rapplique ;
S'rait pas trop tôt qué j'pionce un brin ;
C'que j'vas m'fout' un coin d'traversin !
Bonsoir. A d'main la politique.

Où donc que j'suis ? Par où que j'vas ?
Tableau du coup qu'Joseph s'égare !...
V'là l'Pont-Neuf, j'parie un cigare ;
C'est que l'Pont-Neuf ; j'arriv'rai pas !

Chauffons l'train ! hu' la grand'vitesse !...

Tiens ! quoi donc que j'dégott' dans l'noir,
Qu'est à g'noux, là-bas, su' l'trottoir ?
Eh ! ben, là-bas, oh ! la gonzesse.

On grimp'pas su' les parapets !
Attends ! attends ! j'y vas .. Cré garce !
Pigé, j'te tiens ! Dit's donc, c'est farce
Tout d'même ; en v'là des moulinets !

Vous comprenez la rigolade,
Vous, la p'tit' mèr' ; vrai ; qué potin !
C'est donc marioll', c'est donc rupin
De s'plaquer dans la limonade ?

Pourquoi ? Peut-êt' pour un salaud ;
Pour un prop'à rien, pour un' pant'e ?
Malheur !... Tiens, vous prenez du vent'e.
Ah ! bon, chaleur ! J'comprends l'tableau :

On s'a fait arrondir el'globe,
On a sa p'tit' butte, à c'que j'vois...
Eh ! ben, ça prouv' qu'on n'est pas d'bois ;
A m'va, c'te môm'-là ; tiens ! j'te gobe.

Faut y donner l'jour, à c'gamin ;
Maint'nant qu'y est, faut pas l'défaire ;
J'l'adop' d'abord ; j'y sers de père ;
Vrai ! j'l'adop' jusqu'à d'main matin.

Allons, ho ! fais-moi voir ta pomme ;
Rapplique un peu sous l'bec ed'gaz
J'te gob'; faut profiter de l'occas'
Y a pas d'erreur, va ; j'suis un homme ;

Un chouett', un zig, un rigolo.
Fais donc voir ça ; bon ! v'là qu'a pleure.,.
Tu f'rais pas tant l'étroite à c't'heure
Si j'aurais laissé t'fout' dans l'eau.

Allons ! bon, c'est ma femm' ! — Tableau !

BIBI.

LE « FRANÇAIS » DES MALINS

Il y a des camerluches qui nous engueulent parce que nous parlons à la bonne franquette, les mains dans les poches.

Eh bien, voici ce que nous pixerons dans un article d'Ignotus, — au *Figaro* (cet Ignotus est un des journaleux qui ont — pas de la littérature — mais des prétentions littéraires) :

NOS MATELOTS

« Je leur avais promis que je parlerais d'eux
» — ici où la voix éveille, comme sur certai-
» nes montagnes, un écho plus fort qu'elle.
» Combien pour eux ai-je signé de vœux offi-
» ciels ! Combien de ministres ai-je entre-
» tenus de leurs intérêts ! Tout cela est allé
» où vont les *feuillards* d'automne. » (???)

Ça, c'est le début. — Un peu plus loin :

« L'église ardoisée de Saint-Nazaire appa-
» raît, enfin, dans l'immobile éblouissement
» d'azur. Elle rompt la monotonie de ces plai-
» nes liquides — semblable à la lointaine
» silhouette d'un chameau !!! »

Ça continue comme ça pendant trois colonnes ! Et, dans le même *Figaro*, il y a un monsieur qui, sous ce titre : *les Entorses à la grammaire*, a le toupet de vouloir rebouter le français des autres !

Soigne donc tes estropiés, malheureux !

L'art des couvreurs, mis à la portée de tout le monde

CHEZ AMANDA

Au bout de cinq minutes, on est sûr
de marcher sur les toi

LOTERIES

Albert Millaud l'a déclaré : **Il ne veut pas** de la LOTERIE NATIONALE de l'Exposition !

Nous prendrons des billets tout de même. Mais faut un fier toupet !

Quant aux personnes, moins héroïques, qui n'oseraient braver la défense de Millaud, elles pourront prendre des billets de la loterie qu'il va organiser pour embêter M. Krantz.

Elles risqueront de gagner :

Les situations neuves de *Madame l'Archiduc* ;

Les mots de la *Créole* ;

Une mèche intime de *Niniche* ;

Un baiser ayant déjà servi sur le pupitre de Victor Hugo à Guernesey ;

Et *mill'lots* du même genre...

Quelle bosse !

Puisque nous parlons de la *Loterie*, une observation à M. Krantz :

On ne reprend pas les billets invendus aux marchands de tabac. Faut qu'ils les achètent *ferme* ? Pourquoi ?

Ça a deux inconvénients :

D'abord, les débitants susnommés prennent peu de billets...

Ensuite, c'est eux qui gagneront les trois quarts des lots...

Vrai, nous aimons bien les marchands de tabac... mais pas tant que ça.

Faites attention, M. Krantz, ou votre loterie serait *fumée*...

Et Bébert se ficherait encore des bosses de rire !

THÉATRES

Copié sur le rideau-annonces du théâtre de Grenelle :

GRAND SALON DE MARS
Rue Croix-Nivert
Entrée par cavalier : 1 franc
DAMES *sans rétribution*

Sans rétribution ? Cavaliers seuls, en avant !

EXPLOITS DE LA COMPAGNIE **P. L. M.**

Les trois lettres P. L. M. signifient de plus en plus :

POUR LA MORT !...

Le 14 dernier, une rencontre entre deux trains de marchandises a encore eu lieu, à six kilomètres de Saint-Germain-des-Fossés. Deux employés blessés ; le chauffeur tué raide, comme toujours.

On attribue cette catastrophe à la négligence des agents supérieurs, qui n'ont pas voulu déplacer le disque de la station.

Parbleu ! qu'est-ce que ça leur fout, aux gros bonnets, l'écrabouillement des pauvres bougres ?

POUR S'AMUSER

Solutions du mot carré du n° 13 : L'Odylle. — Baïgn' dans l'pive. — Néo. — Pompamort dit Rigollet. — Un Nimois. — Un réserviste au Mans. — Balabrelok. — Abud-Ukase VI. — Sportman-Club. — Parpaillot. — Kissel de la Hagelmatt, un Bellevillois, le vidame de Buc, Ernest Salvit. — Lantiméchinski. — P. Tenlair. — Un Carcassonnet. — Thumlafaïaloseïl.

Solution du môt carré syllabique du n° 14

A BRU TI

BRU LU RE

TI RE PIED

Ont deviné : Un pensionnaire du jardin des Plantes. — Dent mat abat tiers. — M. Baluze et J. Auzolle. — Il est mi poussé — Le fils À la mère Dufour.— La petite Louise et M. Marail. — E. Bourgeois. — Alja. — Un Cosaque de l'Ukraine. — Oreillard Ier. — A. J. F. — A. Gonthier. — E. Martinot. — Eria Gas. — Bertrand et Raton. — Sosol.— Charrognard.— Republicanus Chanlon.— L'OEdipe de la rue du Jour. — Abud-Ukase VI. — Paul Kuppenheim. — D. Q. Loté et D. K. Pité.— Félix B.— Alexandre Wagner. — Le brahme de Billac, pion. — Emile Pillon et un abruti du Mont-de-Piété de Rouen. — Théos de Lyon.

(La fin au prochain numéro).

C'est le cas de dire : au dernier les bons ! Il y a avalanche de solutions pour le problème n° 10. Nous n'en donnons qu'une partie aujourd'hui. Le reste sera inséré la prochaine fois.

Dès demain, les pantes qui se croient des chances sont priés de nous envoyer le nombre de problèmes qu'ils ont devinés et les numéros de ces problèmes.

Le lapin met ordre à ses affaires. Il a refusé les secours de la religion. Il s'occupe de terminer ses *Adieux à la vie*, que nous publierons prochainement.

Le Gérant : Auguste de la BILLETTE.

Imp. du journal la *Petite Lune* : A. de la BILLETTE, 5, rue Coq-Héron, 5.

LA Petite LUNE

Bureaux : rue Coq-Héron, 5 — Dessins de GILL — Abonnem.^{ts} Paris, 8 fr. — Dépar.^{ts} 9 fr. 50

L'HOMME NOIR DE DEMAIN

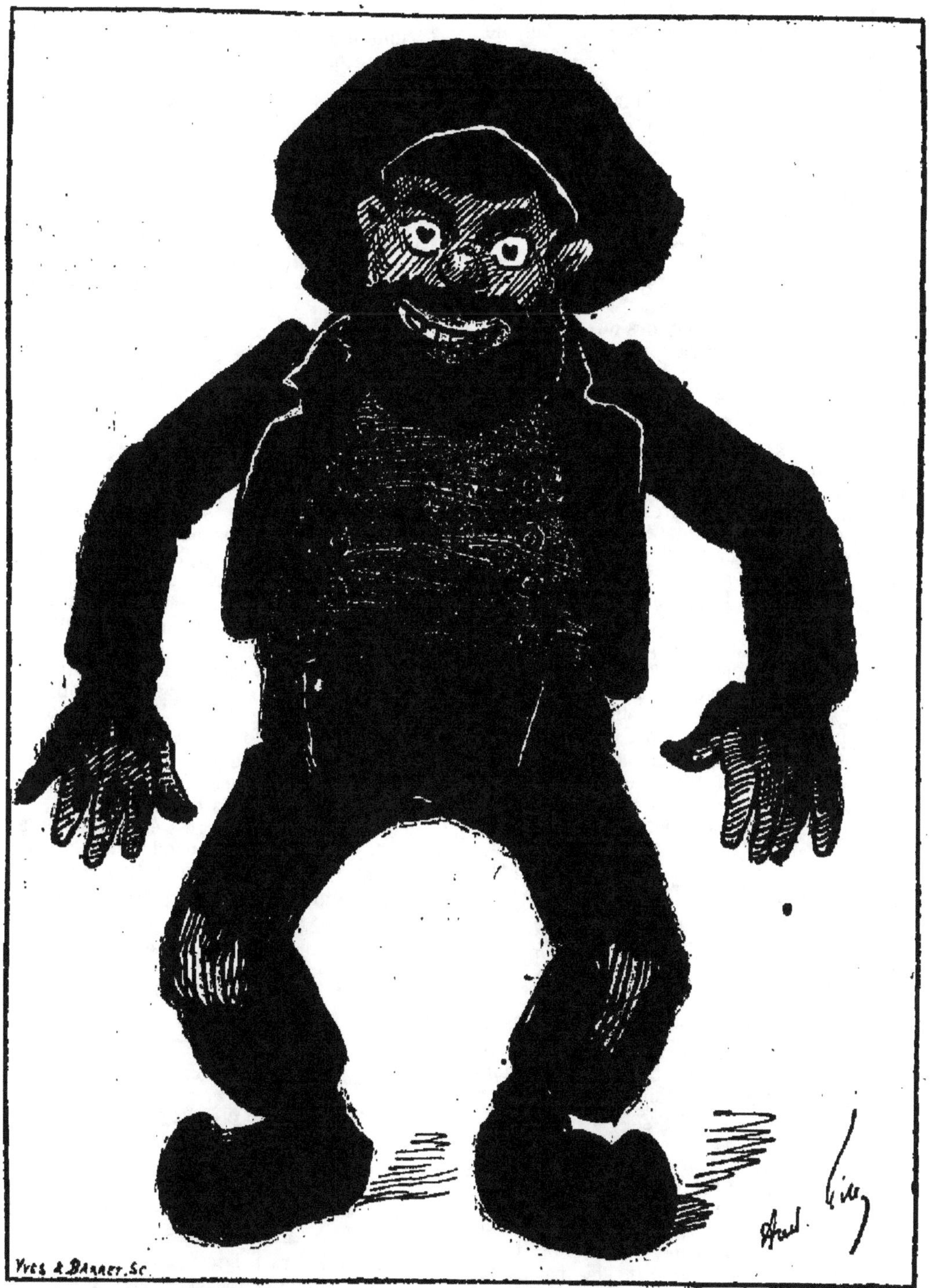

Quechtion chochiale ?... La voilà la quechtion chochiale : Je fais pas un chou de crédit.
Enfoncé, les claches povres ; i crèvent de froid, les claches povres ! — Et alors il
rechte que du monde honnête, fouchtra : moi et les claches dirigeantes.

Lettre du Théâtre de la guerre

A LA **P. L.**

Ma vieille branche,

Sachant qu'une lutte allait s'engager entre le petit Jules et le gros Ernest, tu m'as envoyé, en qualité de reporter, à la barrière de la Chopinette, théâtre de la guerre. Voici ce que j'ai vu.

D'abord, vous connaissez le motif de la querelle : Jules avait une paire de pantoufles neuves, très galbeuses, mais un peu grandes pour ses paturons. Ernest, qui est son voisin, trouvant qu'elles lui iraient comme un gant, a voulu que Jules les lui donne. Refus de Jules. Rage d'Ernest, qui a déclaré qu'il aurait tout de même les pantoufles.

— Viens les prendre! a répondu Jules.

De là, la guerre.

Je suis aboulé au début des hostilités. Une douzaine de voisins et camerluches des adversaires, assistaient à la trépignée, et en attendaient avec curiosité l'issue.

Jules est petit, mince, nerveux, agile. Il vous glisse dans les mains comme une anguille. Ernest, lui, est taillé en force; un vrai taureau; mais il manque un peu de souplesse.

— Donc, chances à peu près égales des deux côtés.

Julot s'est bien foutu d'aplomb sur ses pattes, s'est mis en garde, et l'œil au guet, le corps penché, a tranquillement attendu le choc.

Ernest s'est avancé sur lui, tout droit, et lui a envoyé une bonne beigne sur la tronche. Mais Jules, d'un saut en arrière, a esquivé l'atout, qui lui a seulement effleuré l'épaule. Puis il a bondi, et riposté par un coup de tête en pleine poitrine. Ernest a chancelé du coup. Mais il est solide, et vite est revenu à la charge.

Alors a commencé une jolie dégelée de coups de poing. Ça pleuvait, c'était une bénédiction. Pan, sur la hure ! pouf, sur le naseau ! bing, en plein coffre ! C'était vraiment bath à regarder. Et toujours le même truc : Ernest s'amenait sur Jules et tapait droit devant lui; mon Jules sautait, évitait le pain tant bien que mal, — et tout de suite à la riposte !

Ça a duré comme ça un bon bout de temps. Enfin Ernest est parvenu à acculer Jules dans un coin et à te l'empoigner à bras-le-corps. Alors mince de secousses, à droite et à gauche, en avant, en arrière. Jules gigotait, fallait voir. L'autre arrivait de temps en temps à l'enlever de terre; mais Jules se débattait si bien qu'il arrivait toujours à reprendre pied...

Tout à coup, crac ! voilà mon Jules qui file comme un lézard entre les doigts d'Ernest. Ernest se penche pour le repiger : vlan ! Jules lui fourre sa patte dans les pattes, lui colle un croc-en-jambe aux pommes, — et voilà Ernest sur le cul.

— Il est tombé ! que nous crions tous...

On croyait que c'était fini... du tout. Ernest se relève, s'élance et se laisse aller sur Jules de tout son poids. Jules prend un billet de parterre, avec Ernest par-dessus lui.

Les voilà tous deux qui se roulent, se battant et se débattant... Quel chic coup d'œil! On voyait deux paires de louches, deux paires de quilles s'agiter, se lever, se baisser, sans pouvoir distinguer auquel des deux appartenait cet abattis-ci ou celui-là, tellement ils étaient emmêlés. Néanmoins, nous sentions bien que Jules avait définitivement le dessous.

Comme la lutte menaçait de se prolonger pas mal encore, voilà le grand Mathurin qui dit :

— En vlà assez : faut pas les laisser se manger le nez ; intervenons, et rabibochons-les ensemble. Un congrès, quoi !

On intervient, on sépare les combattants et l'on s'en va chez le troquet une douzaine pour conclure la paix.

On s'attable, on fait apporter des litres, et on commence à discuter.

C'est alors que c'est devenu rigolo. Il n'y avait pas cinq minutes qu'on était là, que l'on s'est mis à s'engueuler une belle affaire. Les uns voulaient ci, les autres ça. Pas moyen de s'entendre. Ce qu'il y a de plus épatant, c'est que les types qui s'étaient contentés de regarder la bataille réclamaient des dédommagements ! Au bout d'un quart d'heure, on échangeait des calottes et on démolissait les litres.

Finalement, on s'est séparé en décidant qu'Ernest aurait une des pantoufles et la semelle de l'autre. On s'est, de plus, octroyé une paire de chaussons à chacun. Ernest et Jules sont à peu près remis ensemble : seulement, de tout ça il est sorti d'autres brouilles. Paraît que Jules va se refiche une tripotée avec Émile ; et on ne serait pas surpris qu'Ernest eût des mots avec Hippolyte. Voilà le résultat de la conciliation.

En m'en revenant, j'ai rencontré un de mes aminches, qui est diplomate. Je lui ai offert un *cintième* et lui ai raconté la chose. Il a ri comme une baleine. Puis il m'a dit :

— Faut pas que ça t'épate : en Europe ou à la Barrière, c'est kif-kif. Quand deux nations se foutent une danse, l'intervention des voisins ne sert qu'à amener de nouvelles batteries.

Le reporter de la **P. L.**,

`GUGUSSE.

MIEUX VAUT RIRE...

L'autre jour, dans mon cerveau,
Ainsi que dans ma cervelle,
Je cherchais un r'frain nouveau;
Un' rigolbochad' nouvelle.
J'ai fini par découvrir
Cett' pensé' très réussie :
Mieux vaut rire que souffrir,
Que souffrir de la vessie !

Lorsque l'on a des calculs,
Pas d'algèb', mais urinaires,
Tous les remèdes sont nuls;
Méd'cins et vétérinaires
Essayent en vain d'vous guérir :
On a ça pour tout' la vie...
Mieux vaut rire que souffrir,
Que souffrir de la vessie !

On ne peut plus chahuter,
On n'peut plus aller dans l'monde;
On ne peut plus en conter
A la brun' comme à la blonde;
On n'a pour uniqu' plaisir
Rien que la lithotritie...
Ah ! mieux vaut rir' que souffrir,
Que souffrir de la vessie !

C'était l'cas d'Invasion Trois :
Quand il tourna d'la paupière,
On put bien dire, je crois,
Qu'c'était la fin d'sa *carrière*.
Il dut, au moment d'mourir,
S'écrier : « C'est un' vrai' scie...
Mieux vaut rire que souffrir,
Que souffrir de la vessie ! »

Maint'nant, la pierr', qu'est-c'que c'est ?
C'est les fruits de la débauche.
Donc, pas trop d'noc', ça vous ferait
Passer viv'ment l'arme à gauche.
Pour êt' sag's, tâchez d'ret'nir
Ma maxim' de poésie :
Mieux vaut rire que souffrir,
Que souffrir de la vessie !

                          BIBI.

Silhouettes de Classedirigeants

OSCAR BEAUCUISSON, HÉRITIER

On a senti la première piqûre du froid :

Voici venir l'hiver, tueur des pauvres gens.

Mais qu'est-ce que ça fout à Oscar Beaucuisson, l'hiver ? Il s'en moque pas mal, allez !

Oscar est jeune, bien bâti. Torse herculéen, bras d'athlète, cou de taureau. Des plaques de rougé-écrevisse sur la face. Des favoris en côtelettes. L'air important, le verbe haut. Déjà un soupçon de bedaine. Il sue la santé — et l'aplomb.

N'est-il pas « le fils de son père ? »

*
* *

Son père, Joseph Beaucuisson, a ramassé dans les farines une fortune colossale. Quand je dis : *dans les farines*, il serait plus juste de dire : dans la *falsification* des farines. — N'importe ! Le père Beaucuisson est millionnaire ; ça suffit. — Oscar a donc de l'argent, et du crédit...

Je vous le demande : qu'est-ce que ça peut lui foutre, l'hiver ?

*
* *

Pour Oscar, l'approche de l'hiver est le signal de toutes les joies. C'est la belle saison, l'hiver. Qui est-ce donc qui dit que, l'hiver, il fait froid ? Oscar ne s'en est jamais aperçu ! Jamais il ne s'amuse tant. — Il passe ses matinées au lit, ses journées au cercle, ses soirées au théâtre, au bal, aux grandes réceptions, et ses nuits à souper et à nocer avec des filles.

Joyeuse vie !

Cet hiver, comme le dernier, Oscar sera le plus brillant polichinelle du bal de l'Opéra. Il aura un succès bœuf. Il sera épatant. Quand l'hiver arrive, il allume sa verve en même temps que son feu. C'est d'une gaîté à tout casser, — parole !

*
* *

Et puis, ce n'est pas tout : l'hiver offre encore une chance à l'heureux Oscar. Une chance sérieuse.

L'hiver est la saison des rhumes, des bronchites. C'est une saison malsaine, surtout pour les personnes âgées...

Oscar, lui, s'en fout. Il défie toutes les intempéries. Avec un coffre comme le sien !

Mais il y a son père. Son père, qui est vieux, cacochyme, et qui, par avarice, ne prend pas toutes les précautions nécessaires...

Si cet hiver-ci est humide, si le froid pince dur, le père Beaucuisson attrapera peut-être une bonne fluxion de poitrine, qui l'enverra *ad patres !*

Et Oscar héritera !

Il est fils unique : il palpera d'un coup tout le *quibus* à papa...

Et alors, mes enfants, quelle noce !... Non, vrai, ça serait trop de veine !

. . . .

Dans la maison où Oscar a un petit entresol, meublé avec le dernier chic, — au cinquième habite une famille d'ouvriers : le père, la mère et un fils de vingt ans.

Pour nourrir les vieux, le fils turbine jour et nuit. Il s'est rendu phthisique à force de masser. Aussi ne gagne-t-il guère, et l'on va grelotter dans la mansarde.

Il est probable que, cet hiver, le poitrinaire crachera son dernier morceau de poumon.

Qu'est-ce que ça fait ? Un pauvre !

Quand on n'a pas d'héritage à attendre, ce qu'on a de mieux à faire, suivant Oscar, c'est de crever.

Le fils mort, les vieux, sans soutien, claqueront aussi, sans doute.

Trois gueux de moins !

Qu'est-ce que ça peut foutre à Oscar ?

                          MARTIAL.

L'ART DE SE CONDUIRE

Dans la Société des Pauvres Bougres

ENSEIGNÉ AUX GENS DU MONDE

VI

Au Bal

Lorsque vous irez dans un bal de prolétaires...

— Connu ! allez-vous dire : pas besoin de r'commandations ! J'y ai été !

Silence ! quand je parle.

S'agit pas ici des bals de barrière, — comme le *Bal des Vaches*, au pont d'Austerlitz, ou le *Bal Crosnier*, à la Villette, — où vous êtes allé plus d'une fois vous galvauder, poussé par une curiosité malsaine...

S'agit pas des bastringues de bas étage, fréquentés par des voyous et des punaises.

Il s'agit des bals populaires, mais honnêtes, — des bals d'ouvriers, comme c'était dans le temps chez Tonnellier. — Ils deviennent rares...

Vous n'y avez jamais foutu les pattes, et, si on ne vous renseignait pas, si on ne vous décrassait pas...

Attention !

Pour la tenue, voir le chapitre : *De la toilette* (n° 8 de la **P. L.**). — Vêtements simples et de bon goût, qui ne vous fassent pas remarquer.

Maintenant, lorsque vous entrez, si des murmures désapprobateurs s'élèvent, si vous entendez crier : « Oh ! c'te tête ! à bas ! à la porte ! » n'essayez pas de crâner : filez doux, battez en retraite. Ça vous évitera des désagréments.

Si, au contraire, on vous tolère, c'est bon, restez. Mais de la tenue ! N'essayez pas de vous faire reluquer par une attitude bruyante ou par des airs penchés et tortueux, qui ne sont point de mise dans un milieu simple et carré.

Vous voulez danser avec une des fillettes qui sont là ? N'allez pas l'inviter tout de go, comme une oie. Dites-lui de vous montrer ses parents, et demandez-leur la permission de danser avec la petite. Comprenez-vous ? Il se pourrait que l'honnête prolétaire ne fût pas très flatté de voir gambiller sa fille avec un classe dirigeant.

Avant de valser, avertissez votre danseuse — si elle n'y pense pas — d'attacher son mouchoir autour de sa taille. Précaution utile. Elle n'a qu'une robe des dimanches, la fille du peuple. Et ça n'est pas pour la salir d'un coup avec vos pattes.

Au quadrille, gare ! pas de chahut, pas de contorsions. Vous irez faire, autre part, l'étalage de vos dislocations et de vos grâces, le canard en visite ou l'écrevisse en chaleur ; — chez Markowski, si bon vous semble, mais pas chez le peuple.

S'agit pas non plus de tomber dans l'excès contraire, et de quadriller comme une andouille du faubourg Germain, en se traînant au lieu de danser, avec un air mourant et des yeux de poisson cuit.

Tricotez richement des guiboles, avec décence, mais vivacité. Vous n'êtes pas à l'enterrement !

Ne profitez pas de la danse pour débiter des polissonneries à votre danseuse, et ne lui proposez pas de quitter le bal pour aller faire un tour de sapin avec vous. — Ce qui est bon dans les bals du monde, ne vaut rien dans ceux de l'ouvrier. — La demoiselle irait prévenir son père, le père vous casserait les reins, et vous iriez faire cavalier seul dans votre poussier pendant six semaines.

Enfin, après la danse, si vous voulez être poli et montrer que vous savez vivre, reconduisez votre danseuse à ses parents, et offrez à toute la famille un saladier de vin sucré.

Ça fera dire de vous, faute de mieux :

— Pas beau, pas malin... mais très comme il faut.

Ctesse DE ROTENVILLE

(A suivre — à pied, à cheval et en tramway)

POUR S'AMUSER

Suite et fin des solutions du problème n° 10 : Séraphin. J. Bremolle. — L'orphéoniste de Sommesons. — E. Loqueue. — R. Bivore. — Kissel de la Hagelmatt. — Paul Olivier. — M. Lacrampa. — En riz de la parc d'aire. — — Le clerc (de not' ère). — Verre singe étau rixe. — Arthot François. — Kaskamèche et Duracuir. — Samivel. — Mi-stère. — P. Lelong. — A. Panneau. — Lonlonpope. — Dranem et Camuzardeau. — Le pompier de Brest. — Mme de Toupi. — Dunerf et Duboyau. — Tel et Mac. — Choucroute à Titine. — Ben-Tate-Zi. — Un laitier. — Cavoumavis. — O. Bellisk et Marc Hassin. — Le bourreau du la peint. — Ch. Lardermedem. — Jacks Cran. — Four des flammes. — Alph. d'Auvert. — Moreau t'y rend. — Un Nimois. — Décrépit. — Surlclipudam. — I. R. — L. O. 10, E. E. 1000. — Durandeau. — Greenback. — T. Ologie.

Et c'est fini ! Le premier tournoi de la P. L. est clos.

Nous proclamerons dimanche prochain le vainqueur.

Nous prions de nouveau les concurrents qui se croient des titres à ce glorieux triomphe, de nous adresser le nombre et les numéros des problèmes qu'ils ont devinés.

Le Lapin a hâte de savoir le nom de celui qui le bouffera. Maintenant, il est impatient d'entendre sonner sa dernière heure.

Le lièvre pusillanime a un trac bleu du trépas et de la cuisson. Mais le lapin, héroïque, demande instamment à être écorché vif !

Le Gérant : Auguste de la BILLETTE.

Imp. du journal la *Petite Lune* : A. de la BILLETT 5, rue Coq-Héron, 5.

N° 17

5 Cent.

LA Petite LUNE

Bureaux : rue Coq-Héron, 5   Dessins de GILL   Abonnem^t Paris, 3 fr. — Départ^t, 3 fr. 50

JEANNE D'ARC

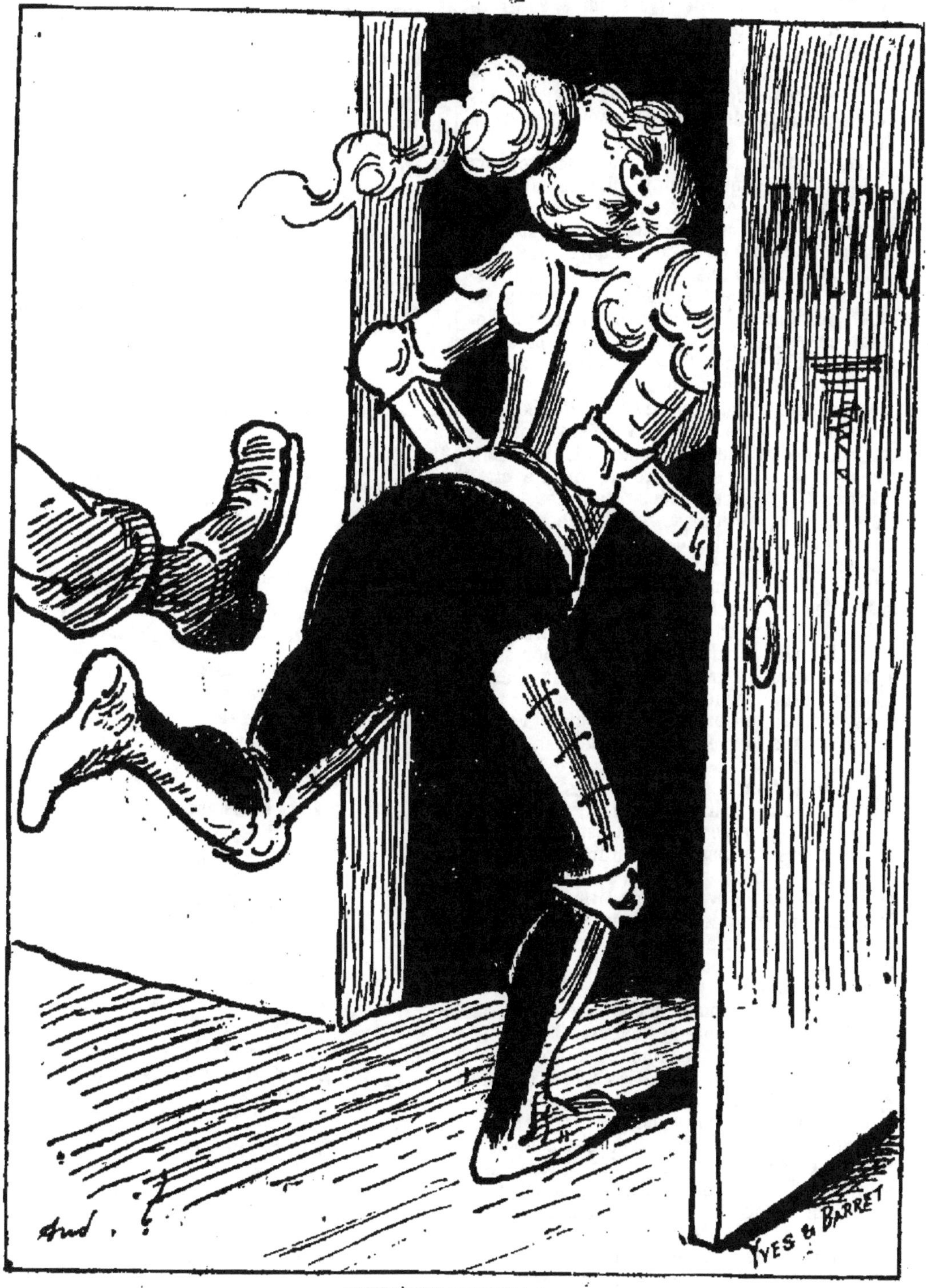

DERNIÈRES NOUVELLES

Aux ouvriers pères de famille

À PROPOS

DES AGENTS DES MŒURS

Qui traitent les filles du peuple comme des raccrocheuses

Frangins et aminches !

Vous savez ce qui vient de se passer ? Vous avez lu l'immonde fait-divers qui excite l'indignation de tous les gens de cœur ? le nouvel exploit de ces racailles qu'on nomme les agents des mœurs ? Quand on pense qu'il se commet encore de pareilles atrocités, ça vous fait vraiment dresser les cheveux sur la tête !

Ces messieurs ont opéré une descente dans une maison du quartier du Mail. Une ouvrière, une jeune fille honnête, pure et laborieuse, y demeurait. Les pourvoyeurs de Saint-Lazare ont jugé plaisant de la comprendre dans leur rafle. Malgré ses cris, ses pleurs, ses supplications, qui auraient attendri des brutes, ils l'ont emballée pêle-mêle avec des catins, et l'ont emmenée au Dépôt. Elle y a passé la nuit — toute la nuit ! — au milieu des filles perdues ! Le lendemain matin, pour comble d'ignominie, on l'a soumise à la *visite*. Ses tortionnaires l'ont de force renversée, maintenue sur l'ignoble fauteuil à bascule... Un médecin l'a examinée... Il a reconnu qu'elle était **vierge** ! — Sur cette déclaration, les argousins se sont décidés à relâcher la malheureuse, en regrettant sans doute que l'abolition des lettres de cachet ne leur permît pas d'ensevelir leur victime dans une bastille et d'étouffer ainsi le scandale.

Voilà le fait dans toute sa monstruosité. Nom de Dieu ! quand j'ai appris ça, mon sang n'a fait qu'un tour, et Françoise, ma ménagère, en est devenue pâle ; car nous avons une fille aussi, une fille de seize ans qui travaille, et qui chaque soir revient de son atelier, seule, à la nuit tombante. Qui me dit, si on ne met promptement ordre à ces infamies, qu'un de ces soirs une troupe de railles, embusqués dans l'ombre, ne l'empoignera pas et ne l'entraînera pas au Dépôt, en jurant qu'ils l'ont surprise à battre le quart ? Ça s'est vu, ça peut se voir encore ! L'aventure de Mlle Augustine D... est une menace pour tous les pères de famille, et nous ne pourrons plus dormir tranquilles, tant qu'une bande de gredins anonymes terrorisera Paris !

On ne saurait avoir trop de haine et trop de dégoût pour les agents des mœurs. C'est la lie de la société. Autant j'estime les sergos, — qui ont un uniforme, qui sont des espèces de soldats, qui veillent à la sûreté des citoyens, — autant je méprise les roussins de bas étage chargés de traquer les retapeuses soupçonnées de ne pas être en règle. Entre les chasseurs et les souteneurs de filles, je ne fais pas grande différence. De fait, je crois que souvent ceux-là se recrutent parmi ceux-ci. Quand on voudra, nous prouverons que la moitié des appointements des agents des mœurs leur viennent du quibus que les filles leur donnent

pour ne pas être arrêtées. — Maintenant, qu'ils fassent leur métier ; qu'ils arrêtent les gourgandines, c'est bon. Quoique ces misérables femmes m'inspirent surtout de la pitié, et que les policiers les brutalisent indignement, je ne protesterai pas outre mesure. Mais que ces ruffians osent poser leurs pattes immondes sur nos filles, et les traînent dans leur bouge pour les souiller, les polluer, — ça passe les bornes, je me révolte, et l'opinion publique se révolte avec moi !

L'histoire de Mlle D... a soulevé un tel cri de réprobation et de colère, qu'on s'en est ému, paraît-il, dans les sphères officielles. On assure que le préfet de police, que le ministre ont résolu d'agir, de prendre les mesures nécessaires pour prévenir le retour de semblables abominations. Certes, ce sera bien fait ; si ces hauts fonctionnaires exécutent leurs promesses, ils auront bien mérité des honnêtes gens.

Mais il ne s'agit pas seulement de révoquer les coupables. Faut des réformes, et des réformes **radicales** ; faut bouleverser de fond en comble l'organisation scandaleuse du service des mœurs. N'est-il pas odieux de voir ceux-là mêmes qui ont pour mission de s'opposer aux impudicités, commettre, à l'abri de leur mandat, des attentats à la pudeur ?

JEAN POPULOT.

OISEAU NOCTURNE

De son asile
L'oiseau de nuit
Nommé Basile
Sort... — Pas de bruit. —

Il peut se dire
Conspirateur ·
Car il conspire
Avec ardeur.

Mettre à la France
Un capuchon,
C'est l'espérance
Du ratichon.

Il dit : « La ruse
Prime le droit... »
Mais il s'abuse
Très fort, s'il croit,

— Avec ses bourdes,
Son Sacré-Cœur,
Son eau de Lourdes, —
Être vainqueur

Des fiers principes,
Des dogmes vrais...
Car tu dissipes
L'ombre, ô progrès !

Pris d'épouvante
A la clarté
Éblouissante,
O liberté,

Bientôt loin d'elle,
Va dans son trou
A tire d'aile
Fuir le hibou.

NOUVELLES DU PETIT

On reparle du mariage de Loulou et de mamzelle Thyra. Le roi de Danemark est comme le beau-père du *Chapeau de paille d'Italie*. Il passe son temps à dire :

— Tout est rompu !

Et, immédiatement après :

— Tout est renoué, mon gendre !

Mettons que la susdite union ait lieu..

Loulou est un métis de *Hollandais* et d'*Espagnole*...

Il épouse une *Suédoise*...

Pas probable qu'il ait la moelle de lui faire un petit Oreillard V...

Mais, enfin, s'il lui en fait un, — ce gosse-là aura-t-il dans les veines une seule goutte de sang français ?...

Ça ne l'empêchera pas de prétendre au trône de France !...

Il est vrai qu'il se fera retoquer aussi brillamment que son âne de père à Woolwich...

C'est égal : c'est rudement rigolo tout de même !

O=oooooooooooooooooo=o=oooooooooooooooooo=O

AUX PERSONNES MAL EMBOUCHÉES
Demandez
CHEZ TOUS LES MARCHANDS DE COULEURS

LE

VERNIS DE BONNE COMPAGNIE

Spécialement recommandé à MM. L. Veuillot et Paul de Cassagnac.

O=oooooooooooooooooo=o=oooooooooooooooooo=O

Silhouettes de Classedirigeants

Un Noceur

Il avait une vingtaine d'années. Il avait abusé de tout : du vin, du jeu, des femmes.

C'était un gommeux, un de ces jeunes gens pour qui la vie se résume en trois mots : faire la noce. Ça ne fout jamais œuvre de ses dix doigts ; ça pionce, éreinté, tout le jour ; ça se lève à la brume, et ça passe la nuit dans des restaurants, dans des bouges, avec des grecs, des ivrognes et des drôlesses.

Le matin, l'ouvrier allant à son turbin les rencontre, efflanqués, blafards, hideux, et leur jette un regard de mépris. Eux, la vue des travailleurs ne leur fait pas monter le rouge à la face... Après ça, il leur reste si peu de sang dans les veines !

**

Celui dont je parle avait fait la vie comme les autres.

Un beau jour, las, écœuré, à bout de forces — à bout de ressources, peut-être — trop lâche pour se mettre à masser — il s'est dit qu'il n'avait plus qu'une chose à faire : sa crevaison. Il est rentré et s'est tué d'un coup de chassepot en pleine poitrine. On l'a trouvé râlant dans sa cuisine ; son sang coulait sur les carreaux où, d'ordinaire, coule l'eau grasse.

**

Les journaux de la semaine dernière ont raconté ce beau suicide.

J'ai relu les vers que Victor Hugo, dans les *Chants du Crépuscule*, écrivit sur une mort semblable :

Jeune homme, tu fus lâche, imbécile et méchant.
Nous ne te plaindrons pas. . . . .
. . . . Riche au cœur infertile,
Qui vivais impuissant et qui meurs inutile,
Toi qui tranchas tes jours pour faire un peu de bruit,
Sans même être aperçu, retourne dans la nuit !

Ta porte en se fermant ne vaut pas qu'on l'écoute.
Va donc ! qu'as-tu trouvé, ton caprice accompli ?
Voluptueux, la tombe, et vaniteux, l'oubli !

On ne saurait plus superbement dire ce que l'on doit penser de ces suicidés-là.

Honneur aux vaillants qui se font trouer la peau pour défendre la patrie contre les envahisseurs, ou la liberté contre les tyrans !

Respect et silence devant le pauvre qui, lutteur désespéré, vaincu enfin par la misère, se donne à lui-même la mort !

Mais le pâle débauché qui, par désœuvrement, ennui et feignantise, se fait sauter le caisson ou se décroche le battant d'un coup de feu, ne mérite rien qu'un dédaigneux haussement d'épaules. Ces cadavres-là, je ne les salue point au passage.

Celle que l'on doit plaindre, hélas ! c'est la mère — la mère qui a non-seulement la douleur mais la honte. Ce n'est pas assez qu'elle pleure la mort de son enfant : il faut encore qu'elle en rougisse !

**

Le fait-Paris en question a inspiré à M. Albert Wolff, dans le *Figaro*, des réflexions analogues. J'ai lu son article. Il est bon.

Je ne me permettrai qu'une remarque :

Les noceurs conspués par M. Wolff ne sont-ils pas précisément des admirateurs enthousiastes du *Figaro* ?

Et n'est-ce pas la lecture des feuilles de joie, boulevardières et graveleuses, qui pourrit les générations et qui, excitant les petits classedirigeants à mal vivre, les conduit à mal mourir ?

M. Wolff me paraît hardi d'éreinter les noceurs et les soupeuses dans le moniteur officieux de la gomme et du cocottisme...

Puisqu'il a du cœur, parfois, il devrait sortir de cette boîte-là, — et vite !

MARTIAL.

LES CLICHÉS

—o—

Chaque nouveau gouvernement
Affiche un petit boniment :
« La réaction nous veut mordre :
Que nul n'en soit effarouché !
Nous la rappellerons à l'ordre... »
    C'est un cliché !

Grondant sa môme, ange aux doux yeux,
Un daron gueulait, furieux :
« *Tu déshonores ta famille !* »
Parce qu'elle avait découché...
« — Papa, répond la joune fille,
    C'est un cliché ! »

Un joli gommeux — courroucé
De voir son amour repoussé —
Bonnit d'un tôn sombre à sa belle :
« Si votre cœur n'est pas touché,
Je me fais péter la cervelle... »
    C'est un cliché !

Lorsqu'il se perpètre un délit,
Dans tous les grands journaux on lit :
« L'auteur de ce forfait énorme
Jusqu'ici demeure caché ;
Du reste, *la justice informe...* »
    C'est un cliché !

Vous venez de vous marier ;
Le beau papa vient vous crier
Avec une voix catarrheuse :
« Ah ! ne soyez pas débauché !
Jurez-moi de la rendre heureuse !... »
    C'est un cliché !

Le marchand qui vend à faux poids
Sa carne, son beurre ou ses pois,
Dit, avec un toupet sublime,
Après vous avoir écorché :
« *Je ne gagne pas un centime...* »
    C'est un cliché !

Un type, montrant son enfant,
Murmurait d'un air triomphant
(B-en que sa dame, fort légère,
Eût commis plus d'un doux péché) :
« Hein ? *comme il ressemble à son père !* »
    C'est un cliché !

Un m...onsieur reçoit un soufflet ;
Il prend l'agresseur au collet :
« *C'est du sang que veut cette injure,*
Dit-il : vous serez embroché ! »
Chacun frémit... Qu'on se rassure :
    C'est un cliché !

Bref, rien de neuf sous le soleil ;
Plus ça change, plus c'est pareil,
Cet axiome est très notoire.
Tout est vieux, usé, rabâché ;
Tout est toujours la même histoire ;
    Tout est cliché !

        BIBI.

UN BON CONSEIL DE TEMPS A AUTRE

Pour vous chauffer économiquement cet hiver :

Prenez un poêle n'ayant pas encore servi — un poêle *vierge* ;

Et lisez devant lui un article de Veuillot ou de Cassagnac.

Votre poêle *rougira* tout de suite.

UNE BONNE AFFAIRE

Il ne s'agit que de souscrire pour l'érection d'un séminaire au Canada.

Extrait du boniment :

« Chaque associé, en faisant, *une fois pour toutes,* l'aumône de DEUX FRANCS en faveur du séminaire et de la chapelle, a droit, *pendant sa vie et après sa mort :*

1° A une messe par semaine, pendant vingt-cinq ans ;

2° A perpétuité aux prières des élèves.

NOTA. — On peut aussi associer un parent ou un ami défunt, ou toute personne quelconque à qui l'on s'intéresse, en payant pour elle la même somme. »

Vrai ! c'est trop chouette pour s'en passer.

Mais **2** fr. ! voilà l'hiver qui vient : le chauffage, le logement, la nourriture, l'entretien...

C'est égal ! Donnez-moi-z-en tout de même pour dix sous, monsieur le curé.

Ça me fera toujours une messe par mois, et des prières pendant un quart de perpétuité.

POUR S'AMUSER

Après une minutieuse enquête, nous croyons devoir décerner

LE LAPIN DE LA **P. L.**

au citoyen

KISSEL DE LA HAGELMATT

et aux copains d'icelui.

Que ce nom brille d'un pur éclat dans les annales de la **P. L.** !

S'il se produit des réclamations, nous aviserons.

Le **Lapin**, lui, est prêt. — Il a rédigé ses volontés dernières, fait son paquet, pris son parapluie, son coachman, son sac de nuit...

Il a la patte sur le marchepied d'une roulante...

Il n'attend plus qu'une chose : l'adresse du vainqueur pour la crier au cocher...

Vite, KISSEL, ton adresse !

Le Gérant : Auguste de la BILLETTE.

Imp. du journal la *Petite Lune* : A. de la BILLETTE
5, rue Coq-Héron, 5.

LA Petite LUNE

Bureaux : rue Coq-Héron, 5 ✠ **Dessins de GILL** ✠ Abonnemᵗ Paris, 3 fr. — Dépᵗ, 3 fr. 50

LA GAMELLE DU VOLONTAIRE D'UN AN

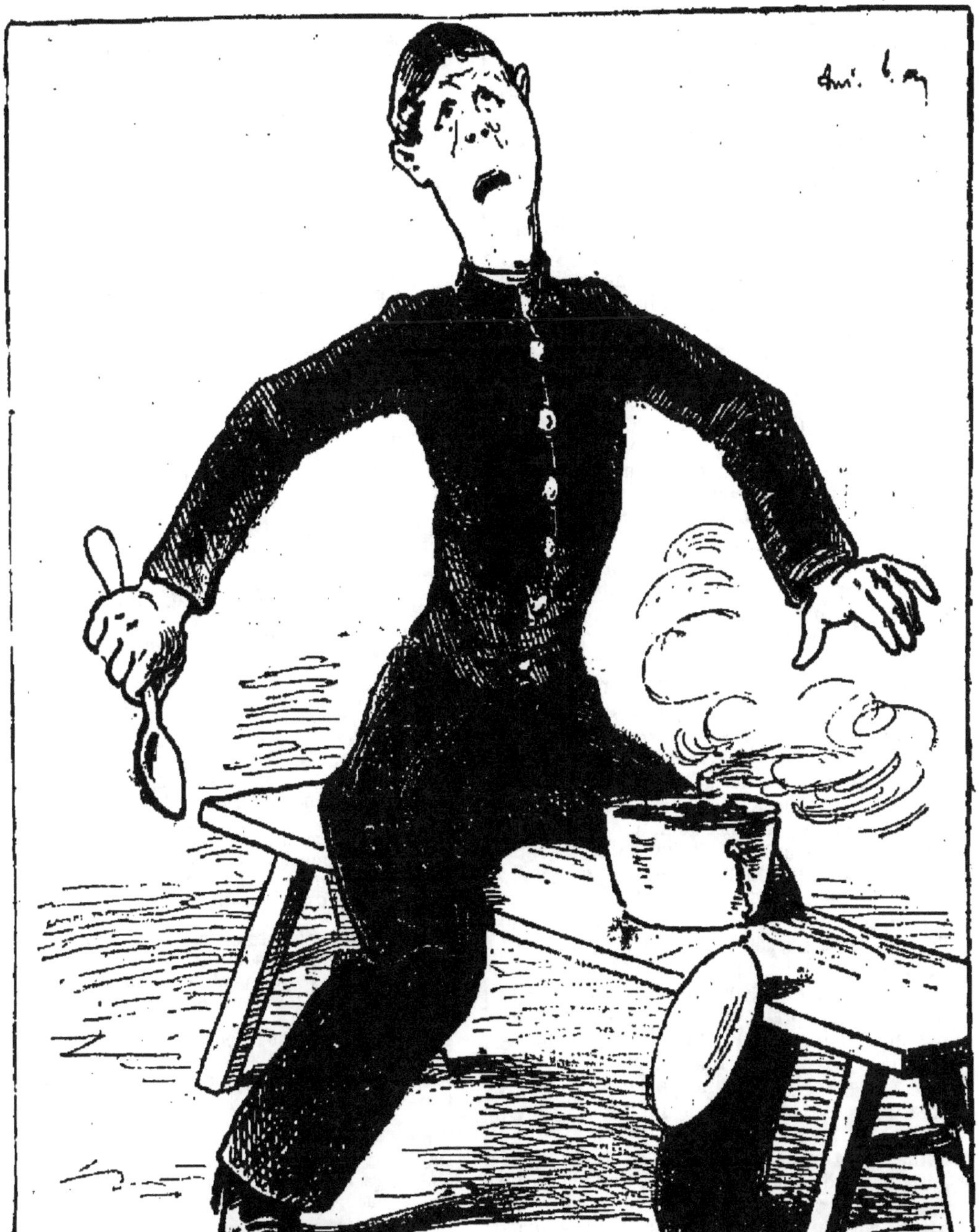

Allons, ho! le petit chéri à sa mémère : faut boulotter gaîment. Si ça manque un
peu de truffes, ça fait bien pousser le poil.

A mon gosse Pierre Populot

Mon petit Pierrot,

V'là les vacances terminées. Rentrée générale. Les étudiants, après être allés se mettre au vert chez leurs mamans, rentrent au Boul. Miche, comme ils disent, et recommencent à potasser pour devenir des magistrats qui condamneront, ou des médecins qui charcuteront les pauvres bougres de prolétaires. Les petits classedirigeants quittent les orgueilleux hôtels de leurs nobles parents pour retourner chez les bons pères apprendre la cafarderie. Les mômes du peuple rentrent à l'école. Tu vas faire comme eux, mon petit gosse, et aller à l'école aussi. A l'école laïque, s'entend. Tu n'auras jamais à me reprocher de t'avoir foutu entre les pattes des ratichons. J'ai lu dans les journaux trop d'histoires louches sur le compte des hommes noirs ! Leur façon d'instruire les mioches ne me botte pas. A l'école laïque : c'est là que tu iras, mon Pierre, et que tu vas tâcher de turbiner en bon petit bougre.

Faut s'instruire, vois-tu : je te le dis publiquement, pour être entendu par tous les gosses d'ouvriers. L'instruction, il n'y a que ça. J'ai vu, dans le temps, une pièce de comédie où il y en avait un qui disait qu'*un homme qui sait lire est un homme sauvé*. Je ne me rappelle plus qui a écrit ça ; mais c'est bougrement vrai, tout de même ! C'est l'ignorance qui est la cause de tous nos maux. C'est elle qui fait qu'on se laisse monter le coup par les faux frères qui vous promettent plus de beurre que de brignolet et, une fois au pouvoir, tyrannisent le pauvre peuple ; c'est elle qui fait qu'on gobe les fariboles des sangliers, leurs eaux de Lourdes, leurs sacrés cœurs et leurs miracles en toc ; c'est elle qui avilit, abrutit et abêtit l'homme, et produit, au lieu de citoyens, des esclaves ; bref, cette garce-là est la pire ennemie du Progrès, de la Libre Pensée et de la République.

Heureusement que la lumière grandit, que l'instruction se répand de plus en plus. Ça fait rudement faire leur pif aux réacs, aux cléricaux et aux badingueusards. A mesure que le nombre des ignorants diminue, les vieux partis perdent du terrain, dégringolent et s'enfoncent dans la moutarde. Ils y disparaîtront tout à fait, le jour — prochain, je l'espère ! — où sera décrétée l'instruction laïque, gratuite, obligatoire !

Instruisez-vous donc, gosses du peuple ! Instruis-toi de ton mieux, mon Pierre ; ça ne te fera pas sortir de ta condition, — je veux que tu sois ouvrier, comme ton père, — mais ça fera de toi un bon citoyen et un électeur éclairé qui saura nommer des députés vraiment républicains.

Nos députés d'à présent vont rentrer aussi. Que feront-ils ? Je l'ignore. J'espère qu'ils travailleront à fonder solidement la République.

Mais peut-être perdront-ils des masses de temps en inutiles bavardages. Des assemblées qui blaguent au lieu d'agir, n'en faut plus. Aussi pour que ça n'ait jamais lieu à l'avenir, devons-nous instruire nos gosses.

Allons, houste, mon petit Pierre, v'là ta gibecière, ton panier ; y a dedans du pain et des noix ; je crois même que ta mère y a glissé une poire sans que je le sache...

Embrasse-moi, — et à l'école !

Jean POPULOT

LE JOUEUR D'ORGUE

LAMENTO

J' rigol' pas un' miett' !...

        J'suis joueur d'orgue...
D'orgu' de Barbari', ça s'entend.
— Je n' trouv' pas l'métier embêtant,
Et j'ai pas pour deux liards de morgue ;

Le chaud, le froid, la plui', j'm'en fous ;
De cour en cour gaîment j'balade ;
Seul'ment, me v'là dans la panade...
A caus'? Pa'c'qu'on n'me jett' pus d'sous !

Pourquoi ça ? C'est qu'mon répertoire
Succinct ras' les populations.
Ma musiqu' manqu' de variations ;
Et ça canul' mon auditoire.

Toujours le *Trouvèr'* de Verdi !
Toujours les *Cloch's* de *Corneville* !
Ça finit par être imbécile...
— Enfin, dernièr'ment, j'm'étais dit :

« V'là qu' Gounod (Gounod, c'est un zigue)
Va donner un' grande opéra
Chez Monsieur Halanzier : y aura
Bien là d'dans quéqu' chos' pour mésigue. »

Et crac ! c'est des airs d'enterr'ment,
Des airs à gaudir un notaire,
Des cantiqu's... Vrai, je n'peux pas faire
Piquer ça sur mon instrument !

Polyeu'te et Pauline, oh ! la la...
Si c'est ça la musiqu' nouvelle,
J'peux pas tourner la manivelle
Pour moudre d'ces bassinoir's-là !

T'as fini ? La valse d'Polyeu'te ?
La polka des martyrs chrétiens?...
Mais on jouerait ça d'vant des chiens,
Ça f'rait aboyer tout' la meute !

Des grands morceaux démesurés,
Des mélopé's, des sci's profonde !...
Ah ! c'est pas des airs pour le monde :
C'est d'la musiqu' pour les curés !

N'nous en faut pus, d'la musiqu' triste !
On dit : « Quel sentiment r'ligieux ! »
Qué qu'ça m'fout, si c'est ennuyeux ?
J'suis joueur d'orgu', — j'suis pas organiste !

Eh ! va donc, Gounod, eh ! va don' !
Ton machin, c'est à prendr' la fuite.
Faut fair' jouer ça chez les jésuite', —
Ou chez Mam' Georgina Weldon !

Pour le joueur d'orgue :

BIBI.

SILHOUETTES DE PROLÉTAIRES

Une Gosseline

Je rentrais chez moi, l'autre soir.

A l'entrée du Champ d'Asile, quatre mômes se tenaient dans l'ombre.

L'aînée, une fillette de douze ans, offrait aux passants des violettes évidemment ramassées dans quelque coin :

— Deux sous, la violette! la *belle* violette !...

Elle me tendit l'un de ses bouquets fanés. Je passais, sans faire attention.

Alors, s'enhardissant, derrière moi elle murmura :

— Achetez-moi une fleur, monsieur... c'est pour *mes gosses*, qui ont faim !

« Ses gosses, » c'était les petits frangins...

J'avais deux ou trois sous dans ma poche ; je les donnai à la fillette.

Je m'éloignai de quelques pas et m'arrêtai pour voir.

✕

Il y a un boulanger tout près...

Et je la vis, la gosseline, y courir acheter du pain.

A la porte, sa petite famille attendait, les yeux écarquillés par la convoitise.

La fillette sortit et partagea le pain. Elle donna à chacun des mioches un bon morceau et en garda un petit pour elle. — Les mômes se mirent à dévorer.

Le cœur tout navré de pitié, je revins à ces pauvres gosses, et j'interrogeai la fillette.

✕

Elle me dit, avec cette affreuse voix profonde et monotone des petits pauvres :

— Papa est malade. Il ne peut plus aller à l'atelier. Maman est morte. Nous sommes quatre, vous voyez. On ne mange chez nous qu'avec les sous que je rapporte. Lorsque je ne rapporte rien, papa est colère. Il me bat. C'est la maladie qui le rend comme ça. Le matin, je vais chez les sœurs, chercher une soupe. Mais ça ne fait qu'un repas. Alors, papa nous envoie dehors. Il me dit : « Ne rentre pas sans rapporter vingt sous, ou gare ! » Il est malade, ça le rend méchant...

Elle ajouta, avec un sanglot qui lui roulait dans la gorge :

— Comment donc veut-il, papa, que je gagne vingt sous, le soir !...

✕

Comment? Je craignis de le deviner !

Ou plutôt je ne le devinai que trop... Le misérable !...

Est-ce bien lui, cependant, qu'il faut accuser, — ce père en qui le turbin et le malheur ont tué le sens moral...

Et qui fait de sa gosseline une mendiante... en attendant qu'il en fasse une prostituée !

J'accuserai d'abord l'ignorance dans laquelle ceux qui savent laissent croupir tant d'âmes obscures...

J'accuserai la misère dans laquelle les heu-

reux indifférents laissent s'alanguir tant de corps épuisés !

Ignorance et misère aboutissent au crime.

Et ce sera toujours ainsi, toujours...

Tant qu'il n'y aura pas d'asile pour les petits, — pas de refuge pour les vieux !

✕

Les gosses, tandis que leur sœur me parlait, s'étaient appuyés au mur. Serrés les uns contre les autres, ils commençaient à s'endormir.

Il me restait une pièce de vingt sous. Je la donnai à la fillette, — et je partis vite.

Au moins, ce soir-là, on ne l'a pas battue.

✕

... Oui, mais le lendemain ?...

MARTIAL.

A L'UNIVERS — ASSOMMOIR CLÉRICAL

Rue des Saints-Pères

La Maison N'EST PAS au coin du quai VOLTAIRE

VIN DE DERRIÈRE LES CAGOTS

L'ART DE SE CONDUIRE

Dans la Société des Pauvres Bougres

ENSEIGNÉ AUX GENS DU MONDE

VII

A l'atelier, dans le chantier

D'abord, n'entrez pas en faisant claquer la porte bruyamment comme pour dire : *Me voilà !...*

N'aboulez pas la bedaine en avant, le galurin sur la tête, le cigare au bec, en gonflant vos bajoues comme un hippopotame...

Espèce d'oisif, de feignant qui arrivez chez des masseurs, chapeau bas devant ceux qui turbinent ! et pas de potain qui les distraie de leur tâche !

⁂

N'affectez pas de ne parler qu'au patron de la boîte. Si vous avez des renseignements à demander, adressez-vous aux ouvriers ; ils sont beaucoup mieux au courant.

Ne perdez pas l'occasion de vous élever hautement contre l'exploitation de l'homme par l'homme et la scandaleuse insuffisance des salaires. Vous vous ferez peut-être un ennemi du patron, mais vous vous ferez des amitiés parmi les prolétaires ; c'est autrement bath !

⁂

Si vous venez pour une commande, dites carrément son fait au patron. Dites-lui :

— Je sais que vous carottez indignement

vos ouvriers. Ça ne me va pas. Aussi, quand mon travail sera fait, je ne vous donnerai pas l'argent, vous le boulotteriez tout seul. Je paierai les ouvriers moi-même, directement, et d'une manière convenable. Voilà les conditions de bibi. C'est à prendre ou à laisser.

Si le patron renâcle, filez illico, en vous écriant :

— Quelle cambuse ! Je n'y reficherai jamais 'es pattes !

**

Ne touchez pas aux outils, aux instruments de travail. Sûr, vous feriez quelque bêtise, quelque embrouillamini qui donnerait du tabac en plus aux prolétaires. Vous qui, depuis votre naissance, avez un poil dans la main, c'est pas vous qui les aideriez.

Inutile donc de leur foutre un surcroît de besogne, pour faire le malin; vous savez, d'ailleurs, que vous n'y arriveriez pas.

**

Si en passant vous recevez une auge° de plâtre sur la boule, un madrier dans l'estomac, ou une barre de fer dans les guiches, ne vous mettez pas à gueuler comme un brûlé. Vous comprenez que le prolétaire a autre chose à faire que de s'occuper de la première andouille venue. Quand on vous moucherait un peu, le beau malheur ! Estropié ou non, vous ne serez jamais bon à rien.

Quelquefois dans les ateliers, on s'arrête un instant pour boire un coup. Souvent on n'a qu'un verre et on se le passe à la ronde. Si on daigne vous l'offrir, ne faites pas la bête en réclamant qu'on vous le lave. Prenez, buvez, avalez d'un trait, comme un zig.

**

En partant, comme de juste, payez une tournée générale.

Voilà deux heures que vous séchez les ouvriers chez eux. C'est le coup de les humecter.

———

Voilà pour les ateliers d'hommes. Quant aux ateliers de femmes, nous n'en parlerons pas. Inutile : vous ne devez jamais y foutre les pieds. Les dépravés comme vous ne doivent jamais se présenter devant les filles du peuple, quand elles n'ont pas avec elles des parents ou des amoureux capables de vous rappeler vivement à l'ordre.

Ctesse DE ROTENVILLE

(A suivre — à pied, à cheval et en tramway)

———◆———

Si vous voulez absolument des idoles
ACHETEZ

LES HOMMES D'AUJOURD'HUI

Charges coloriées d'André GILL

Texte par Félicien CHAMPSAUR

Une idole pour **2 ronds**, c'est vraiment moins cher qu'à Rome.

POUR S'AMUSER

—

LE LAPIN DE LA « PETITE LUNE »

DERNIER CHAPITRE

Il va partir... Il part... Il est parti...
Qui ?
Le Lapin de la **P. L.** !
Il le fallait...
Kissel de la Hagelmatt et ses complices, le vidame de Buc, le Bellevillois, Ernest Pont, exigeaient leur proie.
On la leur a livrée...
Ou plutôt, elle s'est livrée elle-même.
Le Lapin nous a fait ses adieux. Il a trouvé des accents cornéliens.
Après nous avoir embrassés tous, il s'est écrié dans une effusion lyrique :

> Au banquet de la *Lune*, infortuné convive,
>   J'apparus... et je meurs !
> Mon dernier jour arrive... Il arrive ! il arrive !...
> Mais à quoi bon pousser d'inutiles clameurs ?
> Subissons sans regret la mauvaise fortune,
> En pensant que celui qui me boulottera
>   Doit être un zig... car ce sera
> Un lecteur assidu de la *Petite Lune !*

Tranquille alors, et pareil aux héros imperturbés des grands jours de la République romaine, il s'est arraché de nos bras...
Et il a descendu l'escalier d'une patte ferme.
Aussitôt un orchestre triomphal a fait explosion...
Trois cents choristes, hommes et femmes, ont entonné cet ensemble sublime :

> Sonnez, tambours ! clairons ! flûtes ! hautbois !
> Pour honorer Kissel et le Bellevillois !
> Qu'on célèbre du nord au sud, de l'est à l'ouest,
> Le vidame de Buc ainsi que Pont (Ernest) !
> *Ti rataïti ti ! tzing ! boum, boum !*

Nous nous sommes rués aux fenêtres, en agitant des mouchoirs, pour contempler une dernière fois notre ami...
Depuis huit jours, un fiacre (à l'heure) l'attendait...
Il y est monté — en lapin...
Il a crié au collignon :
— Chez Kissel, n° 23, rue des Archives !...
Une seconde après le fiacre disparaissait à l'horizon...
On entendait sangloter sous les vastes arceaux de l'Administration...
C'était le caissier de la **P. L.** !

FIN

Le Gérant : Auguste de la BILLETTE.

Imp. du journal la *Petite Lune* : A. de la BILLETTE 5, rue Coq-Héron, 5.

N° 19 — 25 Cmes
LA Petite LUNE
Dessins de GILL
Bureaux : rue Coq-Héron, 5 — Abonnem^t Paris, 3 fr. — Départ^t, 3 fr. 50

LE COMBLE DE LA DISTRACTION
POUR UN RAMONEUR

Yves & Barret. sc.

Prendre un cher frère pour une cheminée et le ramoner du haut en bas !

EN ENFER

—∿∿∿—

Une solitude vaste, épouvantable à voir. — Fourneaux éteints. — Cheminées meublées de fausses bûches en fonte. — Poêles noirs et muets. — Çà et là, des grils, des pals, des broches, jetés au hasard sur des tas de cendres refroidies depuis des siècles.

—∿∿∿—

LE DIABLE

Seul, regarde mélancoliquement cette Sibérie. — Un cache-nez, un paletot de fourrures, mangés aux vers, l'emmitouflent. — Recroquevillé sur lui-même, il est assis le cul dans un petit fourneau en briques.

Brrr ! brrr ! Quel froid de loup !... L'enfer n'est plus tenable... L'été, passe encore. Mais voici venir l'hiver, tueur des pauvres... diables. Ça va être gai... sacré nom de... Chose ! on se croirait à la Glacière... Obligé d'entretenir, depuis l'éternité, un feu... d'enfer, c'est le cas de le dire, j'ai usé jusqu'à mon dernier atome de combustible. Mes démons, transis, m'ont abandonné tous. Quant à des damnés, macache. Pas seulement la queue d'un ! L'*Autre*, là-haut, est tellement bon que, pour la moindre larme de repentir, il fait grâce.

Il est épatant, l'*Autre !*

Comme tout pécheur, une fois au moins dans sa vie, y est allé de sa petite goutte, je me brosse, et

Je reste seul...

Une ! deux ! trois !

... avec mon... coryza !

Il n'y a pas à me le dissimuler, mon four fait four... — Dire que j'ai encore l'affreux courage de trouver des *mots !* — Brrr ! j'ai l'onglée... aux griffes. (Éternuant.) Atchi ! atchi !... Je m'enrhume de plus en plus... (Se levant et regardant le fourneau sur lequel il était assis.) Il s'est donc éteint aussi, ce fourneau ?... Oui. — C'était le dernier. — Je ne m'étonne plus du courant d'air !... (Très sombre.) Pourvu que mon rhume ne me tombe pas sur la poitrine !

Il se promène à grands pas, en se fouettant énergiquement les reins avec sa queue.

(Avec rage.) Et pas même un copeau ! — Tous mes fournisseurs, charbonniers et marchands de bois, refusent de me faire l'œil plus longtemps. Même ils me réclament de l'argent, les lâches ! Non-seulement ils ne me donnent plus de braise... mais ils en veulent ! Comme si un malheureux Diable sans clientèle pouvait payer ses créanciers !

(Rêveur.) Si du moins Villemessant dévissait son billard et aboulait avec son sac... ou le shah de Perse... Mais je t'en fiche : ces gens-là ont la vie dure comme du chien. — Oh ! que je voudrais ne pas être le Diable... pour pouvoir tout y envoyer ! — Ah ! je ne peux plus y tenir !... (Appelant.) Sataniel ! Sataniel !

Entre un diablotin, bleu de froid, et claquant des dents.

╳

LE DIABLE, *à part*. — Le seul serviteur qui me soit resté... à cause de sa jeunesse ! Dès qu'il aura l'âge de raison, il filera, — comme les autres ! (Haut.) Sataniel...

LE DIABLOTIN. — Maître... oh ! qu'il fait froid !

LE DIABLE. — A qui le dis-tu ? — Aussi, t'ai-je hélé... pour battre avec toi la semelle... Allons !

Ils battent la semelle en chantant, d'un ton lugubre

Il gèle !
Il gèle !
Nous grelottons ! nous grelottons !
Il gèle !
Il gèle !
Nous avons bien froid aux petons !

Coup de sonnette à la cantonade.

LE DIABLOTIN. — Serait-ce un riche damné ?

LE DIABLE. — Un damné ? Un créancier, plutôt ! Dis que je n'y suis pas !...

Le diablotin disparaît. — Tumulte dans la coulisse. — Une troupe de charbonniers entrent en bousculant le diablotin.

LE DIABLOTIN. — Maître ! ils ont forcé la consigne...

╳

CHŒUR DES CHARBONNIERS
entourant le Diable

Nous avons fourni à l'enfer
Bois, charbon, coke, pouchier, mottes...
Et nous venons à Luchifer
Apporter nos petites notes...
Nous payer est urgent !
Nous voulons de l'argent !   } bis.

LE DIABLE. — Je n'en ai pas !

LES CHARBONNIERS. — De l'argent !

LE DIABLE. — Allez au diable !

LES CHARBONNIERS. — Nous jy chommes !

LE DIABLE, *avec un geste désespéré*. — Ah !
(Il se laisse tomber sur un poêle.)

╳

Entre le facteur.

LE DIABLE. — Qu'est-ce encore ?

LE FACTEUR. — Les journaux...

LE DIABLE. — Ah ! les journaux, qu'est-ce que ça me fout ? (Exit le facteur.)

╳

Le diable a saisi un journal et le froisse avec colère. — Tout à coup ses yeux tombent sur un récent fait nécrologique. — Sa figure s'illumine. — Il se lève d'un bond, et pousse un hurlement de joie.

Ah ! enfin !

LES CHARBONNIERS. — Quoi donc ?

LE DIABLE. — Lisez ! (Il leur communique le fait-divers.)

TOUS. — Chouette !

FINALE
LE DIABLE

La destinée enfin se montre moins terrible :
Me voulez-vous encor fournir du combustible ?

CHŒUR

Oui, nous allons en apporter, c'est dit :
Et nous vous accordons vingt siècles de crédit !
Tsim, boum boum ! tsim, boum boum ! boum

Feux de Bengale verts, bleus, violets. — Apothéose !

TOILE

LES

EXPLOITS DES ROUSSINS DES MŒURS

Il n'y a pas quinze jours, les railles du service des mœurs perpétraient un immonde attentat sur une ouvrière du quartier du Mail. Presque toute la presse s'éleva contre les agressions nocturnes dont les femmes honnêtes sont victimes, au nom de la loi. — Seul, le *Figaro*, journal des classes dirigeantes, insinua, par l'organe badin de M. Albert Millaud, que c'était faire beaucoup de bruit pour rien !

Forts de ce glorieux encouragement, sans doute, les roussins ont encore, l'autre soir, arrêté, sans aucun motif, une JEUNE FILLE DE SEIZE ANS, Mlle Domergue, et l'ont traînée, comme une catin, de poste en poste.

Mlle Domergue a refusé de signer les turpitudes obscènes que les mouchards avaient rédigées sur son compte. Pour la punir de sa résistance, on ne l'a rendue que le lendemain à sa famille !...

Nous espérons que ces crimes, vraiment hideux par le caractère officiel des coupables et la faiblesse des victimes, sont les convulsions suprêmes de ce venimeux serpent qu'on nomme la « police des mœurs. »

On assure de nouveau que le préfet, que le ministre vont sévir. Nous y comptons. Mais qu'ils écrasent le monstre impitoyablement !

Alors seulement, les bons pourront se rassurer et dire, en se frottant les mains :

— Morte la bête, mort le venin !

AVIS AUX MARCHANDS DE GAUFRES

On nous dit — mais nous ne voulons pas le croire — que M. Veuillot pose pour le MOULAGE !

CORRESPONDANCE

—o—

Sous ce titre : *Une Gosseline*, Martial, dans notre dernier numéro, racontait une douloureuse et véridique rencontre.

Deux jours après, une personne inconnue apportait dans nos bureaux la lettre suivante, non signée :

« Si vous savez où est la pauvre petite marchande de violettes, voulez-vous lui remettre les 20 francs que je vous envoie, ou, si vous le préférez, lui ouvrir un crédit de cette somme chez le boulanger... »

A cette lettre était joint un louis.

—:—

Mercredi matin, nous sommes allés chez le père de la « gosseline. »

Dans une ruelle tortueuse, avoisinant le Champ-d'Asile. Au rez-de-chaussée. Un taudis. Pour meubles, des planches, des caisses défoncées. Pêle-mêle, des loques, des culs de bouteilles, des os çà et là ramassés.

Il faisait beau, ce matin-là. Avec nous pénétra dans le galetas un rais de soleil.

L'homme était là, debout, mieux portant. Quatre mois il a été paralysé, immobile et grelottant. Ses jambes sont revenues; son courage aussi.

Comme nous l'interrogions, un peu défiants, il nous a dit d'une voix sincère ses nouvelles et bonnes résolutions.

Avec la souffrance, l'amertume, les pensers malsains ont disparu.

Les petits vont à l'école; l'aînée qui, au moment de notre visite, attendait à la porte des sœurs pour la soupe, on la mettra en apprentissage un de ces jours.

—:—

Nous avons, sur le coin d'une table bancale, déposé la pièce d'or qui a illuminé brusquement et le logis sombre et le sombre visage du père.

Il va, nous a-t-il dit, avec cette mise de fonds modique, entreprendre un petit commerce de poissons et de légumes, qui l'aidera — espérons-le — dans son âpre lutte pour la vie...

Vingt francs, c'est peu de chose... Grâce à ces vingt francs, pourtant, voilà peut-être une famille sauvée.

—:—

Nous remercions le donateur anonyme, et nous tenons à sa disposition le reçu du pauvre.

LA PETITE LUNE

D'la Viande !

CRI POPULAIRE

Qui vous vend la viand' ? C'est l'boucher.
Et cher : i n'vous fait pas d'offrande.
— A la Halle aussi, y a l'marché
    D'la viande !

Pendant le siège nous étions
Bloqués par l'armée allemande.
Qu'est-ce alors que nous souhaitions ?
    D'la viande !

Cora, dont le nom est fameux,
Exerce l'état de marchande.
Que débite-t-elle aux gommeux ?
    D'la viande !

Un vieux salaud suit sans pudeur
Les p'tits fill's; ce qui l'affriande,
C'est de sentir la fraîche odeur
    D'la viande !

Les ballets, on gob'ça, faut voir !
A l'Opéra la foule est grande ;
On y va contempler chaqu' soir,
    D'la viande !

Les femm's du mond' s'en vont l'été
Sur un' plag' bretonne ou normande,
Étaler avec impur'té,
    D'la viande !

L'hiver, dans les bals, à Paris,
Ell's exhib'nt encore, à la bande
Des crevés. sous l'nez des maris,
    D'la viande !

Cassé, brisé par le turbin,
Qu'est-c' que le pauv' bougre demande
Pour boulotter avec son pain ?
    D'la viande !

Allons, bourgeois ventripotents,
Donnez d' l'os, sans qu'on vous gourmande,
Pour que l' pauvre ait de temps en temps
    D'la viande !

BIBI.

L'ART DE SE CONDUIRE

Dans la Société des Pauvres Bougres

ENSEIGNÉ AUX GENS DU MONDE

VIII

Des beignes

Sot et suffisant comme vous l'êtes, il vous arrivera plus d'une fois de froisser ou d'insulter le prolétaire.

S'il vous en demande raison, faut lui en rendre raison. S'il vous propose de sortir, faut sortir.

Évidemment la perspective d'une ratapiaule vous fera ch...anceler dans vos calintes. N'importe; vous avez manqué à un homme qui vaut mieux que vous; faut se foutre un coup de torchon.

* * *

Une fois sur le terrain, dissimulez de votre mieux le taf qui vous fera serrer les fesses.

Tâchez de faire croire que vous êtes d'attaque. Campez-vous d'aplomb sur vos guiches, la tronche impavide; ramenez les poings à hauteur de la cravate... et allez!

Une! deux!... tapez dans le tas; parez, rendez, cramponnez votre homme à bras-le-corps; arrangez-vous, enfin...

Mais pas de sales coups !

Pas de crocs-en-jambe, pas de coups de pied dans le ventre, pas de coups de tête dans l'estome; vous seriez réglé. La galerie serait en droit de vous tomber sur le poil et de vous nettoyer dans les règles. Elle n'y manquerait pas !

Quant au prolétaire, ne craignez rien de semblable de sa part. Il se contentera de vous tambouriner la poire, le cul et les côtes, en un mot de vous carder le cuir avec ses rudes abattis. Mais il ne fera pas de traîtrise.

À la première baffre que vous recevrez sur la gueule, au premier atout dans le panier au pain, — faut pas caner, dire que vous trouvez l'honneur satisfait, demander grâce...

Non, vous y êtes, faut y rester.

Si même votre adversaire vous répand — du moment que les deux épaules n'auront pas touché, relevez-vous.

Et recommencez, jusqu'à plus soif.

Quand vous aurez reçu votre affaire (inévitable dénoûment, car c'est pas un criquet, un éreinté de votre espèce qui tombera un travailleur !) vous vous ramasserez, vous tendrez la pince au vainqueur en lui adressant des excuses.

Et vous lui paierez une tournée.

* * *

Après ça, vous ferez pas mal de rappliquer à votre turne, et de vous coller au pieu.

Vous serez probablement moulu et courbaturé une quinzaine...

Mais vous aurez la consolation de vous dire :

— Je me suis conduit proprement. Une fois n'est pas coutume !

Ctesse DE ROTENVILLE

(A suivre — à pied, à cheval et en tramway)

A TABLE

— Mlle Domergue, voulez-vous reprendre un peu de *gigot?*

— Merci, j'en ai jusque-là !

POUR S'AMUSER

Dernières nouvelles du Lapin

Rassurez-vous, âmes sensibles !

Tendres lectrices de la **P. L.**, séchez vos reluits !

Nous recevons du noble Kissel la lettre suivante :

« Citoyen rédacteur de la **P. L.**,

» Ce doux, ce tendre, ce beau, ce digne lapin, ce lapin aux sentiments si élevés, à l'abnégation si grande, est installé chez moi et grignote le pain que lui émiette la belle main de ma Marguerite.

» Non, il ne mourra pas; je l'adopte : ce sera mon commensal et mon ami. Gloire à la généreuse **P. L.** !

» Le lapin lui envoie mille grimaces amicales et la rassure sur son sort.

» Choyé, dorloté, il voudrait pouvoir narrer *urbi et orbi* combien les lapins sont heureux chez les partisans de l'abolition de la peine de mort !

» Salut et fraternité,

» KISSEL DE LA HAGELMATT. »

Ainsi, le lapin n'est pas mort !

Il ne mourra que de vieillesse...

Hurrah ! trois fois hurrah pour Kissel de la Hagelmatt !

* * *

Samedi prochain nous commencerons notre deuxième série de problèmes.

Le Gérant : Auguste de la BILLETTE.

Imp. du journal la *Petite Lune* : A. de la BILLETTE
5, rue Coq-Héron, 5.

JOYEUX SOUVENIRS DE LA SEMAINE

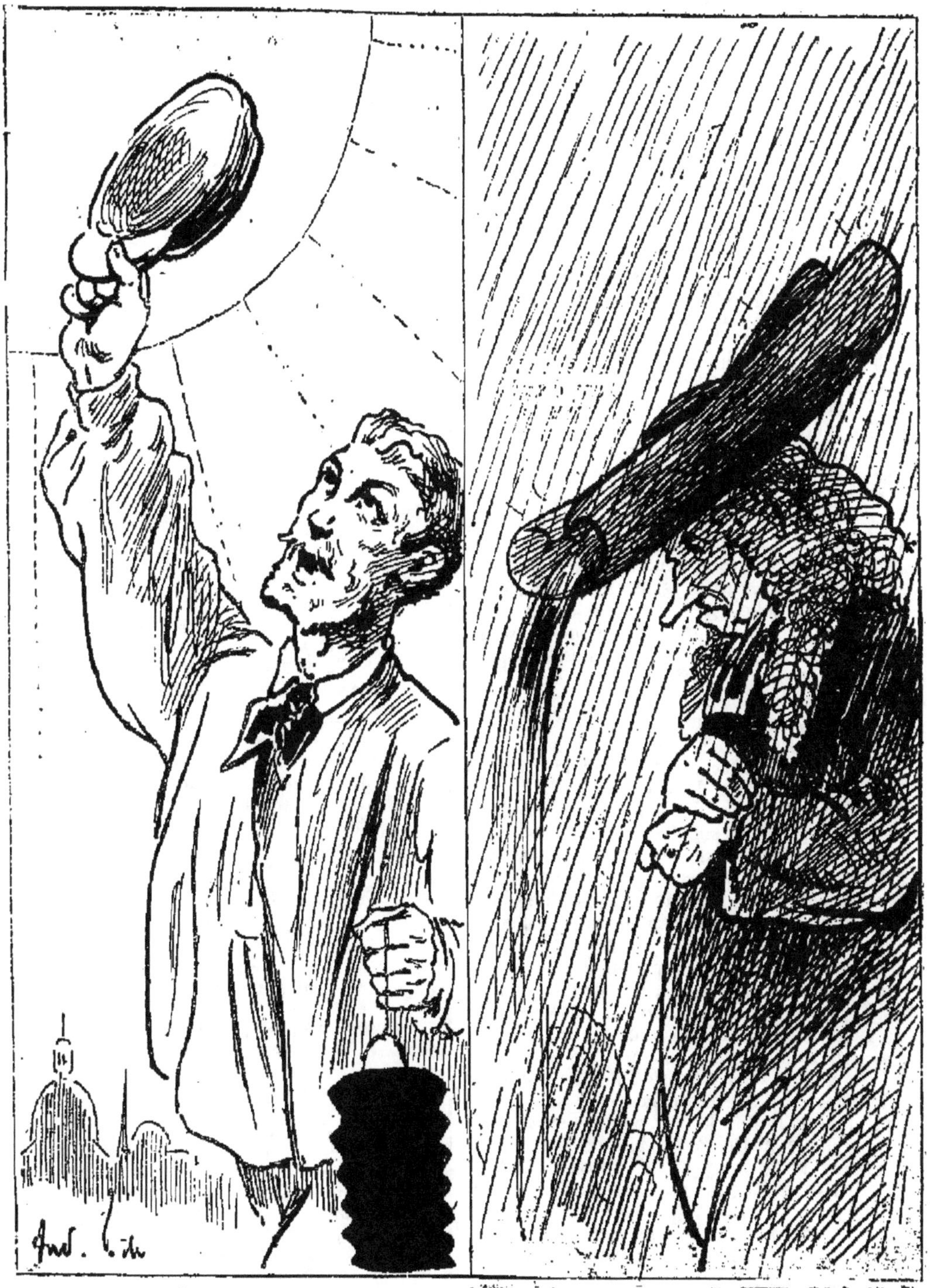

FÊTE A PARIS

GRANDES EAUX A VERSAILLES

A mon cousin Barthélemy Patatraquérac,

Artificier,

FAUBOURG DENIS.

Mon vieux camerluche,

La présente est pour te remercier des pétards, fusées, soleils, pois fulminants et autres artifices que tu nous a envoyés pour célébrer la fête de lundi dernier. Les gosses du quartier, les miens et leurs petits camaros, se sont amusés toute la soirée avec. Nous, les parents, nous avons, comme eux, rigolé de les voir, — rigolé aussi pour notre propre compte, à la gloire de la République. Dans ton quartier, Barthélemy, vous en avez fait autant, n'est-ce pas ? Et de même dans tous les quartiers de Pantin.

On peut dire que cette grande rigolade parisienne aura magnifiquement clos l'Exposition universelle de 1878. Clôture digne de l'ouverture. Le 24 octobre et le 30 juin, ç'aura été vraiment kilkif, comme enthousiasme de la foule, gaîté débordante, acclamations, chants, pétards, drapeaux flottants, lampions accrochés aux fenêtres !

On nous a, il est vrai, privés des feux d'artifice officiels. Qu'importe ? Nos feux d'artifice, nous les avons tirés nous-mêmes, aux coins des rues, aux carrefours, sur les places. Bing ! boum ! pif ! pouf ! ça pétait, ça roulait, ça flambait, fallait voir ! De temps à autre, un pétard vous partait dans les guiches ou sur la tronche, vous roussissait les poils ou vous chauffait le cul... foutaise ! on en rigolait de plus belle.

Ce qui était bougrement chouette aussi, c'était, par moments, les voix s'unissant pour goualer la *Marseillaise !* On a beau dire, toute la Patrie tient dans ses strophes. Je parie un litre, Barthélemy, que tu t'en es payé de la faire retentir ? Moi, j'étais enroué, à force.

Quelle différence, tout de même, avec la fête de l'Exposition de 67 !

Les acclamations de commande de celle-ci eurent pour écho sinistre le sifflement aigu des balles, trouant une poitrine de prince dans le fossé de Querétaro. La nôtre n'a rien éveillé que les héroïques accents de la grande Chanson qui, depuis l'an 92, étend triomphalement ses ailes sous le ciel de France !

Crédié ! si j'étais le Maréchal, je me pousserais rudement du col à la pensée d'avoir présidé à une telle fête ! Comme il doit se réjouir d'avoir aimé mieux se soumettre que se démettre ! A quoi s'est-il soumis, d'ailleurs ? Au devoir. C'est bien la chose d'un soldat. Y a pas de honte. Puis, grâce à sa soumission, c'est pendant qu'il était le premier magistrat de la République que le relèvement de la Patrie se sera manifesté aux yeux de l'Univers. Si, avec ça, il n'est pas heureux et bien aise, il est difficile !

Par exemple, une vraie rigolade, ç'a été l'affaire de Versailles. On avait réservé pour Versailles la fête, les beaux lampions, les feux d'artifice et tout le tralala gouvernemental.

Idée cocasse dont on ronchonnait un peu ici. Car, enfin, qui a fait le 4 Septembre ? qui a fondé la République ? organisé l'Exposition ? donné aux étrangers des cinq parties du monde une hospitalité eshloquante ? C'est-i Paris, c'est-i Versailles ? Paris, n'est-ce pas ? Eh bien, alors... Mais c'est toujours la vieille idée réac d'opposer Versailles, la cité monarchique, morte et empaillée, à Paris, la ville de la République, de la Lumière et du Progrès... Ça fait pitié !

Enfin, qu'est-ce qui est arrivé ? C'est que lundi, nous, les Parisiens, nous avons eu un temps superbe, pas une goutte d'eau, — et que, mardi, il a fait un temps de chien ; les Versaillais ont été saucés ! Parole, on dirait que leur bon Dieu est devenu républicain. Dieu démocrate ! Vois-tu la gueule des ratichons ?

J'aurais encore des masses de choses à te dire. Viens un de ces soirs manger la soupe de Françoise. Les mômes t'embrasseront ferme pour tes pétards ; nous blaguerons, et on trinquera à la République.

JEAN POPULOT

LE PHYSIQUE DE L'EMPLOI

Il est des types singuliers,
Qui, je ne sais pour quelle cause,
Veulent exercer des métiers
Auxquels rien ne les prédispose.
Sur ces loufoques hasardeux
Faut faire cingler la satire ;
    A chacun d'eux
    Bibi veut dire :

Tu n'as pas, ah ! crois-moi,
Le physique, zique, zique,
  Tu n'as pas, ah ! crois-moi,
Le physique de l'emploi !

Une catin sur le retour
Dînait hier en tête-à-tête
Avec Arthur de Saint-Amour,
Un gommeux pourtant pas trop bête.
Il reluqua d'un œil subtil
Sur sa joue un masque de plâtre :
    — Ah ! lui dit-il,
    Beauté folâtre,

Tu n'as pas, etc.

Un mec ayant l'air d'un gredin
Et la bille d'un saltimbanque
Vint dire, armé d'un fort gourdin,
Au chef d'une maison de banque :
« — Avez-vous besoin d'un caissier ?
Je suis probe, actif, économe... »
    Mais le banquier
    Répond : « Brave homme...

Tu n'as pas, etc.

Un vieux, sur le bord du tombeau,
Toussant, crachant à fendre l'âme,
Osait à mamzelle Isabeau
Peindre sa dégoûtante flamme.
Mais elle, ayant follement ri,
Répliqua : « Que pourrais-je faire
    D'un vieux mari
    Sexagénaire ?...

Tu n'as pas, etc.

Des réacs — quel toupet d'airain ! —
Vont aux élections futures
Au choix du peuple souverain
Présenter leurs candidatures.
Mais à tout mauvais candidat
L'électeur criera : « Passe au large !
D'aucun mandat
Je ne te charge ;

Tu n'as pas, ah ! crois-moi,
Le physique, zique, zique,
Tu n'as pas, ah ! crois-moi,
Le physique de l'emploi ! »

BIBI.

Silhouettes de Prolétaires

LE PÈRE CHABOT

Il demeurait dans ma maison, le père Chabot...

><

C'était le type du vieil ouvrier parisien. A
l'atelier, quand il était dans son dur, il ne
flânait pas. Le dimanche, il ne dédaignait pas
de trinquer avec les aminches. Il ne crachait
pas sur le vin du broc.

Sa ménagère, du même âge que lui à peu
près, était aussi une rude masseuse. Propre
comme un sou, sobre comme un chameau.
C'était son orgueil que jamais il n'y eût un
trou à la cotte ou au bourgeron bleu de son
homme.

Avec eux ils avaient, depuis des années,
un caniche, un bon vieux toutou qui, toute la
journée, roupillait, couché en rond, le nez
entre les pattes, sur une descente de lit usée.

><

Pendant un temps, ça allait bien. Le père
Chabot avait de l'ouvrage. Un jour, l'ouvrage
manqua. Il eut beau chercher, nibergue. Alors,
la dèche.

Ça le rendit sombre et taciturne, le père
Chabot. Quand on lui causait, il répondait
par *oui* et par *non*; pas plus. Si on lui offrait
une tournée, maintenant il secouait la tête en
signe de refus. Il ne voulait pas, dans sa fierté
de pauvre, accepter une politesse qu'il n'eût
pu rendre.

Et toujours rien.

Il se présenta même aux Catacombes. Là,
on embauche toujours. Mais il tomba sur un
esbrouffeur à qui il déplut, faut croire ; car
ce monsieur lui répondit qu'on ne prenait
plus d'ouvriers passé cinquante ans.

><

L'autre matin, — je revenais de fumer mon
brûle-gueule. Je trouve la pipelette avec une
figure à l'envers.

— Vous ne savez pas ?

— Quoi donc ?

— Le père et la mère Chabot se sont péris !

Quatre à quatre je grimpai au taudis de ces
pauvres gens, déjà plein de monde.

C'était vrai...

Les deux vieux étaient étendus morts sur
leur grabat, à côté l'un de l'autre, la main de
la femme crispée dans celle de l'homme. Ils
s'étaient asphyxiés dans la nuit.

Sur son bout de tapis, le vieux chien était
étendu aussi, les pattes raides. Lui qui avait
dix années gardé ses maîtres vivants, fidèle,
les gardait encore à présent dans la mort.

><

Le quart-d'œil était là, avec un inspecteur
et un médecin, pour les constatations.

Comme j'entrais :

— On ne sait, demandait le commissaire, à
quelle cause attribuer ce suicide?

— Quelle cause? m'écriai-je. Mais la misère !

A ce mot, l'inspecteur qui fouillait dans une
commode pour chercher des papiers, se retourne brusquement sur moi :

— La misère? fit-il, ricanant, allons donc !
Voyez plutôt ce que je viens de trouver dans
ce tiroir...

Et il me montra triomphalement... une
pièce de cent sous !

Je dévisageai l'homme. — Je me tus. — Et
je sortis.

><

Qui saura jamais l'histoire de ces cinq
francs? La femme sans doute les avait carrés,
un jour de fortune, les réservant pour un anniversaire, la fête de son homme, le paiement
d'une dette. Ou bien c'était un commencement d'économies que vint arrêter la
misère.

Peut-être, quand son mari lui parla d'allumer le réchaud, avait-elle oublié cette res-
source dernière... Peut-être aussi, jugeant
(plus sérieusement que M. l'inspecteur) qu'il
faudrait toujours, ces cinq francs mangés, en
venir au suicide, elle préféra se taire, — et
mourir...

><

Et dire que ces affreuses choses n'arriveraient point si des asiles étaient ouverts aux
vieux qui n'ont plus de turbin !

MARTIAL.

MILLAUD BLAGUE HUGO

Un roquet voit un piédestal ;
Il y court et, levant la cuisse,
Sans qu'on puisse
Accuser de songer à mal
L'animal,
Il pisse...

C'est l'blot
D' Millaud.

Cet accident, pas plus qu'un pet,
Ne comporte la moindre giffle,
Ni mornifle ;
Seulement, pour tarir le jet
Du roquet,
On siffle :

Tout beau,
Millaud !

CRIC.

LES PETITS PRUNEAUX DE MONSEIGNEUR

Le *Figaro* du mercredi 16 octobre a tartiné pendant trois colonnes sur feu M. Dupanloup.

Parmi les abracadabrants éloges décernés par la feuille de Polyte à l'ex-directeur de la *Défense* figure celui-ci, que « *son dessert était invariablement un petit plat de pruneaux au jus !!!* »

Ça, c'est épatant...

Nous savions que le pruneau était laxatif... Mais nous ignorions qu'il sanctifiât ! Certes, à présent, si jamais nous rédigeons le *Manuel du parfait Évêque*, nous n'oublierons pas « les petits pruneaux au jus... »

Monseigneur qui héritez de sa mitre, soignez vos prunes !

SUR UNE RÉCENTE POLÉMIQUE

Louis Veuillot, rude engueuleur,
Tombe « un Chrétien, » plus sot qu'un pitre.
Ce Chrétien n'a pas ta valeur,
Louis Veuillot, rude engueuleur !
— Du *Catéchisme Poissard* leur
Polémique est un vrai chapitre.
Louis Veuillot, rude engueuleur,
Tombe « un Chrétien » plus sot qu'un pitre.

L'ART DE SE CONDUIRE

Dans la Société des Pauvres Bougres

ENSEIGNÉ AUX GENS DU MONDE

IX

L'amour, le mariage, les gosses

Vos pareils ont l'habitude, vraiment dégueulative, d'attendre les filles du peuple à la sortie des ateliers, ou de les suivre dans la rue, à la brume, en leur débitant des gravelures et leur faisant des propositions infâmes.

Pas de ces manières-là ! — Vous vous feriez envoyer à l'ours par la petite, démolir les os par le père ou le frangin, et vous n'auriez que ce que vous méritez.

* *

Faut tout prévoir, nonobstant. Les filles du prolétaire ne sont pas *mouches*. Elles sont bien bâties, solides, ont une chair superbe, respirent la santé et l'honnêteté. — Si l'exploitation immonde des patrons ne les exposait pas, huit fois sur dix, à l'étiolante anémie, il n'en est pas une qui ne dégotterait à tous égards vos grenouilles du Faub.-Germain !

Donc, peut très bien se faire que vous en pinciez dur pour une d'elles.

En ce cas-là, faut pas essayer de la séduire en cachette, comme un salaud...

Faut aller trouver ses parents et leur demander carrément la fillette en mariage.

Probable qu'ils vous blackbouleront en se tordant, dans la crainte d'avoir des petits enfants scrofuleux.

Alors retirez-vous et allez trimballer vos grâces dans les salons où vous trouverez certainement des femmes moins farouches.

* *

Que si, par extraordinaire, le prolétaire vous accorde sa fille, épousez-la *illico* et tâchez de lui faire couler une vie agréable.

Si votre fiancée et ses parents exigent que le mariage soit purement civil, ne faites pas l'idiot, ne parlez pas de vos convictions religieuses : ça serait trop raide à avaler.

De même pour faire ou ne pas faire baptiser vos gosses futurs : rapportez-vous-en à votre femme. Elle vaut mieux que vous, puisqu'elle est du peuple, tandis que vous, vous sortez... on ne sait trop d'où !

Ctesse DE ROTENVILLE

(A suivre — à pied, à cheval et en tramway)

TRIBUNAUX

On assure que Mlle Bellah de Holtop va être élargie, — si ce n'est déjà fait.

POUR S'AMUSER

DEUXIÈME SÉRIE

La **P. L.** décrète :

ARTICLE PREMIER. — Les solutionistes sont priés de choisir des pseudonymes courts, et de n'envoyer qu'une signature par lettre, — afin de ne pas nous encombrer.

ART. 2. — Les solutions doivent nous arriver le *mercredi avant midi*. — Toutes les autres seront sans pitié flanquées aux goguenots.

ART. 3. — Celui des devins qui aura été le' plus mariolle d'ici à Noël, recevra ce jour-là, pour le réveillon, une **OIE** grasse.

Lecteurs, à vos plumes ! Voici le

PREMIER PROBLÈME

Métagramme

Par A. Capdeville

Prison — Preuve d'amour — D'anciens prêtres persans.
— La spécialité de Boyton — Un mal sans
Remède — Un fleuve en Portugal.
— Un feuillet — L'homme qui voit tout d'un œil égal.

Le Gérant : Auguste de la BILLETTE.

Imp. du journal la *Petite Lune* : A. de la BILLETTE
5, rue Coq-Héron, 5.

N° 21 — 15 C^{mes}

Bureaux : rue Coq-Héron, 8 — Dessins de GILL — Abonnem^{ts} Paris, 8 fr. — Départ^{ts}, 8 fr. 50

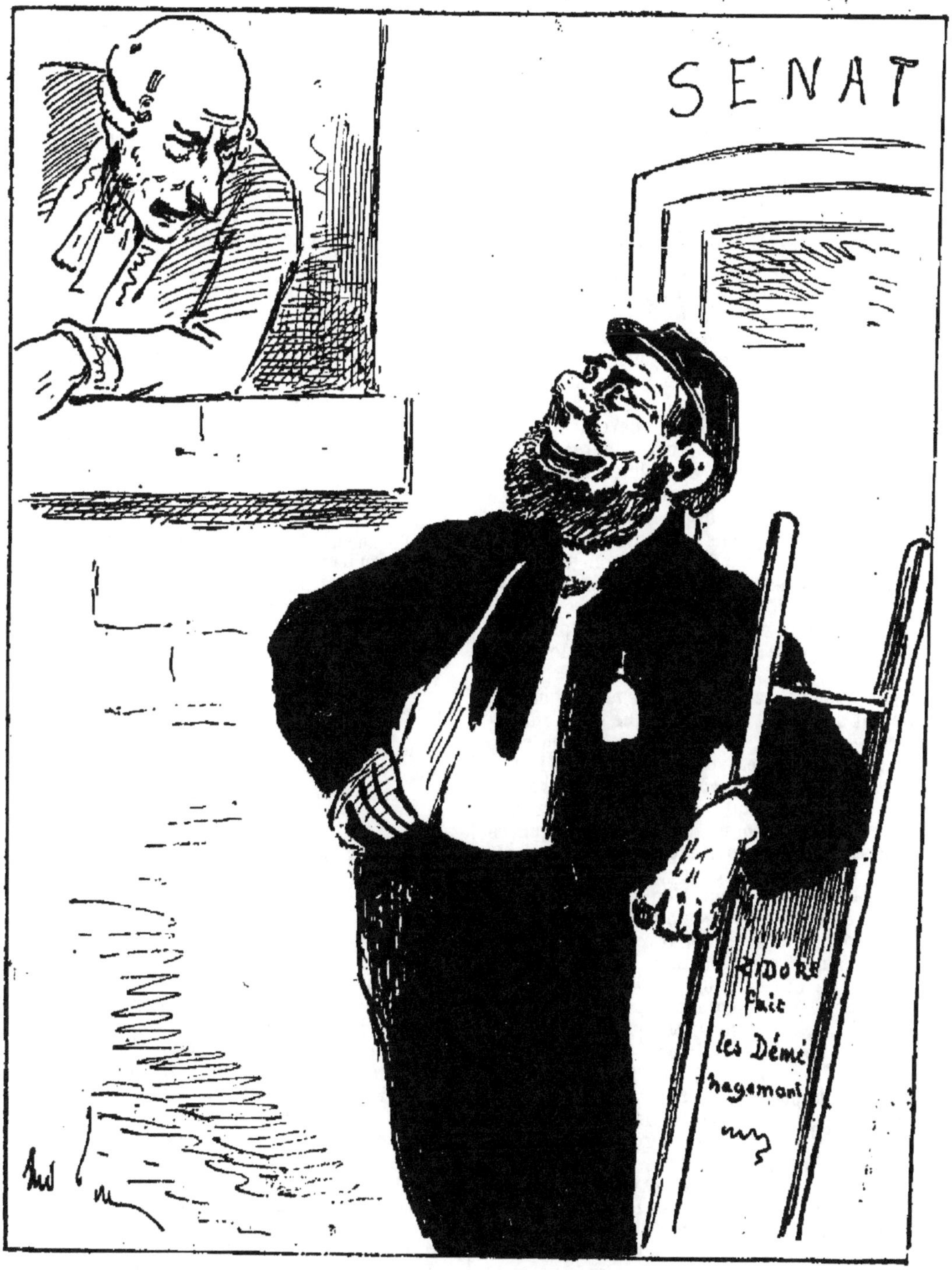

— Qu'attendez-vous là, commissionnaire? on n'a pas besoin de vous.
— Que si! mon ancien, que si! qu'on va en avoir besoin.

A MON FRÈRE MICHEL POPULOT

Bûcheron aux Roques

PAR HÉRICOURT (près Belfort)

Frangin Michel,

Conformément au désir que tu me marquais dans ta dernière lettre, je t'envoie ci-joint une demi-douzaine de billets de la Loterie Nationale de l'Exposition. Tous sont d'une série différente. Françoise s'est donné une peine de chien pour te les dégotter. Car c'est une vraie fureur. Les premières séries sont maintenant tout à fait introuvables, et, à mesure qu'une série est mise en vente, elle s'enlève comme du pain. On aura ramassé dix millions n quelques semaines ! C'est plus qu'un succès, c'est un triomphe.

Faut s'en réjouir, frangin Michel. Tous les camerluches et moi, nous en sommes vraiment aux anges. D'abord, toutes les fois qu'une cho e qui touche à l'Exposition réussit au-delà des espérances, ça fait faire une pifasse de dix pieds de long aux cléricailleux et aux badingouins ; et il n'y a rien de plus rigolo que de voir les ennemis de notre République rager jusqu'à en devenir hydrophobes. Ils ont essayé, dans leurs feuilles mensongères, de blag er la loterie ; mais ils ont craché en l'air, de façon que ça leur est retombé sur la hure. Plus ils tapaient sur la loterie, plus elle prenait, et les réacs en ont été pou leur courte honte. Ces pauvres réacs ! Parole, je finirai par les plaindre : ils n'éprouvent que des déboires, n'avalent que des couleuvres... Après ça, faut être juste : ils ne l'ont vraiment pas volé !

Maintenant, autre chose encore qui me gaudit dans la loterie, c'est que cette affaire-là va, je l'espère, clore le bec un bon coup aux bégueules et aux empaillés qui soutenaient que les loteries et jeux de hasard étaient des institutions immorales, et que leur rétablissement produirait des manigances désastreuses. L'expérience est faite, à présent, et de façon à envoyer dinguer tous ces mufletons-là. On vient d'en faire une, de loterie, et qu'est-ce que ça a fait ? Pas le moindre trouble, pas la moindre aria nulle part ! Ça a donné dix millions aux beaux-arts et à l'industrie, et ça a coûté, quoi ? Aux uns vingt sous, aux autres quarante, à ceux-là cent... Et puis après ? C'est vingt, quarante ou cent sous de moins qu'on a liché ; car quelle braise consacre-t-on à ces choses-là ? L'argent de ses menus plaisirs, et non pas celui de son ménage, à moins d'être un vraiment sale bougre ; mais les sales bougres le seront toujours, et c'est pas es loteries qui leur feront gobelotter davantage leur paye.

Quant à l'immoralité des loteries, il n'y a plus moyen d'en parler. Ça serait se foutre du gouvernement, puisque le gouvernement vient d'en organiser une lui-même. Et puis, voyons, de quel droit interdire les loteries et les jeux, quand on permet les spéculations, les tripotages de la Bourse ? Quand on tolère les cercles, où, chaque soir, il y a des gens qui se ruinent sur une carte ?

Enfin, quel mal y a-t-il à ce qu'un pauvre bougre de prolétaire achète cent mille francs d'espérance pour vingt sous ? L'espérance, il n'y a que ça qui nous sauve, et, sans elle, dans les moments de dèche, on se périrait, ou on deviendrait loufoque !...

C'est de l'espérance que je t'envoie avec cette lettre, frangin Michel ; c'est de l'espérance que j'ai acheté en prenant des billets de loterie. Attendons maintenant le tirage ; si nous gagnons quelque chose, ça nous fera plaisir, et nous ne nous en pousserons pas plus de col pour ça ; sinon, nous nous retrouverons Gros-Jeans comme devant : pas de bobo !

Je te serre la pince ; Françoise et les gosses t'embrassent.

JEAN POPULOT

GRANDS MAGASINS DU COIN DE BOIS

Les personnes de la bonne société sont exposées, par une regrettable négligence de la nature, à manger ce que mangent les gens du commun. Au moins, doit-on éviter que des mets semblables paraissent sur les tables du high-life dans le même état que sur celles des prolétaires.

Emus par cette considération, les propriétaires des

GRANDS MAGASINS DU COIN DE BOIS

ont l'honneur d'informer leur aristocratique clientèle qu'ils viennent d'ouvrir un rayon de

ROBES DE CHAMBRE

pour

Une fois revêtu de son élégante pelure (tout soie !) le vulgaire légume du pauvre pourra décemment être servi dans l'assiette du riche.

UNE FOLLE

« — 17, rue Lepic. A Montmartre. Avez-vous connu Louis-Philippe ? Monsieur est mouchard ? Quand m'apporterez-vous quelque chose de chez Rothschild... 5, rue Laffitte ?... Je vais ce soir manger une andouille à Mazas avec Henri Rochefort... Voulez-vous cette fleur ? Elle vaut cinq milliards, mais pour vous ce ne sera rien. Quand irons-nous voir M. Thiers... 2, rue Fléchier?... »

Je regardais attentivement la folle qui me parlait ainsi, avec une volubilité sans égale. De toutes les misérables pensionnaires de la maison de santé que je visitais, c'était celle qui m'intéressait le plus.

Pourquoi ? C'est que les noms, toujours suivis d'adresses absurdes, dont elle entremêlait ses discours incohérents, étaient tous des noms célèbres en 70-71. Les paroles de cette femme réveillaient en moi les souvenirs de l'Année Terrible. — Un chiffre revenait souvent dans ses extravagances ; toujours le même : cinq milliards. Le chiffre de la rançon !

— Depuis quand est-elle ici ? demandai-je à une surveillante.

— Depuis la Commune.

C'était bien cela !

Je demandai son histoire. — On l'ignorait. On ne put me donner qu'un nom et une adresse : Mme M..., rue des Abbesses, n°... Le cœur serré, je continuai ma promenade à travers le lugubre établissement.

✕

Mais le lendemain, poussé par un impérieux désir de savoir, j'allai à la maison de « la folle de la Commune. » Voici ce que j'appris.

Avant la guerre, cette femme vivait heureuse avec son mari et ses trois fils. C'était une famille d'ouvriers aisés. On avait pu donner de l'instruction aux gars, et en faire des hommes. Tout ce monde était sobre, économe, bûcheur et content.

La guerre éclata. — Pendant le siége, le mari et les gars prirent le flingot et firent leur devoir. Le fils aîné fut tué à Buzenval.— Première douleur.

Puis Paris capitula. L'armistice vint ; puis la Commune.

Le mari de Mme M... et ses deux fils survivants ne déposèrent point leurs fusils. La mort inutile du frère aîné avait affolé ces patriotes. D'ailleurs, plus de travail. La misère entrait au logis. — Fallait vivre !

Le temps passa. Les troupes pénétrèrent dans Paris. Durant la bataille des sept jours, on juge quelles furent les angoisses de la mère, — seule à la maison, tandis que les trois hommes prenaient part à la guerre des rues.

Enfin, elle revit ses deux fils.

— Et votre père ? demanda-t-elle.

— Il n'est donc pas rentré ?

— Non !...

— Allons à sa recherche ! s'écrièrent les deux garçons, étranglés par une inquiétude terrible.

Malgré les cris de la mère, ils dégringolèrent l'escalier...

La cour était pleine de soldats !

Les deux jeunes gens étaient en uniforme de gardes nationaux ; ils avaient les mains noires de poudre... On les entoura, on les poussa contre le mur, et en joue !

A ce moment, retentit un cri horrible, surhumain, un rugissement de tigresse... qui domina presque le bruit des détonations et le râle des fusillés !

C'était la mère, descendue à son tour, qui arrivait pour voir mourir ses enfants !

Elle fit un bond effrayant vers les cadavres... mais son pied heurta un pavé. Elle tomba sur le front, violemment, et s'évanouit.

Elle s'éveilla folle.

✕

— Avez-vous connu M. Martel !.. 25, rue Taitbout... Il est fichu de ne pas connaître son père ! Voulez-vous me faire le plaisir d'accepter ce bouquet ? Un million, ce n'est rien pour vous. Menez-moi donc voir le prince de Galles... 16, rue du Roule. Mes compliments à Victor Noir... 25, avenue de Neuilly !

MARTIAL.

Sous ce titre : *La Muse à Bibi*, va incessamment flamboyer le recueil des pièces de vers publiées dans la **P. L.** par l'inimitable poëte. Dans ce volume, on trouvera également l'*Art de se conduire dans la Société des pauvres bougres* et nombre de chefs-d'œuvre inédits.— Nous publions aujourd'hui la préface de ce livre évidemment appelé à un formidable succès.

LA MUSE A BIBI

INVOCATION

O Muse ! vous qu'on dit pucelle,
Depuis Homère aux nobles chants,
Vous avez eu, ma chère belle,
Une rude liste d'amants.

Vous n'avez pas dû coucher seule
Une nuit en quatre mille ans...
Il siérait peu d'être bégueule,
Muse, ayant eu tant de galants.

Quitte le temple pour la turne,
Décampe des sacrés vallons,
Et remplace-moi le cothurne
Par des bottines à talons.

Comme Paris a l'habitude
De gambiller sur un volcan,
Mets à l'imiter ton étude ;
Pince allègrement le cancan.

Sois canaille, perverse, indigne !
Dans les jardins faisant des bonds,
Soulève la feuille de vigne
De tous les marbres pudibonds,

Afin que des motifs palpables
Etablissent bien à nos yeux
De quoi sont encore capables
Et les Déesses et les Dieux.

Quant aux hommes, envers eux, Muse !
Sois irrespectueuse. Sois
Même très subversive. Amuse
Le bon bougre, enfin, — tu le dois.

Aux badingouins, coquins sinistres,
Cause, en raillant, d'amers soucis.
Sur les cléricaux, sur les cuistres,
Tombe, tombe à bras raccourcis !

Rigole et dis des gaudrioles,
Et lève la patte assez haut
Pour déboulonner les idoles
D'un seul coup de pied, s'il le faut.

Ne sois pas mollasse et pas veule.
Combats toujours du bon côté
De la barricade. Enfin, gueule
— A pleins poumons — la vérité !...

Allons! jetons aux vents éparses
Nos tumultueuses gaîtés.
Chahut! chahut!... Faisons des farces,
Muse! même aux divinités!

Bran et mousse pour le classique!
Houp! narguant le bourgeois rageur,
Exécutons (allez, musique!)
La Symphonie en Zut majeur!

BIBI.

NOUVELLES DE LA HAUTE

On sait que le comte de Kérandouille, en se mariant, avait apporté à sa jeune épouse un blason illustré par les exploits de ses aïeux, et une santé délabrée par ses excès.

Aussi régna-t-il bientôt dans l'alcôve un froid à geler le mercure.

Les conjoints ne tardèrent pas à adopter le système des deux chambres.

Cet état de choses va, paraît-il, cesser, après deux ans.

C'est la jeune comtesse qui a exprimé le vœu de ne plus faire lit à part.

Dans son entourage on s'accorde à regarder cet inexplicable désir comme une envie de femme grosse.

Le nom des Kérandouille ne s'éteindra pas : merci, mon Dieu !

L'ART DE SE CONDUIRE

Dans la Société des Pauvres Bougres

ENSEIGNÉ AUX GENS DU MONDE

IX

L'amour, le mariage, les gosses

— Suite —

Maintenant, si vous avez eu le malheur de débaucher une ouvrière et d'avoir un môme avec elle, réparez votre crime de votre mieux.

Faut pas, pour ça, vous dépêcher de reconnaître l'enfant, avec une étourderie de hanneton...

Demandez auparavant à la mère si ça la botte.

Possible, en effet, qu'elle ne soit pas flattée de voir imposer à son mioche votre étiquette.

Thèse générale : pour toutes les réparations, consultez la mère.

Si, favorisé par un caprice étrange de la nature, il vous était donné de féconder les flancs de la fille du prolétaire, gardez-vous à jamais, et sur votre vie, d'inculquer au gosse qui naîtrait de ce miracle, un seul de vos principes.

Mieux vaut en faire un bon bougre... Que dis-je ? mille fois mieux un muffle même qu'un réac !

Tant qu'il est crapaud, — disparaissez !

Le seul devoir d'un père, dans les conditions où vous êtes, est de ne pas s'occuper de son gosse.

Pas plus que de lui donner le sein, vous n'êtes capable d'en faire un homme. C'est l'ouvrage de sa mère !

Laissez-le dans sa famille maternelle : là, seulement, il pourra acquérir des muscles et se durcir le torse.

De temps en temps, pour faire acte de paternité, vous pourrez le moucher, le torcher avec un humble sourire...

Et vous dire avec orgueil :

— Dire que j'y suis pour quelque chose !

Ctesse DE ROTENVILLE

(A suivre — à pied, à cheval et en tramway)

POUR S'AMUSER

DEUXIÈME SÉRIE

— 2. — *Charade* —

Quand mon *second* ne fut pas mon *premier*,
Il a besoin de mon *entier*.

Solution du n° 1 (*Métagramme*)

CAGE — GAGE — MAGE — NAGE — RAGE — TAGE — PAGE — SAGE

Ont deviné : Pangloss. — Comptoir Michaud. — Une tête de Vaux. — Trio laid. — Trois abrutis du quai de la scène. — Gig. à-var. — Nesc o. — S. Poir. — Alf. B. — Reding. — Bizouard. — A. Béthilaut. — J. Forestier. — R. O. — Arthot Franche-oie. — Noël. — Pompier de Brest. — Mac-Aron. — Caillou K. C. — Trois abrutis par le B. zig, café du Centre, Epernay. — Amoil i. — A. Valeoie. — I. gnar. — Ernest Guyon. — Mac-Haron. — E. Leroy. — Young monkey. — Félix B. — A. Rengaw. — P. Q. P. Nem. — Le Bellevillois. — K. Got. — J. Dyonnel. — Vidame de Buc. — D. Crasseur d'aristos. — Mac-R. — Livaro. — Onésime Balandard. — Ariste. — Lhosso Perard. — Mo-ka-ré. — L. Prauvin. — Un bancal. — G. Charlier. — H. Menneson. — L'Œdipe du café du Mans. — Brick. — Elisa Bujard. — D. Treulo. — La Crao. — Un étouffeur. — Le type de la caisse. — Pomme d'Api. — Seringue. — Nemausi. — A. Vendubas. — Fallux. — O. de Carcassonne. — Ferragus. — M. K. D. — P. M.

(A suivre).

Il y a avalanche de solutions pour ce premier problème. Nous verrons le second...

C'est égal, lecteurs, appliquez-vous tous à faire l'*oie!*

Le Gérant : Auguste de la BILLETTE.

Imp. du journal la *Petite Lune* : A. de la BILLETTE
5, rue Coq-Héron, 5.

Nᵒ 22 — 25 cmes

LA Petite LUNE

Bureaux : rue Coq-Héron, 5 — Dessins de GILL — Abonnem⁺ : Paris, 8 fr. — Départ⁺, 9 fr. 50

MÉLANCOLIE

DEUX RÉVOLUTIONNAIRES

LE PÈRE DUCHÊNE
et
PIPE-EN-BOIS

Deux des hommes de la Commune viennent de mourir, à quelques jours d'intervalle; l'un en exil, l'autre à peine revenu d'exil.

Ces hommes, c'est Eugène Vermersch et Georges Cavalié, — le Père Duchêne et Pipe-en-Bois.

Autour de leurs noms, de leurs surnoms surtout, s'est déjà formée dans l'esprit des bourgeois une légende. On se figure des êtres horribles et terribles, — farouches, hirsutes, barbus, — roulant sous d'épais sourcils des quinquets effrayants, — avec de grosses moustaches retroussées sur des crocs de bouledogues; — des espèces d'ogres, ne rêvant que destruction, massacre, incendie, dévorés par la soif du sang...

Pour les moins prévenus, ce furent deux fougueux révolutionnaires.

Hélas! ce que c'est que de nous! Voilà pourtant comme on écrit l'histoire!

A quel point un tel jugement sur Pipe-en-Bois et sur Vermersch est contraire à la vérité, ceux qui les ont connus, ou seulement vus, le savent.

Ils vivaient dans la rue, beaucoup. Je les ai maintes fois rencontrés, regardés. Je veux, impartialement, devant leurs tombes à peine fermées, dire ce qu'ils furent en réalité.

*
* *

C'était des jeunes gens doux, instruits, inoffensifs, et qui n'auraient pas fait de mal à une mouche. Même un peu hurluberlus. Des rêveurs. L'un, Vermersch, était un poëte; il s'amusait à prendre des rimes au vol, à faire des vers sur les étoiles, les fleurs, les arbres et le vent. Un blondasse; le nez en canule, l'air vaguement jobard. L'autre, Cavalié, sortait de Pipeaux; il s'amusait à aller siffler des pièces, l'air ahuri aussi. Bref, pas plus méchants l'un que l'autre.

Ils étaient beaucoup plus propres à faire de la littérature, à broyer du bleu, qu'à s'occuper de politique. Seulement ils vinrent à la fin de l'empire. La littérature ne rendait pas. La politique, c'était le courant. Ils s'y sont lancés, criant des phrases sonores apprises à l'écol', et le courant les a emportés, à travers la révolution et la guerre civile, jusqu'à l'exil, la misère et la tombe...

En sorte qu'ils sont morts, avec le reflet de Paris incendié sur le visage, et l'auréole des proscrits autour du front.

Tout cela, parce qu'on a coutume de se faire des monstres de tout, de vouloir prendre au tragique les choses les plus simples du monde, de fourrer partout de l'emphase et de la solennité...

*
* *

Vrai! quand je pense à ces deux morts, je me demande si, parmi les hommes anciens, dont on nous fait des tigres, des titans, des colosses de violence et de férocité, beaucoup, descendus des piédestaux où le temps et les événements les ont placés, ne seraient pas tout simplement de bons jeunes hommes, — comme Pipe-en-Bois et le Père Duchêne?

Et s'il ne faudrait pas dépouiller leurs silhouettes naïves, et peut-être un peu niaises, des enflures de la légende, afin que leurs semblables, plus tard, évoquent moins d'épouvante, allument moins de haine?

JEAN POPULOT

A DON CARLOS

Prétendant malheureux au trône d'Espagne

Mon petit Charlot,

Tu viens d'en faire une bien bonne!... Je ne veux pas laisser passer l'occase de te marquer quelle excellente bosse de rire tu m'as procurée. Satané farceur! Ah! bien, on ne doit pas engendrer la mélancolie sous le beau ciel des Espagnes, si tous les Espagnols sont de ta trempe!

Tu es vraiment un drôle de particulier. Il y a quelque temps, sous le fallacieux prétexte que tes ancêtres avaient régné jadis en Espagne, tu y débarques et tu profites d'un instant de grabuge pour y organiser la guerre civile. C'est canaille, mais c'est princier.

La **P. L.** ne t'en veut pas autrement. Si le ciel l'eût voulu, tu serais fils d'un vidangeur, et peut-être le plus honnête homme du monde.

Donc, tu rigoles, *tra los montes*, à la tête d'une bande de brigands et de fanatiques. Tu détrousses les diligences; tu chourines les voyageurs; tu fais, en un mot, tout ce qui concerne ton état.

Dans ce chahut-là, la pauvre République espagnole dégringole, et les Espagnols, de deux rois préférant choisir le moindre, mettent sur le trône ton cousin Alphonse XII.

A dater de ce moment, tes affaires commencèrent à ne plus battre que d'une aile. Les troupes alphonsistes traquèrent les tiennes de sierra en sierra, et tu fus reconduit dare-dare à la frontière, avec accompagnement de guitares, de coups d'espingole, de bombes et de castagnettes.

Depuis lors, tu t'es reposé sur tes lauriers; tu t'es baladé de-ci de-là, avec une exquise désinvolture, comme si tu n'avais pas causé la crevaison d'un tas de pauvres bougres qui, sans toi, grilleraient encore des cigarettes et danseraient la cachucha.

Ceci n'est rien, tous les princes en font autant, simple affaire d'éducation.

Une assez belle fumisterie à laquelle tu t'es livré, cependant, ç'a été de te rabibocher avec Mme Isabelle, la maman d'Alphonse, et de lui faire un tas de mamours et de grâces. Mais ce n'est rien encore.

L'autre jour, à Madrid, un imbécile, ou un loufoque, tire un coup de pistolet sur ton heureux concurrent, et le rate. C'est la mode présentement de tirer sur les rois. Ça semblerait indiquer qu'ils ne font pas tous précisément le bonheur de leurs peuples. Paraît que non. N'importe.

Évidemment, mon petit Charles, ça ne t'aurait pas beaucoup matagrabolisé, si Alphonse avait écoppé; il y a gros à parier que tu aurais pris le train pour l'Espagne, avec transport, et que tu aurais reprofité du regrabuge pour recommencer tes farces. Mais, à défaut de ces farces-là, tu en as trouvé une sublime; tu as sauté sur ta bonne plume de Tolède, et tu as écrit, vite, vite, à ta chère amie Isabelle, une lettre archiesblindante, pour lui témoigner ton indignation de l'odieux attentat, et ta joie pure de la miraculeuse protection accordée par la Providence au douzième des Alphonse!!!

Non, ce que tu as dû rire en rédigeant ça, c'est un rêve! Ta lettre fait en ce moment la jubilation de l'Europe en général, et de la **P. L.** en particulier. Parole, vous, les princes, vous dégottez en cocasseries toutes les opérettes passées, présentes et futures. On dit que tu as perdu (?) la *Toison d'Or*, mon petit Charles; en échange tu peux briguer le Grand-Cordon de Gérolstein.

Tu m'as tellement fait tordre, quant à moi,

Que je voudrais être le roi d'Espagne,
Pour te coller cent sous tous les matins!

A défaut de ces émoluments royaux, le jour où tu en auras assez de ta position de roi légitime *in partibus*, de comte de Chambord espagnol, présente-toi à la **P. L.** Une place de rédacteur t'y est d'ores et déjà réservée.

En attendant, du courage, mon petit Charlot, pioche le genre bouffe; c'est ton vrai truc; tu as mis dans le mille!

LA P. L.

LE BEL OSCAR

CHANSON TYPE

Oscar est un joli gommeux;
C'est même la fleur de la gomme;
Il est, par son luxe, fameux,
Et le high-life le renomme!
Oscar chaque jour à midi
Émerge de sa couverture,
Et, quoique encor tout engourdi,
Il fait demander sa voiture...

Car Os, car Os, car Oscar,
Car Oscar ne sort qu'en carrosse;
Car Os, car Os, car Oscar,
Car Oscar ne sort qu'en char!

Quand il apparaît sur le turf,
Conduisant son dada lui-même,
Tout le monde crie : « Est-il urf!
Quel col exquis! quel chic suprême! »
Il sait conduire four-in-hand,
Et, dans cet exercice, épate
Tous les coachmen de l'Old England...
Mais, dam! faut pas le voir à patte...

Car Os, car Os, car Oscar,
Car Oscar n'est beau qu'en carrosse;
Car Os, car Os, car Oscar,
Car Oscar n'est beau qu'en char!

×

Oscar est le bourreau des cœurs :
Quand une dame de la haute,
Séduite par ses airs vainqueurs,
Veut pour lui commettre une faute,
Ce n'est pas à l'hôtel garni
Qu'il flirte avec sa Cydalise;
Ce n'est non plus chez elle, ni
Chez lui, — mais dans une remise...

Car Os, car Os, car Oscar,
Car Oscar n'aime qu'en carrosse;
Car Os, car Os, car Oscar,
Car Oscar n'aime qu'en char!

×

Son fol amour pour les chevaux
Aptes à fournir une course,
Pour les coupés, pour les landaux,
D'Oscar épuisera la bourse.
Mais lorsqu'il sera sans quibus,
Pour ne jamais — destin trop âcre! —
Aller *jambis cum pedibus*,
Il se fera cocher de fiacre...

Car Os, car Os, car Oscar,
Car Oscar n'mourra qu'en carrosse;
Car Os, car Os, car Oscar,
Car Oscar n'mourra qu'en char!

BIBI.

Nouvelles de SON Grand Cœur

Chaque tyran, chaque lunch.

— Faites entrer le n° 137! cria-t-**IL**!

Alors, — dans le splendide hôtel (80,000 fr. de canapés) où **IL** dirige le journal de Paris le mieux informé (70 millions de lecteurs) on vit entrer *encore* un Souverain, le front empenné et endiamanté, le torse enveloppé d'un pagne éblouissant, la main armée de l'arc d'ébène et des flèches trempées dans le mystérieux poison des îles océaniennes.

— Comment vas-tu, Yau-de-Poêle? demanda-t-**IL** au lointain Monarque, avec cette finesse, cet à-propos qui **LE** caractérisent, et **IL** le fit asseoir, pour le 137e lunch, devant une table écrasée de mets merveilleux.

Au milieu du repas magnifique, **SON** estomac eut une faiblesse.

Un vent sonore s'exhala de **SA** gueule...

— Pour les pauvres! murmura-t-**IL**.

Dans l'appesantissement de **SES** yeux voilés par les vapeurs du 137e lunch accompli, **IL** crut sentir, sur la poitrine où bat **SON** grand cœur, la main du monarque attacher un ruban de la Légion d'honneur..... des Iles.

Alors **IL** entr'ouvrit **SES** paupières, et il **LUI** sembla reconnaître B. J., qui avait dépouillé son costume exotique, et souriait dans un nuage !...

*(A suivre, jusqu'à **SA** mort).*

◆

Plus de Vomitifs !

Faites seulement avaler aux malades quelques alinéas des journaux de la réaction sur la vie privée des républicains...

L'EFFET SERA INSTANTANÉ

CHOSES COMMISES AU NOM DE LA LOI

Rue des Grès. La nuit. Une mansarde, éclairée par la lueur pâle d'une lampe. — Une jeune mère est penchée, anxieuse, sur le berceau de son enfant.

Au dehors, le froid. — Plein hiver. — Un pied de neige durcie met sur le sol une croûte blanche. — Des flocons tourbillonnent et, par le vent poussés, viennent fouetter les carreaux tremblants.

℃

Dans la mansarde aussi, l'on gèle, comme dans tous les logis pauvres.

Mais la mère n'y prend garde. Elle ne songe qu'à son enfant. Elle n'a que lui au monde. Pour lui, elle travaille sans relâche et passe bien des nuits à le veiller...

Car il est chétif et malade.

●

Cette nuit, la mère est inquiète. Le sommeil de l'enfant lui semble plus agité que de coutume, sa respiration plus haletante et plus sèche...

Voici qu'il s'éveille...

Il se plaint, gémit, pleure, crie, sa bouche grimace, ses petites mains se tordent de douleur .. En vain la mère essaye de le calmer.

Tout à coup, il se renverse en arrière et se tait, — mais visiblement oppressé ; de la sueur couvre sa figure, et un affreux rauquement lui roule dans la gorge...

La mère s'épouvante. Il faut qu'elle aille chercher un médecin. Tout de suite. Demain, peut-être, il serait trop tard !

Elle se lève, jette au berceau un dernier regard, et sort.

✠

La voilà boulevard Saint-Michel, courant, comme une folle, dans la nuit, la neige et le vent.

Brusquement, une main s'abat sur son épaule ; deux bras la saisissent.

— Houste ! dit une voix rude, au Dépôt !

Ce sont deux agents des mœurs, qui ont besoin de « faire du nombre, » comme ils disent.

La malheureuse demande ce qu'on lui veut.

— A cette heure-ci, sur le boulevard ! Racolage clandestin !

La mère proteste, s'indigne, explique pourquoi elle est dehors. Les hommes ricanent.

— Des blagues ! allons !

Elle se débat, elle supplie. Il lui semble entendre son enfant qui râle seul là-bas... On sait ce que trouvent les mères en de telles occasions. Elles ont calmé des appétits de fauves, touché des âmes de tyrans...

Les agents des mœurs haussent les épaules :

— Pas de giries !

Et, malgré sa résistance désespérée, ils emballent la misérable presque évanouie.

☽

Le lendemain, lorsque les voisins, émus des cris entendus toute cette nuit là, pénétrèrent dans la mansarde de la rue des Grès, ils la trouvèrent silencieuse et glacée. La lampe avait jeté sa dernière clarté ; l'enfant avait exhalé son dernier souffle ; il était mort dans des convulsions atroces...

On ne sait ce qu'est devenue la mère.

MARTIAL.

POUR S'AMUSER

PRIX HENRY

— Mots en losange —

Ce que chacun peut voir dans la *Petite Lune* ;
Un nuisible animal, famille des rongeurs ;
Domestique animal d'une espèce commune ;
Ensuite un jeu d'adresse, adoré des chasseurs :
Enfin ce que l'on voit double dans un anneau.
Pour bien trouver, lecteur, creusez-vous le cerveau.

Ce problème est en dehors de la *deuxième série*. Il ne fait point partie du jeu de l'**Oie**. C'est une devinette exceptionnelle.

Le docteur Henry (de Cambrai) offre au premier devinant un mouchoir petit modèle (nez de dame).

Vu les dimensions restreintes dudit mouchoir, M. Hyacynthe est exclu du concours.

Par contre, nous engageons vivement à concourir MM. de Broglie, Fourtou et autres Seize-Mayeux, ainsi que les futurs invalidés :

Quand on a tout perdu, quand on n'a plus d'espoir,
Il est toujours bon de s' procurer un mouchoir !

Samedi prochain, nous reprendrons la série de l'**Oie** et les solutions des nos 1 et 2.

Le Gérant : Auguste de la BILLETTE.

Imp. du journal la *Petite Lune* : A. de la BILLETTE
5, rue Coq-Héron, 5.

LA Petite LUNE

Bureaux : rue Coq-Héron, 5 — Dessins de GILL — Abonnem^{ts} Paris, 3 fr. — Départ^{ts} 3 fr. 50

RETOUR

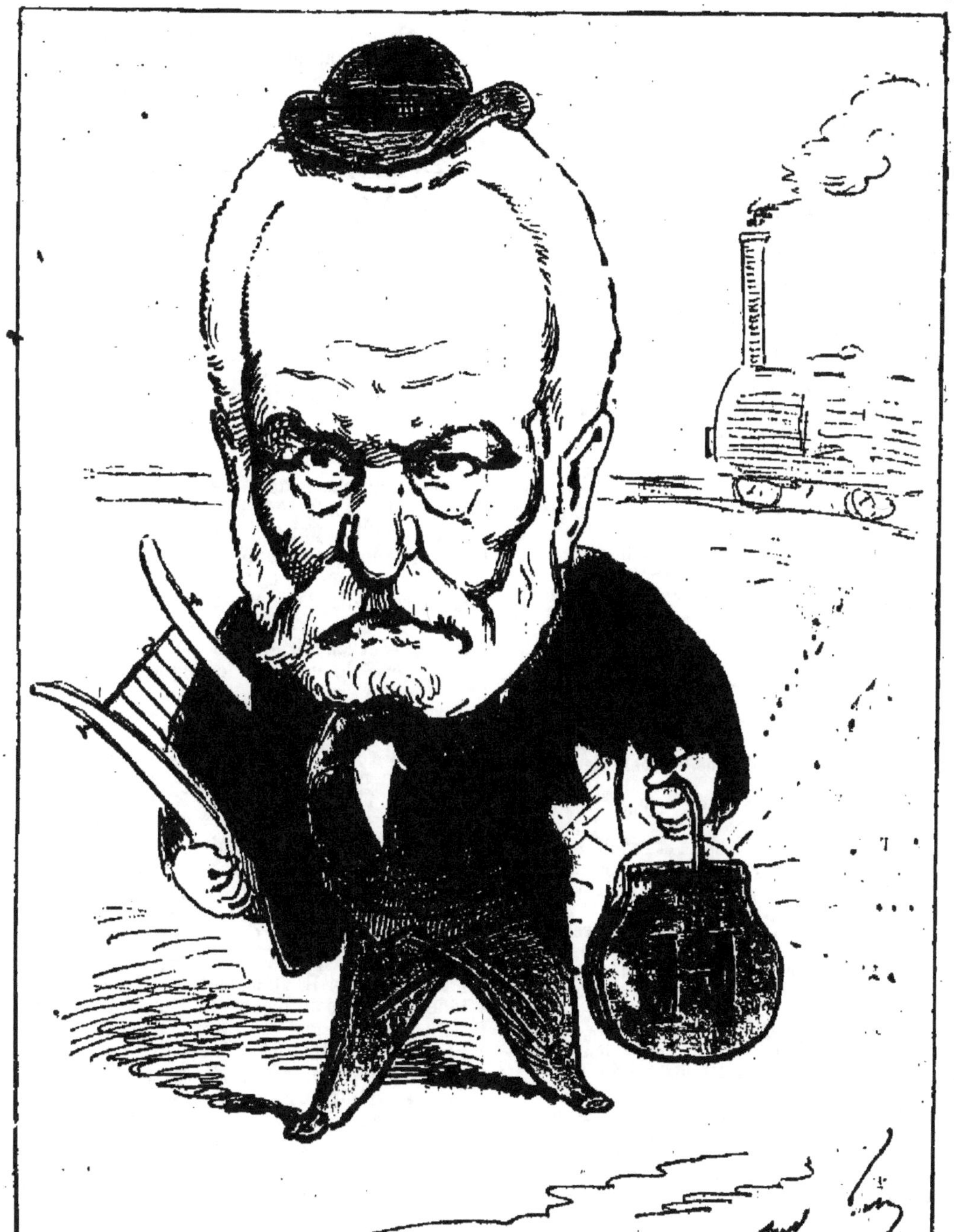

Vous tous à qui les charbonniers
Montrent des fronts inexorables,
Pauvres, besogneux, misérables,
Rimeurs transis dans les greniers,

Le Maître aux grands vers pleins de flammes
Est de retour. — Le bois est cher...
A défaut de feu pour la chair,
Voilà du soleil pour les âmes !

RÉCITS ÉPIQUES

(A l'instar de François Coppée.)

LA FOSSE

Jules, fils de Michel, est vidangeur.

          Son père
Fut ce grand bernatier qui, trente ans (j'obtem-
A la simplicité lorsque je dis trente ans,   [père
Car la grandeur de l'œuvre implique un plus long
                  [temps],
Vidangea tout,—palais, maison bourgeoise, bouge,
—Dans le pays qui va de Montmartre à Montrouge.
Passé maître en son art, quoiqu'il fût compagnon
Seulement, il fut sobre, et dinait d'un oignon.
A la Villette on garde encore sa mémoire ;
Quand on parle de lui, le parfum de sa gloire
Embaume les discours de ceux qui l'ont connu.
Ce rude travailleur eut un cœur ingénu ;
Quelle âme échappe au doux sortilège des roses,
Aux poèmes que Dieu met dans toutes les proses,
A l'aube, à la chanson éternelle de mai ?
Il aima follement, et, se croyant aimé,
Le pauvre homme donna son nom à sa maîtresse.
Mais l'âme de la femme est une âme traîtresse.
A qui la fraude est chère et le mensonge doux ;
Et quand elle reçoit les baisers de l'époux,
Elle ne comprend rien à l'ardeur qui l'inspire.
Bref, Michel fut cocu, merde ! il faut bien le dire
Du moins il eut un fils, Jules, auquel, songeur,
Il inculqua l'austère état de vidangeur.
Cet enfant ne fut pas de ceux qu'un père gâte,
Et, tout petit encor, mit la main à la pâte.
Mais quel orgueil emplit le cœur du bernatier
Quand il vit que l'enfant mordait vite au métier !

Le temps passa. Michel sentit sa fin prochaine,
Il appela son fils et lui fit jurer haine
Et mépris pour le sexe exécrable et charmant ;
Puis mourut.

        Jules fut fidèle à son serment.
Il vécut seul, fuyant la femme ingrate et fausse.
Déjà vieux, il penchait son âme vers la fosse,
Et semblait un taureau fatigué du labour.

Un soir, il vidangeait dans le Noble Faubourg.

Faubourg, — soit. Pourquoi : noble, — alors que
                [cette terre
Respire uniquement l'inceste et l'adultère,
Et que le crime étend sur elle son linceul
Funèbre ?

      Cependant Jules vidangeait, seul.
La fraîcheur de la nuit venait baiser ses tempes.
Son œil allait des toits où scintillaient les lampes
Que les vierges du peuple, au cœur humble et vail-
                [lant,
Allument chaque soir devant elles, — veillant
Pour gagner leur trousseau de noces et leurs voiles—
A la fosse, où dansait le reflet des étoiles.

A fleur du gouffre obscur et liquide à demi,
Soudain il aperçut un enfant endormi.
Pur sommeil ! C'est ainsi qu'en son berceau, Moïse,
— Qui, malgré Pharaon, vers la terre promise,
Devait un jour guider les pas du peuple hébreu,—
Exposé sur le Nil, dormait sous le ciel bleu.

L'abandonné voguait sur la fosse profonde.

Jules flaira sur l'heure un forfait du grand monde :
Quelque orgueilleuse dame, à l'antique blason,

Avait là, dans les lieux de sa propre maison,
Jeté ce misérable enfant!...

           Qu'allait on faire
Jules? Il l'aurait pu porter au commissaire.
Mais, rempli de dédain pour la société,
Il leva ses regards vers l'azur, moucheté
De l'or éblouissant des étoiles sans nombre,
Et cria dans le vent, dans la fosse et dans l'ombre :

— O mon père! j'étais solitaire ici-bas;
Aucun but ne s'off ait au hasard de mes pas;
Je n'avais point d'amour. et j'ignorais la joie ;
Mais, grâce à l'orphelin que le destin m'envoie,
Je sens enfin, le cœur frissonnant de plaisir,
Une paternité sublime m'envahir !

Alors, tranquille ainsi qu'un marin sur son lougre,
Il adopta l'enfant, puis en fit un bon bougre.

                BIBI.

A PROPOS DE LA GRACE DE DIEU

Mon aminche Isidore Merlu est machiniste à la Gaîté. Il m'a donné l'autre jour un billet pour sa boîte. J'y ai été. Pas pour la pièce, mais pour Schneider. J'étais curieux de la revoir, cette femme qui a comme qui dirait incarné l'empire. Cette curiosité-là, pas mal de Parisiens l'auront. Pas bête, Wenschenk ! ma-riolle, Wenschenk, d'avoir eu l'idée de faire remonter Schneider sur les planches !

☾

En la reluquant, en l'écoutant, je pensais au temps où elle faisait florès, où elle jouait devant un parterre de rois. Rois en toc, sou-verains d'opéra-bouffe, — notre empereur en tête. Vrai, elle représentait bien ce temps-là ; surtout dans la *Grande Duchesse*, avec sa couronne de travers, son sceptre en carton et son amour des militaires. Nous vivions sous la monarchie de la Cascade. La devise des gros bonnets du badinguisme était celle-ci : Faire la noce ! Ils ne pensaient qu'à la rigo-lade. Emarger au budget, pincer le cotillon et licher toutes les bouteilles, ça faisait leur blot. Pas dégoûtés ! Quant à la nation, au bien-être du peuple. aux intérêts de la France, ils s'en foutaient comme de Colin-Tampon. Malgré que ça durait depuis seize ans, ils sentaient bien que leur boutique n'était pas solide, qu'elle s'écroulerait à la première tem-pête. Aussi, ils se hâtaient de s'en fourrer jusque-là, quitte à crever d'indigestion. Ils se disaient, comme Louis XV : « Après nous, le déluge ! » Quand les gouvernants se disent ça, c'est que la révolution est proche.

    Eh bien, Schneider était l'image du monde d'alors. On aurait pu aussi bien la coller sur le trône de France. Entre la France et le duché de Gérolstein, il n'y avait pas grande différence. Nous étions gouvernés sur des airs d'Offenbach. Aussi fallait voir comme les puissants du jour gobaient Schneider. Les rois, venus pour l'Exposition de 67, l'applaudissaient à tout casser. On dit que

> Malgré ses cinq cents femmes,
> Le Sultan certain soir,
> Brûlant de mille flammes...
> *Fut ému de la voir.*

L'empereur d'Autriche l'admira pendant que là-bas, au Mexique, on fusillait Maximilien. Ah ! elle faisait recette, Hortense ! Il n'y avait qu'une femme qui lui disputait l'admiration du high-life, et les madrigaux princiers : c'était Mme de Metternich...

Hein ! comme c'est épatant, tout de même ; les noms fameux du Bas-Empire : Mme de Metternich, Offenbach, Schneider, — c'est tous des noms allemands !...

Je pensais à toutes ces choses, l'autre soir, en écoutant l'ex-Périchole jouer Chonchon. J'y prenais plaisir, comme quand on a été malade, une fois guéri, on éprouve une satisfaction à se rappeler ses souffrances disparues. La France est guérie aujourd'hui de cette syphilis des nations que l'on nomme le césarisme. Elle a bien failli en claquer ; mais, enfin, elle est en pleine convalescedcé, et il y a lieu d'espérer qu'en 80 la cure sera radicale. Ça fait que nous pouvons revoir une des idoles de l'empire, comme Schneider, sans ennui, et même avec jubilation ; car nous nous disons en nous frottant les abattis : « N,i, ni, c'est fini. Foutu, le badinguisme, fermé le passage des Princes : les rois sont passés pour jamais. Vive la République !

Un autre souvenir qu'a éveillé en moi la *Grâce de Dieu*, c'est une chose de la Commune.

On l'a jouée, la *Grâce de Dieu*, sous la Commune. Avec Mme Grivot. J'y étais. Raoul Rigault occupait la loge du préfet de police. Naturellement, puisqu'il était délégué à la préfecture. Eh bien, je l'ai vu, de mes yeux vu, pleurer comme un veau aux scènes tristes. Ça l'empoignait. quoi, ce garçon.

Ce que je dis là esblindera peut-être les réacs et les trouvera incrédules. N'empêche que c'est vrai.

Ça prouve une fois de plus ce que Populot disait l'autre jour sur Vermersch et sur Cavalié : que ces fameux révolutionnaires dont on fait des ogres et des avale-tout-cru, et à qui la légende prête des proportions colossales, sont de la même pâte que les autres hommes, tout aussi sentimentals, et, au besoin, jobards.

Voilà les réflexions que m'a inspirées la *Grâce de Dieu*, qu'elle inspirera à bien d'autres, et qui sont cause que c'est une reprise pas bête.

Jusqu'au titre qui donne à songer. Autrefois,

il y avait des monarques *par la grâce de Dieu*. A cette heure, par la volonté du peuple, il n'y en a plus. Ça embête les ratichons. — Pas moi.

UN TYPE DU POULAILLER

Nouvelles de SON Grand Cœur

IL murmurait, comme le Nazaréen :

« Que celui qui est sans péché lui jette la première pierre. »

Et comme elle continuait de **LUI** sourire à travers les lames de sa persienne, **IL** monta chez elle.

Mais l'ayant contemplé quelques instants, elle s'écria :

— Quelle injustice !

Et elle **LE** décora... de sa jarretière...

LUI, étouffé par l'émotion, déposa *cinque* francs sur la cheminée de la douce créature.

Et comme **IL** franchissait le seuil en inscrivant cette belle action sur **SON** carnet — à la suite de tant d'autres — **IL LUI** sembla reconnaître le rire ingénu de B. J. qui le poursuivait dans l'escalier !

*(A suivre, jusqu'à **SA** mort).*

LUNCHS DU *FIGARO*

UNE COURONNE PAR TÊTE

TRUFFES PARTOUT ET TOUJOURS
C'est le patron qui les trouve !

L'ART DE SE CONDUIRE

Dans la Société des Pauvres Bougres

ENSEIGNÉ AUX GENS DU MONDE

CONCLUSION

Le théâtre représente le cabinet de travail de la comtesse de Rotenville. Intérieur choc-nosof, quoique austère. Plumes d'aigle et de colombe mêlées aux plumes de fer ; encres de toutes les vertus. Aux murs, quelques portraits de prolétaires avec dédicaces : gueules superbes.

Dans l'antichambre on entend rugir d'impatience et d'amour une nuée d'éditeurs qui viennent briguer l'honneur de publier les œuvres de la Comtesse.

Celle-ci est à son pupitre. A ses pieds, étendu comme un veau, le vicomte Gontran de Petdenonne, venu en apparence pour prendre des leçons de bonnes manières populaires, — en réalité pour séduire la Comtesse.

* *

La plume suspendue sur le vélin, au moment d'écrire le chapitre X de l'*Art de se conduire*, la Comtesse brusquement s'arrête. Ses yeux bleus fixent l'espace. Tout à coup, ses épaules se haussent, et son beau front se penche. Le nez incliné sur ses seins d'albâtre, elle murmure :

— A quoi bon ?

Gontran, se soulevant sur son coude, interroge :

— A quoi bon quoi, *ma petite fille* ?

La Comtesse tressaute et darde sur le vicomte un flamboyant regard :

— Petite fille ! exclame-t-elle, que signifie ? Petite fille ! Pourquoi pas : *demi-bouteille ?*

Gontran sourit d'un air fin :

— Pardon, fait-il, je voulais dire : *momignarde.*

* *

A ce coup, la Comtesse sent un flot de moutarde lui monter au nez :

— *Momignarde* non plus, s'écrie-t-elle ! Momignarde est un mot du bagne, une expression de grinches et d'escarpes ! Le mot exact, le seul vrai, le seul beau, celui du peuple, c'est *gosseline.* J'avais raison de dire : à quoi bon ? Votre ânerie me le prouve : les gens du monde sont inéducables. Décidément, on ne devient pas plus bon bougre que poète. Je renonce à mes leçons. Disparaissez !

* *

Elle ouvre la porte, abat Gontran d'une énorme paire de calottes, le relève d'un coup de pied au cul, et le précipite dehors. Il passe comme une flèche à travers la nuée d'éditeurs... et disparaît.

* *

Alors, désormais convaincue de l'inutilité de ses efforts pour éclairer les classes riches, la Comtesse revient à son bureau allume une bouffarde, sèche un litre, et sous le IX° chapitre de l'*Art de se conduire*, écrit, inexorable, ce mot fatal, avec une plume de fer :

FIN

POUR S'AMUSER

Solution du mot en losange (prix Henry)

<pre>
      L
    R A T
L A P I N
    T I R
      N
</pre>

C'est O'Keld... qui, en arrivant bon premier, a fait le mouchoir. Il est prié d'ôter son faux-nez, et d'exhiber le véritable. Le mouchoir lui sera livré à domicile.

La place nous manque pour insérer le nom des autres devins.

Concours de l'Oie

3. — *Charade*, par La Bémol, à Rouen.

Mon tout, perché sur mon premier,
Peut faire entendre mon dernier.

Solution du n° 2

— SAGE-FEMME —

Ont deviné : Ariste. — O'Keld.. — Noël. — O. R. O — Le chef Riflandouille. — Caillou K. C. — K. Kaoli. — Cékateur. — Un Béarnais. — Gig-à-var. — P. Tenlère. — D. Crasseur d'Aristos. — Ferragus. — I. Gnar. — Pangloss. — E. Bujard. — Champroux. — C. Nemausi. — O. de Carcassonne. — Erdnegel. — E. Dipe. — Bouldegomme. — O. Bœuf. — Elimie Esset. — Un P. L. M. — Pompier de Brest. — A. Vale-Oie. — Brick.

Suite des solutions du n° 1 : — Kryptos. — L'Œdipe de la rue du Jour. — Berlot. — Fou-yo-po. — Mary-Hol. — Un Coco. — I. Gnar et G. Zuit. — Q. — C'est-y-ça ? — Un Gorille. — Assi-gnat. — Deux clercs de notaire. — A. Givelet. — Le soir en bouge. — Elgeai. — Un Béarnais. — Brick. — Es-Kar-Goth et Sand-Ouiche. — E. Poirot. — Ben Tate-Zi. — Un nez-tudiant. — Un chat de Perse et K. Kaoli. — Dranem. — Six Ajax. — Clair d'avoué. — Pommade anticalvitique. — Rodilardus. — Brisemure. — Levallois. — Boc. — Riboullard. — Euréka. — Sékateur. — C. Piat. — Un Camboni Bordelais. — H. B. P. — Espérance. — Q. Q. — G. V. G. T. — Bébé. — Le Chef. — P. Tanlère. — Stéphane Oie. — E. Paul Hette. — Un, deux, vingt. — Louis D. — Pasquin. — Adèle. — Lafiltrie. — Buis. — Gasté. — O. de Sedlitz. — Lavollige. — Théo (???). — Andreatine. — R. Serra. — L'Artilleur du 5°. — K. Linot. — Yole-Gig. — Sportmen-Club. — Satrouille. — O. Bœuf. — Club bélant à Reims. — G. de Viné. — Silène. — Vulcain. — Un Lodivois. — Athos. — Jérôme Roquet. — Peau de Satin. — Boule de Gomme. — Cacadoie. — Me de Rien. — Miss Jane. — G. Trouvé. — Schaëtrick. — J. B. Losac. — Bouchon de Lastryne. — Eloi. — Sabouloth. — Un P. L. M. — Grégoire. — Baba. — Hope. — E. Dipe. — Victor Dhoy. — Surlelipudam.

Quelle kyrielle !... Ça nous force à nous arrêter ici. Mais, la prochaine fois, outre le concours de l'*Oie*, nous ouvrirons des concours exceptionnels, avec primes immédiates, offertes par la générosité d'I. P. K. Q. Ann, d'Eug. Arthot et de l'Œdipe du café de l'Univers. Bénissez-les et préparez-vous à la lutte !

Le Gérant : Auguste de la BILLETTE.

Imp. du journal la *Petite Lune* ; A. de la BILLETTE
5, rue Coq-Héron, 5.

Nᵒ 24   25 Cᵐᵉˢ

Bureaux : rue Coq-Héron, 5   ♣ Dessins de GILL ♣   Abonnemᵗ Paris, 3 fr. — Départ, 3 fr. 50

TRAC D'INVALO

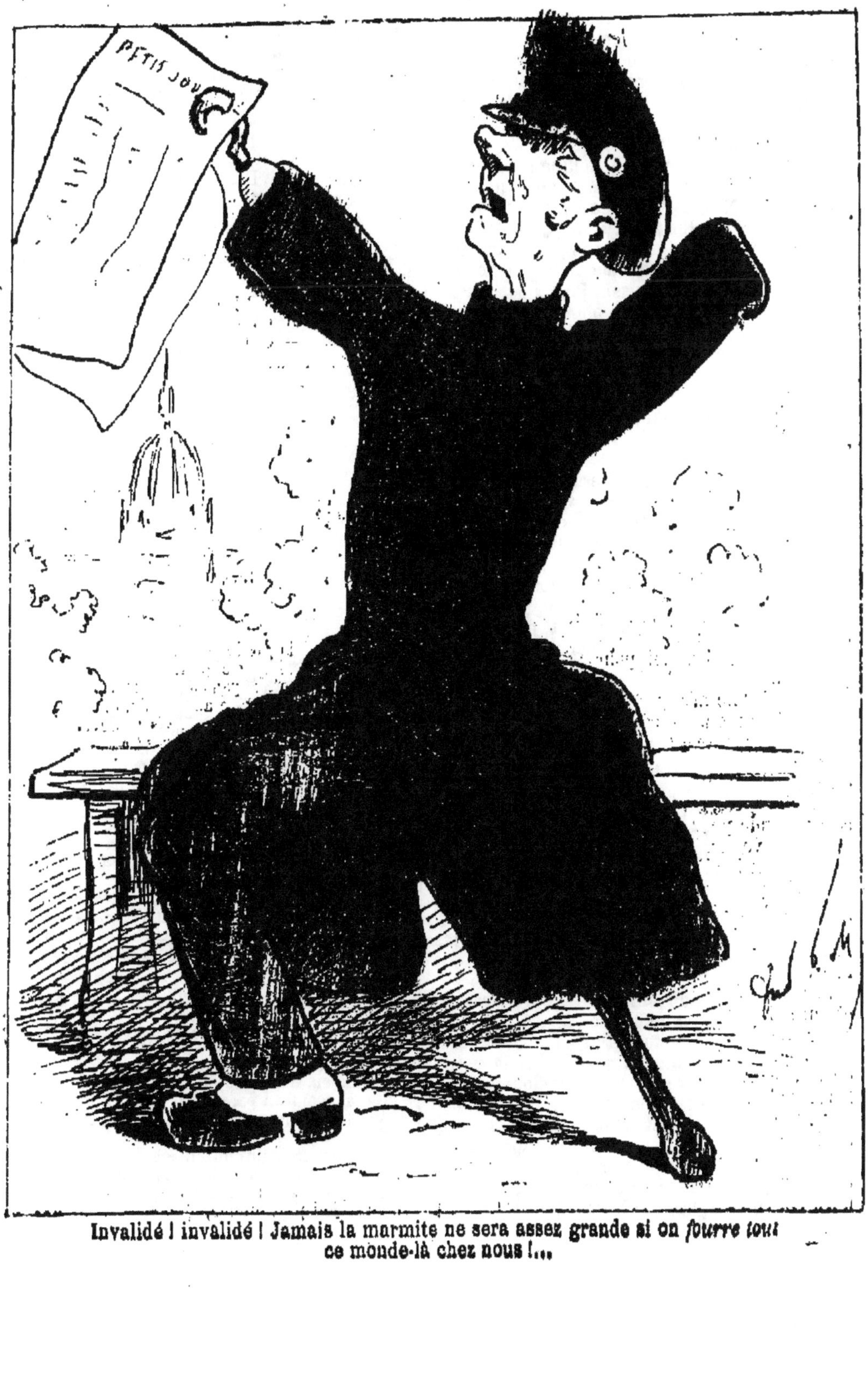

Invalidé ! invalidé ! Jamais la marmite ne sera assez grande si on *fourre tout*
ce monde-là chez nous !...

A MON ONCLE MICHEL BOIROT

Invalo,

AUX INVALIDES.

Mon cher oncle,

La présente est pour vous prier de me donner des renseignements au sujet d'une chose sur laquelle je désirerais être fixé. Voici. J'ai un de mes camerluches, Nicolas Franchard, qui est un peu loustic, un peu loufoque. Il m'a soutenu, l'autre jour, qu'on allait envoyer chez vous les députés réacs dont la Chambre a cassé l'élection, parce qu'ils ont fait de la pression et des tripotages, et se sont foutus du suffrage universel « Puisqu'ils sont *invalidés,* que m'a dit l'aminche Nicolas, on peut pas les fourrer ailleurs qu'aux *Invalides.* » Moi, je lui ai soutenu le contraire Il n'a pas voulu en démordre. Entêté comme une mule, ce loquétoque-là ! Moi, têtu aussi. Bref, nous avons gardé chacun notre petite opine. Pour le jour où notre différend sera tranché, nous avons parié un litre de blanc et des marrons.

Ça ferait joliment bien mon beurre de me rincer la dalle et de me garnir l'estome aux frais de Nicolas. C'est toujours rigolo, pas vrai ? de ripailler un brin à l'œil. Maintenant, si je perds — Jean Populot n'a qu'une parole — je m'exécuterai, je collerai ma douille au mastro, et je n'en trinquerai pas de moins bon cœur avec mon camerluche Nicolas.

Enfin, je vous écris pour savoir si, dans votre gourbi, vous n'auriez pas entendu parler de cette affaire-là. Si on doit vous expédier tous les seize-mayeux fichus à la porte de la Chambre et qui n'y rentreront pas, doit y avoir chez vous un remue-ménage de tous les diables. Répondez-moi pour me marquer si ça a lieu.

Si Nicolas ne m'a pas monté un bateau, ou ne s'est pas monté le coup à lui-même, vous allez être rudement serrés. Des invalidés, il n'en manque pas. Et encore il y en a peut-être plus d'un avec qui on s'est montré coulant. N'importe. Jamais votre marmite ne sera assez grande pour vous nourrir, vous et les nouveaux venus. Faudra vous rationner, comme pendant le siège. Il est vrai que les invalidés viennent de boire un tel bouillon qu'ils pourront pendant quelque temps s'en passer.

J'avoue que ces messieurs ne seraient pas mal logés chez vous, et se pousseraient de l'agrément.

Par exemple, de Mun, qui a été cuirassier et qui doit savoir mêler le langage des casernes à celui des sacristies, vous ferait des prêchi-prêcha toute la journée, et tâcherait de vous convertir ; car y a sans doute, parmi les Invalos, bésef de vieux lapins comme vous, mon oncle, qui ne croient ni à Dieu ni à Diable, et se battent l'œil des capucinades.

Popol de Cassagnac passerait sa vie au tombeau du grand Badingue, à se pâmer d'admiration et à gueuler : Vive l'Empereur !

Fourtou, lui, qui ne veut pas entendre raison, trouverait un chouette copain dans la vieille gloire de votre Dôme, l'Invalo à la tronche de bois. Sûr ; y aurait rien de plus rigolo qu'une conversation entre ces deux estropiés de cervelle.

Etc., etc.!

Maintenant, je vas vous expliquer pourquoi j'ai parié contre Nicolas ; pourquoi, dans ma jugeotte de pauvre homme, je crois que c'est moi qui suis dans le vrai. C'est qu'on admet aux Invalides les braves à tous poils, les vieux de la vieille comme vous, qui étiez à Waterloo ; tous les bon bougres de troubades qui se sont fait casser la gueule, enlever bras et pattes, défoncer la carcasse et esquinter le tempérament sur les champs de bataille pour la France, pour la Patrie... Il me paraît impossible qu'on mêle à ces rudes lapins-là des farceurs qui, pendant six mois, se sont emparés du pays, ont voulu le faire « retourner en arrière. » l'ont foutu à deux doigts de sa perte... Nom de Dieu, non, c'est pas les Invalides qu'ils méritent !

Je vous demande un peu quelle tête ferait de Mun, ce cuirassier de jésuitière, à côté des grands cuirassiers échappés au désastre de Reischoffen ?

Voilà pourquoi je présuppose que les seize-mayeux seront envoyés, non aux Invalides, mais à l'ours — et plus loin peut-être.

Est-ce votre avis, mon oncle ?

JEAN POPULOT

Vous m'prenez pour c'que je n'suis pas!

ROMANCE

Hier, j'baladais par les rues,
En quête de n'importe quoi,
Fumant, flânant, bayant aux grues...
Un' petit' femm' passe auprès d'moi.
Je lui dis : « Madam', vous êt's seule...
Voulez-vous accepter mon bras ? »
Mais ell' me répond, c'te hégueule :
« Vous m'prenez pour c'que je n'suis pas! ».

Un banquier, canaill', mais pas bête,
Escroque au monde un argent fou ;
Un beau jour, on l'pince, on l'arrête ;
L'jug' lui dit : « Vous êt's un filou ;
Grâce à vous, des mass's de familles
Sont sur la paill', dans des gal'tas... »
I répliqu' : « Ce sont des vétilles...
Vous m'prenez pour c'que je n'suis pas ! »

Un' jeun' sultan', naïve encore,
D'un eunuque s'éprit un jour.
« Ah! lui dit-elle, je t'adore ;
Veux-tu répondre à mon amour ? »
Mais l'infortuné personnage,
D'un' voix d'soprano dit : « Hélas!
En m'tenant un pareil langage,
Vous m'prenez pour c'que je n'suis pas ! »

Monsieur le maire du village,
Rencontre Jeannett' dans les bois,
Et lui dit : « Si tu restes sage,
Avec ce joli p'tit minois,

J'te f'rai nommer rosièr', Jeannette,
Et facil'ment tu t'marieras...
— Monsieur l'mair', répond la fillette,
Vous m'prenez pour c'que je n'suis pas. »

Souvent les hommes politiques,
Afin d'arriver au pouvoir,
Font des promesses mirifiques
Et prenn'nt des engag'ments, faut voir!...
Mais, quand on leur rappelle ensuite
Leurs serments, ils dis'nt, ces Judas :
« J'ai changé de lign' de conduite;
Vous m'prenez pour c'que je n'suis pas. »

Un gommeux, d'un' façon grossière,
Insulte un homm' vraiment poilu,
Qui lui fout son pied dans l'derrière,
Et dit : « Demain, c'est résolu,
Nous nous battrons...— Grand bien vous fasse!
Répond l'gommeux : braver l'trépas?
Me faire crever la paillasse?...
Vous m'prenez pour c'que je n'suis pas!

Maint jésuit', maint bonapartiste,
A chaqu' nouvelle é'ection,
Va, tranquille comme Baptiste,
Briguer les voix d'la nation.
Mais, désormais, la Franc', que botte
La Républiqu', dira : « Mes g 's,
Vous voulez que pour vous je vote?
Vous m'prenez pour c'que je n'suis pas! »

BIBI.

Nouvelles de SON Grand Cœur

IL est à Monaco.

Devant la table du *trente et quarante.*

Près de **LUI** est un homme vieux encore, le chapeau enfoncé sur les yeux, enveloppé d'un voile. Pourquoi ? Mystère.

On *fait le jeu.*

IL a son portefeuille à la main, un gros portefeuille; mais feint de ne pouvoir l'ouvrir, — car **IL** est malin.

— Rendez-moi donc le service de mettre 6,000 balles à *noire*, dit-il à son voisin, je ne puis parvenir à déboucler ce sacré portefeuille.

Et **IL** songe en **LUI**-même :

— Voilà le vrai truc ! si c'est *noire* qui sort, **JE** rembourse l'enjeu, et **JE** ramasse, autrement...

Car **IL** est très malin !

Mais l'inconnu, souriant sous son voile, au lieu d'allonger 6,000 balles, étend simplement la main vers la poitrine où bat **SON** noble cœur, et y accroche un ruban de la Légion... grecque.

Puis s'élance dans les jardins en ôtant son voile vert.

Et **LUI,** murmure alors, en le suivant de l'œil :

— N'est-ce pas B. J. qui se joue dans le soleil comme une libellule?

(*A suivre, jusqu'à* **SA** *mort*).

UN BEAU MARIAGE

Herminie de Sainte-Colombe a dix-sept printemps. C'est la fleur de l'aristocratie française, la perle sans macule du faubourg Saint-Germain. Elle est blonde d'un blond idéal. Sur ses prunelles bleu-azur s'abaissent des paupières aux longs cils. Raphaël n'a pas dû rêver autrement la Madone. Toute sa personne est vaporeuse, nébuleuse, éthérée. Elle ne marche pas, elle glisse. Elle ne parle pas, elle roucoule. A l'église, quand, affaissée sur son prie-Dieu, les yeux noyés d'extatique langueur, elle s'isole dans un recueillement de première classe, les assistants se demandent : « Où sont les ailes de cet ange? »

Herminie est la chasteté même. Le seul soupçon du mal ternirait sa pensée. C'est un lys de pureté, une sensitive. C'est la Vierge, dans la plus exquise acception du mot.

><

Quelqu'un la vit, dans un bal, et s'éprit d'elle, follement. Un tout jeune homme, un ami du comte Hector, frère d'Herminie. Appelons-le Jacques. Pas de fortune, mais vingt-deux ans, de l'intelligence plein la tête et de la passion plein le cœur.

Jamais homme n'éprouva pour une jeune fille ardeur égale à celle de Jacques pour Herminie. Il lui éleva dans son âme un autel où il rendit à cette idole un culte de tous les instants.

Mais il fut de ceux qui savent aimer en silence. Plein d'un religieux respect pour la séraphique pudeur de Mlle de Sainte-Colombe, jamais il n'osa murmurer à son oreille une parole de tendresse, ni même lever sur elle un trop brûlant regard.

Bref, il lui voua le mystique amour que les preux anciens vouaient à leurs dames, s'il faut en croire les légendes chevaleresques.

Mais Herminie, le trouvant sur ses pas, à toute heure, en tout lieu, devina sans peine cette passion profonde. Même elle ne se put défendre d'une certaine sympathie pour cet adolescent enthousiaste, si bien assorti avec elle comme jeunesse et comme beauté.

><

Récemment, le marquis et la marquise de Sainte-Colombe donnèrent une soirée, dans l'hôtel, légèrement délabré, de leurs ancêtres. Le matin, la marquise avait dit à Herminie :

— Ma fille, vous verrez ce soir un personnage fort bien posé, un ancien diplomate influent, le baron Bagou.

Herminie, pour toute réponse, avait modulé un :

— Bien, ma mère...

d'une infinie douceur.

Mais, pressentant que cette soirée serait pour elle décisive, elle se fit plus belle et plus archangélique que jamais. Elle parut tout de blanc vêtue, des roses piquées dans ses blonds cheveux. Les bras nus, et décolletée; mais un virginal incarnat roséolait sa peau blanche.

Il y avait foule chez les Sainte-Colombe. Tous les parents, tous les amis étaient là.

Jacques, aussi, y était. La vue d'Herminie, encore idéalisée, le grisa. Le suave parfum qui se dégageait d'elle lui monta au cerveau. Il perdit la tête, et ne put s'empêcher de s'approcher de la jeune fille et de lui effleurer le bras du bout des doigts...

A ce contact, Herminie poussa un petit cri de biche effarouchée, et manqua de défaillir; un éclair d'indignation flamba sous ses cils blonds.

Son frère, le comte Hector, avait vu la scène. Il bondit vers Jacques, l'entraîna dans une embrasure :

— Vous avez insulté ma sœur ! lui dit-il.

Et il le souffleta.

Puis il y eut échange de cartes, et Jacques partit.

Un moment après, on annonça le baron Bagou. L'ex-diplomate entra, accablé par le poids de ses soixante-seize années et l'abus des plaisirs.

Ce chuchotement courut :

— Il est archimillionnaire !...

Les Sainte-Colombe s'empressèrent autour de lui. Il alla pesamment saluer Herminie qui, rassérénée, lui adressa son plus doux sourire, sa plus virginale révérence.

✕

Le lendemain matin, Hector se battit avec Jacques, et le tua raide.

✕

Il y a trois jours, Herminie de Sainte-Colombe a épousé le baron Bagou. La Loi, l'Eglise, la Famille, le Monde ont concouru à sceller cette union si bien assortie. La mariée rayonnait sous ses voiles. Est-ce la fortune du baron qui l'avait séduite ? Toujours est-il qu'elle avait consenti de gaîté de cœur, dès le lendemain du jour où elle l'avait vu, à l'heure où Jacques mourait.

A la sacristie, les femmes disaient :

— Herminie fait un mariage superbe ; elle n'a pas de dot, et son mari a des millions !

Et les hommes :

— Les Sainte-Colombe sont légitimistes ; Bagou appartient au parti impérialiste ; ces alliances sont excellentes pour cimenter celle de tous les conservateurs !

Et, ce soir, Herminie, — cette vierge qui avait fait tuer un jeune homme, coupable de lui avoir à peine frôlé le bras, — livrait tout son corps à la lubricité d'un vieillard épuisé par soixante années de débauche, et avec qui elle n'avait pas encore échangé trois paroles.

C'est joli, les beaux mariages !

MARTIAL.

AU SÉNAT

Asile des invalid... és

pour vieillards atteints de maladie

CONSTITUTIONNELLE

POUR S'AMUSER

Concours de Cryptographie

D'I. P. K. Q. ANA

I. — Remplacer par des lettres les chiffres et les points d'interrogation ci-dessous, et former ainsi des mots français. Les lettres substituées aux seuls points d'interrogation forment deux classes de gens dont l'entente est impossible :

? 80 ?

? 39 ?

? 54 ?

? 9108 ?

? 965 ?

? 43 ?

? 6 ?

? 8 ?

? 827 ?

? 654 ?

? 321 ?

II. — Avec les chiffres suivants, qui ne correspondent pas aux mêmes lettres que les précédents, former le cri de la première classe de gens :

1213 45 6378942083 !

Une épingle de cravate mécanique sera octroyée au vainqueur. — Si cette promesse ne pique pas votre zèle, zut alors.

Concours de l'Oie

4. —*Mot carré syllabique*, par Achille d'Ampilly

Mon premier du pêcheur
Est un p'tit accessoire ;
Dans mon s'cond l'vidangeur
Travaille, c'est notoire.
Lorsque enfin, cher lecteur,
Vous voudrez mon dernier,
Vous le trouv'rez sur l'heure
Chez votre charbonnier.

Solution de la dernière charade :

PINSON

Ont deviné : Le chef. — Un P. L. M. — Etait-ce ? — Surletipudam. — Le curé de la rue Lambert, à Bordeaux. — L'Œdipe de la rue du Jour. — E. dipe. — Losac. — Le brahme de Billac. — Ariste. — Parpaillot. — S. Poir. — Tadada. — O. Keld... — Mouchamo. — Béarnais. — P. Q. P. Nem. — Fallax de Milleri. — E. Guyon. — Pangloss.

(A suivre).

✕

A Grogaleaudevichy. — Accepté. Publicrons prochaine fois.

✕

Les administrateurs de la **P. L.** gavent l'*Oie* matin et soir. Elle commence à être énorme. — Courage !

Le Gérant : Auguste de la BILLETTE.

Imp. du journal la *Petite Lune* : A. de la BILLETTE 5, rue Coq-Héron, 5.

LA Petite LUNE

Dessins de GILL — Bureaux : rue Coq-Héron, 5 — Abonem^{ts} Paris, 9 fr. — Départ^{ts} 9 fr. 50

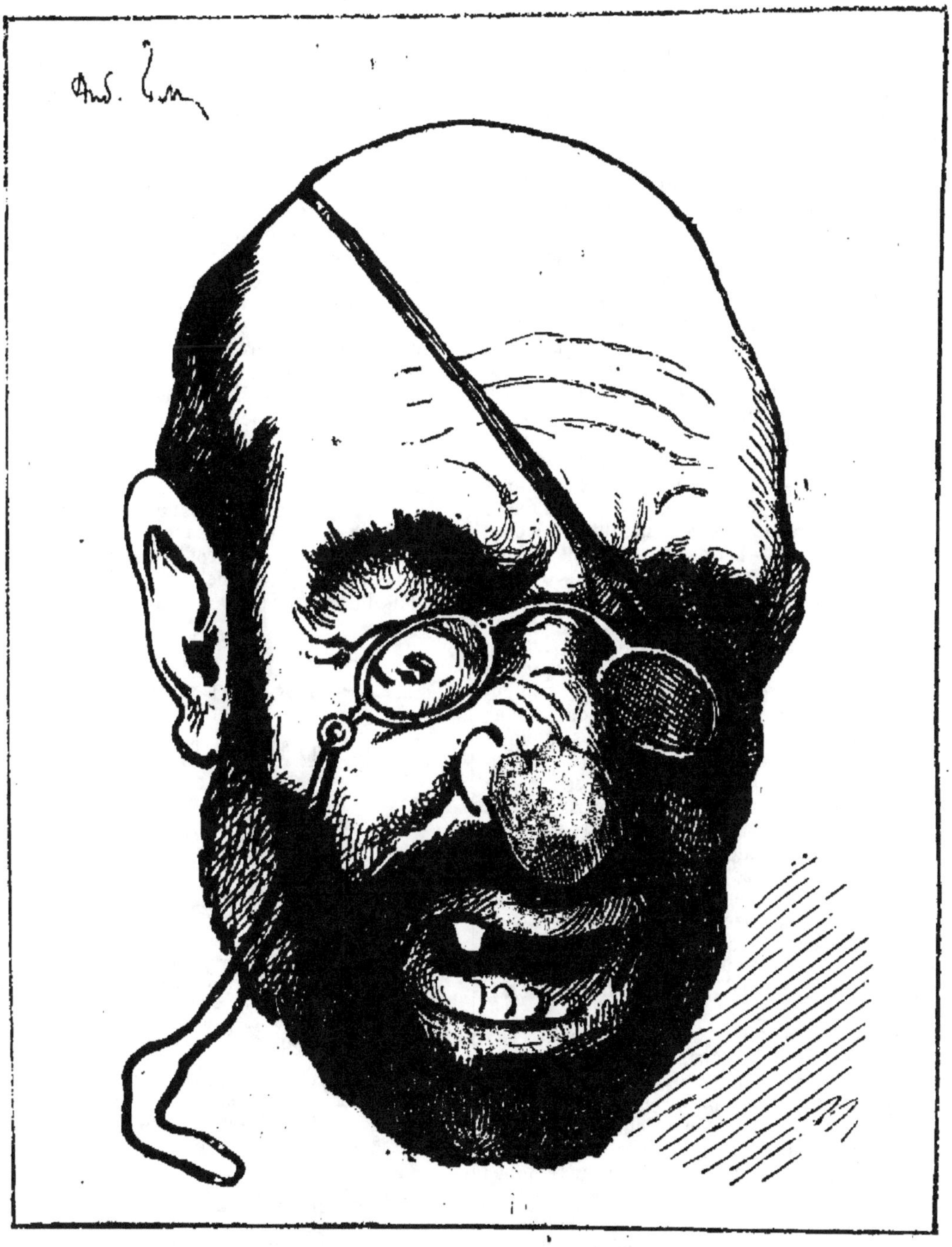

Portrait authentique et véritable d'Oscar Seizemayeux.
(Photographie de la dernière heure.)

A mon aminche Mathurin RIBOU,

Dit TORGNOLE,

Menuisier à MONTROUGE.

Mon vieux caneson,

Te rappelles-tu notre jeunesse ? les bonnes parties que nous avons faites, les noces que nous nous sommes fichues ? Des fois, on levait le coude un peu de trop, on se colloquait son petit plumet ; mais on n'en rigolait que davantage, et, le lendemain, ni vu, ni connu, je t'embrouille, il n'y paraissait plus : on n'avait seulement pas mal aux cheveux, et l'on turbinait tout aussi dur que de coutume. C'était le bon temps, comme on dit. Ce n'est pas que je me plaigne d'à présent. Françoise est la reine des femmes, et ça me met du baume sur le cœur d'embrasser mes crapauds chaque soir. Seulement, avec l'âge, on devient plus sérieux, et on se fout moins souvent des bosses de rire. Voilà.

Pour en revenir au passé, tu dois te souvenir, Mathurin, de la grande trépignée aux pommes que nous nous foutimes tous deux, un soir, près du bal Tonnelier. C'est au bal même qu'avait commencé la querelle, — à propos d'une petite blonde qui était ta danseuse habituelle et à qui je m'étais permis d'offrir un saladier. — Je peux le dire, sans crainte de déplaire à ma ménagère, car il y a belle lurette de ça, et je ne connaissais pas encore mame Populot. — Toi, donc, qui faisais de l'œil à la blondine, tu vins m'engueuler. Je te répondis sur le même ton. Bref, fallut s'aligner.

On sortit, avec trois ou quatre camerluches, qui voulaient veiller à ce que la peignée se passât dans les règles. Arrivés à un bon endroit bien tranquille, en avant la danse sans violons, pour faire suite à l'autre. On s'appliqua une série de gnons, pains, beignes, baffres et mornifflettes premier choix. Si on ne se défonça pas une demi-douzaine de côtes, c'est que les camaros déclarèrent que c'était assez; et que deux zigs ne devaient pas se foutre en compote pour une garce qui, pendant ce temps-là, rigolait probablement avec un troisième. Là-dessus, raccommodement, poignée de pattes, tournée générale ; depuis, nous n'avons jamais eu ensemble un mot plus haut que l'autre, et nous sommes les meilleurs aminches de la terre.

C'est une foutaise, cette histoire-là, pas vrai, mon vieux Mathurin ? N'empêche que je me la remémore toutes les fois qu'il y a un duel — comme celui de Gambetta avec Mossieu de Fourtou. Moi, les duels, ça me fait suer des lames de rasoir en zigzag. Il n'y a pas, à mon avis, de plus grande imbécillité. N'est-il pas dégoûtant de penser qu'un propre à rien d'aristocrate — parce qu'il aura passé son temps dans les salles d'armes ou dans les tirs — pourra impunément insulter les braves gens, leur trouer la couenne, et, après, se balader comme si de rien n'était ? On dit comme ça que les injures ne se lavent qu'avec du sang. C'est de la blague : le sang n'a jamais rien lavé ; il fait, au contraire, des taches qui ne s'effacent pas. Et puis, admettons que le sang de l'insulteur lave une injure : mais celui de l'insulté, c'est trop bête... et neuf fois sur dix, c'est l'homme outragé qui écoppe.

Nom de Dieu ! que je voudrais qu'on prenne un de ces fameux spadassins qui font tant les fier-à-bras et les mariols, et qu'on le foute en face d'un bon maçon ou d'un brave commissionnaire qui lui propose une partie de chausson ! Je ne sais pas si le matam re ferait une gueule, saignerait du nez et jouerait rapidement des flûtes !

Vrai, notre manière de nous revenger, à nous autres pauvres bougres, est rudement plus noble que celle des messieurs hurés. Un bon coup de torchon, et après : « à la tienne, Etienne ! Sans rancune, aucune. » Autant de tués que de blessés, il n'y a personne de mort.

C'est ce qui est arrivé, du reste, dans le duel de l'autre semaine. Aussi je trouve maintenant que, malgré tout, Léon a eu raison de ne pas caner. On aime le courage en France ; puis, s'il avait refusé le défi, les réacs l'auraient accusé de lâcheté. A présent, il leur a coupé le sifflet : car, enfin, faut pas qu'il soit capon, lui qui est gros et qui a une vitre de crevée, pour se coller en face du pistolet d'un tireur habile comme M. de Fourtou.

Seulement, qu'il ne recommence pas. Il a fait ses preuves, ça suffit. Il est trop utile à la République pour risquer encore sa peau contre celle des pierrots du Seize-Mai.

Il ne faut plus que le grand orateur de la démocratie se commette avec des hommes qui, l'un de ces jours, auront peut-être à rendre compte à la justice de l'abus criant qu'ils ont fait du pouvoir !

JEAN POPULOT

LE DUELLISTE

CHANSON TYPE

Duelliste, bretteur, spadassin,
L'escrime est mon métier unique.
Si l'on me traite d'assassin,
Par un bon cartel je réplique.
Qu'à des propos désobligeants
Personne sur moi ne se livre...
Car je tue illico les gens
Afin de leur apprendre à vivre !

Je vous plains, si vous me bravez !
Une ! deux ! — tel est mon système —
Je me fends... comme vous savez,
Et je me relève de même !

Ne sachant pas le pistolet,
Dans ma glorieuse carrière
J'ai reçu maint rude soufflet
Et maint coup de pied au derrière !
Cela manque de volupté
De tels atouts ont peu de charmes...
Mais il faut être « l'insulté, »
Afin d'avoir « le choix des armes. »

Je vous plains, etc.

Ingénûment je veux ici
Vous faire des aveux sincères :
Sachez donc que j'ai pour souci
De bien choisir mes adversaires.
Si donc un monsieur, du fleuret
Connaît à fond toutes les ruses,
Eh bien, il me calotterait...
Que je lui ferais des excuses !

Je vous plains, etc.

Ainsi qu'on le suppose bien,
J'ai franchfilé pendant la guerre ;
Car, pour combattre le Prussien,
L'épée, hélas, ne servait guère...
Or, l'épée est le seul outil
Qu'on puisse admettre dans la gomme ;
Mais je trouve que le fusil
N'est pas l'arme d'un gentilhomme.

Je vous plains, etc.

Où me poussé-je ainsi du col ?
Chez les gens chics, comme de juste.
Mais je ne suis pas assez fol
Pour blaguer l'ouvrier robuste...
Bigre, avec lui je ne fais point
Le Matamore et le Fracasse,
Sûr qu'un vigoureux coup de poing
Me démolirait la carcasse...

Contre les gens mal élevés
J'aurais beau — suivant mon système —
Me fendre... comme vous savez,
Je resterais plaqué de même !

Pour le duelliste,

BIBI.

———————◆———————

MALADIES DES FEMMES

IGNORANCE, INCAPACITÉ, PRÉJUGÉS, SUPERSTITION

GUÉRISON RADICALE

Par de longues infusions d'instruction laïque
et la révision du Code Civil à fortes doses

———————————

MŒURS DE CE MONDE-LA

———

On m'a garanti l'exactitude de l'aimable
anecdode suivante.

Du reste, l'héroïne est, paraît-il, filleule de
Mme Doche.

Le duc Loth, en son jeune temps, fut un de
nos plus brillants gentilshommes. Sportman
accompli, soupeur infatigable, homme à bonnes fortunes. Pour emprunter au journal des
classedirigeants un de ses clichés élogieux,
« il étonna souvent ses amis par l'intrépidité
avec laquelle, au cercle, il risquait, sur une
carte, des sommes énormes. »

Quel plus noble usage de sa fortune aurait
pu faire le duc Loth ?

✠

Cependant, on n'est pas de fer. La noce culot-
te. Les aventures galantes du duc délabrèrent
un peu sa santé. Une médication énergique le

sauvâ. Mais les médecins lui conseillèrent,
pour se rétablir tout à fait, d'aller au Midi.

Il partit donc pour l'Italie.

Dans son voyage, il rencontra une Italienne,
— une fille du peuple — d'une merveilleuse
beauté. Une espèce de Graziella. Loth entre-
prit de la séduire. Comme il dévidait couram-
ment le jars sentimental, il réussit.

Le moment venu de retourner à Paris, le
duc emmena avec lui sa nouvelle maîtresse.
Non par tendresse, mais pour être original
et faire de l'épate.

✕

Cependant l'Italienne était enceinte. Elle
accoucha. D'une fille. C"est cette fille à qui
Mme Doche servit de marraine.

Le duc Loth n'avait pas la fibre paternelle.
Un beau jour, il en eut plein le dos de sa
bonne fortune transalpine, et flanqua la mère
et l'enfant sur le pavé.

❷

La mère se mit à turbiner dur pour élever
l'enfant.

Le temps passa.

L'enfant grandit et devint une jeune fille :
Elle allait sur ses quinze ans, quand sa
mère mourut, après lui avoir dit sa naissance.

L'orpheline, en présence de la misère, s'en
fut chez le duc Loth.

— Vous êtes mon père, lui dit-elle : secou-
rez-moi.

℃

Le duc, à cette époque, était complétement
usé par les excès et les remèdes qu'ils exigent.
Maintenant il lui fallait, pour émoustiller ses
sens, des raffinements immondes.

Il lorgna la fillette, la trouva charmante,
lui prit la main, et le menton.

Le bon duc était de l'avis de ce grand seigneur étranger qui, accusé d'avoir des rapports peu paternels avec sa fille, fort jolie
d'ailleurs, répondait :

— Ce que j'ai si bien fait, je ne l'ai pas fait
pour un autre que pour moi....

Bref, le duc Loth osa proposer à sa fille
d'être sa maîtresse. L'idée de l'inceste le ra-
vigotait.

La jeune fille refusa avec horreur.

Sur quoi, le duc lui déclara que, puisqu'elle
se montrait bégueule à ce point, elle n'avait
rien à attendre de lui...

Et la mit brutalement à la porte.

Heureusement, la jeune fille put se procurer
de l'ouvrage, et, comme sa mère, vécut humble et honnête.

✕

Est-ce que ce n'est pas monstrueux ?

Je n'ignore pas que de semblables infamies ont lieu dans les dernières couches sociales...

Mais ce qui, chez les pauvres bougres, n'est
qu'un abrutissement pitoyable, chez les aristos, chez les riches, est une écœurante dépravation.

MARTIAL.

FAITS DIVERS

Hier, vers les deux heures de l'après-midi, on a ramassé, sur un trottoir ou sur un autre, un homme d'une force peu commune et décemment couvert. Il venait de tomber foudroyé en lisant cette annonce :

VA PARAITRE INCESSAMMENT

LA MUSE A BIBI

S. IVIE DE

L'Art de se conduire dans la Société des pauvres bougres

par la comtesse de ROTENVILLE

Se vend, d'un pôle à l'autre, 1 fr. chez tous les Libraires

Pour recevoir *franco* ce volume, adresser **1** fr. **10** à S. Heymann, 15, rue du Croissant.

Le délire continue. On désespère de sauver la victime.

POUR PARAITRE PROCHAINEMENT
A une librairie quelconque, en livraisons à **2** ronds
GALERIE DES RATÉS
1re Série
L'EMPEREUR GUILLAUME — ALPHONSE XII — HUMBERT Ier

Nouvelles de SON Grand Cœur

Vous savez comme **IL** est chaste, **LUI** qui fait un journal pour les familles, les jeunes filles, les séminaristes, les éphèbes qui le soir, sous les frondaisons lunaires des Champs-Elysées, glissent aux bras des tendres orateurs des cercles catholiques.

N'est-ce pas **LUI** qui, autrefois, disait en tendant son mouchoir à Maguard :

— Cachez ce Koning que je ne saurais voir !

Cependant, **IL** se dirige vers la boutique de l'imprimeur, et, au moment de tourner le bouton, **IL** murmure :

— Oh! c'est pour amuser mes rédacteurs... Uniquement pour amuser mes jolis rédacteurs.

Et **IL** entre, et commande une elzévirienne édition des œuvres du marquis de Sade, illustrée dans les moindres détails. Uniquement pour amuser ses jolis rédacteurs, et pailleter leurs jeunes rêves.

Et s'**IL** en vendait quelques milliers d'exemplaires, par hasard, oh! ce serait au poids de l'or, uniquement au poids de l'or, et pour alimenter de bonnes œuvres, oh! de bien bonnes œuvres.

C'est ainsi qu'**IL** explique l'affaire à l'imprimeur qui l'écoute, muet sous une calotte mystérieuse, et souriant derrière des lunettes sans rivage.

— Maintenant, dit-**IL**, le prix ?

Mais, au lieu de **LUI** répondre, l'énigmatique émule de Guttemberg et de Fürst étend la main vers la poitrine où bat **SON** noble cœur, et y attache un lys, un simple lys immaculé.

Puis file et disparaît, laissant choir dans son essor sa calotte mystérieuse et ses lunettes sans rivage.

Et alors, **LUI**, tout seul, lève des yeux rêveurs et s'écrie :

— C'est encore B. J. qui serpente, espiègle, à travers les presses !

(A suivre, jusqu'à **SA** *mort.)*

POUR S'AMUSER

Vrai, pas mariols en cryptographie, les lecteurs de la **P. L.** ! Pas un seul n'a trouvé le problème de l'Epingle ! Rien qu· des solutions de fantaisie !! Ce n'est pas sérieux !!!...

Allons, huit jou s de plus sont accordés. Mais, nom de Dieu ! tâchons de nous patiner autrement que ça.

Concours de l'Oie

V

Charade calembourgeoise de la femme à barbe

(POUR LES DAMES)

Quand, réunis, mes *trois* me font souffrir,
Je vois avec transport mon *tout* me secourir.

Prière d'envoyer une solution explicative détaillée, *par lettre*, et non par *carte postale.*

Solution du n° 4 :

AS TI COT
TI NET TE
COT TE RET

On devine : Eugène Arthot. — E. Jényon. — Pot de Rhum. — Young Moakov. — Pangloss. — Le Bellevillois. — Surlelipudam. — V. de Buc. — Godinet. — Enifesoj. — Le Chef. — A. Rengaw. — Boul de Gomme. — Un nouveau de la rue Marbœuf. — 2 Kanaes. — Serre-à-fin. — Béarnais. — E. Rejard. — De Gaquemon. — Bentate-zi. — Berlot. — Canasson. — P. Télorb. — Un gros moine. — J. Dyonnet. — Gaulandeau — Roustanbinowski. — Anef-y-nouun. — Dranem. — P. Q. P. Nem. — Gama. — Grégoire. — Boc. — O. Keld... — Un bancal. — C. K. teur. — So-sol. — Reinruof. — Dom Gorenflot. — Ferragus. — Brahme de Billac. — E. Quarez. — Champroux. — Un sourdingot. — O. Bœuf. — Gig-à-var. — E. Dipe. — Apprenti gniaf. — Fr. Arthot. — Brick. — E. B. T.

Le manque de place nous force à remettre encore à huitaine la fin des solutions du n° 3.

Le Gérant : Auguste de la BILLETTE.

Imp. du journal la *Petite Lune* : A. de la BILLETTE
5, rue Coq-Héron, 5.

No 26 — 25 Cmes

LA Petite LUNE

Dessins de GILL

Bureaux : rue Coq-Héron, 5 — Abonnem^t Paris, 3 fr. — Dépar^t, 3 fr. 50

GAITÉS POPULAIRES

L'air est fraîche, vrai ! c'est pas pour dire, mais elle est fraîche !...

A mon camerluche Germain Grelu,

Machinisse,

A LA GRANDE OPÉRA.

Mon vieux branchard,

L'autre jour j'ai vu marqué sur le journal qu'il n'y aurait peut-être pas de bals masqués à l'Opéra, cette année-ci. Paraîtrait que ton patron trouve que ça lui cause trop d'arias, que ça crotte trop son escalier, et que ça ne rapporte pas suffisamment de douille. Je crois qu'il aime pas mal la galette. C'est son droit, à c't'homme. Tout le monde est un peu de son goût. Seulement, paraîtrait aussi qu'il est question de le balancer et de lui donner un remplaçant. On dit qu'il ne mène pas bien son théâtre, qu'il ne donne pas assez de pièces de comédie nouvelles, etc. Moi, je m'en fous : les opéras c'est pas mon fort. J'aime mieux les drames, et Françoise aussi, et mes gosses; surtout Catherine, mon aînée, qui a pleuré toutes les larmes de son corps à la *Grâce de Dieu.*

On parle de faire un opéra populaire : pour sûr, je n'en serai pas un habitué et je ne me mettrai jamais en quatre pour y avoir des billets à l'œil. En fait de musique, je ne gobe que les belles choses patriotiques, qui ont du souffle, qui vous foutent le cœur au ventre, comme la *Marseillaise;* ou bien les chansons rigolottes, qu'on gouale entre amarres au dessert.

Pour en revenir aux bals masqués, possible que ton patron change d'idée; ou, si on l'envoie ch,...anter ailleurs, que son remplaçant soit d'un autre avis. Quant à moi, je t'avoue que la suppression des bals de l'Op. ne me ferait pas chigner; au contraire. Et il y a bougrement de prolétaires qui pensent comme moi. Je le sais : j'en ai causé à des camaros. Des bastringues à vingt balles l'entrée, c'est pas pour nos guiboles; nous nous en battons le quinquet. On prétend que ça fait aller le commerce, les bals de l'Op. Des foutaises ! Ça fait aller la prostitution, l'immoralité, la saloperie, et voilà tout.

Je n'en parle pas en l'air, puisque je l'ai vu. Tu te rappelles, Germain ? C'est toi qui, étant de la boîte, m'avais fait avoir un billet, et avais encore obtenu du costumier qu'il me prête un costume de déguisé. J'y ai donc été, par curiosité; et j'ai vu, et j'ai trouvé ça dégoûtant.

Toutes ces grues, toutes ces filles qui viennent là uniquement pour se faire lever; toutes ces dames chiques ou soi-disant honnêtes qui viennent en dominos pour se faire tutoyer les bosses et commencer, sous le masque, le cocuage de leurs imbéciles de maris, lesquels, pendant ce temps-là, invitent à souper les catins tarifées ; tous ces gommeux abrutis et idiots, tous ces classedirigeants en habits de notaire, qui ont l'air de s'emmieller à cent francs l'heure; tout ce monde qui gueule et se démène, sans gaîté franche, sans entrain, sans rigolade, vingt dieux ! ça m'a tapé sur les nerfs et donné plus envie de piquer un renard que de gambiller. Aussi j'ai pas été bien long à me carapatter de ce pince-corps de la haute, et à filer sur mon vieux Montrouge.

Voilà pourquoi, s'il n'y a pas de bastringues à la Grande Op. cette année, je m'en consolerai foutrement vite ! D'abord, je suis tranquille : tant qu'il y aura des badingouins, des cléricaux, des seize-mayeux, nous ne manquerons jamais de pierrots, de sauteurs et de polichinelles !

Ah ! bon Dieu ! quelle différence entre ces bastringues à grands flaflas des farauds et ces bals, modestes mais honnêtes, des prolétaires ! A la bonne heure, Constant, Tonnelier, le Panier-Fleuri ! c'est pas luxueux, mais c'est convenable; on n'y a pas l'orchestre de M. Strauss ou d'un autre fameux, mais on y rigole, on y frétille tout son soûl, on s'en donne à cœurjoie, et les petites filles qui viennent là, en robes de laine, y viennent uniquement pour s'amuser, et non pas pour faire un chopin, comme les drôless·s à falbalas des bals de l'Op.! Elles ont quelquefois un amant, mais un seul, et parce qu'elles le gobent; on n'a rien à leur dire ! Tandis que les filles de la haute, leurs amants se remuent à la pelle, et elles les plument.

Tiens, sais-tu quoi, mon vieux Germain ? La prochaine fois que tu n'auras pas à turbiner le soir, viens chez nous bouffer le frichti à Françoise. Quand nous nous serons caressé l'angoulême de notre mieux, nous irons faire un petit tour dans un de ces bals de mon quartier. Nous nous rappellerons notre jeunesse en vidant un saladier...

Et puisque nous sommes des muffles, nous, et non des gens distingués, qu'ainsi nous n'avons pas de mauvaises intentions à remplir, et pas de cachotteries à faire, j'emmènerai ma ménagère, tu emmèneras la tienne, et nous pincerons encore un quadrille, comme autrefois ! Dans la haute, on se foutrait de nous; mais je gage un litre que les pauvres bougres seront attendris !

Est-ce dit ? Tope là ! Et aboule le plus tôt possible.

Jean Populot

LES BOURGEOIS

CRI DU CŒUR

Les bourgeois, ce sont tous des types
Qui s'lèv'nt jamais avant midi.
Pendant que l'peup' s'esquint' les tripes,
Pour eux, tous les jours c'est lundi.

I's boulott'nt de la chouett' cuisine,
Des truff's, des ortolans, du porc;
Pint'nt le bordeaux à plein' chopine,
En vantant Badingue ou Chambord.

Tandis qu'l'ouvrier — minc' de noce ! —
Ne s'ba'ad' qu'avec ses arpions,
I's s'bala'nt, eux, dans des carrosse'
Oùs qu'i's s'étal'nt su' leurs croupions.

Vingt mill' bons dieux ! du prolétaire
Non contents d'licher tout' la sueur,
Faut encor que — pour satisfaire
Leur luxure — i's débauch'nt sa sœur.

Ils se bourr', i's s'empiffr', i's s'gavent;
Et, par leur obscène entretien,
Des fois ces salauds-là dépravent
La d'moisell' du pauv' plébéien...

Tout ça, pa' c'que nous ons des blouses,
Et pa' c'qu' i's ont, eux, des pan'tots !...
On d'vrait vous poser des ventouses
Sur la gueule, espèc's d'aristos !

... Mais, c'qui nous r'veng' de ces jean-fesse
C'est qu'i's ont beau récalcitrer,
Leurs épous's vont toute' à confesse
Et s'laiss'nt conduir' par les curés.

BIBI.

ÉTRENNES INUTILES

JOUETS D'ENFANTS

PISTOLETS DE PAILLE ET SABRES DE BOIS

Pour apprentis régicides

—

*L'amusement des réacs ! — La tran-
quillité des souverains !*

RENCONTRE NOCTURNE

—:—

L'autre nuit, je revenais des Halles.

J'avais reconduit un aminche à sa turne,
rue Maubuée.

Puis, j'avais enfilé le boulevard Sébastopol,
le Châtelet, le boulevard du Palais...

Il faisait un temps sec, une nuit claire et
froide. Des bouffées de vent glacial vous cin-
glaient la face. Dans le ciel, d'un bleu d'acier,
une lune pâle luisait et dardait en plein ses
rayons sur le globe — rond et brillant comme
elle — qui élève, au haut de la grille du Palais
de Justice, ses fleurs de lys et sa couronne
royale, — symboles surannés d'un autre
âge.

✕

Je venais de dépasser ce vieux monument,
où ont défilé, où défilent toutes les hideurs
et tous les désespoirs humains, et qui — avec
ses tourelles gothiques, son horloge bleu et
or, sa Chapelle toute découpée — fait un si
curieux vis-à-vis au tribunal de Commerce,
cette grande bâtisse moderne, lourde et
goumée.

Quelques pas plus loin, — presque en face
de la caserne, — j'aperçus une forme vague et
noire, blottie dans un angle de l'immense
porte cochère d'une maison neuve.

Je m'approchai. Je vis que cette forme était
une vieille femme.

Très vieille. Très cassée. Elle ne rem
pas, demeurait accroupie et pelotonnée
ses loques. L'âge, le turbin, la misère ava
courbé, collé sa tête branlante sur son éti
poitrine. De dessous ses guenilles sorta
ses mains osseuses, décharnées, grises,
sées sur des genoux pointus. Incessamm
elle marmottait on ne sait quoi entre ses
cives sans dents.

Un moment, je contemplai ce spectre fa
lique. — Elle ne me vit point. Je passai.

✕

Au quai, distrait, je m'arrêtai pour rega
dans l'eau verte du fleuve le reflet dansai
la lune, et les grands flotteurs sombres a
rés contre la berge.

Je restai là quelque temps. Brusquemer
me secouai.

Je repensai à la vieille. Au lieu de p
suivre ma route vers Montrouge, je revins
mes pas, pour voir si elle était toujours
son coin de porte.

Elle y était toujours. Toujours immobi
grelottante.

✕

Je me penchai vers elle, et, du ton le
doux que je pus :

— Qu'est-ce donc que vous faites là,
dame ? lui demandai-je.

Alors — chose étrange et navrante -
vieille frissonna. Un tremblement secou
haillons. Elle releva la tête et me montra
figure effarée, hagarde. Elle tendit vers
ses deux mains, et ne put proférer une
role.

Voilà donc quelle impression produisai
cette créature le son d'une voix huma
Quelles souffrances révélait cette peur
demment, cette vieille était tellement acca
par la vie que, pour son esprit veuf d'e
rance, plus rien ne lui pouvait arriver
des malheurs.

✕

De mon mieux je la rassurai. Elle eut
l'air de comprendre que je n'étais ni un
arrivant pour la ramasser, ni le mess
d'une catastrophe nouvelle, mais un co
tissant. Elle me dit alors, avec une voix f
qu'elle n'avait pas de pain, pas d'asil
qu'elle s'était mise là — en attendant.

En attendant quoi? Hélas ! elle ne sav

✕

Je fis ce que je pus pour que, cette n
du moins, elle eût un abri et un peu
ments.

Et je rentrai enfin avec le souven
cette terreur subite, le cœur serré à la p
qu'il existe des misérables à ce point tre
par le destin et par les hommes, qu'o
saurait, sans leur causer une épouvante,
adresser même une parole de pitié !...

Hélas ! quand donc s'occupera-t-on
pauvres vieux ? quand leur donnera-t-
quoi manger et dormir en paix ?

MARTIAI

MONSELET ET LE *PAYS*

Monselet prend la peine de répondre au *Pays* — qui l'interroge grossièrement — que c'est précisément la lecture dudit *Pays* qui l'a rendu républicain.

Parbleu ! c'est comme ça qu'on aime ce qui sent bon. Suffit de comparer la rose à la m....!

Nouvelles de SON Grand Cœur

Tel un phoque, sous les orangers en fleurs de Nice, **IL** est étendu sur le dos.

IL aspire bruyamment, ainsi qu'une baleine échouée, les parfums sauvages de la mer, côte à côte avec B. J. qui sèche au soleil, inutile et vidé.

— C'est singulier, dit-**IL**, en parcourant les colonnes (Rambuteau) de sa feuille immonde, Albert n'embête plus le vieux de Guernesey. Albert cesse de baver. Serait-il indisposé, mon Albert ?

Alors, plus douce que le parfum des orangers, plus profonde que les sanglots de la mer, une voix lui crie :

— Oui, vieux mollusque, Albert a fermé son plomb. C'est pourquoi je te lâche une minute ; mais qu'il recommence, et je repique à l'instant même, et jusqu'au bout.

Et cette voix qui parle ainsi, c'est la voix de la **P. L.**

Et, en l'écoutant, tous deux, interdits, serrent les fesses.

THÉATRES

Tous les bouisbouis y vont de leur revue.

La plus chouette, la plus bath, la plus populaire, c'est celle du Faubourg-Denis, au *Grand-Concert-Parisien.*

Faut voir là-dedans la personne qui représente la *Lune...*

C'est vraiment flatteur pour nous.

Une *Lune !* excusez du peu...

Ah ! madame...

> Unique est notre *Lune*, à nous :
> C'est un point qu'on ne peut débattre ;
> Mais, sans mentir, celle qu'à tous
> Vous exhibez, en vaut bien quatre !

CORRESPONDANCE

La **P. L.** reçoit de Mme Doche une lettre où elle se prétend étrangère à l'histoire racontée par Martial, sous ce titre : *Mœurs de ce monde-*

N° 27   25 C^{mes}

Bureaux : rue Coq-Héron, 5 — Dessins de GILL — Abonnem^t Paris, 3 fr. — Dépar^{te}, 3 fr. 50

PARABOTTE Breveté s. g. d. g.

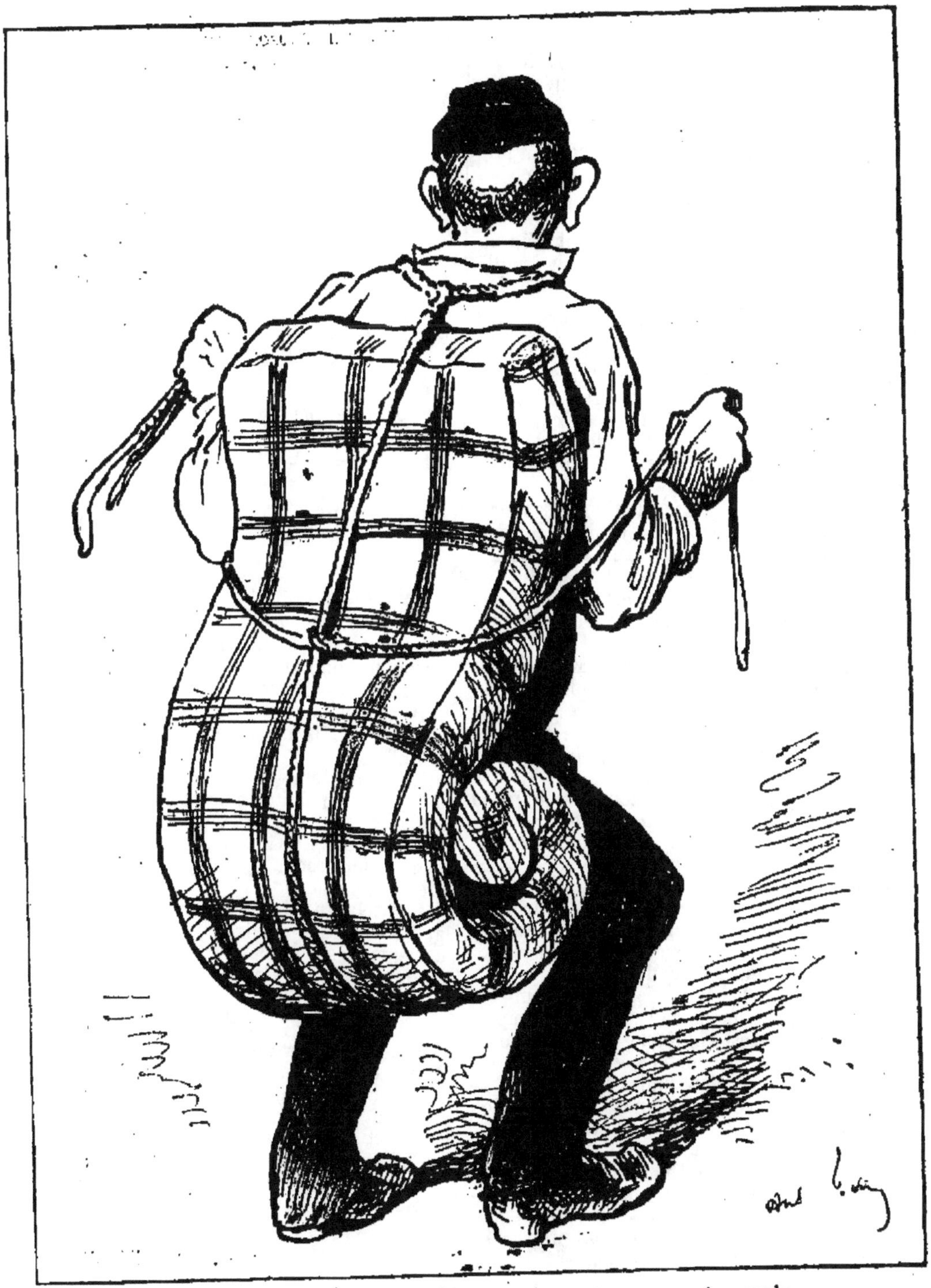

Conseillé aux Seizemayeux pour amortir les hommages du peuple

A JEAN POPULOT

Charpentier,

A MONTPARNASSE.

Nice, le 10 décembre 1878.

Mon vieux Populot,

C'est un cri d'indignation et de colère que je t'envoie par la présente ! Je suis révolté, et tous les vieux frains d'ici sont révoltés ainsi que moi !

C'est la lecture du rapport sur l'élection de Puget-Théniers qui nous a fait bondir ! Vrai, c'est indigne, c'est odieux, qu'un homme se serve de pareilles manœuvres pour extorquer un mandat de député !

Tu as lu ça, n'est-ce pas ? Populot. Est-ce qu'à cette lecture le sang ne t'a pas bouilli dans les veines ? Voilà donc quels étaient les agissements du Seize-Mai !

Faut avouer, du reste, que celui-ci dégotte tout ce qu'avaient révélé les enquêtes précédentes. Pression, fraudes, fermetures de cabarets, interdiction de colportages, arrestations illégales, calomnies, violences, ce n'était rien, tout cela — rien auprès de ceci : l'alliance avec les mauvais bougres qui veulent démembrer la France !

Eh bien, c'est ce qu'a fait le signor Decazes ! Pour garder un siège à la Chambre, il a fait cause commune — lui, Français, lui, ministre des affaires étrangères — avec les séparatistes niçois. Il s'est présenté aux électeurs, offrant aux uns la pompe désormais légendaire ; aux autres, un morceau de la patrie ! La chose est aujourd'hui patente : on a pris M. le duc la main dans le sac, et ce crime de lèse-nation a été dénoncé en pleine assemblée... Et cet homme n'est pas mort de honte... Mais il y a longtemps que les Seize-Mayeux ont toute honte bue.

Encore que nous ayons tous à rougir de penser que le pouvoir ait pu être confié, même une heure, à de si étranges patriotes, — maintenant que le pays est sorti de la fange réactionnaire — nous devons nous gaudir de ce que la lumière se soit faite sur les polichinelleries des Seize-Mayeux ; de cette façon, le peuple estimera maintenant les régimes monarchiques à leur juste valeur !

On sait que les Bourbons sont revenus en 1815 dans les fourgons de l'étranger. L'Empire et l'invasion, c'est kifkif ; les deux premiers se sont terminés par une catastrophe ; le troisième, s'il avait lieu, finirait de même. — Mais nous pouvons être calmes : Petit Loulou ne reviendra pas ; s'il essayait, mince !... c'est pour le coup que les chassepots pèteraient tout seuls ! — Enfin, nous savons que les Seize-Mayeux, qui sont de toutes les réactions — l'orléaneux Decazes en tête — font bon marché du territoire, et sont prêts à en sacrifier des morceaux pour leur satisfaction personnelle.

Du reste, M. le duc, par ce honteux moyen, s'est déshonoré gratuitement. C'est pas ça qui l'a fait nommer. Mettons que ça lui ait valu dix ou douze voix — et quelles voix ! — il a obtenu le reste, comme ses copains, à force de pression et de tours de passe-passe. Mais ceux qui sont Français veulent rester Français. Tu m'as vu à Paris dans le temps, Populot, tu sais nos sentiments patriotiques ; ces sentiments, la population d'ici les partage. Maintenant que le suffrage universel est libre, les électeurs de Puget-Théniers le prouveront à M. le duc, quand il va se représenter, s'il a ce toupet... Ils l'enverront se faire séparatiste ailleurs, et lui montreront, en votant pour le candidat de la gauche, qu'ils aiment la France et que la France et la République, désormais, c'est la même chose.

GERONIMO BUFFARI
Jardinier à Nice.
(Alpes-Maritimes. — FRANCE).

TOO!

Les rois clam'nt que l'on tir' sur eux,
Et de ces attentats affreux
Ils accus'nt l'Internationale ;
Mais, comme ils n'ont jamais blessés,
Ils s'raient vraiment embarrassés,
S'il fallait montrer leur trou d'balle.

PROLÉTAIRES ET CLASSEDIRIGEANTS

L'ANE

Il y avait un pauvre vieil homme qui avait un pauvre vieil âne.

L'homme était tout blanc, tout ridé, tout cassé. Jamais âne ne fut plus tondu, plus pelé que le sien. Ils n'avaient, l'un et l'autre, que le souffle.

Le vieux, pour vivre, vendait des copeaux. Il avait une petite charrette. Il mettait ses copeaux dans cette charrette ; l'âne la traînait d'un pas lent ; le vieux marchait à côté ; et ils s'en allaient comme ça, dans Paris, pour vendre les copeaux.

Le vieux ne battait point son âne, ne le grondait même jamais. Il le traitait bien doucement ; en sorte que cet âne n'avait pas l'air navré que les ânes ont d'ordinaire.

Je les rencontrai un matin, sur le boulevard Montparnasse, du côté de la rue Delambre. Ils trottinaient cahin-caha.

C'était un clair matin d'automne. Il ventait frais ; et le vieil âne, tout en trottinant, tremblotait. L'âge rend frileux.

Attendri, je les regardais. — J'aime les vieux prolétaires, et j'aime les ânes, les bons ânes. L'âne, c'est un prolétaire aussi.

A ce moment, passa une bande d'étudiants en goguette.

Ils allaient, débraillés, chantant et titubant.

Sans doute, ils avaient fait, toute la nuit, la noce. Leurs vêtements en désordre, leur chancelante démarche, leurs voix avinées, les tons blafards de leurs visages le disaient.

Ces joyeux jeunes gens virent la charrette, l'homme et la bête, et, saisis d'une inspiration drôlatique, coururent à eux, les entourèrent, en poussant des cris sauvages. L'âne et le vieux s'arrêtèrent court. — Le vieux, inquiet, regarda les étudiants. Quant à l'âne, ses oreilles longues s'abaissèrent sur son cou, comme avec le pressentiment d'un danger.

En effet, pris d'un redoublement de gaieté, quelques-uns des jeunes gens allèrent se suspendre derrière la charrette. Leur poids la fit basculer, — et l'âne, le pauvre âne fut enlevé avec les brancards, et commença d'être étranglé par son licol.

Quand le vieux vit cela, mains jointes, il supplia les étudiants de finir ce jeu cruel ; mais eux, riant de plus belle, continuèrent de peser sur la charrette.

L'âne râlait.

J'avais vu ces choses de loin. Je hâtais le pas pour aller représenter à ces tristes plaisants combien leur divertissement était stupide et indigne de jeunes gens instruits.

Mais des ouvriers qui, attablés chez un mastroc, avaient été comme moi témoins de la scène, me devancèrent. Peut-être y en avait-il, parmi eux aussi, d'un peu *poivres* ; qu'importe ? l'instinct bon vit toujours au cœur du prolétaire, même en ribote.

Ces ouvriers, donc, accoururent, empoignèrent au collet les étudiants, et envoyèrent les plus récalcitrants prendre un billet de parterre...

Ils se ramassèrent dégrisés, et toute la bande fila sans demander son reste.

Et le pauvre vieillard remercia, les larmes aux yeux, ses libérateurs ; et, lorsque son âne eut soufflé, tous deux reprirent leur route, avec leur petit trot poussif.

Ainsi, parfois, les enfants du peuple, ignorants et misérables, donnent une leçon aux fils bien éduqués et cossus de la bourgeoisie.

MARTIAL.

Le Buste

Il n'est plus belle poire à nos yeux que la nôtre,
Et nul ne changerait la sienne pour une autre.
A sa propre bobine on est d'abord dévot ;
Ce qu'avec le plus d'aise ensuite on examine,
C'est ce qu'on trouve à soi pareil. Bref, rien ne
    Qui nous ressemble par la mine.   [vaut
Un singe, apercevant le buste d'un lettré,
    Un buste de Monsieur Littré,
Mouche quoique flatté, s'écria, très sincère :
— Belle tête ! on dirait le portrait de ma mère !

La Cigale et la Fourmi

Un ratapoil ayant nocé, —
    C'est insensé ! —
Tout le temps qu'a duré l'Empire,
Ne trouve à présent rien à frire
Pas les moindres émoluments,
Ni pots-de-vin, ni virements.
Il a protesté de son zèle
Pour la République nouvelle,
La priant de l'encourager
Par une rente en viager,
Ou quelque bonne préfecture.
« — Et, lui dit-il, si d'aventure
On vous cause quelque embarras,
Vous pourrez compter sur mon bras. »
La République est de nature
Bonasse ; elle dit cependant :
— Que faisiez-vous, vieil imprudent,
Avant votre déconfiture ?
— Mais... Je dansais nuits et jours
A la Cour, ne vous déplaise.
— A la Cour ! j'en suis fort aise ;
Eh bien ! chantez dans les cours.

DANS LES NUAGES... DE LA NIAISERIE

Mlle Sarah Bernhardt était déjà comédienne, peintre, sculpteur, aéronaute.

La voici qui se fait bas-bleu.

Elle vient de pondre sur ses ascensions un livre intitulé :

DANS LES NUAGES

Impressions d'une chaise

C'est la chaise qui parle. Sans blague.

La chaise de Mlle Sarah Bernhardt exprime son enthousiasme pour Mlle Sarah Bernhardt — qu'elle appelle dona Sol — pour sa beauté, sa jeunesse, ses dentelles, *sa voix d'or.*

Et cela dure un volume luxueusement édité par Charpentier, et orné (?) d'un déplorable tas de croquis de Clairin...

Pauvre chaise !

La P. L. a bien de la peine à croire que, sous les f..ormes de dona Sol, une chaise puisse recueillir des impressions de si longue haleine.

Une chaise où tombent les os coxaux de Mlle Bernhardt est fatalement une chaise percée.

Ignotus publie dans le *Fig.* un article où il compare le pape à... *une chandelle !*

L'image est d'un rude suif, mais ce n'est pas fini.

Cette chandelle — *a la faculté propre aux immenses brasiers* (sic) : « le vent des tem-

pêtes (???) la *grandit*, au lieu de l'éteindre ! »
Une rude chandelle, hein ? La colonne
Vendôme, quoi ! Rien de la chandelle des
six !...

×

Voilà ce qu'on pond au *Fig*. Y a-t-il *mèche*
d'y comprendre un mot?
Comment, en écrivant de pareilles choses, Ignotus n'a-t-il pas peur de se faire
moucher ?
Il a donc perdu la *bobêche?*

Le Lièvre et les Grenouilles

Un prince en son hôtel mangeait
(Car que faire à l'hôtel à moins que l'on ne mange?)
Aux suites du repas le pauvre homme songeait.
Ce prince a la colique et son corps se dérange.
    Les gens d'un naturel foireux
    Sont, disait-il, bien malheureux !
Ils ne sauraient manger morceau qui leur profite.
Ils ont beau s'habiller comme des généraux
Et jouer au soldat, la colique maudite
Les empêche d'avoir un ventre de héros.
Cassagnac le prévôt devrait être mon guide.
    Mais j'ai la vaillance liquide.
    Bah ! peut-être qu'en bonne foi,
    Cassagnac a peur comme moi.
    Ainsi résonnait notre prince,
    Et cependant d'un doigt tremblant
Froissant au lieu de papier blanc
Un morceau du *Pays* qu'il trouvait un peu mince.
    Le mélancolique animal
    Dont la panse n'est pas de roche
Jette sans y penser les yeux sur le journal,
    Et lit la prose du fantoche.
Le fantoche avait fait un article de sot.
Il parlait de sa phase et de son attitude.
Il était sage, doux, confit en platitude.
    Il répondait à Clémenceau.
Tiens ! tiens ! dit le prince, il renâcle.
Il s'explique, il s'excuse, il ne parle plus haut.
    Sa vaillance est à la débâcle.
Comment ! le grand Popaul qui tremble ainsi que
    Qui couyonne comme un notaire !   [moi,
Il n'est, je le vois bien, si Plonplon sur la terre,
Qui ne puisse trouver un plus Plonplon que soi.

Non, ce n'est pas jeudi !
Ce n'est pas vendredi !
Ce n'est pas samedi !
Ce n'est pas même dimanche!
    C'est lundi !
    Lundi !!
    Lundi !!!
Que paraîtra :

La Muse à Bibi:

suivie de l'*Art de se conduire dans la société
des pauvres Bougres*
par la comtesse de Rottenville.

Prix : **1** fr.

Chez Heymann, 15, rue du Croissant.

Quel beau lundi!
Qu'on se *lundise!*

POUR S'AMUSER

Concours de l'Épingle

Rien! rien! toujours rien!...
Décidément, la fée Cryptographie n'a pas souri
sur les berceaux des lecteurs de la **P. L.**
Ce qu'I. P. K. Q. Ana doit rigoler de vous !
Mais il ne sera pas dit qu'il récupérera son
épingle...
Je vais donc — pour vous faciliter la besogne
— vous manger une partie du morceau :
Les mots qui remplacent les *points d'interroga-
tion* sont :

Socialistes et Cléricaux

Maintenant, à vous de remplacer les *chiffres*
par des lettres — en vous rappelant qu'aux mêmes chiffres correspondent les mêmes lettres...
Allez-y !... et tâchez d'être un peu moins
moules.

Concours de l'Oie

VII

Mot carré syllabique, par I. Pot de Rhum.

Lorsque mon second tu prendras,
O lecteur, c'est que tu seras
Mon premier. — Comme j'ai sur ce point-là raison,
Me donner mon dernier serait hors de saison.

Solution du numéro 6

BROCHET — BROCHE — BROC — ROC

Les solutions pleuvent. — Voici la première
fournée :

Ont deviné : Les O. Q. P. du Faub. Martin. — La
Bombe. — 100 H. O. 7. — G. V. C. — Rustique Pacha.
— A. Mathieu. — Victor D. — Ab. Sinthani. — Un aide
jardinier de Bergères. — E. Halbout. — Brin d'Avoine.
— Cri-cri. — J. et H. Bœstiak.— Les habitués du café
Louis Mille.— E. B. T. — D. K. piteur de cafards. — F.
Noiraut. — Un nouveau de la rue Marbeuf. — Lecram
Ettoffach. — G. de Boulard. — Goul-ar-Caen — Un
rabelaisien. — Ariste. — J. Gama. — G. Kirl. — A. La-
val. — Eug. Arthot. — Piplaiplain. — E. O. L. J. K. —
Vulcain. — Silènes. — E. Guyon. — O. Keld. — Erba-
led. — A. Rognon. — L'artilleur de la 5e. — Mlle Popo
P. et Mme Edouard G. — V. F. Hergès. — J. Forestier.

(*A suivre*).

La semaine prochaine, sera livré aux applaudissements de la foule le nom à jamais glorieux
du vainqueur, — le nom de l'homme qui plumera
l'**Oie** de la **P. L.**
Les concurrents qui se croient des chances sont
priés de nous adresser, d'ores et déjà, sous pli
cacheté, le nombre et les numéros des problèmes
par eux devinés.
Le lauréat sera libre d'inviter toute la **P. L.**
à réveillonner dans sa turne. La **P. L.** refusera,
mais il aura été poli.

Le Gérant : Auguste de la BILLETTE.

Imp. du journal la *Petite Lune*: A. de la BILLETTE
5, rue Coq-Héron, 5.

Nº 28   25 Cmes

LA Petite LUNE

Bureaux : rue Coq-Héron, 5   ✶ Dessins de GILL ✶   Abonnem^t : Paris, 8 fr. — Départ^t, 9 fr. 50

LE CADEAU DE NOEL AU PETIT

UNE PAIRE DE RECHANGE

LA NUIT DE NOEL

Cette nuit-là — il y a dix-huit cent-soixante-dix-huit ans — dans une étable de Bethléem, la femme d'un charpentier mit au monde, sur la paille d'une crèche, un enfant, qui fut nommé Jésus.

Petits, nous avons tous, à l'école, épelé son histoire.

Il devint le défenseur des pauvres et des opprimés.

Il s'entoura de pêcheurs et d'hommes du peuple.

Il se montrait secourable aux humbles, et ne voulait point qu'on jetât la pierre aux pécheresses.

Il allait, criant : « Malheur à vous, hypocrites ! malheur à vous, mauvais riches ! »

C'est pourquoi les pharisiens, qui étaient riches, et les princes des prêtres, et les magistrats d'alors, l'accusèrent de blasphèmes, le firent monter au Calvaire, et le clouèrent sur une croix.

Aujourd'hui on honore comme divin ce fils du peuple, ce révolutionnaire.

On lui a élevé des temples, et les prêtres, changeant de méthode, se servent de son nom pour asservir le peuple, entraver la révolution.

Et, tous les ans, à cette époque de l'année, on célèbre la naissance de celui qu'on a nommé le Christ.

Mais, cette nuit de Noël, tandis que les bourgeois ventrus vont ripailler, s'empiffrer et se soûler sous prétexte de religion, des enfants encore viendront au monde...

Noël pour Jésus, puisqu'il aima les prolétaires...

Noël aussi pour les nouveaux venus !

Là-bas, boulevard du Port-Royal, dans les sinistres salles de la Maternité, dont tant de cris poignants ont frappé les échos, durant la nuit joyeuse et bruyante du Noël prochain, de pauvres filles — des filles-mères — accoucheront.

Ce sont des filles du peuple. Leur histoire à toutes est la même. Séduites, puis abandonnées, sans foyer, sans pain, sans asile, un soir, ployées en deux, les reins cassés, grelottant déjà la fièvre puerpérale, elles sont allées frapper à la porte de la *Bourbe*. Et, ayant conçu dans la joie, elles enfanteront dans la douleur...

Noël pour les petits Bâtards qui sortiront de leurs flancs déchirés !...

Car — je vous le dis en vérité — la Passion de Jésus est le symbole de leur destinée.

Comme Jésus, aux yeux de la Société, de la Loi, ils n'ont point de père. Père inconnu ! Leur mère, d'ordinaire, ils ne l'ont pas longtemps : les accouchées meurent beaucoup à la Bourbe. Ils sont ainsi jetés seuls dans la vie. Ils grandissent comme ils peuvent, dans la rue, dans le ruisseau. Les renards ont une tanière, et les riches ont des palais, et les fils du peuple souvent n'ont pas une pierre où reposer leur tête !

A peine hommes, ils empoignent l'outil, la varlope, la scie, le rabot, la pioche, le maillet, la masse... Ils bâtissent des maisons, des hôtels, des cathédrales; font sortir du sol des opéras tout en or, ou des halles tout en fer; posent des rails, percent des tunnels, jettent des ponts sur les fleuves... Et cela, sans relâche ni trêve. Toujours à l'atelier, à l'usine, à la forge. Leurs travaux de colosses profitent à d'autres : eux, sans cesse la misère les talonne, les étreint, les terrasse, et, enfin, les tue...

Leur existence n'est que l'âpre et longue ascension d'un calvaire !

Et, pourtant, n'auraient-ils pas autant de droits au bonheur, au repos, à la joie, que les fils de bourgeois qui, parfois, ne sont que des fils de laquais ?

Oui, des fils de laquais ! Une histoire scandaleuse, dont potine à cette heure tout le Paris genreux, vient de le prouver encore. C'est le suicide d'un musicien riche, ayant hôtel à Passy, qui s'est fait sauter le caisson, parce que sa femme le cocufiait avec un larbin !

Paraît qu'autrefois, sous l'ancien régime, c'était fréquent chez les aristos. M. le marquis prenait le menton des cameristes, et les valets prenaient celui de la marquise. Les nobles faisaient les petits larbins, et les laquais, les petits nobles. Echange de bons procédés.

A présent, ces mœurs-là ont passé dans la haute bourgeoisie, qui est la classe dirigeante actuelle, et qui a tous les vices de l'ancienne noblesse, avec plus d'hypocrisie, c'est-à-dire moins de grandeur. Voici comme sont composés les ménages à trois des bourgeois : Monsieur, Madame, et un larbin !

Vrai, quand on réfléchit à ça, on se demande ce que signifient les mots *légitimité* et *bâtardise*. A bien regarder, les fils de filles-mères sont les plus légitimes de tous ; car, si leur père est inconnu, ils n'en ont qu'un; ils sont le produit d'une passion véritable, et de toutes les naissances, la leur a été le plus ardemment voulue par la nature.

En tout cas, leur filiation est foutre plus claire et plus facile à établir que celle de bien des fils de princes et de rois, — à commencer par le petit Oreillard IV, lequel n'a guère de sang français dans les veines, et n'est peut-être qu'un Bonaparte d'occase, s'il faut croire ce que tout le monde, le roi Louis de Hollande en tête, a conté sur la reine Hortense, grand-mère de l'Oreillard susdit !

JEAN POPULOT

Le Noël de la R. F.

Noël pour la République !
Elle voit, d'un œil joyeux,
Disparaître enfin la clique
Des maudits Seize-Mayeux...

Souteneur du Deux-Décembre
Et du petit Verhuel,
Cassagnac est de la Chambre
Expulsé... Noël ! Noël !

Lui-même en sa propre nasse
S'est pris le seigneur Fourtou ; .
Decazes dans la m... élasse
Est enfoncé jusqu'au cou ;

Ces gens, et leur entourage,
Dans leur belliqueuse ardeur,
Violentaient le suffrage
Universel, sans pudeur...

Noël pour la République !
Le suffrage universel
Fera carrément la nique
Aux Seize-Mayeux... Noël !

Du Sénat approche le re-
Nouvellement partiel,
Et pour les « vieux partis » l'heure
Fatale a sonné... Noël !

Le réac a la colique
Et meurt de son propre fiel...
La petite République
Grandira... Noël ! Noël !

BIBI.

L'OR

La misère est âpre au logis,

Le logis, — c'est une mansarde sombre et nue. A deux heures de l'après-midi, pour y voir clair, faudrait allumer la chandelle. L'humidité coule le long des murs qu'elle dégrade, et dont elle fait tomber des plâtras. A travers la chambre passent des poutres inclinées, qui soutiennent le toit, et auxquelles on risque à chaque instant de se cogner la tête.

La fenêtre en tabatière laisse passer peu de jour : en revanche, comme elle joint mal, elle laisse passer beaucoup de froid. Une bise aiguë pique la peau de ceux qui sont là.

En fait de meubles et d'ustensiles, des caisses défoncées, deux escabeaux boiteux, un vieux fourneau de terre, un pot égueulé, des écuelles écornées. — Des loques, qui servent de vêtements, sont accrochées aux murs. Bref, ce taudis est l'un des sinistres domiciles du dénûment.

Dans un coin, un grabat est formé d'une vieille paillasse, perdant sa paille par des déchirures, et d'un tas de guenilles.

Là-dedans, une femme malade qui grelotte, et deux mômes qui se serrent contre elle en geignant de froid et de faim.

A deux pas du grabat, le père est assis sur un escabeau, morne et hagard. Ses yeux fixes regardent dans le vide. Il contemple la stupide horreur de la destinée. Sa blouse, sans boutons, laisse voir sa poitrine velue que, de temps en temps, il laboure avec ses ongles, lorsque des gémissements des gosses frappent son oreille.

Les gosses demandent à manger. La mère les a d'abord apaisés en les berçant dans ses bras. Mais leurs entrailles crient la faim, et voici qu'ils pleurent et sanglotent.

Brusquement, l'homme se lève, empoigne une casquette graisseuse à la visière cassée, et se dirige vers la porte.

— Où vas-tu ? dit la mère inquiète.

L'homme fait un geste qui signifie : « Est-ce que je sais ? » Seulement il en a assez d'assister, impuissant, à l'agonie de sa femme et de ses gosses.

Et il s'en va.

*
* *

Il descend l'escalier d'un pas chancelant.

Quand il passe devant la loge de la portière, celle-ci remarque cette démarche, et dit en ricanant :

— Il a encore bu un coup de trop, l'homme du sixième !

L'homme du sixième n'a pas mangé depuis trois jours.

*
* *

Longtemps il marche, errant au hasard dans la ville tumultueuse. Une foule affairée circule autour de lui. Le moment des fêtes approche : Noël, le nouvel an, les Rois. On se prépare à la joie, et tout Paris est dans les rues.

Lui, l'homme, voit à peine tous ces passants qui le coudoient et parfois même le rudoient.

De temps à autre, il s'arrête devant les étalages riches des boutiques, y jette un regard distrait, puis reprend sa course sans but.

*
* *

Une boutique, tout à coup, l'arrête, le cloue sur place.

C'est une boutique de changeur.

Dans la devanture grillée, sur des obligations, des titres, sont posées des sébiles pleines d'or. Il y a des pièces étrangères, de vieilles pièces à l'effigie des anciens rois ; il y a des louis tout neufs. Tout cela jette des lueurs.

L'homme regarde, fasciné.

Ses yeux s'allument, ses mains tremblent...

Il songe qu'une parcelle misérable de ce tas d'or inutile, mis là pour la montre, suffirait à sauver sa femme, ses enfants...

Cette idée l'affole... Il ne peut s'arracher à cette contemplation ; la fièvre de l'or lui monte au cerveau... Il n'y tient plus : sa vue se trouble, sa tête s'égare...

Et, brusquement, d'un coup de poing il enfonce le carreau ; il arrache le grillage ; plonge sa main sanglante dans une sébile, et s'enfuit...

Un sergo, qui depuis un moment, suspectant sa station prolongée, avait l'œil sur lui, le happe au passage...

Le misérable, alors, s'éveille de son cauchemar ; ses doigts laissent tomber les louis volés qui roulent sur la chaussée ; il comprend son absurde égarement d'une seconde, et, courbant la tête sous l'accablante fatalité, se laisse emmener sans résistance.

Le changeur, après avoir ramassé les pièces d'or, suit l'agent et son prisonnier, avec des exclamations et des plaintes amères sur la corruption des masses.

⁂

L'homme ira en prison.
Et sa femme ?
Et ses gosses ?
S'ils ne crèvent pas, et si la charité des voisins s'inquiète d'eux, l'hospice, les *Enfants Assistés* les recevront.
Qu'est-ce que cela fait aux heureux ?

⁂

Mais pourquoi cet or stérile, étalé par les changeurs dans les rues où passent tant de pauvres ? Pourquoi cette continuelle tentation ? cette insulte permanente de la richesse facile à la douloureuse pauvreté ?

MARTIAL.

Cieux, écoutez ma voix ! terre, prête l'oreille !

Un accident imprévu a empêché

LA MUSE A BIBI

de paraître lundi dernier.
Elle paraîtra *irrévocablement* la semaine prochaine.
La foule commence à faire queue à la porte d'Heymann, 15, rue du Croissant...
Suivez la foule !

RÉVEILLON DE LA GAUCHE
LE DINDON DE LA FARCE
S'adresser :
A M. P. de C. (journal LE PAYS.)

THÉÂTRES

Mardi dernier, 17 décembre, grand festival à l'Hippodrome.
Recette : 26,000 balles !
Ce n'est pas trop payer l'ingéniosité de l'administration, qui avait eu l'idée heureuse d'engager, pour cette solennité, le pieux écuyer Gounod, bien connu par ses moelleux exercices de voltige sur la mule du pape.
Soirée magnifique, d'ailleurs.
La salle était chauffée, dit le programme.
Mlle Adèle aussi.

✕

Daubray a mal au pied...
Les Bouffes boitent !

POUR S'AMUSER

Concours de l'Epingle

Solution de la cryptographie :

I

```
S a g     E
O i n     T
C r o     C
I n é g a L
A n c r   E
L o i     R
I   c     I
S   a     C
T a l m   A
E c r o   U
S i l e   X
```

II

VIVE LA RÉPUBLIQUE!

A présent que je vous ai, dans le dernier numéro, débiné la moitié du truc et mâché la moitié de la besogne, les solutions pleuvent.
J'ai plus de six cents lettres à dépouiller !
Vous comprendrez bien que je ne vais pas publier une pareille ribambelle de noms.
Seulement, j'ai foutu dans un sac tous ces noms...
On a tiré au sort...
Et le nom de
P. Q. P. Nem
est sorti !
En conséquence, P. Q. P. Nem est prié de se faire connaître. A lui l'Epingle d'I. P. Q. Ana !

Concours de l'Oie

Solution du numéro 7
MA LA DE
LA VE MENT
DE MENT I

Même balançoire que ci-dessus : trop de solutions à la clé. C'est une avalanche. Je suis débordé.
Pour le prochain concours, un employé spécial sera chargé du dépouillement de la correspondance, et les listes des devins seront publiées avec une régularité chronométrique. Pour cette fois-ci, zut !
Maintenant le vainqueur, l'homme qui bouffera l'Oie de la **P. L.**?
Plusieurs concurrents avaient des droits équilatéraux...
7 solutions justes sur 7 problèmes !
Force était donc de recourir au tirage au sort.
Le sort a favorisé

O. KELD!...

O. Keld est prié de se présenter aux bureaux de la **P. L.**
Heureux O. Keld! Quelle indigestion il va se foutre!

Le Gérant : Auguste de la BILLETTE.

Imp. du journal la *Petite Lune* : A. de la BILLETTE
5, rue Coq-Héron, 5.

N° 29   35 C^{mes}

LA Petite LUNE

Dessins de GILL — Bureaux : rue Coq-Héron, 5 — Abonnem^{ts} : Paris, 3 fr. — Départ^{ts}, 3 fr. 50

ETRENNES DE LA R. F.

A FRANÇOISE POPULOT

MA FEMME

A mes gosselines et à mes gosses, à mes fran-
gins, mes aminches et mes camerluches; à
l'occase du Nouvel An !

A tous, tous, moi, Jean Populot, homme
du peuple, charpentier à Montparnasse, bon
zig et rude turbineur, d'un cœur sincère je
souhaite pour l'an 1879 — le 88° de la République française — toutes sortes de joies, de
prospérités et de rigolades franches et honnêtes !

A toi, Françoise, je n'ai à souhaiter qu'une
chose : c'est de rester ce que tu es et ce que
je t'ai toujours connue, je veux dire une brave
ménagère, ne canant pas devant la fiasse, et
une bonne mère de famille...

A mes gosselines, à mes gosses, je souhaite de marcher sur les traces de leur père
et mère, qui sont de pauvres gens, mais qui
ont toujours fait leur devoir, et qui ne doivent un rond à personne.

A mes frangins, aminches et camaros, je
souhaite, avant tout, d'être en bonne santé —
parce que la maladie, c'est le chômage, et le
chômage, c'est la dèche; — je leur souhaite
ensuite de ne jamais manquer de turbin, et
d'avoir toujours assez de carme pour se payer
un cintième chez le troquet, — mais sans se
foutre des cuites, car la soûlographie ravale
l'ouvrier au-dessous du bonapartiste...

Enfin, à toi, Jeanne Populot, ma chère
nièce — à toi que, de tous mes parents, j'aime
le mieux après mes mômes et Françoise,
parce que tu es malheureuse, ayant été séduite, engrossée et lâchée par un mufleton de
gommeux — je te souhaite de mettre au monde
un gosse qui devienne un bon travailleur, et
ne ressemble pas à son salaud de père !...

Voilà les souhaits de Jean Populot pour ses
parents et ses aminches...

Maintenant, comme il ne faut oublier personne — pas même les gens qu'on ne gobe
pas des masses — je souhaite encore :

Au petit Loulou de Chislehurst, des étuis
qui dissimulent ses oreilles, et une femme qui
veuille de lui (par exemple, je ne crois pas
que ce souhait-là se réalise);

A Popaul de Cocassaguac, des culottes imperméables, pour quand il rencontrera Clémenceau ;

A Fourtou, de Broglie, Decazes, et autres
seize-mayeux invalidés, des gilets et des pan-
talons, pour former le *complet* avec les *vestes*
électorales qu'ils vont remporter;

A de Mun, une cuirasse avec un bénitier au
bas ;

Au noble comte de Ger..., une tente sous
laquelle il aille cacher son déshonneur;

A Louis Veuillot, un peu de charité chré-
tienne et un langage moins grossier ;

Aux princes d'Orléans, quelques élans de
générosité ;

A tous les souverains d'Europe, des ministres comme Cairoli, qui écoppent à leur lieu
et place, en cas d'attentats ;

Enfin, je souhaite en bloc à tous les badingouins et à tous les cléricailleux, un remède
contre la male rage dont ils penseront crever, en voyant s'affermir de jour en jour la
République...

A celle-ci, je souhaite, avec tous les bons
citoyens, de prospérer de plus en plus en cette
prochaine année 79; de s'établir sur des bases
inébranlables; d'écarter d'elle les mauvais
serviteurs, les traîtres et les tièdes, et de s'en-
tourer d'hommes loyaux, sincères, résolument
et énergiquement républicains...

Et, en terminant l'année, je pousse de toute
la force de mes poumons ce cri, qui désormais est le cri de ralliement de tous les
Français patriotes :

— Vive longtemps, vive à jamais la République démocratique, une et indivisible !

Jean Populot

ÉTRENNES DU PROLÉTAIRE

MONTRES D'ARTISANS

INVARIABLES

Marquant l'heure de la dèche

GRATIS

Le Boudin de l'Empire

C'est Noël. — Le badingredin
Ratapoil a dit à Basile :
« Viens me trouver dans mon asile;
Nous fabriquerons du boudin. »

Alléché par cette promesse,
Basile se rend au réduit
De Ratapoil, vers les minuit
Et quart, au sortir de la messe.

La chambre du gredin bouffon
Est chauffée ainsi qu'une étuve,
Sur un brasier bout une cuve;
Des boyaux pendent au plafond.

Et — chose abominable à dire ! —
La cuve est pleine jusqu'aux bords
De sang humain, du sang des morts,
De tous les morts qu'a faits l'empire;

D'abord le sang des innocents
Egorgés au Quatre Décembre,
Après le viol de la Chambre,
Lorsqu'on tirait sur les passants;

Puis les flots de sang héroïque,
Que, dans de stériles combats,
Versèrent, hélas, nos soldats,
En Crimée, en Chine, au Mexique;

Le sang des pauvres meurt-de-faim,
Le sang de la Ricamarie,
Cette épouvantable tuerie;
Le sang de Victor Noir; enfin

Le sang de la dernière guerre,
Cette guerre absurde et sans but,
Cette catastrophe qui fut,
Certes, un crime peu vulgaire!

Basile flaire, et bat des mains...
Ses deux camerluches s'embrassent,
Et, se mettant à l'œuvre, entassent
Les aunes de boudins humains!...

L'odeur du sang à leurs narines
Monte... Ils s'attablent — et ces deux
Monstres font leur festin hideux
En se pourléchant les babines !

CRIC.

LE NOËL DE JEANNE

C'est la nuit du 24 au 25 décembre.
C'est la date du grand gueuleton annuel de ce gouffre : Paris.
Paris est à table et s'empiffre.
On réveillonne à grand renfort de pots, de bouteilles et de flacons.
Demain matin, tout ce qu'il y a de riches valides sera paf, — ou du moins pompette !
Quant aux pauvres, ils auront toute la nuit erré au hasard dans les rues, gelés, affamés, regardant filtrer par les fentes des volets la lueur des âtres flambants, et humant l'odeur des réveillons...
Heureux encore que l'immunité de la fête leur permette de vagabonder sans être appréhendés au corps par des sergos !

×

La mère de Jeanne, en sa mansarde, ne songeait guère à la joie générale. Savait-elle même que ce fût le soir du réveillon ?...
C'est une fille-mère, une abandonnée, une « échappée de la *Bourbe*. »
Elle vit péniblement, travaillant nuit et jour pour sa fille.
Jeanne a quatre ans; elle est malade, bien malade. Une toux sèche la casse en deux. Il lui faut des remèdes chers. De là, la misère extrême de la mère.

×

Jeanne est dans son lit, qu'elle ne quitte plus. A côté d'elle, sa mère coud.
Tout à coup, la fillette dit :
— Petite mère, avant de te coucher, tu mettras mon soulier dans la cheminée...
— Pourquoi faire? balbutie la mère interdite.
— Pour voir ce que le petit Noël m'apportera...

La pauvre femme reste saisie et laisse tomber son aiguille sur son ouvrage... Elle n'avait point prévu ce désir enfantin...
— N'est-ce pas, mère ? insista la petite.
— Oui, ma chérie...
Et, docile, la mère prend une pantoufle de l'enfant et la met devant la cheminée. La fillette s'endort, en souriant.

×

La mère songe, amèrement...
Il faut absolument que, demain, à son réveil, Jeanne trouve des jouets dans sa pantoufle... Une déception serait capable de lui causer un chagrin tel, que sa maladie s'aggraverait...
La mère relève la tête, d'un air résolu.
Elle met ses bottines, s'enveloppe la tête d'un fichu...
Et, après avoir jeté un dernier regard sur l'enfant — qui dort toujours avec un sourire, rêvant sans doute aux cadeaux du petit Noël, — elle s'en va...
Elle a donc quelque chose encore à vendre?
Oui...
Elle-même !

×

Elle s'en va, la pauvre femme, vers les boulevards, où la luxure des viveurs peut-être lui offrira de quoi acheter des joujoux à sa fille...
Elle se promène dans la nuit froide...
Un groupe de jeunes gens l'accoste...
Instinctivement, elle s'enfuit...
Puis, saisie de remords, elle s'arrête...
Ce n'est pas ainsi qu'il faut faire !
— Courage ! pense-t-elle.
Deux ou trois fois, cependant, la même scène se renouvelle.
Enfin, elle consomme le sacrifice...
Elle rencontre un gommeux déjà ivre qui lui offre à souper...
Elle accepte en baissant la tête...

×

On soupe, en cabinet particulier...
La malheureuse est forcée de cacher ses larmes...
Ce réveillon, quel martyre !
Mais elle boit — pour s'étourdir... et elle finit par paraître presque gaie à l'idiot qui la dévore de ses yeux lubriques...

×

Au matin froid, la pauvre femme sort, tremblante et pâle, du douloureux tête-à-tête...
Elle a la honte au front. Mais de l'or sonne dans sa poche.
Elle achète des jouets à la première boutique qu'elle rencontre.
Puis, elle hâte le pas, et regagne son logis.
Elle monte quatre à quatre, ouvre la porte...
Loué soit Dieu ! l'enfant ne s'est pas réveillée.

La mère dépose les joujoux dans la petite pantoufle.

Puis elle s'approche du lit...

La fillette est raide, glacée... La mère, épouvantée, pose la main sur son cœur : le cœur ne bat plus... se penche sur sa bouche : la bouche ne respire plus...

Le petit Noël a fait à Jeanne le cadeau le meilleur pour les déshérités : la mort.

MARTIAL.

ÉTRENNES UTILES

A Mlle Sarah BERNHARDT

DEUX ORANGES

Renouvelles du Grand Cœur

–o–

Nous t'avions pourtant fait grâce, vieille ganache. Mais tu repiques, soit ! repiquons :

Quel est ce municipal en grand uniforme qui dévore la route au galop de son cheval ?

Un tourbillon de poussière l'accompagne.

Les champs, les eaux et les bois filent sous ses pas comme la foudre.

Il secoue un pli cacheté de rouge dans le vent, et de temps en temps s'écrie :

« Laissez passer la justice du ministère ! »

Et voici qu'il atteint les régions méditerranéennes, puis Monaco, puis le Casino, puis **LE** reconnaît dans la foule, met pied à terre près de **LUI** au moment où **IL** combinait encore une bonne action à 500 0/0, lui passe au cou le grand cordon, et lui remet le pli solennel.

LUI, la jubilation au cœur, à **SON** noble cœur, décachète et lit :

BREVET DE GRAND-CROIX
de la Légion.... d'horreur !

Et tandis qu'**IL** relève **SON** pif consterné, quelque chose comme le lorgnon de B. J. frétille étincelant sous le casque du municipal.

Riches et Pauvres

J'ai vu, d'mes yeux vu, l'autre jour,
Un' fillette, au quai d'la Rapée.
S'foutr', par suit' d'un méchi d'amour,
Dans la Seine... ell' fut rattrapée.
Par qui ? Par un brav' marinier,
Qui, sans l'moindre taf de s'mouiller,
S'mit à nager comme un caniche,
Et ram'na saine et sauv' l'enfant...
Et y a rud'ment, rud'm nt des riche'
Des rich's qui n'en fraient pas autant !

Tr is m...essieurs pourvus d'accroch'-cœur',
Boul'vard Clichy, m'naçaient d'un' baffre
Un' pierreu', qu'était p't'ê'r' leur sœur,
Et d'la p ur lei causaient les affre'.
Un ouvrier passait par là,
Et, révolté de voir cela,
Cass' la gueule aux porteurs de guiches
Qui se tirèrent à l'instant...
Et y a rud'ment, rud'ment des riches,
Des rich's qui n'en fraient pas autant

Traqués, bloqués p r l'Allemand,
Les Parisiens, pendant le siége,
Étaient bloqués également
Par la disette et par la neige.
Du commencement à la fin,
Les pauvres eurent froid et faim :
Pas de tisons... et pas de miches...
Les pauvres se battaient pourtant !...
Et y a rud'ment, rud'ment des riches,
Des rich's qu'en ont pas fait autant !

Quand un cheval est emporté,
Qui donc l'arrêt', d'une poign' hardie?
Quand l'feu dév r' tout un pâté
De maisons, qui brav' l'incendie?
Sauf par le plus grand des hasards,
C'est toujours, toujours des blousards...
Pauvre bon bougre, tu te fiches
D'risquer tes os, c'est épatant !...
Et y a rud'ment, rud'ment des riches,
Des rich's qui n'en font pas autant !

BIBI.

POUR S'AMUSER

TROISIÈME CONCOURS

Après le **Lapin**, l'**Oie**... Après l'**Oie**...

L'ŒUF DE PAQUES !

La munificence de la **P. L.** n'a pas de bornes...

Son œuf de Pâques est un œuf à surprises merveilleuse, démocratiques et éb ouissantes...

Un œuf où tout l'avenir est couvé !...

Il sera décerné, dans le numéro qui précédera Pâques, au plus ingénieux devin des problèmes...

Les solu ions qui arriveront le mercredi après midi ne seront pas insérées...

Ne seront pas insérées non plus les solutions sur *cartes postales* ; la **P. L.** n'admet que les lettres fe mées.

Là-dessus, allons-y du

Premier Problème

Charade :

Mon premier? C'est de la musique.
Mon second? Est dans l'alphabet.
Mon t o s? Un Espagnol très chique.
Mon tout? Pas rare à l'heur' qu'il est.

Œdipes de la **P. L.**, creusez vos cerveaux !

Reçu de l'Epingle

C'est avec un très grand plaisir que j'ai reçu l'épingle off rte par M. I. P. K. Q. Ana ; cela me console de n'avoir pu gagner la fameuse oie, ce superbe animal tant envié par tous les devins de la **P. L.**; faute de mieux, on se contente de ce que l'on a.

Et je termine par un vœu :

Que la *Petite Lune* vive aussi longtemps que la vraie, la grande de là-haut, pour le grand contentement des amis de la gaieté et de la République !

Paul KUPPENHEIM.

Le Gérant : Auguste de la BILLETTE.

Imp. du journal la *Petite Lune* : A. de la BILLETTE,
5, rue Coq-Héron, 5.

LA Petite LUNE

Bureaux : rue Coq-Héron, 5   Dessins de GILL   Abonnem¹ : Paris, 2 fr. — Départ¹, 2 fr. 50

SOUHAIT A LÉON POUR LE NOUVEL AN

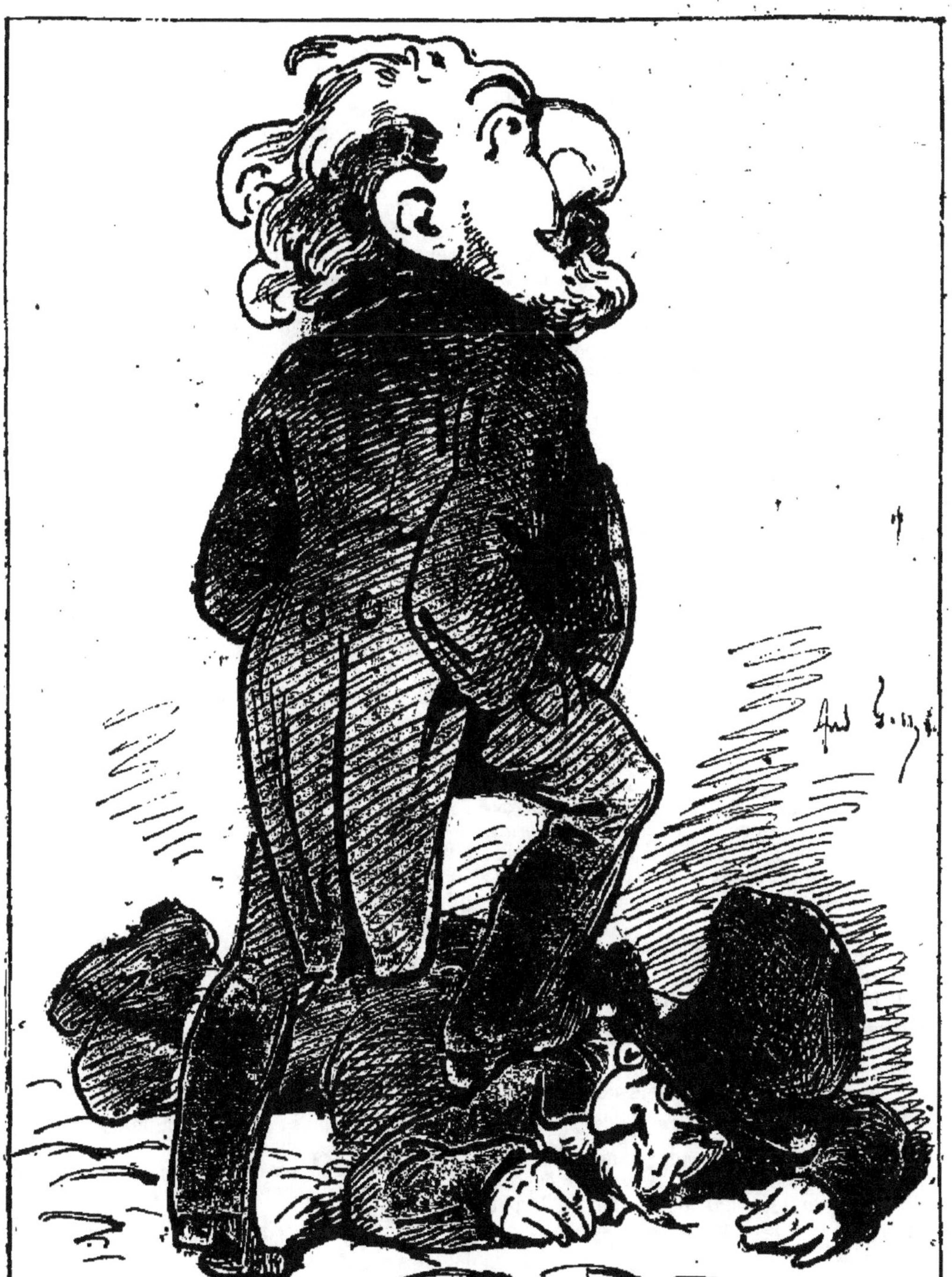

Continue de marcher là : ça porte bonheur !

LE JOUR DE L'AN D'UN PAUVRE

C'est le premier janvier.

Dès que l'aube glacée glisse dans le taudis ses rais pâles, — le pauvre s'éveille, arraché au sommeil par la longue habitude d'être matinal.

Il saute de son grabat, et, grelottant, s'habille. L'âtre est silencieux et noir. Le pauvre n'a pas, même pour ses étrennes, un clair tison qui gaîment flambe.

*
* *

Sitôt debout, le pauvre, s'il a un métier qui se puisse exercer en chambre, se met, comme de coutume, à la besogne. Pour lui point de répit, de jours fériés. Jamais il ne peut souffler, reprendre haleine, sous peine de crever de faim ensuite.

Que si son métier, au contraire, exige le vaste emplacement d'un atelier ou d'une usine, comme usines et ateliers sont fermés aujourd'hui, le pauvre se croise les bras, et fait les cent pas dans sa mansarde étroite, maudissant ce jour de repos forcé, ce chômage exceptionnel, et songeant à la misère, qui elle, hélas, jamais ne chôme.

*
* *

Puis il déjeune, triste et seul, avec les maigres restes du dîner de la veille : une croûte de pain rassis, un bout de charcuterie, un verre d'eau. Pendant ce temps les heureux font des succulents repas à une table bruyante, entourés de parents, d'amis. Mais le pauvre n'a pas d'amis, pas de parents. Le pauvre est seul, toujours seul.

Sa pitance avalée, il fait un brin de toilette. De l'armoire il tire ceux de ses beaux habits de pauvre homme, — roussis par le temps et par la brosse usés, — qui n'ont pas encore été vendus à vil prix au fripier ou donnés en gage à la bienfaisance usuraire. Bien qu'il n'ait aucune raison d'être joyeux de l'universelle joie, il faut que le pauvre se fasse *beau*, ait l'air de prendre part à la fête, sous peine de passer pour un esprit mal fait, et peut-être pour un socialiste.

*
* *

Vêtu, il sort.

Il faut qu'il aille rendre de banales visites, souhaiter la bonne année à des êtres qui lui sont indifférents, — à des patrons, — à des personnes qui ont été *bonnes* pour lui, c'est-à-dire qui se sont fait un renom de générosité en criant sur les toits leurs bienfaits glorieux. Si le pauvre se dispensait de ces formalités écœurantes, on le traiterait d'égoïste, d'ingrat, de canaille. Ces gens, d'ailleurs, le recevront du haut de leur grandeur, lui parleront, le regarderont à peine.

*
* *

Il faudra même, pour bien faire, que le pauple consacre ses derniers sous à l'achat de bonbons, de jouets bon marché, destinés aux enfants de ses patrons, de ses « bienfaiteurs. » Les convenances l'exigent.

Pour les satisfaire, le pauvre jeûnera, se serrera le ventre quelques jours. Tant pis. — La société ne se croit aucune obligation envers le pauvre ; nonobstant le pauvre est soumis à toutes les obligations sociales.

Ses simples cadeaux seront accueillis avec dédain. Les bienfaiteurs, les patrons, — n'en voulant pas pour leurs progénitures accablées de jouets chers, gorgées de fines confiseries. — en feront des largesses économiques aux petits portiers, et ne sauront au pauvre aucun gré de son bénéfice. Il est vrai que, s'il ne l'avait pas accompli, ce sacrifice douloureux, ils lui en eussent mortellement voulu.

*
* *

Ses devoirs (?) de civilité remplis, le pauvre est libre.

Que va-t-il faire ? Errer au hasard.

Il n'a plus le rond. Des personnes lui doivent. Mais inutile de se présenter. Les caisses sont fermées les dimanches et fêtes. Les richards rigolent, les pannés se brossent.

Le pauvre ne veut pas rentrer chez lui, — son « chez lui » étant un galetas dont la solitude l'effraye. Il préfère tuer le temps par un vagabondage sans but.

Dans les rues, sur les boulevards deux flots de foule compacte et houleuse se croisent. Les bourgeois se baladent, épais, satisfaits, étalant d'un air béat leurs faces réjouies, leurs bedaines grasses, leurs toilettes cossues des jours de fêtes, et traînant après eux des ribambelles de mioches qui piaillent, gueulent et font tapage avec des trompettes de ferblanc, des petits tambours, des crécelles.

Le pauvre regarde passer les sociétés endimanchées. Pourquoi tous ces gens jubilent-ils ainsi ? Parce que de l'or alourdit leurs goussets, et parce qu'ils sont en famille. Lui est seul et sans le sou. Il n'a pas d'enfants, pas de femme. Il pense à ces choses, et son cœur se serre, angoisseux.

*
* *

Son estomac aussi se serre, se recroqueville de faim. Car le jour tombe, le soir vient, et voici l'heure du dîner.

Le pauvre voit, dans les restaurants, les gargotes, une cohue de dîneurs s'entasser. Et les garçons courent, affairés, avec des pyramides de plats soignés. Le jour de l'an, les gens aiment à manger dehors, et à se payer de fins gueuletons.

Le pauvre, lui, ne dînera pas.

*
* *

Quelque temps encore, il traîne par les rues son désœuvrement ennuyé.

Puis, fatigué, assombri, le ventre creux, la tête lourde, il regagne son misérable logis.

La pipelette, qui connaît son coup de sonnette timide, le fait poser un bon bout de temps avant de tirer le cordon, parce qu'il n'a pu lui donner que de minimes étrennes, voire pas d'étrennes du tout.

Enfin on lui ouvre. Il grimpe, fourbu, à sa mansarde...

Et se couche, sans lumière, à tâtons, — en songeant avec amertume que cette année qui commence sera pour lui pareille à celle qui finit : *mauvaise et malh ureuse.*

MARTIAL.

Tirons les Rois !

La fête des Rois, je présume,
A présent n'est plus de saison.
Mais on invoque la coutume,
A dé aut d'une a tre raison.
A q oi bon nous montrer contraires
Aux vieux usages d'autrefois ?
Gaîment donc, ouvriers mes frères,
Ti ons les rois ! tirons les rois !

Que de princes sans diad mes !
Certe, ils ne meurent pas de faim ;
Mais ls c nnaissent par eux-mêmes
Les ennuis d'un exil sans fin.
Eux de qui les noms retentirent,
Ils sont forcés de rester cois...
A cette heure où les rois *se tirent,*
Tirons les rois ! tirons les rois !

Le monde obscurément s'agite :
Allons, courage, travailleurs !
Malgré le lâche et l'hypocrite,
Bientôt luiront des jours meilleurs ;
Et, d'une manière ou d'une autre,
Nous revendiquerons nos droits...
Oui, le jour qui vient, c'est le nô re :
Tirons les rois ! tirons les rois !

Les rois, sans qui l'on fait la fête,
Peuvent réclamer aujourd'hui ;
C'est en vain : le Peuple, pas bête,
Gardera le gâteau ; our lui...
Mais, pour satisfaire leurs rêves,
Nous montrer envers eux courtois,
Et leur donner au moins des fèves,
Tirons les rois ! tirons les rois !

BIBI.

MÉNAGES BOURGEOIS

—o—

Ils vont bien, en ce moment-ci, les bourgeois...

L'autre semaine, c'en était un qui se faisait sauter le caisson, parce que sa dame le cocufiait avec un larbin.

Cette fois-ci, il y en a un autre qui a organisé un massacre ; il a occis sa dame et l'amant de celle-ci ; après ça, il s'est tué lui-même...

Voyons, c'est-i de l'amour ou bien de la rage ?...

Ce qui serait comique dans cette affaire-là, si ça n'était pas horrible, c'est que des personnes, entre autres, naturellement, la famille du jeune homme, prétendent qu'il n'y avait pas ça entre la femme et le prétendu amant.

A ce compte-là, le mari n'aurait été qu'un cocu imaginaire et il aurait estourbi deux innocents...

Jolies mœurs !

Une remarque à faire, c'est que ces scandales, ces sales trucs, arrivent toujours dans les ménages des bourgeois ; jamais dans ceux des ouvriers. Quand vous lisez une histoire de cet acabit-là sur le journal, vous voyez toujours : « X.., (le mari) était employé, ou épicier, ou notaire ou quelque machin comme ça ; » et jamais : « X... était charpentier, mécanicien, maçon.... » Ou alors, c'est excessivement rare.

Et savez-vous à quoi ça tient ? Je vas vous en dire la raison, que j'ai dégottée dans ma jugeotte de pauvre bougre. C'est que, dans le peuple, on ne se marie pas par intérêt, mais par amour, on prend une femme parce qu'elle vous botte ; qu'elle est gobante, que c'est une bonne ménagère et une ouvrière pas feignante ; on l'épouse pour ses belles mirettes et pas pour sa douille, puisqu'elle n'en a pas ; elle, de même vous prend parce que vous lui plaisez, qu'elle sait que vous êtes un zig, et un turbineur solide, pas licheur et pas godailleur. C'est comme ça que nous nous sommes épousés, Françoise et moi. Alors le mariage va comme sur des roulettes, chacun y met du sien, il n'y a pas de tirage ; et on a des gosses pas déjetés parce qu'ils ont été faits avec joie par des père et mère qui s'aiment...

Les bourgeois, c'est une autre chanson. Ils se marient comme on fait une affaire. Ils emploient des entremetteurs, des gens dont c'est la profession et qui ne valent pas la corde pour les pendre. Trois semaines avant le mariage, les époux ne se connaissaient ni d'Eve ni d'Adam ; et ils se foutent l'un de l'autre comme de leurs premières limaces. Madame se marie pour avoir une position, pour pas coiffer sainte Catherine ; Monsieur se marie pour palper la dot de son épouse, s'établir et boulotter un peu plus sûrement. Puis, la cérémonie bâclée, chacun va de son côté, l'un tirant à hue, l'autre à dia. Leurs gosses, quand ils ont des gosses, sont mouchés, mal foutus : on voit que ç'a été fabriqué sans plaisir, par acquit de conscience... Etonnez-vous, après ça, que tant de bourgeoises fassent leurs hommes cornards !

Et puis, autre chose : l'ouvrier, quand sa dame lui fait une queue, ne fait pas tant de pet. Il la fout à la porte ou à la lâche d'un cran. Sa vie humble et obscure fait qu'il ne craint pas le qu'en dira-t-on. Les bourgeois, eux, ils prennent la chose au tragique, maintenant surtout Ils ont le taf du scandale, de potains, des cancans ; alors, ils se chourinent ou ils escarpent. Au fond, c'est bête. Un coup de surin ou de crucifix à ressort, qu'est-ce que ça répare ? Puis, ça n'est jamais bath de faire des macchabées. Vrai de vrai, moi (je le dis d'autant plus carrément que je n'ai aucunes craintes) j'aimerais cent fois mieux être cocu qu'assassin !

Maintenant, pour être juste faut ajouter, à la décharge des bourgeois, qu'il n'y a pas rien que de leur faute. C'est à vous de bien choisir votre femme, c'est vrai ; mais aussi, quand on est tombé sur une mauvaise, une dévergondée, c'est pas rigolo de penser qu'on est collé avec elle pour toute la vie. Alors, il se peut qu'on perde la boule et qu'on fasse des bêtises. Si le divorce existait, ces drames de l'adultère n'auraient plus de raison d'être ; il en arriverait toujours beaucoup moins. On parle souvent de le rétablir, le divorce, et on ne le rétablit jamais. M'est avis que ce serait bien le moment…

Qu'a-t-elle donc de si effarant, cette mesure-là, qu'on cane sans cesse devant elle ? Les époux assortis ne s'en aimeraient pas moins, tandis que les autres pourraient se décramponner et s'en aller chacun chez soi avec l'espoir immédiat d'être plus heureux en secondes noces.

JEAN POPULOT.

L'Assiette au Beurre

RONDE POUR LES GOSSES DES PAUVRES BOUGRES

Travailleurs aux fronts blêmes,
Turbinons de bon cœur :
C'est pas toujours les mêmes
Qu'auront l'assiette au beurre !

Quand notre tour viendra,
Tralala
Lanla derirette !
Nous aurons l'assiette
L'assiette et le plat,
Lanla derira,
Ah !

Quels sont les deux extrêmes ?
L'bourgeois et l'travailleur…

L'pauv' bougre fait carême,
Le bourgeois est noceur…

Le bourgeois bouff des crèmes,
Des gâteaux, des douceurs…

Avec un chic suprême
S'habill'nt sa femm', sa sœur…

Massons, soyons pas flemme,
Et goualons en chœur… :

On récolte c'qu'on sème,
Massons avec ardeur…

Un jour, les grands problèmes
Tourn'ront à not' bonheur…

Et de tous les systèmes
On adoptera l'm i leur :
C'est qu'ça soit pus les mêmes
Qui gard'nt l'assiette au beurr'!

Quand notre tour viendra,
Tralala.
Lanla derirette !
Nous aurons l'assiette,
L'assiette et le plat,
Lanla derira,
Ah !

SILHOUETTE

Insouciant, encor qu'il ait le ventre creux,
Un vieux pauvre, à travers la foule des heureux
Promène ses haillons immondes par les rues
Des quartiers chics. — Passant auprès de lui, les grues
Se détournent. — Il rôde autour des beaux cafés
Où boivent les gommeux, ineptement coiffés,
A la porte des grands hôtels, autour des gares,
Il ramasse des bouts, mordillés, de cigares,
Les met dans sa profonde, et, tout en baladant,
— S'il ne dégotte rien à foutre sous sa dent,
Pas même un crouton sale et flairé des caniches, —
Trompe sa faim avec les bons mégots des riches.

POUR S'AMUSER

Grand Concours de l'Œuf de Pâques

N° 2

LETTRES ABSENTES

Avec le mot âne et deux lettres à trouver, former huit mots français.

Solution du n° 1

RÉGICIDE

(Ré — J — Cid)

Ont deviné : A. Iso Fano D. K. V. — J. Appelle. — Eug. Arthot. — Sékateur. — Losac. — God net. — Noël. — Su lolipudam. — C. T. a ant. — D ux âmes vierges. — E. Gayon — Louis D. — Satu nin. — C. H. et Popo. — Parpaillot. — Eh qu'i. — Gigène. — Un habitant de la rue des Deux-gares. — P. Veillas — Brahme de Billac. — J. Ra. — Un g aveux sur pain d'ép c. — Par ssi La-sorti. — R. E. Zue'. — M. O. Roïde. — I. Moral. — G. B. — Sur dœuf B. — Saboul th. — Helvét o. — Gélatineux. — La o. — Henri Renaud.

Reçu de l'Oie

Petite Lune! je t'envoie
Mes remerciments pour ton oie,
J'arrache une plume, et j'emploie
Le langage de Millevoye,
Pour ce mot, qu'aussitôt je ploie.
Ensuite, je saisis ma proie.
Je la tue, et je la nettoie.
Une heure après, elle flamboie,
Et devant un bon feu tournoie.
Avec des d vins je festoie…
Et les convives, pleins de joie,
Beuglent en chœur : « Vive leur oie! »

O. KELD,
11, avenue de Clichy.

Le Gérant : Auteur de la BILLETTE.

Imp. du journal la Petite Lune : A. de la BILLETTE, 3, rue Coq-Héron, 3.

LA Petite LUNE

Dessins de GILL

Bureaux ; rue Coq-Héron, 5 — Abonnem^{ts} : Paris, 3 fr. — Départ^{ts}, 3 fr. 50

LE MITRON VEINARD

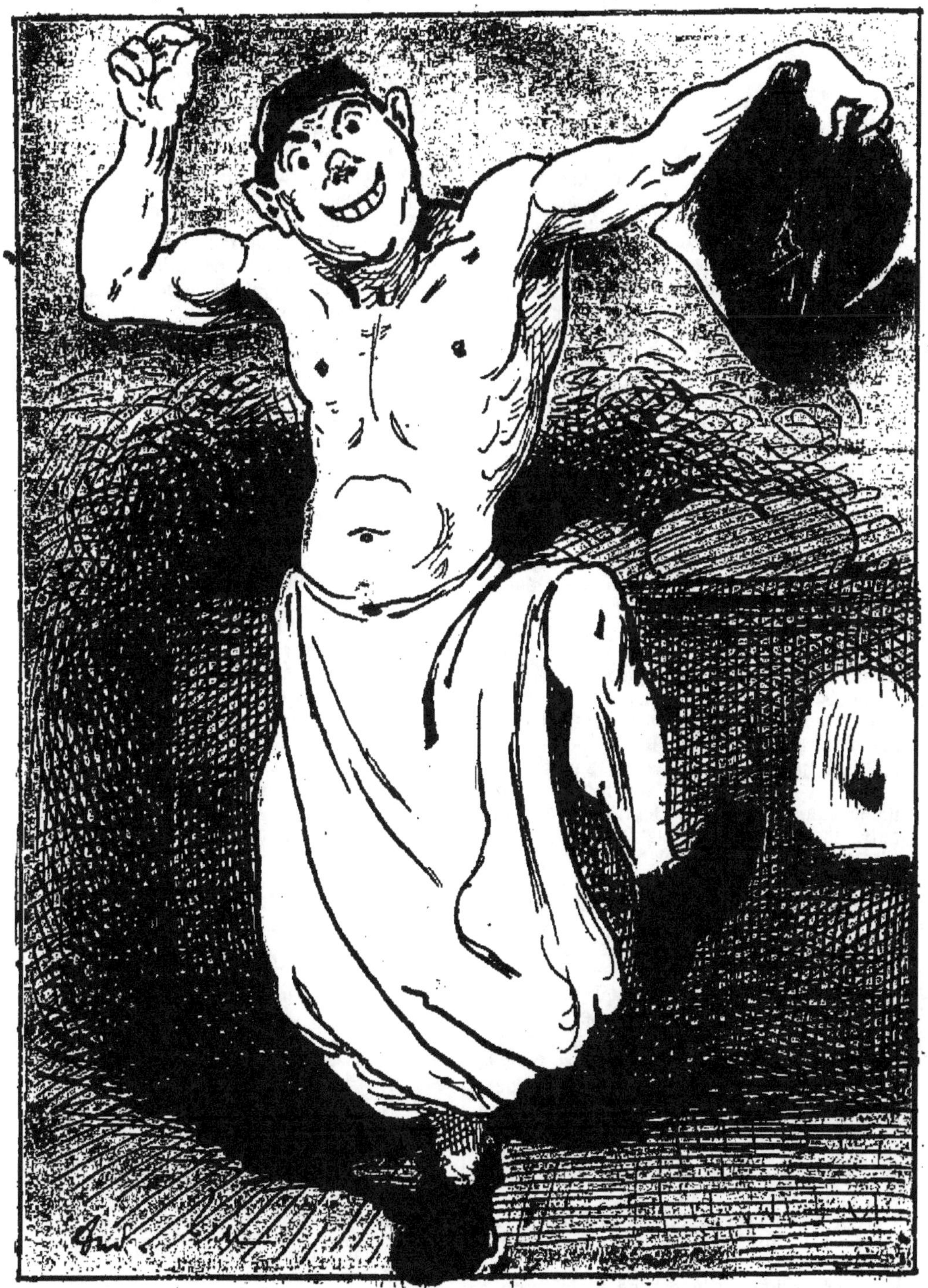

C'est du coup qu'on va en pétrir, et du chouette! et pour tout le monde! C'est la réaction qui a fourni le *four*.

VIVE LA RÉPUBLIQUE

définitivement

ÉTABLIE PAR LES ÉLECTIONS SÉNATORIALES

du 5 Janvier 1879

Frangins et aminches,

Ça y'est! l'affaire est dans le sac! Enlevez, c'est pesé! Finis, flambés, fumés, foutus, les monarchistes! Le nazonant des badingueux, des seize-mayeux, des ratichons a atteint une longueur qu'il ne peut plus guère dépasser. Mince de pif! La France vient une fois encore de clamer sa volonté, sa ferme volonté de vivre sous la République — et sous une République vraiment démocratique — et elle l'a clamé si haut et d'une si éclatante voix, qu'il n'y a, cette fois, pas mèche de ne pas l'entendre. Suffrage universel ou suffrage restreint, c'est kifkif; tous deux à pleins poumons crient également : « Vive, vive la République! »

Les élections sénatoriales, le renouvellement partiel qui vient d'envoyer les réacs et les indécis ch....anger d'opinions ailleurs, on peut dire que c'est les étrennes de notre petite République, puisque, justement, c'est tombé aux alentours du jour de l'an. Généralement, les étrennes, ça se donne avant le 1er janvier, et pas après. Mais ça ne fait rien. La République n'a pas perdu pour attendre. Jamais gossette de son âge n'aura eu pour étrennes un plus rup cadeau!

Maintenant, si les camerluches trouvent que mon rapprochement est un peu tiré par les crins, je n'y tiens pas. Je suis pas maniaque. Je ne veux que la satisfaction de tout un chacun. Mais alors, je ferai remarquer une autre chose qui tombe bougrement plus à pic. C'est que le renouvellement républicain du Sénat est arrivé le 5 janvier, et qu'on a connu les résultats complets le 6, c'est-à-dire le jour des Rois. Ça, c'est rigolo, pas vrai? Ah! bien, le jour des Rois n'aura pas été gai pour eux, ni pour les rares amichées qui leur restent. En revanche, pour nous, qui ne voulons plus de monarques, il aura été rudement bath. C'est-à-dire que, désormais, le 6 janvier, ce ne sera plus le jour des Rois, mais le jour de la République... Car, le 6 janvier dernier, les Rois, Empereurs, Princes, Despotes et Tyrans qui prétendaient au trône de France, se sont tirés — pour jamais et bien malgré eux — hors de l'espoir de rappliquer dans leur bonne ville de Pantin!

L'autre jour, je revenais de la rive droite. En passant les ponts, pour réintégrer ma turne, je m'arrêtai un instant à regarder la Seine débordante. Elle est en pleine crue, à cette heure. Elle est sortie de son lit, elle gonfle ses eaux, elle monte, elle monte toujours... Cette vue, naturellement, m'a rendu triste, à cause des pauvres bougres que va ruiner l'inondation, des misères qu'elle va causer. J'ai des camaros qui n'ont plus d'asile, rapport à cette crue maudite... Mais, après ça, savez-vous à quoi ça m'a fait penser, par comparaison? Au flot montant de l'opinion républicaine, en France.

C'est une marée envahissante, qui chaque jour grossit, submerge les vieux préjugés, les régimes déchus, et dans ses ondes tumultueuses emporte les routines, les superstitions, les erreurs, tous les détritus du passé... Et cette crue-là, voyez-vous, est, au rebours de l'autre, une crue bienfaisante; cette inondation-là, au lieu de ravager, fertilise le sol des régions qu'elle couvre.

Paraît, à ce que m'a conté un ancien, un vieux de 48, que Badingue, — quand il n'était que président et n'avait pas encore violé son serment et ramassé une couronne dans le sang du peuple — disait dans un discours, à propos d'une inondation : « Il faut que les fleuves et les révolutions rentrent dans leur lit. » Je ne suis pas un écrivain, je dis ce que je pense, à la bonne franquette; mais cette phrase-là me semble rien toc. Dire qu'on peut empêcher les fleuves de déborder, c'est loufoque. Les inondations, c'est malheureusement dans la nature; et quand ça arrive, il n'y a pas à dire, mon bel ami, faut les subir. Quant aux révolutions, c'est une autre paire de manches. Ce n'est pas l'Empire, le Despotisme qui les endigue; et Badingue a bien dû s'en apercevoir. Le moyen d'y parer, c'est de ne pas contrecarrer les vœux de la nation, d'obéir au suffrage universel consulté librement. C'est la République, enfin, qui fera rentrer les révolutions dans leur lit, qui nous donnera la paix, la tranquillité, la concorde; et c'est pourquoi tous les patriotes, tous les zigs doivent crier et crient du fond du cœur :

— Vive la République! vive la Chambre! vive le Sénat républicain!

Jean Populot

L'Anderlique de Landerneau

ou

AMOUR & VIDANGE

ou

LE PRÉJUGÉ TRIOMPHANT

(LÉGENDE BRETONNE)

A Landerneau, en Bretagne,
Il était un vidangeur
Qui n'avait pas de compagne
Et cherchait une âme sœur.
I' n'ramassait la matière
Qu' chez les ducs et les marquis
A caus' que sa bonbonnière
Possédait un chic exquis...

C'était un' tonn' pas mouchique,
C'était un girond tonneau,
L'anderlique, l'anderlique,
L'anderliqu' de Landerneau!

Vidangeant dans un' famille
Qui comptait des mass's d'aïeux,
Il aperçut la jeun' fille
Qu'allait justement aux lieux.
À l'instant, il s'éprit d'elle;
Il revint; il lui parla...
Le fifi plut à la belle;
Un même feu les brûla !

Chaqu' soir — c'était idyllique —
Passait devant le château,
L'anderlique, l'anderlique,
L'anderliqu' de Landerneau !

Un beau matin, dès l'aurore,
Le vidangeur tout tremblant
Au pèr' qui dormait encore
Alla d'mander son enfant...
Mais, plein d'préjugés étrange',
Le pèr' dit : « Loin d'moi! bien loin !
Mett' ma fill' dans la vidange?
J'n'en éprouv' null'ment l'besoin !

Je n'veux pas — et je m'en pique —
Orner d'mon blason si beau
L'anderlique, l'anderlique,
L'anderliqu' de Landerneau ! »

L'vidangeur, la mort dans l'âme,
Sentit qu' par les préjugés
De ce pèr' vraiment infâme,
Ses jours d'vaient être abrégés...
Il ouvrit sa bonbonnière
Qu'emplissait un liquid' noir,
Et, la tête la première,
S'y jeta de désespoir...

Destiné mélancolique,
Cet amant eut pour tombeau
L'anderlique, l'anderlique,
L'anderliqu' de Landerneau !

Mais l'amant défunt se venge...
Car dans l'manoir depuis lors,
Chaque nuit, des sons étrange'
Roulent dans les corridors...
On reste pâl', sans haleine,
En entendant tout à coup
Comm' le bruit d'un' voitur' pleine
D'un liquid' qui f'rait glouglou!...

On entend, chos' fantastique!
Dans les couloirs du château,
L'anderlique, l'anderlique,
L'anderliqu' de Landerneau !

BIBI.

LE 5 JANVIER

La réaction est en fuite;
Pour les gens de « l'Essai loyal »
La galette des rois fut cuite
Dans un *four sénatorial*.

PROLÉTAIRES & CLASSEDIRIGEANTS

LE PORTEFEUILLE

Pierre-Jean est tout pensif, tout chose. Sa journée faite, à la nuit tombante, il se balade, le long des quais, et, les mains dans les poches, rumine.

Il songe.

A quoi ?

A des tas d'embêtements, pardine !

***

Elles ne sont pas couleur de rose, les réflexions de Pierre-Jean. Les temps sont durs. Il est mécanicien, Pierre-Jean. C'est un métier comme un autre, qui peut faire vivre son homme. Mais, quand on a de la famille, vous savez, on a de la peine à joindre les deux bouts. Pierre-Jean a de la famille. Il avait trois gosses déjà. Par comblance, sa femme vient de mômir le numéro quatre. Elle est accouchée fin décembre. Drôle d'idée. Enfin !... C'est une gosseline superbe qui est aboulée : elle est la bienvenue. Seulement la couche a été laborieuse. La ménagère est encore sur le dos. Ci : des frais. Il a fallu payer la tire-mômes, puis le pharmacope, prendre pour la malade de la boustifaille chenue, et coûteuse. Alors, la rafale. On a des dettes. Dans le quartier, les fournisseurs commencent à gueuler. Tas de mufles ! Ils savent pourtant bien que Pierre-Jean est une bonne paye, un zig, un chouette, à qui l'on peut faire l'œil sans taf. Mais, ces sacrés commerçants, c'est si rapiats !

N'importe: on s'en tirerait encore (d'autant plus que la bourgeoise va se lever un de ces jours, et se remettre à turbiner de son côté), s'il n'y avait pas le terme. Mais voilà : il y a le terme. C'est toujours ça qui fout dedans les pauvres bougres. Oui, le cloporte va venir un de ces quatre matins, apporter la quittance à Pierre-Jean. Et nib de braise. Et le propriétaire n'est pas tendre. Un vieux grippesou, un fesse-mathieu, un vautour, quoi ! Si on ne le paye pas, il foutra carrément Pierre-Jean, sa femme et ses gosses, sur le pavé, et il gardera les meubles. Vrai, tout ça n'a rien de rigolo.

***

Voilà ce que Pierre-Jean roule dans sa caboche, en marchant, les deux pattes dans les profondes de son grimpant, dont, hélas, les toiles se touchent. Il cherche un expédient, un truc, et ne trouve rien.

Comme il rêvasse ainsi, tout en suivant, par habitude, le chemin de sa turne, il met le paturon sur un objet noir, carré. Il se baisse et ramasse.

C'est un portefeuille.

Pierre-Jean regarde autour de lui pour voir s'il ne dégottera pas celui qui a perdu ça. Personne. Alors Pierre-Jean radine jusqu'au prochain réverbère et ouvre le portefeuille...

Un éblouissement le prend : le portefeuille est plein de billets de banque. Et des grands, des fafiots mâles. Pierre-Jean en compte dix. Il y a là-dedans dix mille balles. Une fortune !

***

Pierre-Jean se remét. Sa première pensée est de porter sa trouvaille au quart-d'œil le plus proche. Puis une réflexion lui vient, il glisse le portefeuille dans sa profonde.

A ce moment, deux sergos passent. Pierre-Jean les reluque de l'air le plus tranquille du monde. Ils continuent leur chemin. Pierre-Jean reprend sa marche, et, d'un pas pressé, cette fois, il rapplique chez lui...

Est-ce qu'il aurait l'intention de garder cette douille qui n'est pas à lui ?

Est-ce que la dèche, de cet honnête homme aurait fait un grinche ?

***

Pierre-Jean aboule auprès du pieu de sa ménagère, qui tient la gosseline endormie dans ses bras. Il l'embrasse, lui demande comment ça va, puis lui conte sa trouvaille.

— Tu l'as portée au commissaire ? interroge la femme.

— Non, dit Pierre-Jean.

Et il exhibe l'objet.

La bourgeoise, interloquée, regarde fixement son homme. Mais Pierre-Jean, tout de suite, lui dévide ses raisons. Outre les fafiots, il a vu dans le portefeuille des papiers écrits. Peut-être que, sur un, il y a l'adresse du type. Pierre-Jean ne sait pas bien lire; mais sa femme, qui sait bien, verra. Si l'adresse y est, Pierre-Jean ira; et la personne ne pourra pas faire autrement que de lui offrir une récompense. Pierre acceptera; quand on est dans la panne, faut pas être trop fier. Et puis, il n'y a pas de honte : ça sera dû. Maintenant, Pierre-Jean ne se monte pas le verre en fleurs; il aura peut-être cent francs : peut-être que cinquante. C'est égal, ça aidera rudement pour le terme ! — Est-ce une idée ?

Si c'est une idée ! parbleu, oui ! Et la malade prend le portefeuille, examine les papiers. Il y a une *lettre*, et dessus l'adresse : *M. X..., rue de Provence, n°...* Un beau quartier. Ça doit être un riche.

— Il faut y aller, tout de suite, mon homme.

Pierre-Jean met sa casquette, rembrasse la bourgeoise et file.

***

Avec quelle impatience son retour est attendu, on le devine. L'accouchée fait des calculs dans sa tête. Pas plus que Pierre-Jean, elle ne se charpente le bourrichon. Mais enfin pas possible que Pierre ne rapporte pas quelques tunes. Pourvu que l'homme au portefeuille soit chez lui !...

Une heure et demie se passe.

Enfin, le pas de Pierre-Jean sonne dans l'escalier. Il entre.

— Eh bien, crie la femme, as-tu trouvé le monsieur ?

Pierre-Jean l'a trouvé. C'est un richard. Sa maison est à lui. Il a des larbins tout dorés, un mobilier splendide. C'est un homme qui est dans la finance. Il a bien remercié Pierre-Jean, lui a dit que cet acte de probité l'honorait.

— Et qu'est-ce qu'il t'a donné ?

— Ceci.

Et Pierre-Jean sortit de sa poche et jeta sur la table... *une grosse pièce de* **cent sous.**

MARTIAL.

BOUCHERIE DE L'ÉLYSÉE-MONTMARTRE

VEAUX

DE TOUTES LES CATÉGORIES

Prix à débattre

LÉON

Vainement le réac bafouille :
Gambetta n'est pas une andouille,
Et plus d'un fait le démontra,
C'est... la R... E... n'en veut démordre —
Un zig, un mec de premier ordre...
C'est presque le *mec plus ultra* !

POUR S'AMUSER

Grand Concours de l'Œuf de Pâques

N° 3

LETTRES ABSENTES

Au mot **ame**, ajouter à tour de rôle sept lettres différentes, et former ainsi neuf mots français de quatre lettres chacun. (Il y a neuf mots à former, et non sept, parce que, sur les sept lettres, il en est deux dont l'addition donne, pour chacune, deux mots au lieu d'un seul.)

Solution du n° 2

Les lettres absentes sont *c* et *r*, qui, avec le mot **ame**, forment les mots :

ANCRE	CARNE
NACRE	CANER
NÉRAC	RANCE
CRANE	ECRAN

Ont deviné : Dur-aux-ailes — Helvétie. — E. Guyon. — D. Paul I. — Un vieux Pitre — C. T. P tint. — Les abrutis du 45 — J. R. C., aliéné. — S. pris de vin. — Un ssidu lecteur. — J. Raf — Deux âmes vierges. — Michaud R. S. T. Q. — L'artilleur d'Olivette. — L. Pot de Rhum. — L. Prat. — Poirot. — Ar sio Fane D. K. V. — Louis D. — Gégène. — R. E. Zipel. — M. U. Roïde.

Le Gérant : Auguste de la BILLETTE.

Imp. du journal la *Petite Lune* : A. de la BILLETTE, 5, rue Coq-Héron, 5.

N° 32

LA Petite LUNE

Bureaux : rue Coq-Héron, 5 ☙ Dessins de GILL ☙ Abonnem^{ts} : Paris, 3 fr. — Départ^{ts}, 3 fr. 50

AVIS IMPORTANT
Chauffer doucement le dessin avec sa pipe ou avec son cœur pour obtenir le parfum.

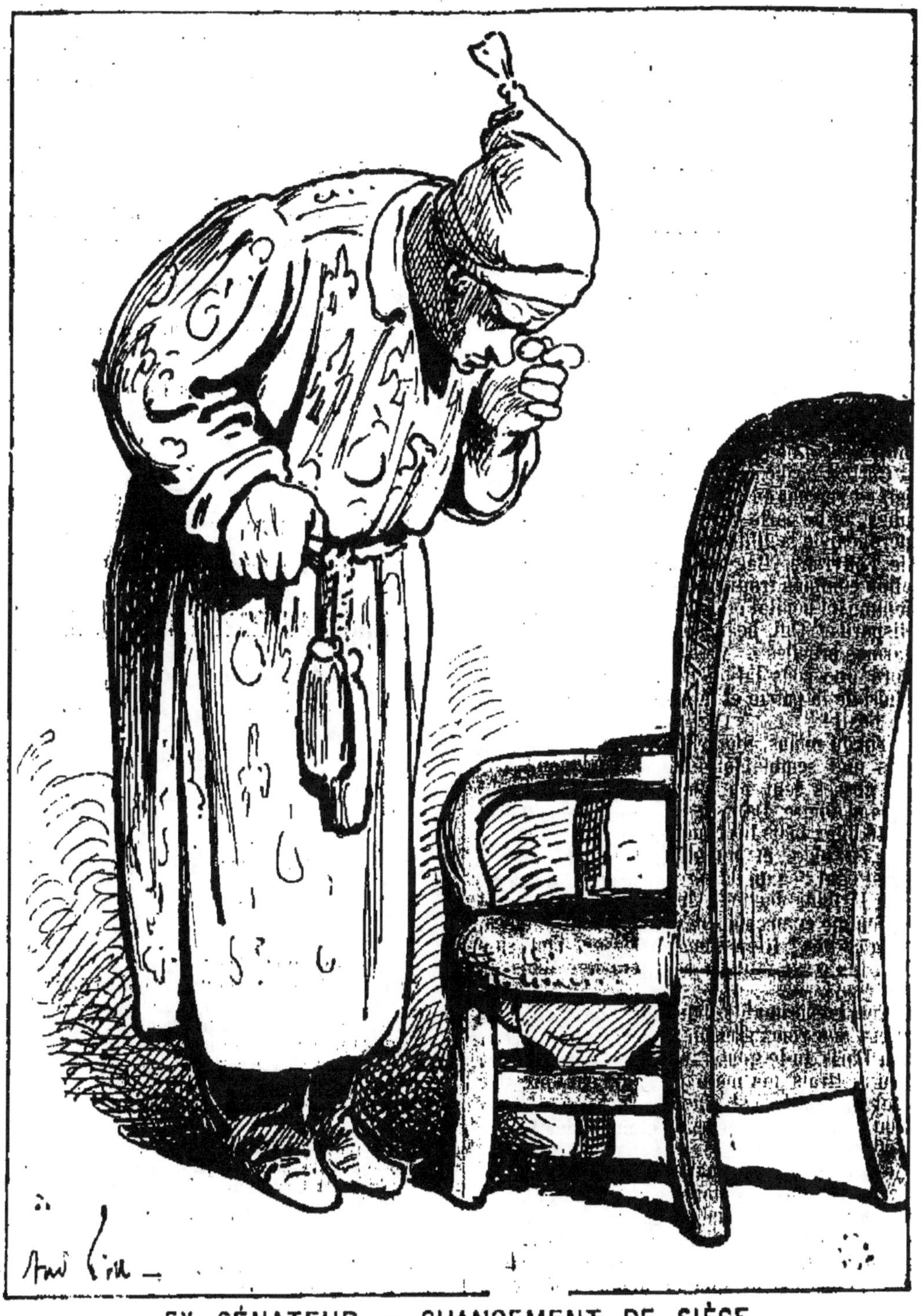

EX-SÉNATEUR — CHANGEMENT DE SIÈGE

A Jacques Boulon, dit Bras-de-Fer,

FORGERON,

ILE DES PINS.

~~~~~~

Mon vieux camarade,

Quand tu recevras cette lettre, déjà sans doute tu sauras la bonne nouvelle ; car j'ai lu sur le journal que des bons républicains, des zigs, des patriotes s'étaient empressés d'envoyer aux aminches de là-bas un télégramme annonçant notre grande victoire dans les élections du 6 janvier.

Une riche idée qu'ils ont eue là, pas vrai, mon pauvre Jacques ? Et ça a dû rudement vous réjouir, vous réchauffer le cœur et vous mettre du baume dans l'âme, de lire cette simple ligne :

Triomphe sénatorial !...

Ce triomphe-là, c'est, pour nous, l'établissement définitif d'une vraie et sérieuse République ; pour vous, c'est l'espoir, la presque certitude d'une délivrance prochaine.

Oui, mon vieux Jacques, toi et les autres, vous allez probablement cesser de souffrir, de crever d'ennui, de nostalgie, loin de vos femmes, de vos enfants, de votre France. Après huit ans, il ne sera pas trop tôt !

Certes, beaucoup d'entre vous, en revenant ici, se verront en présence d'amères catastrophes. Je ne parle pas du chômage, des places perdues, de la difficulté à ravoir tout de suite de l'ouvrage. Bagatelles, foutaises que cela ! Mais combien trouveront le foyer désert, la femme à l'hôpital ou morte, les enfants partis, disparus ? Oui, beaucoup auront à verser des larmes cruelles... Mais ce sera pour eux encore une consolation de pleurer sur le sol chéri de la patrie et non sur la terre maudite de l'exil !

Toi du moins, mon vieux Boulon, tu n'auras pas une semblable douleur : Ta ménagère, tes gosses sont en bonne santé, et se tirent tous d'affaire. Dans les commencements, ça a été dur ; mais les camerluches leur sont venus en aide, et maintenant ils boulottent. C'est égal : ce qu'ils seront heureux de te revoir ! Hein, Jacques, les premiers baisers à ta femme et aux mioches, après huit années, sera-ce bon ? Rien que d'y penser, j'en suis sûr, ton cœur saute à se décrocher dans la poitrine !

Cet inexprimable bonheur de revoir les siens, son vieux gourbi, sa rue, son quartier, son Paris, tu le goûteras, mon brave Jacques, j'en mettrais ma main au feu... car presque tout le monde est d'accord à présent pour trouver qu'il est temps d'éteindre les haines, d'effacer les derniers vestiges de l'horrible guerre civile. Je connais des personnes timides, qui, dans le temps, ne voulaient pour rien au monde entendre parler d'amnistie, et donnaient toute sorte de raisons contre ; maintenant, ces personnes-là ont changé d'avis ; elles disent que le moment est venu d'oublier, et qu'on peut, sans danger aucun, rendre aux exilés la patrie.

C'est aussi, je l'espère bien, l'opinion des députés et des sénateurs, en sorte que la chose passera probablement comme une lettre à la poste. Peut-être ne graciera-t-on pas tout le monde ; peut-être exceptera-t-on ceux qui sont, comme on dit, coupables de crimes de droit commun, ceux qui ont incendié ou tué des ôtages. Ceux-là ont été bien coupables, du reste, car il ont compromis la cause communaliste et fourni des prétextes aux calomnies des réacs... Mais pour tous ceux qui, comme toi, mon bon Jacques, ont simplement fait le coup de feu afin de défendre Paris, ses franchises, et la République, qu'à tort ou à raison ils ont cru menacée, pour tous ceux-là on se montrera pitoyable, j'y compte !

A bientôt donc, mon vieux Boulon ! je ne souhaite qu'une chose : c'est que cette lettre ne te parvienne pas, c'est que, quand elle arrivera là-bas, tu n'y sois plus, déjà gracié et embarqué sur le vaisseau qui vous ramènera en France, toi et les autres...

Quelle fête, Jacques, ce jour-là ! Quelles poignées de mains, quelles embrassades ! Vrai, la République ne saurait accomplir de plus grand acte que de réaliser les belles paroles du père Hugo :

« Les proscrits à l'horizon, et la Patrie ouvrant les bras ! »

JEAN POPULOT.

——◆——

————————

A la Manque !... A la R'dresse !

————————

Les badingouins décembriseurs
Qu'eur'nt pour patron un saltimbanque,
C'est tous des funèbres farceurs,
     C'est des mecs à la manque !
Tandis que les républicains
Qu'ont la Liberté pour maîtresse,
C'est pas des muff's, ni des coquins...
     C'est des mecs à la r'dresse !

Les sal's boursicotiers véreux,
Les mauvais grinch's qui mont'nt un' banque
Et gardent l'os du mon' pour eux,
     C'est des mecs à la manque !
Mais c'lui qui trouv' vot' boursicot
Dans la ru', puis à vot' adresse
Court le rapporter *illico*,
     C'est un mec à la r'dresse !
~~~~~~

L' gnoble gommeux dépravé
Qui séduit un' fill', puis la flanque
Avec un goss' sur le pavé,
    C'est un mec à la manque!
Mais l'bougre qui, — quand il a r'çu
D'un' jeuness' des preuv's de tendresse, —
L'épous' carrément par-là-d'ssu',
    C'est un mec à la r'dresse !

L'avar', l'harpagon, le grigou,
Qui fout tout's ses fâc's dans un' planque
Et n'donnerait pas au pauvre un sou,
    C'est un mec à la manque !
Mais le typ', rar' chez les richards,
Qui, de sa douill' faisan' largesse,
Fade avec les amis déchards,
    C'est un mec à la r'dresse !

Y'a qu'un cri sur Albert Millaud,
De Copenhague à Salamanque :
« — Sa poési' n'fait pas not' biot!...
    C'est un mec à la manque!... »
Quant à mézigu', je s'rais ravi
Je m'pouss'rais du col, je l'confesse,
Si mes lecteurs disaient d'Bibi :
    « C'est un mec à la r'dresse! »

BIBI

SUR LE PROCÈS DE LA *FRANCE NOUVELLE*

Ayant de Challemel-Lacour
Parlé d'une façon... légère,
Un canard réac par la cour
Est frappé d'une amende amère...

Au lieu de tout vilipender,
Les réacs, je vôus le demande,
Ne devraient-ils pas s'amender...
Pour ne plus encourir l'amende?

SILHOUETTES DE PROLÉTAIRES
—o—

L'HOMME DE PEINE

—

J'ai enterré hier le voisin Hort. Un rude gaillard !

Quand il était arrivé de Metz, après la guerre, il avait des bras d'acier; il était plein de joie, de jeunesse, de santé.

Il avait avec lui sa femme et deux gamines.

C'était un homme de cœur. Il aimait tout le monde et tout le monde l'aimait.

Il riait d'un bon rire bruyant, disait de grosses plaisanteries en patois lorrain, et ne reculait jamais devant un verre.

A cause de sa force, il trouva tout de suite de l'ouvrage au chemin de fer du Nord. Trois francs cinq sous par jour. Dix heures de travail !

Il était content. Il disait : « Je n'ai pas voulu être Prussien; la France me nourrira. »

Aujourd'hui, il est mort. De la poitrine. Sa femme est malade. Les deux gamines, devenues grandes filles, roulent sur tous les trottoirs, poussées par le furieux vent de la misère.

           ×

C'est rude d'être homme de peine dans les gares.

Le matin, par tous les temps, à six heures, deux portes s'ouvrent, et dans la bâtisse s'engouffrent des milliers d'hommes aux yeux ensommeillés, un morceau de pain sous le bras...

Il n'y a pas à dire : « J'ai mal dormi ; mon enfant est malade; je n'ai pas dîné hier soir ; je suis bien faible...»

On entre à six heures. Et au turbin !

Faut remuer du bois, du fer, suer d'ahan et grelotter tour à tour, travailler sans relâche pour ajouter quelques pièces au monceau d'or des riches...

Le voisin Hort a fait ce métier-là huit ans, parce qu'il était robuste. Il vient d'en mourir !

           ×

Le 15, on passe à la demi-paye. A la fin du mois, on touche le reste du maigre salaire.

Ce jour-là, les classe dirigeants qui traversent le quartier disent :

— Voyez ces ouvriers : ça se plaint et c'est toujours en noce !

Ils ont raison : car, ce soir-là, des milliers de pauvres qui, pendant un mois, ont mangé du pain et bu de l'eau, sont soûls d'avoir pris trois ou quatre verres de vin.

Mais l'homme qui a jeûné trente longs jours, n'a-t-il pas le droit de rapprendre le goût du vin, qu'il a dû oublier ?

N'a-t-il pas le droit aussi, de temps à autre, de hisser son enfant en loques sur son dos, d'aller respirer un peu l'air au-delà des fortifications, et d'essayer de rire un peu, lui qui si souvent pleure...

Quelquefois, avec le voisin Hort, on est allé sous une tonnelle boire un litre. On chantait, on était joyeux de voir les petits s'amuser, les yeux brillants et la joue en fleur.

Hort parlait du pays, qu'il espérait revoir, faisait des rêves d'avenir, en passant ses gros doigts noirs dans les boucles blondes des chevelures...

A présent, les deux petites débitent le jars des barrières, et pour une croûte de pain livrent au premier venu leurs corps à peine pubères !

           ×

Je plains les riches et me demande comment ils peuvent dormir en paix...

Même comment peuvent-ils caresser leurs enfants tout roses de plaisir et de santé, sans voir passer devant eux, comme dans une brume, le défilé lugubre, incessant, des petits cercueils — ornés de pauvres draps blancs et portés à bras par deux hommes noirs — où sont couchés les petits enfants des pauvres...

Cercueils solitaires presque toujours, car en les accompagnant, le père perdrait sa journée, et il n'a pas de journée à perdre ; faut qu'il dispute à la mort les autres petits qui ont encore un souffle...

×

Et, dans les Assemblées, on parle de repeupler la France, de faire des soldats pour la patrie...

Et peut-être y a-t-il des ministres qui, à la tribune, font pleurer de bonnes gens en parlant bien des grosses questions sociales, et qui, le soir, du fond d'un cabinet bien chaud, donnent cet ordre cruel :

— Pas trop de pensions aux employés, aux hommes de peine... Au bout de vingt ou vingt-deux ans de service... Soyez inexorables... Il faut que la Compagnie prospère... Les grandes Compagnies sont une des gloires de la France !

Alors, un pauvre vieux travailleur — qui, pendant de longues années, a turbiné sans trêve; qui chaque matin arrive de plus en plus courbé par l'âge et la misère, en se disant : « encore un coup de collier, et j'aurai de quoi me reposer tranquille; » qui jamais n'a connu la joie, le plaisir, l'amour; dont enfin les yeux pleurent quand il vente fort ; — un jour, un lundi, boit, pour se réchauffer, pour se fouetter le sang, deux gouttes...

Un contre-maître vautour le guette (il faut que la Compagnie prospère), et lui dit :

— Tu es ivre !

Vite, le vieux est chassé, jeté au plus profond de la misère... On n'aura pas de pension à lui payer !

×

Allons, résigne-toi, vieux. Qu'importe aux gros bonnets ta vieillesse sans asile?

Le soir, quand tu mendieras par les rues (car à tout prix il faut manger), leur coupé galopant t'éclaboussera...

Ils vivront un siècle, crevant de santé...

Et le jour de leur mort, tu entendras tes pareils, des misérables comme toi, dire :

— C'est malheureux de mourir, quand on est si riche !

Les prêtres, revêtus d'étoles lourdes de broderies, leur feront de magnifiques funérailles. Les enfants de chœur prendront des voix plus flûtées, plus cristallines que de coutume ; le suisse et le bedeau auront brossé à les user leurs costumes des grands jours, et reflétant les lueurs des cierges, les vitraux auront des jeux de lumière éclatants, et les accents du *Dies iræ* se feront moins sinistres, comme pour dire, en montant sous les voûtes parmi les vapeurs parfumées de l'encens :

— Celui qui n'est plus fut un juste !...

Toi, vieillard, tu n'auras pas une larme, pas une prière ; on te jettera dans la fosse commune, et si, quelque jour, le caprice d'un puissant l'exige, on arrachera de leur trou tes vieux os...

Ainsi, à ceux-là la joie, le luxe, les fêtes, des obsèques splendides, un fastueux mausolée...

A toi, le turbin, la misère, la mort hideuse, la fosse commune et la voirie !

PH. CATTELAIN

POUR S'AMUSER

Prix Le Ripelet,

La **P. L.** reçoit la lettre que voici :

« Citoyen rédacteur,

« Je suis convaincu qu'il n'y a pas un seul cocu « parmi les bons bougres qui lisent la **P. L.**

« Néanmoins, on ne saurait prendre trop de « précautions, car, comme dit le proverbe : *La « Prudence est la mère de la Sûreté.*

« J'ai trouvé, dans un ouvrage moral (?), estam- « pillé par la commission de colportage, et inti- « tulé : *La Clé des songes,* le préservatif sui- « vant :

« JARRETIÈRE DE CHASTETÉ. — *Prenez de l'écar- « late, faites-en une jarretière; achetez du satin « blanc; écrivez dessus :* **Verbum caro factum.** « *Mettez le satin sur l'écarlate,* la jarretière à la « jampe gauche et jamais vous n'aurez rien à « craindre (*sic*) !...

« J'ai suivi, à la lettre, ces instructions, et je « vous adresse une paire de *jarretières de chasteté* « qui sera octroyée au vainqueur du problème « cryptographique suivant :

PROBLÈME

? 06 ?

? 15 ?

? 24 ?

? 39 ?

? 43 ?

? 82 ?

? 17 ?

« Remplacer par des lettres les chiffres et les « points d'interrogation. Les lettres substituées à « ces derniers donneront le nom d'un héros et « celui d'un traître.

« N. B. — Aux mêmes chiffres correspondent « les mêmes lettres.

« Sur ce, lecteurs de la **P. L.**, à la rescousse ! « Vos têtes et les mollets de vos dames sont en « jeu !

« LE RIPELET. »

Grand Concours de l'Œuf de Pâques

N° 4

LETTRES ABSENTES

Au mot **OR,** ajouter *successivement* quatre lettres et former ainsi *cinq* mots français de trois, quatre, cinq et six lettres.

Solution du n° 4

DAME	PAME
MAGE	RAME
AIME	MARE
LAME	AMER
MALE	MATE

Ont deviné : Un lunatique. — G. P. T. — Un Auvergnat — Deux Flub adeurs de la Gaité. — J. Gr snet. — S. Pris-de-Vin. — La Fine fleur. — Colophane — Duraux-ailes — Surlelipudam. I. Pot-de-Rhum. — Tub K. C. — Jean d'Arme y. — Grincheux. — Helvétie. — Gégène. — E. B. T. — Un vieux pitre. — O. B. I. C. — Ceux Manceaux. — Jean Bombois. — Poirot. — Un gnaffre de la rue Xavier S'galon. — L'ex-emba teur Michaud. — A. Mathieu. — Alexandr na. — E. Guyon. — Eug. Arthot. — Paul Luap.

Le Gérant : Auguste de la BILLETTE.

Imp. du journal la *Petite Lune* : A. de la BILLETTE, 5, rue Coq-Héron, 5.

N° 33 — LA Petite LUNE — 5 C⁰ˢ

Bureaux : rue Coq-Héron, 5 — Dessins de GILL — Abonnem¹ˢ : Paris, 3 fr. — Départ¹ˢ, 3 fr. 50

C'EST TOUJOURS ÇA

Rien de changé en France. — Il n'y a qu'un balai de plus et la promesse de s'en servir.

A ce sacré gueulard de Mes-Bottes

A L'AMBÉGU.

~~~~~~

Mon vieux Mes-Bottes,

Comment que ça va, ma vieille branche ? L'appétit est-elle toujours bonne ? Bouffes-tu toujours tes six livres de pain par repas, arrosées d'autant de litres ? Exécutes-tu toujours ces tours de force de gueulardise eblindants, qui t'ont fait surnommer le roi des goinfres ? Oui, toujours, bougre d'animal ! Eh bien, vrai, ça me fait plaisir. Tu me vas, je te gobe. Je gobe les rigoleurs, les boute-en-train, les bougres qui tortorent et pintent à gueule-que-veux-tu, les gars qui vous foutent faim rien qu'à les voir manger, qui ne font qu'avaler sans tordre, et ne renâclent pas sur le rôti en becquetant du bout des dents comme les crevés, les avachis, les efféminés de la haute.

Aussi, moi qui avais été content de faire ta connaissance à l'*Assommoir* du père Colombe, j'ai été enchanté de te retrouver, à l'Amb.-Com. J'y ai vu que tu finissais par te ranger des voitures, devenir vertueux et sôbre. Ça m'a épaté. Le citoyen Zola avait raconté les choses un peu autrement. A l'en croire, tu étais resté aussi pochard qu'avant, et par dessus le marché, tu étais devenu un brin marlou, — pas tant que Lantier, mais un brin. J'ai été bien aise de voir que le citoyen Zola nous avait induits, et que tu avais lâché la soûlerie. Je t'en félicite, Mes-Bottes. Car faut manger à sa faim, boire à sa soif : mais pas plus. Que ceux qui ont un vaste estomac, de gros boyaux, la dalle en pente engloutissent des platées énormes et vident des brocs, rien de plus juste. Mais un coup rassasiés, un coup désaltérés, ils doivent s'arrêter. Ceux qui s'empiffrent par gueulardise et boivent pour se flanquer une cuite, c'est plus des zigs ; c'est des cochons.

Malheureusement, j'ai un taf : c'est que ta conversion finale ne soit une blague, un truc, une couleur montée pour ne pas trop effaroucher le public qui est encore bougrement gnollé. Pas encore guéri du gâtisme où l'avait plongé la littérature fadasse, graveleuse, émasculée de l'Empire, il a des déguculeries de vieille bigote. A preuve que, pendant la scène où Coupeau crève dans un épouvantable accès de *delirium tremens*, il y a des gens qui ont gueulé : « Assez ! à l'hospice ! » comme si ça les révoltait. Et cependant, c'est sublime d'horreur, ça vous fout la chair de poule ; j'en avais ma limace trempée. Et je dis que ce tableau est tout ce qu'il y a de plus moral. Quoi de plus propre en effet à faire renâcler les poivrots, à les corriger de leur vice crapuleux, que cette reproduction effrayante de l'atroce crevaison qui leur est réservée ?

Non, non, l'*Assommoir* n'est pas un spectacle dépravant et ordurier. S'il y a quelque chose de dépravant, c'est les opérettes, les féeries et les ballets où des salopes viennent montrer leurs cuisses aux jeunes débauchés et aux vieux salauds de l'orchestre. Mais l'*Assommoir* est un long et saisissant plaidoyer contre la feignantise et la soûlarderie ; c'est un spectacle moral au suprême degré, et le catholique Germiny, lui-même, en permettrait la vue à sa tante. Au fond, mon cher Mes-Bottes, je ne serais pas surpris que ce soit l'agonie de Coupeau qui t'ait dégoûté de l'eau d'aff.

Quoi qu'il en soit, je me gaudis d'avoir vu l'*Assommoir* sur la scène. Il est, nom de Dieu ! bien temps qu'on introduise le peuple dans le roman et au théâtre. Lui, qui est le souverain, on lui oppose assez de barrières dans la politique pour qu'au moins l'art lui soit ouvert. Dans l'*Assommoir* il n'est pas flatté ; mais enfin il y est, c'est toujours ça.

Au rancart donc les vieilles balançoires, les seigneurs à pourpoints et à panaches, la ferblanterie et les croix de ma mère ! A Chaillot d'Ennery, et Clairville chez Domango !... La vérité, le naturalisme, voilà ce qu'il faut. Je n'aime pas bien les grands mots ; mais quand, derrière, il y a une bonne chose, je les adopte. Donc, vive le naturalisme ! Et sois sûr, Mes-Bott s, qu'il vivra ; car c'est la Démocratie dans l'Art. Dame, il ne triomphera pas sans peine ; il est encore aussi difficile à faire avaler aux timides que la République, — toujours tenue en lisières par la niaiserie ou la peur. — Ce n'est pas moins dur, parfois, d'envoyer dinguer les rengaînes que de renverser un ministère. Mais, avec du temps et de la patience, on vient à bout de tout.

<div style="text-align: right">Jean Populot</div>

—————◇⊗◇—————

RÉCITS FAUBOURIENS

UN FILS

Jean, le vieux menuisier, demeure à Montparnasse,
Au fond d'une boutique étroite, sombre et basse,
Avec Jeanne sa femme et son garçon Bernard.

Jean, qui fut un masseur, n'est plus qu'un vieux soûlard
Maintenant, et la force à ses bras est ravie
Par le mêlé-cassis, la verte et l'eau-de-vie.
Il a perdu le goût fructueux du turbin,
Et ne sait plus gagner comme autrefois son pain.

Pourtant, grâce à Bernard, le ménage prospère.
C'est qu'enfant, il a vu le vice de son père,
Les jours mauvais et la misère âpre au logis,
Et les yeux maternels par les larmes rougis.
Aussi s'est-il juré que jamais nul pétrole
Ne brûlerait sa bouche. Il s'est tenu parole,
Et l'eau d'aff n'a jamais passé par son gosier.

Il travaille à présent chez un grand menuisier,
Faubourg Antoine. Il dit que le turbin l'égaye,
Et pioche dur. Il porte exactement sa paie
A sa mère, et ce sobre et robuste garçon
A force de masser fait marcher la maison.

Cependant, quelquefois, le père Jean a honte
De son ivrognerie invétérée. Il conte
Partout que c'est un vice affreux, qu'il en mourra,
Qu'il est un misérable, un gueux, et cœtera.
En s'éveillant, après une cuite, il s'écrie :
« — Tu ne travailles plus, feignant ! la soûlerie
Te tient... » Et là-dessus il pleure comme un veau ;
Puis il sort ; et, le soir, il est soûl de nouveau.

Or, Bernard a pitié de son vieux père. Il aime
Cet ivrogne ; et voici le noble stratagème
Que ce fils pieux vient d'imaginer, afin
Que Jean cuve sans trop d'amertume son vin :
~~~~~~

Jean de temps en temps voit entrer dans sa boutique,
Déserte d'ordinaire, une ancienne pratique,
Qui vient lui commander un ouvrage pressé.
Jean . ccepte. — I serait profondément blessé
Si quelqu'un lui disait que jamais sa besogne
Ne se fera. — Pourtant, l'incorrigible ivrogne,
Au bout d'une he re, dit à sa femme : « Je vais
Boire un coup. » Il prétend qu'il va revenir; mais
Il ne reparaît plus de toute la journée.

Et, quand il rentre, il a la trogne enluminée,
Et s'en va roupiller, sans songer un moment
A l'ouvrage qui doit être fait promptement.

Bernard rentre à son tour; il a la mine lasse,
Le chemin du faubourg Antoine à Montparnasse
Est long, surtout quand tout le jour on a massé.
« — Quoi de nouveau, là mère, et que s'est-il passe?
La mère le lui conte. Alors, d'une voix douce :
« C'est bon, » dit-il. Il mange un morceau sur le pouce,
Et dit : « Puisque demain le client vient chercher
L'ouvrage, turbinons au lieu de nous coucher. »
Il prend du bois, des clous, le marteau, la varlope,
Le rabot; son outil sur l'établi galope,
Et le gars, en poussant des han de saint Joseph,
Passe sur la besogne un temps plus ou moins bref.

Le lendemain matin, le poivrot qui s'éveille,
Se souvient vaguement des choses de la veille;
Il pense à la commande, et comme il n'est plus gris,
Il geint, il se lamente, il jette de grands cris :
« — Ah ! gueux ! sal ud ! je suis un lâche sans courage!
Hier, on est venu m'apporter de l'ouvrage,
Et je ne l'ai pas fait, et je me suis soûlé ! »
Mais, sitôt qu'il entend son père désolé,
Bernard arrive, et dit :
                    « — Qu'avez-vous donc mon père?
Pourquoi vous mettez-vous de la sorte en colère
Contre vous? Vous avez bu peut-être hier soir
Un verre ou deux de trop, ma s c'est après avoir
Fait votre ouvrage.
                    —Allons, dit Jean, la chose est neuve:
Moi, j'ai fait mon ouvrage? »
                    — Oui, dit l'autre, et la preuve,
Vous allez l'avoir, si vous n'ajoutez pas foi
A mes paroles; c'est bien simple : suivez-moi. » .

Et, montrant au pochard la commande finie,
Il ajoute : « Voilà. Pas possible qu'on nie.
Le travail est fait; donc, vous avez travaillé.
— C'est parbleu vrai, dit Jean; je l'avais oublié!
Alors, je suis content; je vais boire la goutte. »

Et le vieux file.
                    Alors Bernard se met en route
Pour chez son patron,—las, fourbu, les membres morts,
Mais fier d'avoir au père évité des remords.

BIBI

UN ABSENT

Pauvre Pigerre !...
Il était ébéniste. — Quelquefois, le samedi
soir, il buvait un verre avec nous.— Il prisait.
Je le vois encore offrir sa tabatière à la ronde,
bien que nous lui eussions dit que nous n'en
usions pas.
Pendant le siège, il était lieutenant d'un
des bataillons de Montmartre, le 79e.
Sous la Commune, je l'ai rencontré une ou
deux fois. Il était commandant et prisait toujours.
Je l'ai retrouvé à Versailles, — avenue de
Paris, n° 20, à la maison de correction. Nous
avions une paillasse pour cinq. Tous les matins, fallait faire la chasse aux poux.
J'ai oublié les noms de mes compagnons
d'infortune. Je ne me souviens que d'un :
Elysée Reclus, qui, paraît-il, était un bon ouvrier géographe

Ce fut un temps cruel. Pourtant, de cette
époque, ô effroyable misère, il est resté dans
ma mémoire une angélique figure : celle d'une
petite sœur de charité, toute jeune, qui, chaque jour, un peu avant qu'on ne jetât dans
nos gamelles un liquide sale et tiède, arrivait,
ses longs cils abaissés sur ses grands beaux
yeux noirs, l'incarnat de la timidité aux joues,
demeurait au fond de la salle, près de la
porte. et récitait une prière composée à notre
intention par je ne sais qui. De quel ton,
elle disait, en frappant trois fois de ses doigts
roses sa mince poitrine :
— Nous ne le ferons plus, — jamais ! jamais ! jamais !
Aucuns mots ne sauraient l'exprimer; mais
je crois entendre encore cette voix divine...
Cependant les gendarmes nous regardaient
d'un œil fauve ; et, quand les riches – ceux
qui possédaient six sous — demandaient un
hareng saur, en appelant par son nom ce plat-
là, on devinait, à l'air farouche de ces militaires, qu'ils auraient voulu rajeunir d'un
mois et revenir aux derniers jours de mai 71...
Quant à la petite sœur, sitôt sa prière finie,
elle disparaissait, en faisant un grand signe
de croix sur le plus beau front du monde.

*
* *

Pigerre travaillait aux épingles. Sa femme
venait à Versailles à pied, par tous les temps,
le voir à travers deux grillages.
Ces deux êtres s'adoraient. Natures simples
et cordiales, Ils se voyaient toujours jeunes
et beaux, comme aux premiers temps de leur
ménage...
Pigerre est à Nouméa, maintenant....
Depuis huit ans.

*
* *

Huit ans. C'est long. Sa femme était robuste. Afin d'envoyer à l'absent quelques petites choses, elle travailla comme un homme.
Je la voyais partir le matin. Je lui disais
bonjour; je lui demandais si elle avait reçu
des nouvelles de Pigerre...
Elle s'était retranché d'abord tout superflu.
Puis elle se priva même du nécessaire.
Mais elle conserva ses meubles, qui pour
elle étaient d'inestimables souvenirs : car
Pigerre, ébéniste avant d'être forçat, les
avait lui-même fabriqués, assemblés, plaqués
avec des soins infinis.

*
* *

Depuis deux ans, les yeux de la pauvre
femme s'affaiblissaient. Elle avait tant pleuré!
Elle commençait à perdre courage.
— Je ne peux plus rien lui envoyer, me di-
sait-elle parfois, douloureusement.
Je la consolais de mon mieux. Je lui disais :
— Allez, un beau jour, nous dînerons tous
ensemble !

*
* *

Le 7 janvier dernier, elle vint chez une de
mes voisines. Il lui fallait quitter son pauvre logement et abandonner ses chers meubles. Elle chargea ma voisine de me donner
le bonjour de la part de son mari, et de me

recommander d'écrire là-bas. Elle laissa sa nouvelle adresse ; puis elle partit.

Hier soir, on me dit :

— Vous ne savez pas ? Mme Pigerre ?... Elle est morte. Elle s'est tuée...

Je courus de suite chez la malheureuse, 12, rue Labat. C'était vrai. Mme Pigerre avait acheté du charbon, calfeutré sa porte et sa fenêtre ; puis elle s'était endormie...

Dans la journée, des imbéciles lui avaient dit que les élections ne signifiaient rien, que ceux qui étaient là-bas y resteraient, qu'il ne fallait pas espérer...

Voilà pourquoi elle est morte.

*
* *

Quand Pigerre reviendra, je me cacherai, pour ne pas voir sa douleur !...

Ah ! l'amnistie n'aura pas été longue à venir pour ceux qui, heureux et libres, reçoivent chaque soir, en rentrant chex eux, les caresses de leurs enfants et de leurs femmes...

Mais pour ceux qui, au retour, ne retrouveront rien que le sol même de la patrie ; qui n'auront qu'à pleurer sur des tombes avant de mourir ; pour ceux-là, l'amnistie aura cruellement tardé !

Cependant, — n'y eût-il plus que quelques femmes à sauver, quelques pères à rendre joyeux, — cela, il me semble, devrait suffire pour hâter l'effacement des haines.

PH. CATTELAIN.

LA FIN DE L'IVRESSE

Plus folle qu'un alcoolique,
Qu'un ivrogne mélancolique
Qui solitairement se pique
Le nez au fond d'un mastroquet
Avec de l'absinthe, — la clique
Des Seize-Mayeux se piquait
De nous mater tous (quel toupet!)
Et de nous soumettre à l'inique
Régime du sabre... Bernique!
Le peuple leur a fait la nique ;
On a rabattu leur caquet.
Le four des réacs fut complet,
Et la chose aisément s'explique :
Il est moins facile, en effet,
D'étouffer une République
Que d'éto. ffer un perroquet.

FAITS DIVERS

Une explosion, qui aurait pu avoir de graves conséquences, a eu lieu l'autre jour à la capsulerie Mothes.

On n'a aucun accident à déplorer.

Quelques ouvrières ont été atteintes par des projectiles. Mais, grâce à un heureux concours de circonstances, loin de s'en être mal trouvées, elles sont au contraire mieux portantes que jamais.

POUR S'AMUSER

Prix Le Ripelet

(JARRETIÈRES DE CHASTETÉ)

Solution de la Cryptographie

```
M  o  a  B
A  r  i  A
R  e  t  Z
C  u  b  A
E  t  u  I
A  m  o  N
U  r  n  E
```

Ont deviné — Petitpotamiel. — Deux âmes vierges.— Laurent Emile. — Togram. — Cri-Cro. — Surlelipudam.

Le tirage au sort a proclamé les

DEUX AMES VIERGES

A elles les jarretières ! Une jarretière par âme... Et leur virginité sera désormais à l'épreuve du feu !

N. B. — Si ces âmes appartiennent au sexe féminin, comme je l'espère, elles sont priées de venir se faire essayer les jarretières par les rédacteurs de la **P. L.**

Vaste Concours de l'Œuf de Pâques

N° 5

Mot carré de quatre lettres à compléter

```
J  .  .  F
.  .  .  .
.  .  .  .
.  .  .  S
```

Solutions du n° 4

1re solution. — OR — COR OU ROC — PORC.

```
CROUP        CROUPE
  ou            ou
CORPS        PROCÈS
```

2e solution. — OR — COR OU ROC — OCRE — NOCER — RONCE OU CORNE — ENCORE OU CORNET.

3e solution. — OR — ROI — VOIR — AVOIR — VALOIR OU LAVOIR.

4e solution. — OR — RÔT OU ROI — ROTI OU TRIO — TROIS OU OR.IE — SORTIE OU TOISER.

Ont deviné. — Jean d'Armery.— Parpaillot.— Togram. — Os ar P ton. — Deux âmes vierges. — Un vieux pitre. — H. Eau Claire.

Le Gérant : Auguste de la BILLETTE.

Imp. du journal la *Petite Lune* : A. de la BILLETTE, 5, rue Coq-Héron, 5

N° 34

3 C^{es}

LA Petite LUNE

Bureaux : rue Coq-Héron, 5   Dessins de GILL   Abonnem^t : Paris, 3 fr. — Départ^t, 3 fr. 50

AMNISTIE !

Le vieux briseur de fers

AUX HONNÊTES GENS

(PAS CEUX DU *FIGARO* — LES VRAIS !)

~~~~~~

Frangins, aminches, hommes honnêtes de tous les rangs, de tous les âges, de tous les métiers (il y en a encore assez en France pour régénérer la patrie et défendre, si besoin est, la loi, la justice et la liberté), c'est à vous tous que je m'adresse, — moi, Jean Populot, l'ouvrier charpentier, qui me sais et me sens votre égal pour la loyauté, l'honnêteté et le cœur, — et je vous dis :

N'avez-vous pas été comme moi, indignés, révolt s des révélations horribles auxquelles a donné lieu le récent procès de la *Lanterne* ? Quelle que soit d'ailleurs votre manière de voir, n'avez-vous pas frémi à la lecture des épouvantables choses qui ont été racontées là ? Je parle des tortures qu'on fait subir aux prévenus, à la préfecture de police, pour en obtenir des aveux.

Il n'y a pas à discuter ce qui est jugé. La *Lanterne* faisait remonter à des personnages haut placés la responsabilité des mœurs policières. Il paraît qu'elle avait eu tort. Le tribunal a résolu la question de personnes contre le journal, et condamné son gérant à trois mois de prison et 2,000 fr. d'amende. Reste la question des faits.

Pour tout homme qui sait lire, il semble résulter des débats que certains agents *ligotent* leurs prisonniers et les *passent à tabac*, c'est-à-dire les frappent, les maltraitent à leur arracher des cris de rage et de douleur.

Voilà le grand point du procès, celui qui paraît établi, — celui que, par parenthèse, le *Figaro*, toujours de bonne foi, a quasiment omis dans son compte-rendu. Les feuilles de la réaction ont dit que c'était là des cancans, des potins. Pourtant ceux qui sont venus témoigner de ces faits abominables ne sont ni de vieilles pipelettes ramollies, ni des démagogues exaltés : c'est pour la plupart des inspecteurs de police, des gens de la boîte. En quoi leurs témoignages pourraient-ils être suspects ?

S'ils ont dit vrai, il y a de quoi faire bondir le cœur de colère, de quoi le soulever de dégoût ! La torture est une des plus exécrables infamies de l'ancien temps. Quand on lit les tourments endurés autrefois par les prisonniers, ça vous fout le frisson, parole ! On croit rêver et l'on se demande si les scélérats qui commettaient ces atrocités étaient des cannibales ou des hommes civilisés ?... Enfin, la Révolution avait jeté aux ordures, pêle-mêle, avec les autres saloperies du passé, cette institution sauvage, qui suffirait à justifier les rigueurs de 93. Et, aujourd'hui, l'on vient nous dire : « La torture *préventive* exercée sur des individus parmi lesquels il peut y avoir DES INNOCENTS — n'est pas abolie ! » Cette monstruosité existerait encore — au dix-neuvième siècle — à l'heure qu'il est, en France, sous la République !... Allons donc, ça n'est pas possible !

Eh bien si, pourtant, c'est possible... Les agents de police subalternes ne sont pas précisément la fine fleur de la société. La preuve, c'est que si vous traitez de *mouchard* l'homme le plus conservateur, s'il a un peu de poil au cœur, il vous foutra une paire de claques. Pour faire ce métier-là, faut ne pas pouvoir en faire un autre. Je ne sais quel auteur disait que si, dans les bagnes, on remplaçait les forçats par les argousins, et les argousins par les forçats, ça resterait kif-kif. M'est avis que ce paroissien-là n'é ait pas tout à fait loufoque. Or, rien d'épatant à ce qu'il y ait à la préfectance des agents pétris de la même pâte que les argousins... Dernièrement, d'odieux et immondes scandales ont révélé des choses pas propres sur les agents des mœurs. Peut très bien se faire qu'il y ait d'autres agents brutaux et stupides qui, par un fond de méchanceté ou par un zèle idiot, exercent sur leurs prisonniers des violences abominables.

Faut que la lumière se fasse. Honnêtes gens, qui pouvons tous être arrêtés par erreur, nous avons intérêt à ce qu'elle se fasse prompte et grande : — Il y a du reste lieu de croire qu'on saura le fin mot de l'affaire : M. Gigot, préfet de police, a jugé une enquête nécessaire. Cela fait son éloge. Cela indiquerait aussi qu'il a trouvé au moins une apparence de vérité dans les révélations du procès de la *Lanterne*.

La vérité vraie, — espérons que les membres de l'enquête sauront la découvrir. Espérons aussi que, s'ils mettent la main sur des coupables, il provoqueront un châtiment exemplaire. Car il ne faut pas que la Police de la République suive les criminels errements de la Police impériale ; sa mission est d'empêcher, est de réprimer les violences : elle n'en doit jamais commettre.

<div align="right">JEAN POPULOT.</div>

Paysages Parisiens

~~~~~

LA NEIGE

La neige a tapissé Paris. — Ça m'a botté.

D'abord la neige, à voir, c'est de toute beauté.
Le matin, Paris semble un immense fromage
A la crème. C'est un coup d'œil girond. Dommage
Que, sur cette blancheur sans tache, les passants
Innombrables et qui s'en vont dans tous les sens,
De chacun de leurs pas laissent en noir la trace.
La neige est agréable à marcher. L'eau vous glace ;
Mais pas la neige ; et quand le froid pince trop sec,
On peut se réchauffer les patoches avec.
La neige enfin sera toujours par moi chérie,
Car elle me procure un brin de rêverie,
Et fait défiler, comme en songe, sous mes yeux,
Des tas de souvenirs, pénibles ou joyeux.

Je me souviens d'abord du temps où j'étais gosse.
Quand il avait neigé dans la nuit, quelle noce !
Ah ! les moutards !... Comme on rigolait en sortant
De l'école ! Fallait voir : c'était épatant.
On se livrait, malgré les sermons inutiles,
Une bataille avec de neigeux projectiles ;
Et quels rires, quand, par mégarde, et quelquefois
Par malice, on tapait sur le pif d'un bourgeois !...

Et puis, je vois passer devant moi la figure
De ma fraline Berthe, une enfant blonde et pure;
Si blanche que son corps semblait être pétri
Dans de la neige... Un gueux, un sâland, un pourri,
— Étudiant douillard ou vil gommeux, n'importe!—
La séduisit et nous l'enleva. — Berthe est morte.
Pour moi, grâce au contact du riche malfaisant,
Et son âme candide est salie à présent,
Neige que des souliers boueux ont piétinée! —
Filles pauvres, ainsi c'est votre destinée
De servir d'instruments à d'immondes plaisirs.

Je trouve dans la neige encore maints souvenirs :
Noces, enterrements, gaîtés, douleurs...

'La neige'
Enfin me fait penser aux jours tristes du siège;
Et je donne une larme à mes vieux camaros,
A tous les braves gens qui laissèrent leurs os
Sous Paris, pour la France et pour la République.
Ils allaient, troupe allègre, et pourtant famélique;
Ils marchaient le front haut, gaîment, l'air martial;
Ils tressaillaient de joie à l'appel du brutal;
L'amour de la patrie emplissait leur pensée;
Ils dormient maintenant sous la terre glacée.

BIBI.

LE COMBLE DE LA NAIVETÉ

—o—

Aller à la Préfecture de police pour demander quatre sous de *tabac*.

SILHOUETTES DE PROLÉTAIRES

—o—

L'APPRENTIE

Elle s'appelle Jeanne. Douze ans à peine. Et déjà en apprentissage. Chez une plumassière. Des plumes, il s'envole une poussière fine qui, parfois, rend poitrinaire.

Chafouine, maigriotte, Jeanne a les pâles couleurs, la chlorose habituelle des petites Parisiennes. Avec cela, ignorante : elle sera sans défense contre le vice. Il faudrait à son corps le jeu, la vie libre, le grand air; à son âme, l'école. La misère la condamne au travail. Pauvre être ! N'est-ce pas un crime ? Mais qui est coupable ? Hélas ! la société, tout le monde, — c'est-à-dire personne.

Parlons d'une responsabilité plus tangible.

×

La patronne de Jeanne, Mme Bouleau (au lieu de ce nom inventé, j'en pourrais écrire un véritable : mais dénoncer des bourreaux est chose sévèrement punie) doit à ses apprenties le logement, la nourriture, le blanchissage et l'habillement. Ses apprenties en retour lui doivent leur travail.

Voyons comment sont exécutées, de part et d'autre, les conditions de ce contrat.

×

Jeanne se lève en été à quatre heures et demie. Il faut qu'à cinq heures elle soit à la besogne. Jusqu'à minuit elle travaille.

L'hiver elle ne se lève qu'au jour. — Economie de bouts de chandelle. — En revanche elle travaille jusqu'à deux heures du matin.

Elle a une tâche à remplir. Pour être sûre qu'elle la fait, Mme Bouleau l'oblige à compter tout haut, au fur et à mesure, les brins de plume qu'elle colle; ce qui éreinte la poitrine.

Les jours de fête, le jour de Noël, par exemple, Jeanne travaille comme de coutume.

Tous les samedis soirs, il faut qu'elle nettoye à fond l'atelier, l'appartement, les cabinets ; qu'elle lave par terre à grande eau.

C'est elle encore qui va faire les commissions et lave le linge.

- Pour la patronne, l'apprentie est une bonne qui rapporte au lieu de coûter.

×

Il est convenu que Jeanne sortira tous les quinze jours. En fait, elle ne sort guère qu'une fois par mois. Encore est-elle privée de sortie assez souvent, quand sa patronne est mécontente d'elle, — ou quand il y a de l'ouvrage pressé. Alors on l'enferme dans une chambre avec une tâche déterminée.

Les jours où elle sort d'ailleurs, Jeanne n'a pas congé complétement : il faut que, le matin, avant de s'en aller, elle abatte de la besogne pour quarante sous, au moins.

Aucun événement ne pourrait arracher à Mme Bouleau une sortie de plus que celles qu'elle accorde avec tant de parcimonie. Ainsi, le grand-père de Jeanne est mort : Mme Bouleau a bien été forcée de permettre à l'enfant d'aller à l'enterrement. Mais il a fallu qu'aussitôt le vieillard jeté dans la fosse, Jeanne revint dare-dare à l'atelier rattraper le *temps perdu* ! Mme Bouleau est imbue de cette vérité : que le temps de ses apprenties, c'est de l'argent pour elle; aussi économise-t-elle ce temps le plus possible.

×

En retour de ce travail, devant lequel un nègre reculerait, quels avantages Jeanne trouve-t-elle chez sa patronne ? Voici.

D'abord, point d'heures fixes pour les repas. Les apprenties mangent, non quand elles ont faim, mais quand cela plaît à la patronne. La nourriture est ignoble. On est mieux nourri dans les prisons. *Pas de vin.* En outre, on ne mange pas à sa faim. Si Jeanne ose redemander du pain, Mme Bouleau la foudroie d'un regard furibond et lui en coupe une rondelle dérisoire. Aussi toutes les fois que Jeanne a reçu de ses parents quelques sous, ce n'est pas un ruban qu'elle s'achète ; c'est du pain !

Pas de café, bien entendu. Quand Jeanne en sollicite, — car le café soutient, et elle est à bout de force, — il faut *qu'elle le paye, non seulement pour elle, mais pour les autres apprenties,* ET POUR SA PATRONNE !

×

Mme Bouleau doit vêtir Jeanne. Aussi Jeanne est-elle vêtue à peine. Sa robe misérable est toujours pleine de trous : Jeanne, travaillant sans relâche pour sa patronne, n'a pas le temps de se raccommoder.

Elle couche dans un cabinet noir. Au petit lit de fer fourni par les parents, la patronne a mis un matelas horriblement dur et une seule couverture. Mais qu'est-ce que ça fait que Jeanne soit mal couchée ? Elle a si peu de temps à dormir !

Elle se blanchit elle-même, comme elle peut et quand elle peut.

Quand au chauffage, c'est un mythe.

✕

Tout cela est épouvantable, n'est-ce pas ? Ce ne serait *rien*, — sans les mauvais traitements.

Tous les jours, pour un oui, pour un non, Jeanne empoche cinq ou six baffres : une claque par-ci, une claque par-là. Lorsque, vers neuf heures du soir, abrutie, éreintée, elle s'endort sur la besogne, un bon soufflet la réveille. Tous les trois ou quatre jours, elle reçoit une roulée en règle : Mme Bouleau lui tombe dessus à coups de poings, à coups de pied, lui arrache des poignées de cheveux. Un jour, Jeanne avait la figure pleine de bleus ; un fournisseur, indigné, parlait de prévenir le commissaire : Jeanne l'a supplié de n'en rien faire. Crainte d'être assommée. — Une autre fois, sa patronne lui a lancé une paire de ciseaux qui lui est entrée dans la main, profondément. Il a fallu qu'elle continue de travailler, avec sa pauvre petite menotte blessée et tuméfiée.

✕

Jeanne, du reste, n'est point le *pâtira* privilégié de Mme Bouleau ; la mégère traite de même toutes ses apprenties. Il y en a une qui a été tellement battue qu'elle a, dans la tête, des douleurs intolérables. Elle a un dépôt, peut-être...

Les pauvres petites n'osent se plaindre. Quand leurs parents viennent les voir, Mme Bouleau les cajole, les chouchoute si bien, l'hypocrite, que, si elles se plaignaient, on ne les croirait pas.

Une fois pourtant, sur les dénonciations des voisins, Mme Bouleau faillit être inquiétée. Mais elle promit à ses apprenties de leur donner à chacune une belle robe, si elles ne disaient rien. Séduites, les fillettes obéirent, et Mme Bouleau en fut quitte pour la peur.

Il va sans dire que, l'orage apaisé, il ne fut plus question des « belles robes. »

✕

Quand la patronne est bien lunée, l'âme des apprenties souffre de sa bonne humeur, comme d'ordinaire leur corps de sa mauvaise. Elle leur apprend des mots ignobles, leur chante des chansons obscènes, leur conte des histoires ordurières.

Bref, elle échine ses apprenties, les roue de coups, et les corrompt.

✕

Jeanne en a pour cinq ans de cette existence infernale.

Au bout de cinq ans — si elle n'est pas morte à la peine ou ne s'est pas enfuie, à bout de patience, pour sombrer presque fatalement dans le gouffre de la prostitution — elle sera ouvrière, c'est-à-dire pourra, en travaillant outre mesure, gagner 2 à 3 francs par jour...

Par conséquent, si personne ne lui vient en aide, et si elle ne trouve pas tout de suite un brave ouvrier qui l'épouse, elle sera obligée de prendre un amant *pour vivre*...

✕

Et voilà, ô riches, l'épouvantable enfance à laquelle souvent l'apprentissage condamne les pauvres filles, et le triste avenir que leur réserve l'insuffisance des salaires.

MARTIAL.

POUR S'AMUSER

Cré nom de Dieu ! en quoi avez-vous la foule, citoyens devins ? En fer ou en bois ? Combien de fois faut-il vous répéter les mêmes choses pour vous les incornifistibuler dans la sorbonne ?

1° On vous a dit que *toute solution arrivant après midi, le mercredi qui suit la fulgurante apparition de la glorieuse* **P. L.**, serait f…utue aux cabinets, — et vous nous expédiez des solutions de problèmes d'il y a quinze jours ! Qu'est-ce que vous dites ? « Les neiges ont causé des retards... » Pas de mauvaises raisons !

2° On vous a dit que *la* **P. L.** *était* INFAILLIBLE, comme un pape, — et vous nous adressez des réclamations !!!... C'est trop de toupet ! Et vous vous figurez, tas de devineurs à la manque, que nous avons la place et le loisir de vous répondre, nous qui devons en six colonnes éclairer le monde chaque semaine ?

Allons, ne pleurez pas, la **P. L.**, dont la clémence étonnerait par sa largeur M. Dufaure lui-même, vous pardonne pour cette fois... Mais n'y revenez plus, ou gare !

Et maintenant, occupons-nous de choses sérieuses.

Vaste Concours de l'Œuf de Pâques

N° 6

Mots en triangle à compléter

```
. . . . .
. . Y .
. . R
. X
L
```

Solution du n° 5

```
J U I F
U R N E
I N D E
F É E S
```

On devine. — Le grand Paul. — O. B. L. C. — Drumont. — Cold-cream. — Artaban. — L'abbé Mol. — La tintfleur. — Ernest Guyon. — Grincheux de Besançon. — Eugène Arthot. — Un vieux pit e.

Le Gérant : Auguste de la BILLETTE.

Imp. du journal *La Petite Lune* : A. de la BILLETTE 5, rue Coq-Héron, 5.

Nº 35   Nº 35

LA PETITE LUNE

Bureaux : rue Coq-Héron, 5   Dessins de GILL   Abonnem^{ts} : Paris, 3 fr. — Dépar^{ts}, 3 fr. 50

UNE BLAGUE

— Quoi qu'i' d'vient? Non, j' sais pas.
— Eh ben, i va s'faire cantonnier.
— Qué blague ! Pourquoi cantonnier ?
— Parce que : *Cant-on-nier*, on y reste !

VIVE GRÉVY

Vive le nouveau Président de la République !

~~~~~~

Frangins et aminches,

Vous devinez la grande joie causée à Jean Populot par l'événement du 30 janvier, et vous la partagez sans doute. A la bonne heure ! c'est de la bath ! c'est de la choquotte ! La République, qui avait une chambre républicaine et, depuis peu, un sénat républicain, a désormais un président républicain. C'est complet. Il n'est pas trop tôt. Nous avons assez attendu pour être enfin récompensés de notre patience. Ça y est : réjouissons-nous !

Maintenant la petite République est arrivée à l'âge de raison, et va commencer à marcher sans lisière, toute seule, — comme une grande fille ! Elle n'a plus à redouter de faux pas, ainsi qu'aux 24 et 16 mai, où, de perfides ennemis ayant semé des traquenards sous ses pieds, encore chancelants, elle faillit tomber et se casser la margoulette. Plus d'entraves, d'obstacles, de pièges. On peut se mettre à travailler avec tranquillité et confiance, et aller de l'avant sans crainte !

Ce qu'il y a eu d'épatant, ce que je trouve d'admirable, c'est la simplicité, la promptitude, le calme avec lesquels s'est accompli ce grand acte du remplacement de M. de Mac Mahon par M. Grévy. La France a appris presque en même temps la démission de l'un, l'élection de l'autre. Et cela sans secousse, sans anxiété, sans un rassemblement, sans une seconde de trouble. Les réacs doivent pas rigoler, car ça montre un des bons côtés de la République. C'est pas dans une monarchie que les choses se passeraient de la sorte ! La démission d'un président de République, c'est comme l'abdication du roi dans une monarchie. Seulement jamais un roi n'abdique sans un chambardement du diable : potin, chahut, pavés remués, coups de fusil, émeute, révolution ; bref, le pays sens dessus dessous pour un bout de temps. Charles X abdique ; ça n'empêche pas la révolution de 1830. Louis-Philippe abdique : ça n'empêche pas celle de 48. En République, au contraire, voyez : M. de Mac Mahon démissionne ; personne ne s'en inquiète ; le Congrès se rassemble ; on vote, — et il n'y a rien de changé en France : il n'y a qu'une redingote mise à la place d'un uniforme.

Après la chose de voir un homme, qui ne gobera jamais la République, remplacé par un républicain sincère, ce qui me botte le plus c'est de voir un pékin aux lieu et place d'un militaire. Selon ma petite jugeotte, c'est une bonne, une excellente chose. Je vas vous dévider mes raisons. En France nous avons un défaut, qui nous a joué plus d'une fois de foutus tours : nous sommes badauds, jobards, amateurs de représentations. Un monsieur qui n'est pas habillé comme tout le monde nous épate. On se culbute comme des loufoques pour l'admirer. Quand je pense que Paris a reçu avec enthousiasme un despote oriental, un gueux infâme, un monstre, le Shah de Perse, parce qu'il avait un costume de chic-en-lit, ça me fait mal. Mais voilà : nous gobons les galons, les panaches, les *ra* et les *fla* roulant sur les peaux d'ânes, les chevaux caracolant sous de riches caparaçons... c'est avec ces trucs-là que Badingue avait pigé un tas de pantes. On sait ce qu'il nous en a cuit... Ça serait pas dommage de guérir de cette sacrée maladie. L'élection Grévy fera la cure. Lorsque l'on verra un simple bourgeois se tirer d'affaire aussi bien, n'être pas plus empêtré, pas plus dépourvu d'autorité et de dignité que le plus doré des princes et des ducs, — panaches, galons et uniformes perdront leur dangereux prestige.

Outre ça, la place de Président convient rudement mieux à un avocat, à un homme qui a fait partie des assemblées, qui a joué un rôle politique, qu'à un militaire. Opinions à part, on n'a pas à craindre d'un pékin les mêmes coups de tête que d'un soldat. Habitué à commander sans réplique, à voir exécuter ses ordres au doigt et à l'œil, le militaire ne peut s'empêcher de garder dans la politique ses façons de maître. M. de Mac Mahon l'a trop prouvé en faisant le 16 mai. — Une fois le coup raté, il a montré encore l'incapacité politique des militaires en perdant complètement la tête. Il pouvait se démettre ou se soumettre ; il ne s'est pas démis, et il ne s'est pas non plus soumis entièrement ; en sorte qu'après un an d'hésitations, de conflits et de piétinements sur place, il a été obligé de recourir à une démission tardive. Au contraire, avec un bourgeois, comme Grévy, pas de risques : il doit comprendre, lui, que le rôle d'un président de République consiste uniquement à exécuter et faire respecter les volontés de la nation ; jamais il n'est tenté de se gendarmer contre.

Pour ces raisons et un tas d'autres — où il faut compter la ruine du dernier espoir des Broglie, Fourtou et consorts, de la société Ratapoil, Basile et Cie, — faut se frotter les mains de l'élection du 30 janvier. Tous les bons bougres doivent trinquer à la santé du nouveau président de la République française !...

C'est un ouvrier corroyeur qui a gagné le gros lot à la loterie du Trocadéro, — et j'en jubile : j'aurais vraiment marronné, si le gagnant avait été un riche ! Eh bien, on dirait que cet arrêt du hasard était un présage de ce qui vient de se passer : la République aussi vient de gagner le gros lot à la loterie de la politique.

<div style="text-align:right">JEAN POPULOT.</div>

———————+≡≡≡≡◄‹———

GAMBETTA

PRÉSIDENT DE LA CHAMBRE

———

Gambetta n'est plus désormais
De l'Assemblée un simple membre ;
Le voici qui monte aux sommets :
C'est lui qui préside la Chambre.

Ratapoil grince à ce coup-là,
Et Basile enrage sans doute ;
Car ils voient bien qu'il n'est que la
Premièr' Présidence qui coûte.
~~~~~~

LES CLASSEDIRIGEANTS

Comment on se marie dans la haute

Il était une fois un duc, avantageusement connu dans le monde de la politique. Et ce bon duc battait la dèche

Entendons-nous, croquants, besogneux, misérables : point ne s'agit de votre noire, sordide et dégueulative misère. C'était dèche ducale et aristocratique, dèche de bonne mine et de grande allure. Croyez que le duc n'avait aucune de vos sales petites dettes criardes de quatre sous : il avait des dettes de haut rang, conséquentes, imposantes et trop bien élevées pour oser rouspetter un mot. La panne de M. le duc, d'ailleurs, ne lui ôtait pas un atome de son impertinence, de sa morgue, de son insolence natives. Il avait, à proprement parler, une tête à claques.

Notez qu'il possédait un fils, — que j'appellerai le marquis, puisque son père était duc,— lequel commençait d'être en âge de prendre femme. Mais les douairières du noble faubourg semblaient peu empressées de lui jeter leurs filles à la tête, vu sa position précaire.

* *

Le père et le fils demeuraient ensemble. La splendeur séculaire de leur nom eût voulu un hôtel. Mais la misère les forçait à se contenter d'un luxueux appartement, composé d'un tas de pièces, au premier étage d'une maison superbe, dans l'une des plus belles rues de Paris. Pauvres gens !

Dans la même maison végétait, en haut, tout en haut, sous les toits, au comble des combles, un gratte-papier nommé Raymond... Un petit emploi l'occupait dans la journée. Le soir, il copiait des rôles d'avoué ou autres paperasses du même genre. Cela lui rapportait juste de quoi ne pas crever de faim. Mais, à défaut de rentes, le sort avait doté cet homme d'une âme obséquieuse, intrigante, servile, ce qui vaut mieux peut-être que des rentes. Raymond n'attendait qu'une occase pour mettre au jour ses qualités courtisanesques et en tirer gloire et profit.

* *

Il arriva que, plusieurs fois, le duc et Raymond se croisèrent dans les escaliers, dans la cour. Raymond aussitôt d'enlever son couvre-chef, de s'aplatir contre le mur comme une punaise, et de balayer la poussière avec ses cheveux. Cette souplesse d'échine plut au duc. Il s'intéressa à un homme doué de reins si élastiques. Il fit prendre par son valet de chambre des renseignements touchant Raymond. Instruit de la position misérable du gratte-papier, il lui donna des manuscrits, documents, lettres à copier. Comme Raymond calligraphiait à ravir Brard et Saint-Omer, le duc continua de l'employer.

Raymond en profita pour se tenir, en interrogeant les laquais, au courant des affaires du duc. Un bon intrigant ne doit jamais négliger de prendre des informations partout et sur toutes choses..

* *

Raymond avait une bonne amie, corsetière de son état. Il l'avait mise à mal et lui avait promis le mariage. Mais s'épouser, c'eût été marier la famine et la disette.

Florina, la corsetière, parmi ses clientes comptait la fille unique et unique héritière d'un financier fameux et archi-millionnaire, Mlle Charlotte Z... Fine comme une soubrette de l'ancien répertoire, Florina s'était attiré les bonnes grâces de sa pratique, en s'extasiant sur la splendeur de ses appas, toutes les fois qu'elle lui essayait un corset neuf.

Raymond et Florina n'avaient point de secrets l'un pour l'autre, toujours en quête d'un gain qui leur permît de convoler, se contaient tout ce qu'il avaient vu et appris. Un soir, Florina dit à Raymond que Charlotte n'avait qu'une idée : changer le nom roturier de son père pour un vocable à particule.

— Que ne le disais-tu plus tôt? s'écria Raymond : nous sommes riches !

* *

Le lendemain, il sollicitait du duc une audience qu'il obtint. Qui fut surpris ? ce fut le duc, qui croyait à une demande de secours, lorsque Mons Raymond lui offrit de faire épouser des millions au marquis son fils.

Après explications, le duc — dont à ce moment les embarras pécuniaires devenaient menaçants — sans même consulter son fils — donna licence d'agir à Raymond.

Aussitôt Raymond fit proposer la botte à Charlotte Z... par Florina. Etre marquise !... Charlotte Z... dit : oui, sans hésiter, et donna à Florina licence d'agir.

Quelque temps encore Florina et Raymond firent la navette entre le marquis et Charlotte. Les futurs ne se connaissaient ni des lèvres ni des dents. Qu'importe ? Ne s'épousaient-ils pas uniquement, elle pour un titre de marquise et lui pour des titres de rentes ? L'affaire fut bientôt bâclée.

Ainsi la Noblesse s'unit à la Finance par l'intermédiaire d'une corsetière et d'un gratte-papier.

Il va sans dire que Raymond se fit octroyer une commission sterling sur les millions de Charlotte. Il est maintenant le légitime époux de Florina et le propriétaire d'une délicieuse maison aux environs de Paris.

Et vous comprenez, n'est-ce pas ? quel souverain mépris tous ces personnages distingués doivent avoir pour les gueux qui épousent — par amour — des filles sans le sou !

VIDAME OSKAR.

La Levrette et le Gamin

~~~~~~

Ecoutez l'histoir' du gamin,
Du gamin et de la levrette !
L'un demeurait à la Villette ;
L'autre habitait faubourg Germain !

C'était une levrette exquise ;
Je n'sais plus comment ell' s'app'lait ;
Mais c'était la chienn' d'un' marquise,
Qui de la levrett' raffolait.
C'te p'tit' bête était adorée,
Tell'ment qu'aux Tuil'ri's, chaque jour,
On l'envoyait faire un p'tit tour
Avec un larbin en livrée !

Quant au gamin, c'était l'gavroche
Qui parcourt Paris en tous sens,
Et qui, sans peur et sans reproche,
Flân', rigole et blague les passants.
Or, un jour qu'aux Tuil'ri's (mazette !
Ça se cors' comm' du Montépin !)
Il était planté d'vant l'bassin,
Précisément pass' la levrette...

Contre le goss' levant la patte,
La levrett', — cett' chienn' de salon, —
Avec un' morgu' d'aristocrate.
Lui compiss' tout son pantalon.
Le gamin sent l'pipi qui l'mouille,
I s'retourne, i fait du potin...
Mais de la levrett' le larbin
Le trait' de p'tit' gouape et d' fripouille !

L'gamin, jurant de s'venger, file
La bête et l'laquais sans êt'vu...
Jusqu'à leur noble domicile
Il les suit d'loin, à leur insu...
Su' l'pas d'la porte, au bout d'une heure,
La p'tit' levrett' vient prendre l'air...
L'gamin l'empoign', prompt comm' l'éclair,
Et l'entrain' loin de sa demeure !

Il lui fit faire, à la Villette,
Connaissanc' d'un caniche affreux...
La levrette agit en levrette !
Ell' prit l'canich' pour amoureux,
Deux jours plus tard, dans la soirée,
Lâchée enfin par le gamin,
Ell' reparut faubourg Germain...
Mais elle était déshonorée !

Peu d'temps après, ell' mit au monde,
Non sans quelqu's douleurs de reins,
Six cabots d'un' laideur immonde,
Bâtards, p't-êt' même adultérins !...
Mais l'plus bath de l'historiette
C'est qu' la marquis', tout récemment,
A pris son cocher pour amant,
Histoir' d'imiter la levrette !

Et voilà l'histoir' du gamin,
Du gamin et de la levrette !
Quel triomphe pour la Villette !
Quel deuil pour le faubourg Germain !

                     BIBI.

POUR S'AMUSER

~~~~~

Vaste Concours de l'Œuf de Pâques

—

N° 7
Charade :

Devant une — *un, deux* — mon *tout*,
On éprouve du dégoût

—

Solution du n° 6

H O T E L
O N Y X
T Y R
E X
L

Ont deviné. — Un indigène de Crosnes. — Parissi-Lasorti. — La fine fleur. — Loup-Phoque et Chat-Ours. — Dranem. — Les deux petits Isidore. — Eug. Arthot. — L'Œdipe de la rue du Jour. — Turbin de vapeur. — Parpaillot. — E. Guyon. — S. pris de vin. — Un vieux pitre. — May fils tôt fait l's. — Un Prussien à Bruxelles. — Reinruof. — Grincheux de Besançon. — A. Le Houx. O. B. I. C. — Jean Bambois. — Deux écoliers. — Deux des vingt ans. — L'abbé Lomère. — Deux âmes vierges.

Noms à ajouter aux solutions du n° 5. — Surlelipudam. — Jean d'Armery. — Parpaillot. — Loup-Phoque et Chat-Ours. — Boule-Blanche. — Deux âmes vierges.

~~~~~

Note a Benêts. — Prière de ne pas envoyer une demi-douzaine de solutions, mais *une seule.* Tant pis si ça n'est pas la bonne, celle de la **P. L.** ! Vous comprenez qu'en envoyant tous les mots du dictionnaire, on aurait trop de chances de foutre le mot juste dans le tas. Donc : *Une seule solution* ou aux goguenots !

Reçu des jarretières de chasteté

Déjà sa vertu chancelait,
Mais à l'abri de cette égide,
Qui de tout attentat perfide
Saura protéger son mollet,
Elle est sûre d'être rosière.
Que la **P. L.** en sera fière !!

La plus favorisée des Deux-Ames-Vierges.

Le Gérant : Auguste de la BILLETTE.

Imp. du journal *La Petite Lune* : A. de la BILLETTE, 5, rue Coq-Héron, 5.
~~~~~

No 86   5 C^{es}

LA Petite LUNE

Bureaux : rue Coq-Héron, 5   Dessins de GILL   Abonnem^t : Paris, 3 fr. — Départ^t, 3 fr. 50

LE SOLEIL DE FRANCE

Amnistie ! Amnistie !

AUX AMINCHES

A PROPOS DES PREMIERS BEAUX JOURS

Frangins et aminches,

Je me sens tout ravigotté, tout content, tout barbouillé d'aise. Non que j'aie gagné quoi que ce soit à la Loterie nationale. C'est pas comme certains personnages politiques qui ont gagné, m'a-t-on dit, des matelas destinés à amortir les chutes. Moi, j'ai pas seulement un paquet de bougies à retirer. Bah ! je m'en console : si j'ai rien eu, d'autres ont eu, tant mieux pour eux. C'est la chance ! Jean Populot n'est pas envieux ; il n'a pas de poil dans la main et ne canera jamais devant la masse. Quand, comme vous et moi, on turbine depuis l'âge de raison, on n'est pas taffeur de turbiner jusqu'à la fin de ses jours.

Ce qui me cause de la joie, c'est le beau temps. J'aime pas l'hiver. L'hiver est rude aux pauvres bougres. C'est pas drôle d'aller au travail l'onglée aux doigts, les pattes trempées et gelées. Puis il y a ses surcroîts de dépenses : la chandelle, le feu ; et les épicemars et les fouchtras ne donnent pas leur marchandise. Encore bien heureux, quand ils ne vendent pas à faux poids. — Enfin il y a les maladies, les rhumes, les maux de gorge, toute la satanée boutanche. Tant qu'on peut aller, ça va : mais quand faut se coller au pieu, lâcher le travail, c'est pas cocasse. C'est tout de suite des cinq, six journées de perdues, et des drogues à payer chez le pharmacope. Tout ça n'est pas gai.

Aussi, dès qu'il commence à faire beau, clair et chaud, faut se frotter les mains, se gaudir et boire un coup à la santé du renouveau. Il y a bien quelquefois des alternances de chaud et de froid, de sec et de pluie. L'hiver, qu'on croyait cavalé, s'amuse à faire des niches au monde, à jouer à : *Coucou ! ah ! le voilà !* comme un grand serin qu'il est. Mais ça ne dure pas. Une fois que le soleil a montré le bout de son nez, on peut pousser un soupir de soulagement, et se dire qu'on est sorti de l'embêtement, de la froidure et du gâchis. Tout sort du gâchis à cette heure : il semble que la nature a voulu imiter la République.

Oui, c'est bien les premiers beaux jours ! C'est pas dommage. On va donc pouvoir aller à son turbin tranquillement, gaîment, de bon cœur. On sautera du poussier sans avoir la couenne piquée par le froid. Au lieu de se lever au demi-jour, dans une brume crépusculaire qui, des fois, force à allumer sa chandelle, on se lèvera dans de la clarté, en même temps qu'une belle aurore. On est habillé en un tour de main. Un baiser à la ménagère. aux gosses, et en route, mauvaise troupe ! On chemine d'un pas allègre, en humant à pleins poumons la bonne fraîcheur du matin, en sifflottant un air joyeux, en blaguant de choses et d'autres avec les camerluches rencontrés. On arrive à l'atelier, à l'usine, dispos, bien d'aplomb : on masse crânement,

dur et vite, et l'on n'est pas attrapé par le singe. Et le soir, après dîner, au lieu de rester claquemuré chez soi, avant de roupiller, on va avec la bourgeoise et les mioches faire un petit tour de balade et prendre une canette à la porte d'un mastroquet...

Et le dimanche ! c'est ça qui est bath, les dimanches de la belle saison. Toute la smala se lève de grand matin, se nettoie de fond en comble, met son linge blanc et ses pelures chenues. Des camaros viennent vous prendre. On emporte des provisions, et houp ! on fiche le camp hors Pantin ; on va à Clamart, à Meudon, avaler de la poussière, prendre de l'appétit, se mettre au vert pour une journée. On bouffe sur l'herbe ou sous la tonnelle d'un troquet des environs, au bord de l'eau. Et tout le monde rigole et jubile. C'est si gentil, les bois, les feuilles, la mousse, et l'air de la campagne emplissant la poitrine, et du ciel bleu au-dessus des têtes.

Puis là, pas de cohue qui vous pousse et bouscule. De temps en temps seulement on rencontre des sociétés qui font une partie, comme vous ; — ou bien deux amoureux qui marchent à pas lents, se tenant par la taille et se causant bouche à bouche... Ça, par exemple, ça me fait de l'effet, parce que ça me rappelle ma jeunesse. Ça me rend tout gaillard... Vrai, Françoise a pas à se plaindre de ces promenades-là... Parole d'honneur ! Faudrait pas parier qu'à la fin de cette année y aura pas un petit Populot de plus... Eh ! s'il aboule, il sera le bien accepté et nous ferons de lui un bon bougre.

Vivent donc le printemps, le soleil, les feuilles vertes et la bonne nature !

Puissent les beaux jours qui arrivent être de longue durée ; puisse notre ciel se rasséréner de plus en plus — et pour tout le monde, car, vrai, ça me gâterait un brin ma joie si je pensais qu'à l'heure où je me pousse de la rigolade, il est des Français, malheureux, désespérés, qui gémissent et souffrent, sous l'horreur de cieux incléments.

JEAN POPULOT.

Les p'tites Ouvrières parisiennes

LES P'TITS BAQUETS

De gentill's frimousses,
De jolis quinquets
Et des mœurs très douces,
V'là les p'tits baquets;
Ces minois si coquets
C'est les p'tits baquets !

Toi qui, dans des vers — étranges —
Monselet, les célébras,
Tu le sais, ce sont des anges
Ayant des paniers aux bras.
Aussi maint célibataire
— Le jour du petit baquet —
Dès que le soleil l'éclaire,
Impatient, fait le guet.

Si l'on n'est laid comme un singe
Quand on les rencontre, on peut
Offrir de porter leur linge
Pour les délasser un peu.
Mais, si votre air, votre tête
Étaient faits pour l'agacer,
Le petit baquet, pas bête,
Vous prierait de *repasser*.

Un argotier qui, sans doute,
Sur leur compte s'est trompé,
A « *petit baquet* » ajoute
L'épithète d'*insolpé*.
Non : décent est leur langage,
— A moins d'un embêtement...
Dame, dans le blanchissage,
On *mousse* facilement.

En dépit de leurs manières,
Vous pouvez, sourds aux caquets,
Pour dégotter des rosière,
Puiser dans les p'tits baquets :
Quand même elles sont noceuses
Et nocent matin et soir,
Les petites blanchisseuses
Ne manquent pas de *lavoir* !

De gentill's frimousses,
De jolis quinquets
Et des mœurs très douces,
V'là les p'tits baquets ;
Ces minois si coquets,
C'est les p't'ts baquets !

BIBI.

FAITS DIVERS

L'INCESTE

Un journaliste — réactionnaire — écrivait dernièrement que dans les classes pauvres souvent les petites filles étaient séduites par des hommes de leur sang : leurs frères, — quelquefois même leurs pères.

Si l'assertion était vraie, la chose ne serait pas absolument surprenante.

En effet, l'extrême dénûment dégrade l'être humain, l'animalise, lui enlève la notion du bien et du mal, en fait une brute au cerveau embrumé de ténèbres de jour en jour plus épaisses. De plus, la misère contraint les membres des familles pauvres à végéter tous ensemble comme des bêtes, dans le même taudis, le même chenil, la même bauge. On est forcé de se déshabiller, de se coucher, d'accomplir tous les actes de la vie les uns devant les autres.

Il y a des familles qui n'ont qu'un grabat : père, mère, enfants dorment dessus pêle-mêle. Que cette promiscuité tue la pudeur — je ne dis pas le sentiment de la pudeur, la pudeur morale, humaine, raffinée, mais même ce vague instinct que possèdent certains animaux, — à cela quoi d'étonnant ? Ajoutez les appétits violents de la chair, éveillés et surexcités jusqu'à la frénésie par les constantes privations, et vous admettrez sans peine que puissent se produire des rapprochements dont, pourtant, la seule pensée fait horreur.

Eh bien, malgré ces remarques cruelles, malgré l'affirmation du journaliste précité, — l'inceste est un crime heureusement rare.

Cependant, le cas se présente.

Chez les pauvres, il offre les circonstances atténuantes que j'ai dites.

Et chez les autres, rencontre-t-on des exemples de ce forfait épouvantable ?
Oui.

Vous vous récriez ? vous croyez la chose impossible ?
Écoutez !

×

Il y a quelques années, un homme — un monstre — père de deux filles, séduisit la plus jeune. Elle avait treize ans. A cet âge, il n'y a pas de séduction : toute séduction est un viol moral. Puis la crainte d'une enfant pour son père la doit livrer sans défense à d'infâmes passions.

Un jour, malgré son extrême jeunesse, la pauvre fille devint enceinte. Effroi du père. Son crime va devenir manifeste. Comment le cacher ?

Hélas ! par un autre crime. — Toujours !

Donc, accouchement clandestin, meurtre du nouveau-né, qui est enseveli nuitamment dans un jardin.

Après cet effroyable drame, — capable de glacer le plus intrépide, — sans doute le père, terrifié, cessera d'être l'amant de sa fille ?

Non ! Dans sa bestiale folie, il ne recule même pas devant la future possibilité d'un nouveau crime nécessaire...

Et quand cette nécessité se représente, quand la jeune fille redevient enceinte un an après, un second infanticide est perpétré...

Mais, cette fois, l'égorgeur fait bouillir le petit cadavre dans une marmite, afin de le désosser !

Cela, n'est-il pas vrai, dépasse tout ce qu'on peut rêver de plus hideux, et des cannibales frissonneraient à ce récit ?

×

Des années se sont passées depuis lors.

Le misérable assassin vivait tranquille, placide, sans remords.

C'est, il y a peu de jours — d'après un mot échappé à la fille aînée, à la sœur de la victime, chez un notaire, dans une discussion d'intérêts avec son père — que la justice, instruite du crime, a arrêté le coupable. Les témoignages, la découverte des squelettes, les aveux de l'accusé, ne laissent point de doutes sur la réalité de tant d'horreurs...

De cette épouvantable tragédie, il ne reste plus qu'un acte à jouer : le châtiment.

×

J'ai raconté brièvement ce sinistre faits-divers. On a pu lire ailleurs de plus amples détails. Ce qui importe, c'est ceci :

Supposez que l'auteur de ces forfaits immondes soit un ouvrier, un pauvre homme : à quelles tartines se seraient livrés certains journaux sur la dépravation et la férocité du peuple !...

Mais, quand on va chez un notaire, quand on a des discussions d'intérêts, on n'est pas précisément pauvre...

D'ailleurs, les journaux ont dit la qualité de l'incestueux assassin :

C'est un propriétaire-cultivateur d'Argenteuil. Il ne s'agit donc pas d'un homme réduit à l'indigence.

×

Cela prouve qu'en ces tristes matières il faut laisser de côté les déclamations et les vaines palabres. Le crime est le stigmate de l'humanité entière, non celui de telle ou telle classe de la société. Il est des scélérats pauvres, il en est des riches, et peut-être leur richesse ou leur pauvreté modifie-t-elle peu leur scélératesse.

Seulement les pauvres ont deux excuses que n'ont pas les riches : l'ignorance et le malheur.

MARTIAL.

LA MUSE A BIBI

Nous l'annonçâmes à l'avance...
Mais quoi ! par mainte circonstance
Douloureuse, par la malchance,
Son tirage fut arrêté.
Le monde, plein d'anxiété,
Se sentait devenir loufoque.
« —Quand donc, à quelle heureuse époque,
Criait le public ébaubi,
Paraîtra la *Muse à Bibi* ?... »

Elle est parue ! elle est parue !
Allez chez Heymann, 15, rue
Du Croissant, où, sans cesse accrue,
La foule accourt; à votre rang
Faites queue aussi ; pour un franc
Vous acquerrez un exemplaire
De ce chef-d'œuvre populaire,
Et vous serez charmé, ravi,
En lisant la *Muse à Bibi* !

AVIS AUX ASSASSINS

La vogue de l'*Assommoir* a mis l'assommement à la mode. — Pas de jour où des pantes ne se plaignent d'avoir été un peu cabossés la nuit précédente.

Ces histoires-là m'ont l'air bien exagérées. Et puis, croyez-vous que les assommeurs travaillent pour leur plaisir ? Donnez-leur des rentes ; vous verrez s'ils ne lâchent pas l'attaque nocturne.

Du reste, les rédacteurs de la P. L. leur font savoir qu'ils rentrent toutes les nuits, à deux heures du matin, Faubourg Jacques. Nous parions un litre qu'il ne nous arrivera rien !

Par exemple, ce qui nous renverse, c'est la surprise manifestée par Monselet en apprenant que, dans une attaque récente, l'arme employée par les agresseurs était un *os de mouton*.

Monselet, qui est un érudit, devrait savoir que l'*os de mouton* est une arme classique, et d'un constant usage dans le monde des chourineurs.

AUX MARIS

Beaucoup de Femmes sont sujettes à des affections chroniques connues sous le nom de *vapeurs, crises nerveuses, récriminations, jérémiades, flux de paroles amères, écoulements lacrymatoires*, etc. Ces accès — devant lesquels, jusqu'à ce jour, la science était demeurée impuissante — se déclarent notamment lorsque les maris refusent de réaliser des désirs saugrenus ou de satisfaire de fatigantes exigences.

La P. L. — toujours galante, et pleine de compassion pour les souffrances du sexe faible — recommande aux époux dont les moitiés sont affligées de ces maladies l'emploi infaillible de l'

HUILE DE COTRET

Du Docteur VIGOUREUX

(*Dépôt chez les principaux marchands de manches à balai.*)

Frictionner avec énergie le dos, les épaules et les reins de la malade.—La guérison est instantanée.

POUR S'AMUSER

Vaste Concours de l'Œuf de Pâques

N° 8

Énigme :

Nom propre, je deviens sale en me retournant.
Lecteurs, vous me devez connaître maintenant.

Solution du n° 7

MER—DE

Ont deviné. — Opodeldoch. — Parissi Lassorti. — Eugène Arthot.

Le Gérant : Auguste de la BILLETTE.

Imp. du journal *La Petite Lune* : A. de la BILLETTE, 5, rue Coq-Héron, 5.

N° 37 — 25 Cm

LA Petite Lune

Bureaux : ... ✠ Dessins de GILL ✠ Abonnem^t...

MASQUE POUR MARDI-GRAS

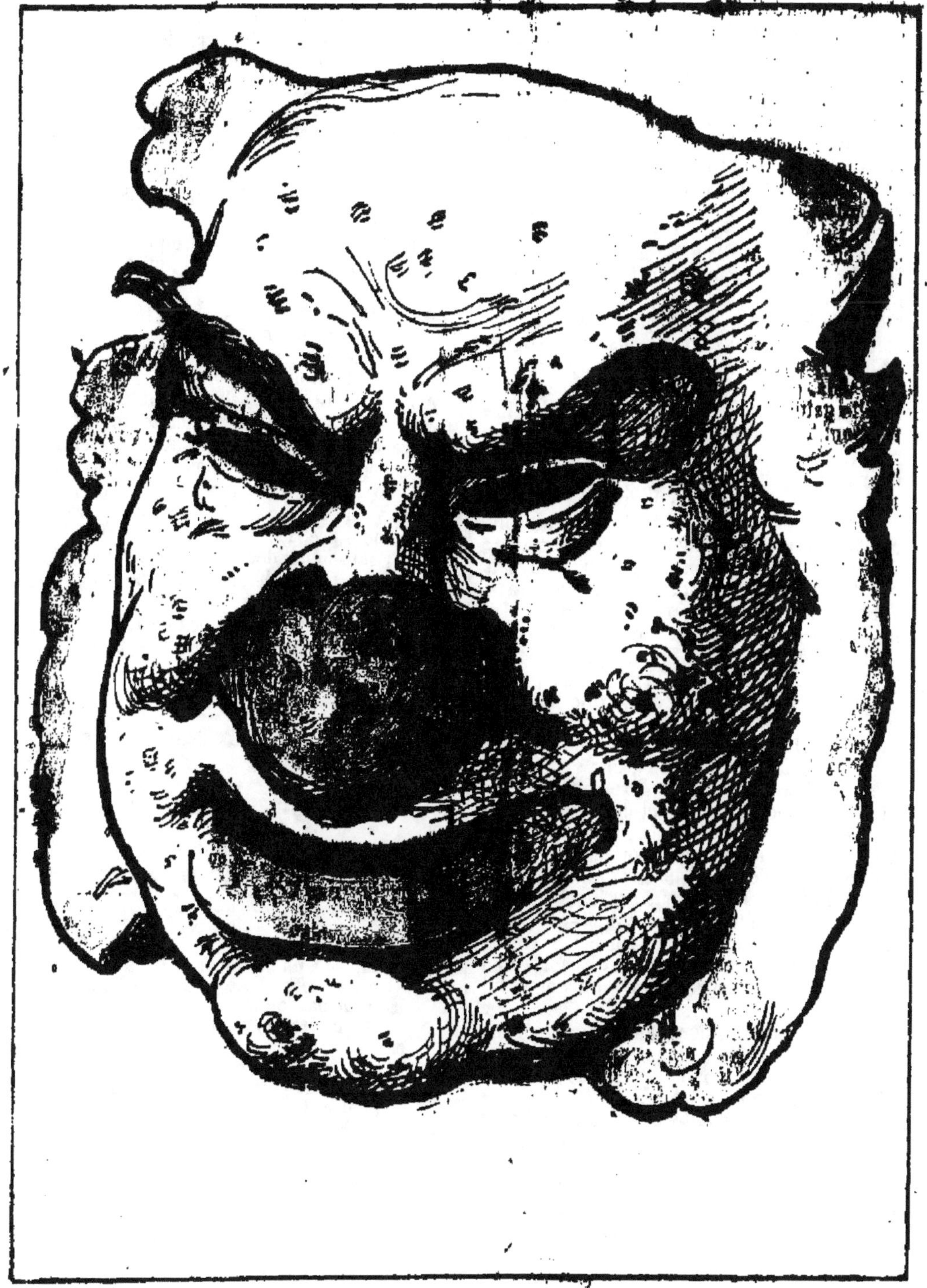

Ne cherchez pas ailleurs, il n'y a pas plus beau.

A LA CHIE-EN-LIT !

Hé ! les aminches, ohé ! ohé ! Hé ! les frangins, les camcrluches ! voilà les jours gras qui s'amènent ! voilà le père Mardi-Gras, patron des goinfres et des choulards ; il s'avance, la tronche enguirlandée de gras cordons d'andouilles, une poêle à frire dans chaque patte, entouré d'un bruyant cortège de charcutiers, de marmitons, de gâte-sauces et de gosses cornant à pleins poumons dans leurs trompes de terre la fanfare du carnaval ! C'est l'instant, c'est le moment de se pousser un peu d'agrément. Eh ! bon sang de bon Dieu, le pauvre bougre n'est pas chiche de turbiner comme un mal-blanchi du premier de l'an à la Sylvestre : quand il se collerait une petite rigolade à cette occase, où serait le mal ? Bien permis de se foutre gentiment en riole un jour ou deux par année. Donc, trinquons. A la tienne, Etienne ! Pilouittt, ohé !

Qui donc a dit que le carnaval était crevé, la joie foutue ?. Des pantes, des abrutis, des moules. Non, tant que sous la calotte des cieux il y aura une France, dans cette France un Paris, et dans ce Paris des faubourgs, la vieille gaîté n'aura pas exhalé son dernier ronflen. Toujours il se trouvera des crincrins pour jouer entre quatre planches des quadrilles sautillants, et des zigs aux jarrets d'acier pour faire gambiller les petites pierreuses aux rires aigus et aux cheveux fous.

C'est les bonaparteux, peut-être, qui font courir le bruit qu'il n'y a plus de carnaval. Ah ! dame, sous leur règne, en effet, c'était une autre paire de manches. Leur mascarade a duré dix-huit ans, sans discontinuer. Du matin au soir la noce. Bals et gueuletons. Et c'étaient les écus de la France que faisaient sauter les altesses en toc, les princes en chrysocale et les princesses en ruolz de la bande impériale. Grande danse de l'anse du panier national ! De temps à autre, pour alterner avec la musique d'Offenbach, une symphonie à grand chahut avec des clarinettes de six pieds, un concert de râles et de malédictions. — C'était aussi l'époque du bœuf-gras, pauvre bête patiente, robuste et laborieuse, symbole du Peuple, qu'on menait en grande pompe saluer Badinguet, empereur des loucherbems, avant de la conduire à l'abattoir. — Aujourd'hui le Peuple est un taureau fier et libre ; il a brisé son joug, et il étriperait fort bien d'un vigoureux coup de corne quiconque lui voudrait aiguillonner les flancs.

Aussi comprenons-nous la vie autrement que les sanglants saltimbanques de l'amère farce badingouine : nous voulons pour tous le travail sérieux, régulier ; et la rigolade, seulement quand la tâche est faite. Plus de godailleurs qui feignantent pendant que les autres massent ; mais des turbineurs qui s'amusent leur besogne achevée. Voilà désormais le mot d'ordre de la nation. Ça ne nous empêchera pas, au contraire, de fêter comme il faut les jours gras de cette année, — la première année heureuse depuis 70, — et de gueuler à la chic-en-lit pour tous les masques, odieux ou grotesques, du moment :

A la chic-en-lit, pour les ci-devant réacs qui, à seule fin de garder leurs places, se foutent des faux-nez républicains ;

A la chic-en-lit, pour les mauvais ratichons comme le curé Maret, qui commettent des infamies à l'aide de leur soutane ;

A la chie-en-lit pour les journalistes policiers, qui font les archiradicaux et mouchardent les camarades ;

A la chic-en-lit, pour les bourgeois affolés de taf, qui se croient attaqués nocturnés, parce qu'un poivrot leur pousse le coude dans la rue ;

A la chie-en-lit, pour les crapules de plumitifs qui, sous couleur de patriotisme, essayent, mais en vain, de rendre la République suspecte aux étrangers ;

A la chie-en-lit, pour les pèlerins de Lourdes et de la Salette, dont la plupart gobent les miracles comme moi ;

A la chic-en-lit, pour le cuirassier Mun qui s'est déguisé en frocard, dans l'espoir — bien déçu — d'être député ;

A la chie-en-lit, pour le défroqué Loyson qui joue les Luther dans un bouiboui transformé en église ;

A la chie-en-lit, pour les Seize-Mayeux et la pureté de leurs intentions ;

A la chie-en-lit, pour Cassagnac et son dévoûment à Loulou ;

A la chic-en-lit ! à la chie-en-lit !...

Mais, si je voulais engueuler toutes les canailles et tous les mufiles, tous les serins et tous les salauds, j'aurais pas fini demain matin...

Allons, allons, ma vieille Françoise, graisse tes poêlons, prépare ta farine, tes œufs et ton beurre ; fais-nous des pyramides de crêpes affriolantes. On les boulottera avec les camaros, — en trinquant :

Au Travail, qui rend le peuple libre !

A la Liberté, qui rend le peuple joyeux !

Jean Populot.

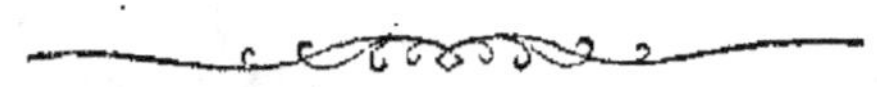

Les Attaques nocturnes

ou

LES TRACS DU PANTINOIS

L'aut' soir un monsieur m'arrête
(Un monsieur qu' je n' connais point)
Et m'demande une allumette
 A brûle-pourpoint...

Encore une attaqu' nocturne !
On n'peut plus — ça n'est pas gai —
Rentrer la nuit à sa turne
 Sans être attaqué !

Ailleurs, un' môness' m'appelle ;
Je vais lui d'mander pourquoi :
« Beau brun, montez, me dit-elle,
 Un instant chez moi... »

Encore une attaque, etc.

Près d'un mastroquet je m'cogne
Dans un typ' qui s'en allait,
Et qui, pour faire l'ivrogne,
Me dégueul' dans mon gilet !

    Encore une attaque, etc.

Devant un' boutiqu' je passe :
Un sacré chien en chaleur
Part dans mes jamb's... Je m'ramasse
    Tout d'mon long ! Malheur !

    Encore une attaque, etc.

La f'nêt' d'un' maison s'entr'ouvre :
Un' main apparaît, tenant
Un vase hygiénique, et m'couvre
    D'un liquid' gluant...

    Encore une attaque, etc.

P.us loin, je m'trouv' face à face
Avec un individu
Bien mis qui m'demande : « Grâce ! »
    D'un ton éperdu...

    Encore une attaque, etc.

Pour me r'donner du courage
J'entonne un' petit' chanson...
Un sergo m'dit : « Pas d'tapage !
    Ou bien au violon ! »

    Encore une attaque, etc.

Enfin, juste d'vant ma porte,
Je vois, autour d'un tonneau,
Des homm's exhalant un' forte
    Odeur de guano...

    Encore une attaqu' nocturne !
On n'peut plus — ça n'est pas gai —
Rentrer la nuit à sa turne
    Sans être attaqué !

BIBI.

PROLÉTAIRES & CLASSEDIRIGEANTS

LE DROIT DU PATRON

Maigre, sec, de longs doigts noueux, une face de fouine, des yeux émerillonnés, la lèvre inférieure trop grosse, le nez moucheté de points noirs, pareils à des chiures de mouches ; enfin un sourire équivoque, stéréotypé : tel est le signalement de M. Rabonard, patron d'un des plus importants ateliers de fleuristes de Paris.

Homme cossu. Il se proclame le *fils de ses œuvres*. Ses *œuvres* consistent : au début dans des vols adroits et impunis, — plus tard dans une exploitation éhontée de ses ouvrières et employés. Sa mère était fille publique. Son père ? Un passant. Né dans la boue, il s'en croit sorti. Parce qu'il est riche.

Il se trompe.

Rabonard est un vert-galant, un chaud de la pince. Une fatale hérédité de luxure pèse sur ce fils de prostituée.

A ce mot, vous croyez, naïfs, que la majeure partie des bénéfices de la maison Rabonard est consacrée à solder les coûteuses faveurs de drôlesses de profession ? Point. Que vous connaissez mal l'esprit pratique du haut commerce parisien !

Luxurieux, mais économe, le sultan Rabonard s'est fait de son atelier un harem peu dispendieux. Ses ouvrières sont chargées de satisfaire ses appétits.

Aux yeux de Rabonard, c'est là le simple exercice d'un *droit* : le droit du patron, pour faire suite au droit du seigneur. Selon lui, la patente qu'il paye lui confère le droit de cuissage et de jambage sur les pauvres filles qui travaillent chez lui. Il exige non-seulement leurs journées, mais encore leurs nuits.

*
* *

A ceci, les sceptiques répondront, d'un ton de dédaigneuse pitié :

— Si les ouvrières de M. Rabonard, — commerçant honorablement connu sur la place, homme d'ordre, électeur, éligible, et d'une solvabilité au-dessus de tout soupçon, — consentent à être ses maîtresses, c'est que ce sont des dévergondées à qui ça convient.

Pour quoi donc comptez-vous le prestige du patron ? De pauvres, ignorantes et très jeunes filles peuvent difficilement résister aux séductions de l'homme riche, bien posé, considérable, pour qui du matin au soir elles travaillent.

En outre, Rabonard a un argument décisif. Si d'aucunes font les bégueules, leur affaire est tôt réglée. A la porte ! Rabonard n'aime pas les pimbêches.

L'ouvrière, rétribuée d'une façon dérisoire, vit au jour le jour. Expulsée d'une maison, elle peut fort bien ne pas en trouver une autre tout de suite. Alors c'est la misère. Mieux vaut céder. — La plupart des serves de Rabonard se donnent à lui par crainte de perdre leur gagne-pain. Il leur dit : « Moi ou la faim. » Elles le préfèrent.

*
* *

D'ailleurs, Rabonard s'adresse volontiers aux apprenties. Il a des goûts d'ogre : il aime la chair fraîche. Or, vous comprenez : des enfants qui couchent dans la maison, c'est bien facile.

Ici, Rabonard frise le crime. Mais ses galanteries ne s'ébruitent pas. Des douceurs, des colifichets, un billet de spectacle par-ci, par-là, assurent la discrétion des petites. Puis, en cas de malheur, Rabonard nierait. On le croirait plutôt, — lui, le riche patron, — qu'une misérable pierreuse !

Cependant, Rabonard est naturellement marié. Les choses se passent presque sous les yeux de sa femme. D'où vient qu'elle ne s'insurge pas ? qu'elle ne se sépare pas de l'homme qui entretient des concubines dans le domicile conjugal ? C'est que la pauvre créature est aux trois quarts stupide. Son mari l'a complétement annihilée, abêtie. Devant lui elle tremble. Même elle a fini par croire, elle aussi, qu'il est « dans son droit. »

***

Néanmoins, tout n'est pas rose dans le métier de Don Juan. Ainsi, dernièrement, M. Rabonard a été très ennuyé. Une de ses ouvrières, une nommée Julie, s'est-elle pas avisée de devenir enceinte du fait de son patron ?

Quand la malheureuse est venue lui dire son état, il l'a joliment secouée :

— Tu es une sotte ! Ces choses-là n'arrivent qu'à toi. *Ça ne doit pas arriver* ! Ou, quand ça arrive, *on s'arrange*...

— Quoi ! s'est écriée Julie, vous voudriez ?... (Rabonard tutoie ses maîtresses, mais il n'admet pas qu'elles le tutoient).

— Je ne veux rien, a répliqué sèchement le patron : c'est à toi de voir *ce que tu as à faire.*

***

Julie n'a pas voulu comprendre. Alors Rabonard a fait acte d'énergie. Il a chassé cette bécasse. Ah ! mais !...

Seulement il a été, pendant quelque temps, dans ses petits souliers. Il craignait qu'une fois accouchée, Julie ne revînt faire un esclandre dans le quartier avec son mioche. Ces filles-là sont capables de tout !...

Heureusement que Julie est morte, à la Bourbe, en mettant au monde un enfant mort.

Ça a fait rudement plaisir à Rabonard !

MARTIAL.

LA CRÈMERIE

La crèmerie, où, tous les matins, je déjeune
Pour douze sous, a dans sa clientèle un jeune
Et turbulent essaim d'ouvrières. — Printemps !
Aurore ! beauté ! grâce ineffable ! — Vingt ans
Est l'âge de la plus vieille de ces fillettes.
Toutes, dans le casier elles ont leurs serviettes ;
Et c'est avec un ton qui sent bien son Paris
Que vous les entendrez commander « Deux de riz ! »
Quand un consommateur entre, ces demoiselles
Le dévisagent, puis chuchotent bas entre elles,
Et l'on voit, dans le vol des rires étouffés,
Trembler sur leurs cous leurs cheveux ébouriffés
— C'est un spectacle auquel les yeux les plus moroses
S'éclairent, que ce lait mouillant ces museaux roses ;
Et c'est pourquoi toujours pour déjeuner je vais
Dans cet endroit, où tous les plats sont bien mauvais.

Poëtes lyriques et gens du monde se battent à la porte d'Heymann, 15, rue du Croissant, pour enlever les exemplaires de

LA MUSE A BIBI

et de

L'Art de se conduire dans la Société des pauvres Bougres

6,969 éditions sont déjà épuisées. Hâtez-vous si vous voulez jouir de la 6,970e.

A PROPOS DES ASSOMMEURS

—o—

On a remarqué que les victimes n'avaient jamais de contusions.

Les attaques n'auraient-elles pas pour unique auteur Saint-Genest, qui, errant la nuit dans Paris, assommerait les citoyens... par la lecture de ses articles ?

POUR S'AMUSER

Amusement chiffré, par I. P. K. Q. Ana.

—342 — 513 — 162 — 637 — 17 — 1526 — 5262—

Remplacez les chiffres par des lettres — les mêmes lettres correspondant aux mêmes chiffres ;

Puis aux mots obtenus, ajoutez les sept notes de la gamme (une note à chaque mot) et formez ainsi sept autres mots français.

PRIX. — Une superbe paire de boutons de manchettes (*sujets de chasse).*

Vaste Concours de l'Œuf de Pàques

N° 9

Enigme :

PAR A. CAPDEVILLE

Lecteurs, cherchez (et vous le trouverez sans doute)
Ce qu'on aime le plus alors qu'on s'en dégoûte.

Solution du n° 8

LUC

Ont deviné : Trois droguistes de Périgueux. — E. Guyon. — Une pucelle de la rue de Gasc à Bordeaux. — Loup-Phoque et Chat-Ours. — Deux flubardeurs de la Gaîté. — May fils tôt fait l's. — Auguste Faure. — Deux écoliers. — Un Chinois turco-indien. — Noël Grandbêta. — Turbin de vapeur. — Trois cagnottiers. — Parissi. Lassorti. — Parpaillot. — Femme G. Mille née Deudant. — Jean A. P. T. — G. V. C — Dranem. — L'artilleur d'Olivette. — Boule Blanche et Brune Colombe. — Un vieux pitre. — I. P. K. Q. Ana. — Lucas Lenvers. — Les chercheurs du mouvement perpétuel. — Sallopiott. — Un club de moutons champenois. — Michaud. — E. Daudon. — E. Daubourg. — Antoine Chanson. — A. Allard. — L. Vuagnat. — Fond-de-veille.

Le Gérant : Auguste de la BILLETTE.

Imp. du journal *La Petite Lune* : A. de la BILLETTE, 5, rue Coq-Héron, 5.

Bureaux : rue Coq-Héron, 5 — Dessins de GILL — Abonnem^{ts} : Paris, 8 fr. — Dépar^{ts}, 8 fr. 50

NUIT BLANCHE

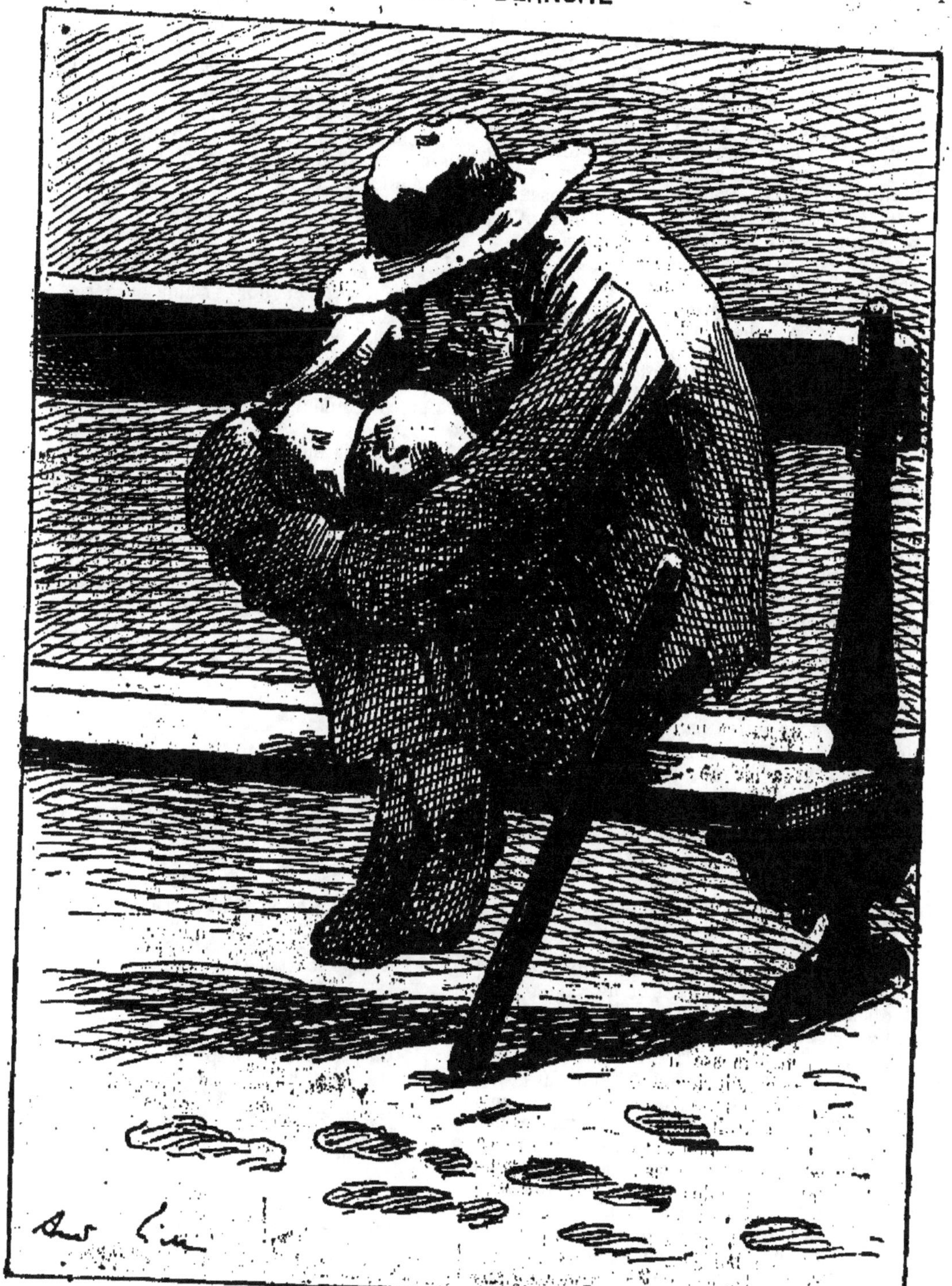

Le printemps ne se hâte pas. Mais vous êtes arrivés, vous, Messieurs de la République.
A quand l'ouverture d'un refuge ?

CHEZ TONNELLIER

Frangins et aminches,

Dans la haute, quand une jeunesse est en âge de s'établir, pour lui dégotter un épouseur, la baronne, ou la marquise, ou la comtesse, — enfin, la mère, quoi, — dit à son comte, à son marquis ou à son baron :

— C'est pas tout ça : vlà Christine, ou Marguerite, ou Amélie, — qui a besoin d'un homme ; faut la mener dans le monde.

Alors on mène Amélie, Marguerite ou Christine dans le monde ; on la produit sous ses plus chouettes affutiaux dans les bals et les danses que les gens calés se donnent entre eux, et on la laisse gambiller comme une perdue jusqu'à des six heures du matin, avec l'espoir qu'elle tapera dans l'œil à un danseur, et qu'un beau jour une valse ou un quadrille se terminera par une demande en mariage.

Eh bien, mes vieux camerluches, Jean Populot a eu l'idée de faire comme les types du Faub-Germ. Y a Catherine, mon aînée, qui va sur ses dix-sept ans. Un beau brin de fille ; de la belle et solide ouvrage, comme tout ce que fait papa. Et une vaillante travailleuse. Avec ces avantages-là, ça serait pas à faire, pas vrai, qu'elle coiffe sa patronne ? J'ai donc dit à Françoise :

— Ma vieille, faudra bientôt songer à marier Catherine. Elle va attraper l'âge que t'avais quand je t'ai prise. A cet âge-là, si on ne pourvoit pas les jeunesses, elles se pourvoient elles-mêmes, mais en se passant de M. le Maire, et c'est pas drôle pour une famille. Faut donc voir à trouver un mari à Catherine. Comme c'est pas en la claquemurant à la cambuse qu'on en trouvera un, — faut la sortir, la mener où on rencontre de la société, — au bal...

Et nous avons fait comme j'ai dit.

Dame ! nous autres pauvres bougres, nous ne pouvons par nous donner des bals à nous-mêmes. Faut avoir des hôtels et des quibus pour ça. Quand nous voulons tricoter des guibolles, nous allons simplement dans un bal public. Ainsi, pour commencer mon système, le Mardi-Gras, nous sommes allés, Françoise, Catherine et moi, chez Tonnellier, Chaussée-du-Maine, tout près d'où nous demeurons...

Mais je vous réponds, mes vieux frangins, qu'on y rigole autrement que dans les grands tralalas des farauds ; et les gens huppés seraient bougrement épatés si on les y amenait du bon air de gaîté honnête qu'on y respire !

Ce vieux Tonnellier ! Il est plein des souvenirs de notre jeunesse à Françoise et à moi. Le cœur nous battait rien qu'en grimpant l'escalier. Et avec quelle joie nous avons revu cette longue et étroite salle, avec son estrade de musiciens à un bout, ses fenêtres ornées de rideaux de nuance passée, ses lustres pendus au plafond par des torsades de velours fané... Nous nous sommes assis avec émotion sur un banc pas trop solide, de chaque côté d'une table de bois, et nous nous sommes fait servir un saladier comme autrefois. Nous écoutions, ravis, l'orchestre jouer des valses, des polkas, des quadrilles, et cette musique de danse nous tirait les larmes des yeux...

C'était plein, comble. Le monde grouillait. Aux tables, comme nous, les parents. Des jeunes gens, en quête de danseuses, circulant autour de la salle. Dans la danse, sur le parquet luisant à force d'avoir été piétiné, les fillettes bien toilettées, les garçons endimanchés, quelques-uns déguisés, tournant, virant, sautant, — infatigables. Fallait voir les quadrilles ! Quel entrain ! quelle animation ! Un vrai pêle-mêle. C'est rudement beau la jeunesse ! Pas celle guindée, empesée des salons, qui s'emmielle à quarante francs l'heure ; mais celle-là qui ne pense qu'à s'amuser, qui s'en donne pour dix fois, cent fois son argent, qui n'a pas peur de se trémousser, qui est sincère dans son plaisir du soir comme dans son travail de la journée, et qui rit, et qui s'échauffe, et qui s'essouffle, et reprend haleine, et recommence de plus belle. Si rayonnante d'aise et si naïve dans sa joie que le cipal de service lui-même en devient souriant !

C'est Catherine qui s'en est donné ! Elle a dansé avec des petits gars que je connais, des garçons qui turbinent dur et s'amusent ferme, — mais honnêtement, comme ça pourra se faire que dans le tas le père Populot pige un gendre. Enfin nous verrons ça plus tard. Nous aurons des occases : car ma Catherine ne se fera pas prier pour y retourner, chez Tonnellier...

La petite mâtine y serait bien restée jusqu'à la fin. Mais il a fallu être raisonnable, et calter pas trop tard. Avoir été au bal, ça ne nous empêche pas, nous autres, de nous lever à six heures du matin. Dame, les riches ont sur nous l'avantage de pouvoir pioncer jusqu'à midi. Mais je ne le leur envie pas : ils se sont embêtés comme des moules, tandis que nous avons rigolé !

Jean Populot.

Le Poisson rouge et les Écrevisses

POÈME

Près de l'Odéon, dans la rue
De Médicis, où mainte grue
A son nid, un restaurateur
A dans sa vitrine fait faire
Un vaste aquarium en verre
D'une certaine profondeur ;

Et, pour animer le spectacle,
Il a mis dans ce réceptacle
Un petit poisson rouge, auquel
Il a donné pour camarades
Des écrevisses rétrogrades
A l'appétit bas et cruel.

Et ces infâmes écrevisses
Commettent des tas de sévices
Sur ce pauvre poisson si beau :
Chaque jour lui font une entaille,
Lui déchirent un bout d'écaille,
Lui déchiquettent un lambeau.

Et cette vue, hélas, me plonge
En d'affreux rêves, et je songe…
— Douloureuse réflexion —
Au Peuple, petit poisson rouge
Que pince et m'rd, sitôt qu'il bouge
L'écrevisse Réaction.

CRIC.

Comme la pauvreté sur le monde, ainsi la foule se jette sur

LA MUSE A BIBI

et

L'Art de se conduire dans la Société des pauvres Bougres

Peut-être en reste-t-il encore, quelques exemplaires… Mais hâtez-vous !
En vente chez S. Heymann, 15, rue du Croissant.
Prix : **1 fr.** seulement la *Muse* et *l'Art*, ornés d'un merveilleux dessin.

DRAMES RÉELS

—o—

L'affaire : Fondadouze

Rien de plus banal que le roman de la fille séduite. C'est une histoire de tous les jours. Sa continuelle répétition la rend plus poignante. Et c'est toujours la même comédie — ou plutôt le même drame. Rencontre. Liaison. Caprice de la part de l'homme ; de la part de la jeune fille, attachement. Cour assidue. Promesse de mariage. La jeune fille, confiante, cède. Alors le séducteur bat en retraite. Son désir assouvi, il ne songe plus qu'à ne pas tenir ses engagements. Il traîne ainsi les choses jusqu'à ce que la grossesse de sa maîtresse devienne manifeste. Alors, rupture. Le galant s'en va, souriant et satisfait, chercher d'autres victimes. Pour la femme, voici les dénoûments possibles : la folie, le suicide, l'infanticide et le bagne, ou bien une misérable existence de fille-mère, ballottée entre le Monde, impitoyable, et la Loi, muette.

Aucun législateur encore n'a osé regarder en face ce crime quotidien : la séduction.

✪

Cependant, l'heure peut-être est proche où l'on s'occupera de ce problème.

A preuve, l'affaire Fondadouze.

Cette affaire est une séduction qui ne diffère de la généralité que par le dénoûment.

C'est il y a un an, vers l'époque où nous sommes, en carnaval, que le jeune homme, Fondadouze, fit la connaissance de Marie Martin. — Ceci se passe à Bordeaux, ou aux environs.

Marie Martin était toute jeune, jolie, appartenait à une famille recommandable. Fondadouze s'introduisit dans cette famille, en devint le commensal. Après une cour en règles, il demanda la main de Marie Martin. La jeune fille, les parents agréèrent sa demande. Alors il redoubla ses assiduités auprès de Marie. Il

obtint d'elle des tête-à-tête. Les séducteurs savent parler un jargon troublant. Marie se considérait déjà comme la femme de Fondadouze. Elle était rassurée, d'ailleurs, par ses promesses, sans cesse renouvelées avec le luxe de serments en usage. Bref, elle n'eut pas la force de résister aux instances de Fondadouze. Elle devint sa maîtresse.

Dès lors, il ne se hâta plus du tout de se marier. Il parut hésiter, il tergiversa, fit traîner les choses en longueur. On jasait dans le quartier : mais qu'importe aux Fondadouze?

Marie était enceinte. Quelque temps encore et elle ne pourrait plus dissimuler son état, Fondadouze jugea le moment venu de brusquer les choses. Il déclara tout net qu'il avait réfléchi, qu'il ne voulait pas se marier si tôt, qu'il reprenait sa liberté. Et, sur ce, il se retira.

Peut-être était-il de l'avis de ce séducteur qui, pressé d'épouser celle qu'il avait subornée, répliqua :

— Comment voulez-vous que j'aie jamais confiance dans une femme qui a commis une faute ?

ℭ

Cependant toutes les victimes ne sont pas des résignées. Marie Martin n'accepta point l'abandon. Un soir, elle alla attendre Fondadouze, sur un chemin désert. Il vint. Elle lui parla, lui adressa des supplications qu'on devine. Il répondit par des railleries, accentua son refus, menaça la malheureuse de lui donner un charivari…

Marie avait pris un revolver. Affolée, elle le braqua sur son amant, mit le doigt sur la détente…

Le coup partit. Fondadouze tomba raide mort.

ℑ

Comme il n'est jamais permis de se faire justice soi-même, pas même quand la loi ne vous fait point justice, Marie Martin a comparu devant la cour d'assises de Bordeaux. Elle s'est présentée au tribunal, pâle, exténuée, mourante. Elle était accouchée la veille dans sa prison.

Les débats ayant établi les faits que j'ai racontés, les jurés ont acquitté Marie Martin, aux applaudissements de la foule.

Quel homme de cœur n'est prêt à crier : « Bravo ? »

✠

Ce verdict était à noter, car il témoigne de la réprobation que les séducteurs commencent à encourir de la part de tous les honnêtes gens.

Dorénavant, les lovelaces seront peut-être rendus moins volages. Toutes les lâchetés étant sœurs, ils auront peur pour leur peau, en songeant au revolver de Marie Martin…

Tandis que la sentence des jurés de Bordeaux rendra plus énergiques les pauvres filles trahies.

☽

Mais à propos de ce même procès — car tous les problèmes se touchent — savez-vous à qui je pense en frémissant ?

A ce pauvre petit bâtard, né en prison; et dont la mère a tué le père…

MARTIAL.

La Légende du Garde Champêtre

RÉCIT DRAMATIQUE

Il était un garde champêtre,
La coqueluche du canton.
Il ét it vif comme un salpêtre,
Quoiqu'il eût toujours très bon ton.
Mais, ô douleur ! douleur amère !
O destin farouche et moqueur !
L'amour, cette affreuse chimère,
Devait lui perforer le cœur.

Une nuit qu'il faisait sa ronde,
— Il était onze heures du soir —
Il vit une fillette blonde
Sur le bord d'un fossé s'assoir.
Aux lueurs vagues de la lune
Il recon ut bientôt S izon,
Suzon, blonde dans la nuit brune...
Notre homme en perdit la raison.

Aux yeux de la belle il se montre
Et lui tient ce petit discours :
« Que subséquemment la rencontre
Est favorable à mes amours ;
D'émotion mon cœur se cabre ;
Que je suis fol de tes appas ;
Accepte mon âme et mon sabre ;
Seulement n'en abuse pas ! »

Mais Suzette, sans lui répondre,
S'enfuit en se moquant tou' bas ;
Le pauvre homme a beau se morfondre,
La coquette ne revient pas...
Enfin il part à sa recherche,
Et d'abord, pour la découvrir,
Sur le haut d'un arbre il se perche...
Malheureux ! comme il va souffrir !

Que voit-il, dans une clairière ?
Suzon en train de converser
De près avec son cousin Pierre...
La rage vient le transpercer !
... Et bientôt un cri lamentable,
Qui peignait d'horribles tourments,
D'un son lugubre, épouvantable,
Frappa le tympan des amants...

Suzette et Pierrot se ruèrent
Vers l'endroit d'où partait le cri...
Et sous l'arbre, hélas ! ils trouvèrent
Un homme à l'air endolori,
Un homme glacé, raide, morne...
Le garde champêtre éperdu
Avait avalé son tricorne,
Et s'était ensuite pendu !

Depuis ce temps, sur la colline,
On voit briller comme un fanal,
A l'heure où le soleil décline,
Un tricorne pyramidal...
Femmes ! que ceci vous décide
A montrer un peu de bonté :
Ne poussez pas au suicide
Les agents de l'autorité.

BIBI.

Théâtres

Avez-vous des molaires cariées ?
Allez aux Folies-Bergère voir le *Dentiste*, de Touchatout et Pirouette, par les Hanlon-Lees et Agoust. Grâce à leurs nouveaux modes d'extraction, vous risquerez seulement de vous décrocher la mâchoire... à force de rire.

Hip, hurrah pour les Hanlon ! car

Leur art, certe, est des plus chouettes :
Comme il mêle *utile dulci*,
On pe t dire que cet art-ci
Touche à tout dans ses *pirouettes*.

Dernièrement, un homme se préparait à entrer, avec une boîte au lait, dans une des plus resplendissantes boutiques de la rue Richelieu. Un passant lui demande :

— Qu'allez-vous faire là ?

— Acheter deux sous de lait.

— Mais vous vous trompez ; ce n'est pas *Crémier*, c'est

CRÉMIEUX !

L'homme a reconnu son erreur... qui, d'ailleurs, n'était pas énorme : chez Crémieux, en effet, se trouve la *crème*... des vêtements.

POUR S'AMUSER

Solution de l'Amusement chiffré d'I. P. K. Q. Ana

CONCOURS DE BOUTONS DE MANCHETTES

ile — mai — are — ris — as — amer — mère

en ajoutant :

ut — ré — mi — fa — sol — la — si

on obtient :

TUILE — AIMER — MARIE — FRAIS — LASSO — ALARME — MÉRISE

(Nous ne donnons que la solution d'I. P. K. ; mais on peut former, par l'addition des notes, as mal d'autres mots également baths.)

Ont deviné : Un groupe de T. W. S. — Dranem. — Un qu'est pas âme ni setier. — Pitt. — Artaban. — Ernest Guyon. — Jeanne Petitbaiz.

Le sort a expectoré le nom de

DRANEM

Donc, citoyen Dranem, viens à la **P. L.** te faire couvrir de boutons.

Vaste Concours de l'Œuf de Pâques

Nº 10

Anagramme et Mot carré

PAR CÉKATEUR

Trouver deux mots (dont un nom propre) qui, lus à rebours, en donnent deux autres ; et, avec les quatre mots ainsi obtenus, former un mot carré.

Solution du nº 9

Ce qu'on aime le plus alors qu'on *sent des gouttes*,

C'est...

UN PARAPLUIE

Ont deviné : D. Couvert (d'Ardoise). — Deux panés. — Un Q. de Plomb. — Parissi Lassorti. — Aristo fane D. K. V. — Fond de Seille. — Dranem. — Visec. — D. Savoureux. — Jean Maire. — Deux âmes vierges. — Un qu'est pas âme ni setier. — Lucie Delange et un sous-off du 99e de ligne. — A. Pluie. — Les chercheurs du mouvement perpétuel. — Parpaillot. — Jane Petitbaiz.

Le Gérant : Auguste de la BILLETTE.

Imp. du journal *La Petite Lune* : A. de la BILLETTE,
5, rue Coq-Héron, 5.

Bureaux : rue Coq-Héron, 5 ⁂ Dessins de GILL ⁂ Abonnemᵗˢ : Paris, 3 fr. — Départᵗˢ, 3 fr. 50

LE CARÊME

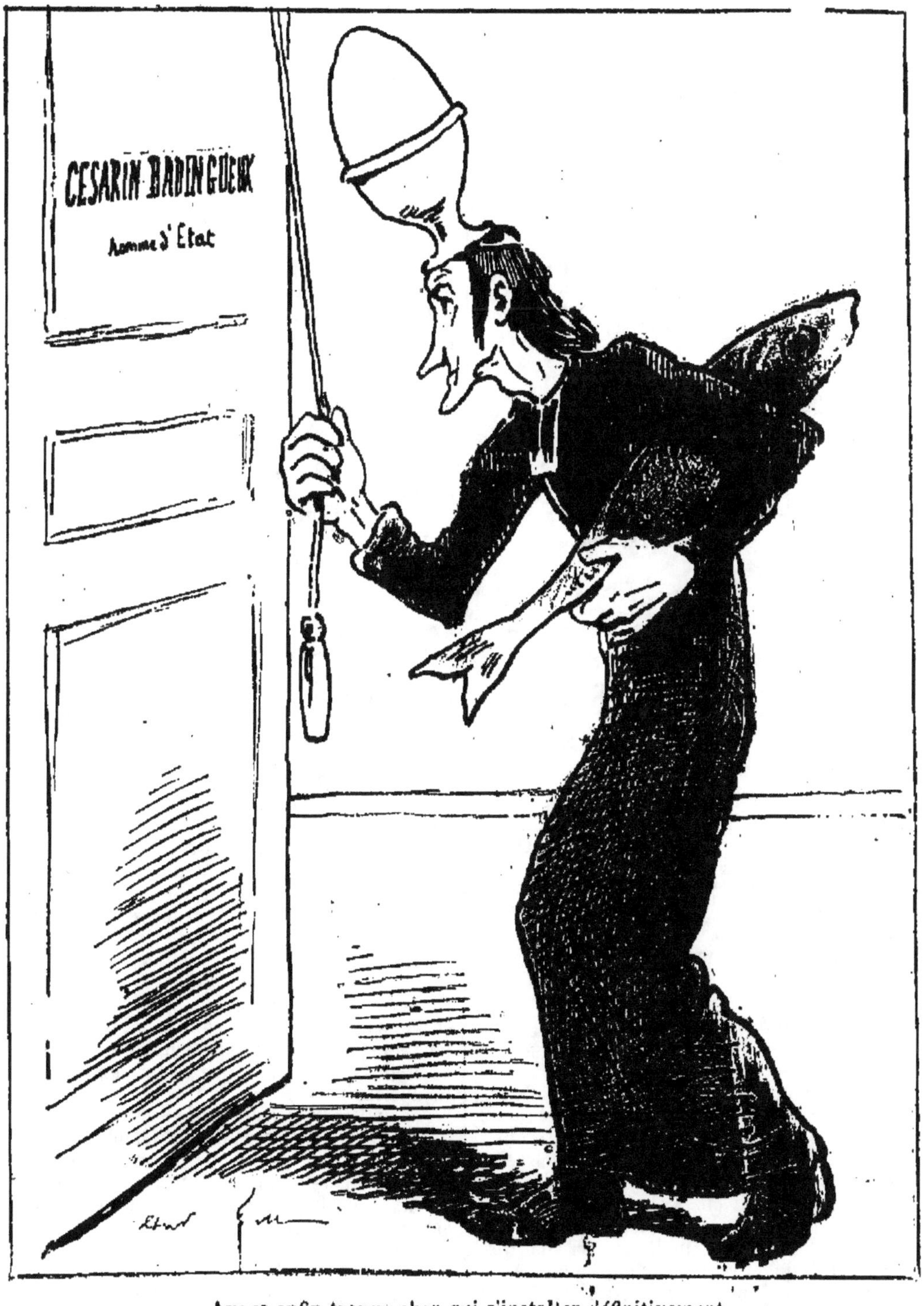

Ayant enfin trouvé chez qui s'installer définitivement.—

LE CARÊME

V'là l' carêm' : le class'dirigeant,
Qu'est él'vé dans les « bons principes, »
Va fair' pénitence en n' mangeant
Plus d' pieds d' cochon truffés, ni d' tripes...

Mais pour sûr i' n' pâtira pas...
Ayez pas peur que l' jeûn' l'escarpe :
I' va bouffer à chaqu' repas
D' la truit' saumonée et d' la carpe !

I' paraît qu' pour fair' son salut,
Ces gucul'tons-là, c'est nécessaire...
On s'en lèch' les babines... Zut,
Si c'est comm' ça qu'on se macère !

Les gros bourgeois, qu'a des écus,
Sont des mariols, et je l' proclame :
Car, bien pensants et bien pansus,
I's soign'nt et leur corps et leur âme.

Bref, ils s' gav'nt comm' des vrais pourceaux
Et c'est ça qu'i's appell'nt : *fair' maigre !*
Et l' bon bougre, — qui n'a qu' les os
Su' la couenn', qui mass' comme un nègre,

Et qui comm' ressourc's a : *néant,* —
Ces engraissés, faisant ripaille,
L' tra't'ront d'infâm', de mécréant
Dign' du bûcher, d'affreus' canaille,

Pa'c' qu'au lieu d' manger du poisson,
Ce qui lui coût'rait trop de douille,
I' din' de deux ronds d' saucisson
Ou d'un pauv' petit bout d'andouille !

BIBI.

UN PROCÈS FARCE

J'ai rigolé épatamment à la lecture, dans mon journal, du procès intenté par une actrice des Fol.-Dram., la jeune Conchita Gélabert, à son ex-fiancé, M. Legru.

Ce Legru, un marchand de sucre retiré des affaires, s'était laissé foutre le grappin dessus par ladite Conchita et sa mère. Les deux femmes l'avaient empaumé en lui tenant la dragée haute...

Comm' ça, comm' ça,
C'est comm' ça qu'on enjôle !

Legru avait cru trouver sa femelle dans mam'zelle Gélabert. Après avoir casqué raide, il a failli épouser la jeune personne. Et puis : tout est rompu, belle-mère ! Alors procès, demande de dommages-intérêts. Finalement, Conchita, sur qui on a cassé rudement du sucre à l'audience, a été « déboutée ». — *Débouter*, dans l'argot judiciaire, ça veut dire en français qu'on vous envoie faire foutre.

Maintenant, comme tout est bossard dans cette affaire-là, savez-vous pourquoi Legru a cané devant le mariage ?

Parce qu'il s'est aperçu qu'on lui montait le coup ? Ah bon niche, pas si mariol !...

Parce qu'il a appris que Conchita était une fille adultérine ! !

Vouloir prendre sa femme dans le personnel des Fol.-Dram., et y renoncer parce que la naissance de la demoiselle est irrégulière, c'est un comble :

Le comble de l'inconséquence.

JEAN POPULOT.

EXPLOITEURS & EXPLOITÉS

La Tireuse de cartes.

Ce tableau des bagnes du prolétariat serait incomplet, si, en même temps que l'atelier, l'usine et le logis sans pain, je n'esquissais des lieux plus obscurs, plus bizarres, plus inexplorés. Il y aurait des lacunes dans cette galerie de ceux qui exploitent le pauvre, si, à côté du patron, du riche, du classedirigeant, je n'y faisais figurer des êtres, beaucoup moins triomphants, appartenant à la plus vile classe, à la dernière couche sociale, et qui, exploiteurs aussi, spéculent sur la misère du peuple, sur ses défaillances, sur sa crédulité.

Tel est l'usurier de bas étage, le prêteur à la petite semaine.

Telle aussi la tireuse de cartes.

**

Mme Gangador exerce ce dernier métier ; elle est installée à peu près au centre de Paris, pas loin de la rue d'Aboukir. Ce quartier est rempli d'ateliers de femmes : fleuristes, plumassières, cartonnières, brunisseuses, etc. Dans ces ateliers se recrute la clientèle de Mme Gangador, — ou pour mieux dire la *partie féminine* de sa clientèle. On me comprendra tout à l'heure.

Mme Gangador a une physionomie peu saillante. Une femme de cinquante ans, qui ressemble plus à une concierge de maison riche ou à une petite boutiquière retirée, qu'à une prophétesse. Si l'on dressait son passeport, l'épithète : *ordinaire*, caractériserait tous ses traits. Néanmoins, pour un observateur attentif, cette sibylle *marque mal*. L'œil gris a certains éclairs, la bouche certains plissements inquiétants. Mais ces indices, vagues et fugitifs, échappent nécessairement à des inexpérimentés.

Ameublement des plus vulgaires. La plupart des petits bourgeois en ont de semblables. Le reps vert, le velours grenat fané, y éclatent dans leur banalité atroce. Sur la cheminée du salon, la pendule à sujet, en zinc doré, représente *Louis-Philippe octroyant la Charte.* Pourquoi cette pendule ? Vient-elle d'un héritage, ou d'un vol ? Mystère.

Si horrible qu'il soit, le mobilier de la Gangador doit éblouir les naïves et ignorantes créatures sur lesquelles elle opère; Cela suffit.

***

Comme toutes les devineresses, Mme Gangador fait deux jeux : le petit jeu, le grand jeu. Le grand jeu est d'un prix élevé. Il peut atteindre des sommes respectables. Aussi est-il si peu demandé, que je ne le cite que pour mémoire. Reste le petit jeu. C'est 50 centimes par personne. 25 seulement pour les militaires : car de temps en temps Boquillon vient chez Mme Gangador chercher des nouvelles de Simonne.

Le taux modique auquel la tireuse de cartes a tarifé ses arrêts fatidiques lui procurerait de maigres bénéfices, — si elle n'avait d'autres ressources. Pour les connaître, assistons à la consultation que la Gangador donne à trois fillettes — Julie, Blanche, Marguerite — venues là, en sortant de l'atelier, moitié pour rire, moitié pour savoir leur destin.

***

Le salon où la scène se passe est plongé dans une demi-obscurité. Il n'est éclairé que par une lampe, pendue au plafond, dont la clarté tombe en plein sur les trois mutines figures.

Deux des petites ouvrières, Julie, Marguerite, sont laides ou médiocrement jolies. A celles-ci, la Gangador fait les prédictions d'usage : « Une lettre qui vous fera plaisir... une personne vous veut du mal ; mais tenez-vous sur vos gardes, et vous éviterez ses embûches... De l'argent auquel vous ne vous attendez pas... Une demande en mariage... etc. »

Blanche, elle, est une blonde jolie à croquer. Tout en brouillant ses cartes, Mme Gangador n'a pas eu peine à lui tirer les vers du nez par des interrogations captieuses et à découvrir qu'elle est plus délurée, moins sage que ses compagnes, et « vit avec quelqu'un. » Sur quoi elle lui annonce « qu'*un jeune homme brun* la suit depuis longtemps... il est follement épris d'elle... il est très riche... il fera son bonheur... il se déclarera à elle dans peu de jours... »

— Où le verrai-je ? interroge Blanche troublée à la pensée de ce « jeune homme riche » qui doit « faire son bonheur. »

La Gangador brasse ses cartes.

— Je ne puis vous le dire aujourd'hui, répond-elle. Les cartes parleront... après-demain... Revenez dans deux jours, ma petite chatte, et vous le saurez.

Blanche donne ses dix sous et s'en va, très émue, avec ses compagnes.

***

Aussitôt seule, la Gangador ouvre la porte d'un cabinet situé derrière elle. Un *jeune homme brun* en sort. Tête de gommeux. Mise huppée. Caché dans ce cabinet, il a assisté à la consultation et bien examiné par une fente de la cloison les clientes ingénues de la sorcière.

— Eh bien, demande la Gangador, cette petite blonde vous va-t-elle ?

— Oui.

— Alors, quand elle reviendra, je lui dirai qu'elle doit vous voir ?...

— Tel jour, à tel endroit, à telle heure.

— Entendu.

Le gommeux donne deux louis, ou trois, à la mégère, et file.

Dans deux jours, la Gangador indiquera à Blanche le lieu et l'heure auxquels elle rencontrera le « jeune homme brun : » et quand Blanche le trouvera en effet, dans l'innocence de son âme elle se croira poussée par le destin dans les bras du céladon, tandis qu'en réalité elle y sera poussée par la Gangador... Et il y aura une prostituée de plus sur le pavé de Paris !

Vous comprenez maintenant quelles sont les véritables ressources — plus occultes que sa prétendue science — de la vieille prophétesse ? — Elle est tireuse de cartes pour les femmes, et, pour les hommes, proxénète.

MARTIAL.

LOULOU S'EN VA-T-EN GUERRE...

Sans craindre pour Loulou les baffres
Du casse-tête meurtrier,
Mons Rouher vient d'expédier
Ce cornichon parmi les Cafres.

Il est parti, petit Loulou,
Loulou, de qui se fout la France,
Vers le cap de Bonne-Espérance ;
P'tit Loulou va chez p'tit Zoulou !

Là-bas, sur la terre lointaine,
Que veut faire Lou ou ? Veut-il
Apprendre, au milieu du péril,
Le dur métier de capitaine ?

Veut-il, — mû par l'attraction
D'aventures moins triomphales, —
Ramasser simplement des balles,
Puisqu'il en fait collection ?

Ni l'un ni l'autre. — On se rappelle
Le four que fit Loulou, la fois
Qu'à Christian, roi des Danois,
Il demanda sa demoiselle ?

Sur cet hymen on nous narra
Par avance un tas de merveilles...
Mais, malgré ses belles oreilles,
Loulou point n'attira Thyra...

Et de même, un rire homérique
L'accueillerait dans chaque cour
De l'Europe. Il le sait. C'est pour
Ça qu'il se rabat sur l'Afrique !

A Copenhague, on le raille ; au
Cap, il croit que son astre brille...
Donc il pense épouser la fille
Du roi Zoulou Cettewayo :

Car pour lui — qui vaîhement rôde
Autour des princesses à peau
Blanche — c'est un parti fort beau
Qu'une princesse môricaude.

Oh ! puisse bientôt avoir lieu
Cet hymen d'un comique intense !
Et puisse votre proviuence
Le rendre fécond, ô mon Dieu !

Car la tendre progéniture
De la négrillonne et du P'tit
Loulou, devra, sans contredit,
Etre unique dans la nature.

Oui, l'enfant que pondra le flanc
De notre Badinguette noire
Dégotte a le fils notoire
De la carpe et du lapin blanc,

Si — comme à bon droit je l'espère —
Il cumule agréablement
Avec le teint de sa maman
L'immense oreille de son ¡ère !

CRIC.

S. HEYMANN

15, rue du Croissant, 15

songe à se retirer des affaires

A quoi bon turbiner, maintenant qu'il est
enrichi par

LA MUSE A BIBI

et

L'Art de se conduire dans la Société des pauvres Bougres

Prix ! 1 franc

UN PROCÈS BATH

Rudement poilues, les Marseillaises : c'est
pas pour rien qu'elles sont concitoyennes
de la chanson républicaine !

Une jeunesse de l'endroit, séduite, engrossée et plaquée par son séducteur, lui a dé-
barbouillé la hure avec du vitriol.

Naturellement, elle a passé en cour d'assises... Le jury l'a acquittée. Chouette !

Décidément, pas tendre pour les lovelaces,
le jury ! L'autre fois, il acquittait Marie Martin à Bordeaux ; aujourd'hui, acquittement
du même tonneau à Marseille : ça va bien.

Parait que le type a une châsse de perdue.
Ça n'est pas drôle, et je le plains de tout mon
cœur. Mais, franchement, n'est-ce pas le cas
de dire :

Fallait pas qu'y aille !

J. P.

PROVERBES ANCIENS & NOUVEAUX

La parole est d'argent, mais le silence est d'or.

LÉON C.

POUR S'AMUSER

Vaste Concours de l'Œuf de Pâques

N° 11

Cryptographie.

Par le Chanoine de la rue Lambert et le sacristain de la
rue du Gasc, à Bordeaux.

Remplacer par des lettres les chiffres et les
points d'interrogation ci-dessous, et former ainsi
des mots français. Les lettres substituées aux
seuls points d'interrogation forment une phrase
que doivent répéter tous les bons républicains :

```
?  07   ?
?   0   ?
?   3   ?
?  02   ?
?  8106 ?
?  70   ?
?  07   ?
?   0   ?
?  503  ?
?  086  ?
?  9401 ?
?  52   ?
```

Solution du n° 10

```
L É O N
E R G O
O G R E
N O E L
```

Ont deviné : Deux âmes vierges. — Reinruof. — Dra-
nem. — E. Guyon. — Fond d. Seille et un Aigle déplu-
mé, de Vernon. — Les Adjudants du 72e, à Amiens. —
Alexandre Le Houx. — Parissi Lassorti. — Eug. Arthot.
— Un Type-Haut. — Sabouloth. — Un vieux Pitre. —
Parpaillot. — Turbin de Vapeur. — May fils tôt fait l's.
— Les chercheurs du mouvement perpétuel.

Reçu des Boutons de manchettes.

Pour le jour de ma fête (1),
La sort me décerna
Les boutons de manchette
D'I. P. K. Q. Ana.

DRANEM.

(1) Je m'appelle *Casimir.* — D.

Le Gérant : Auguste de la BILLETTE.

Imp. du journal *La Petite Lune* : A. de la BILLETTE,
5, rue Coq-Héron, 5.

N° 40   25 C^me

Bureaux : rue Coq-Héron, 5   Dessins de GILL   Abonnem^ts : Paris, 3 fr. — Départ^ts, 3 fr. 50

PROPOS DE MI-CARÊME

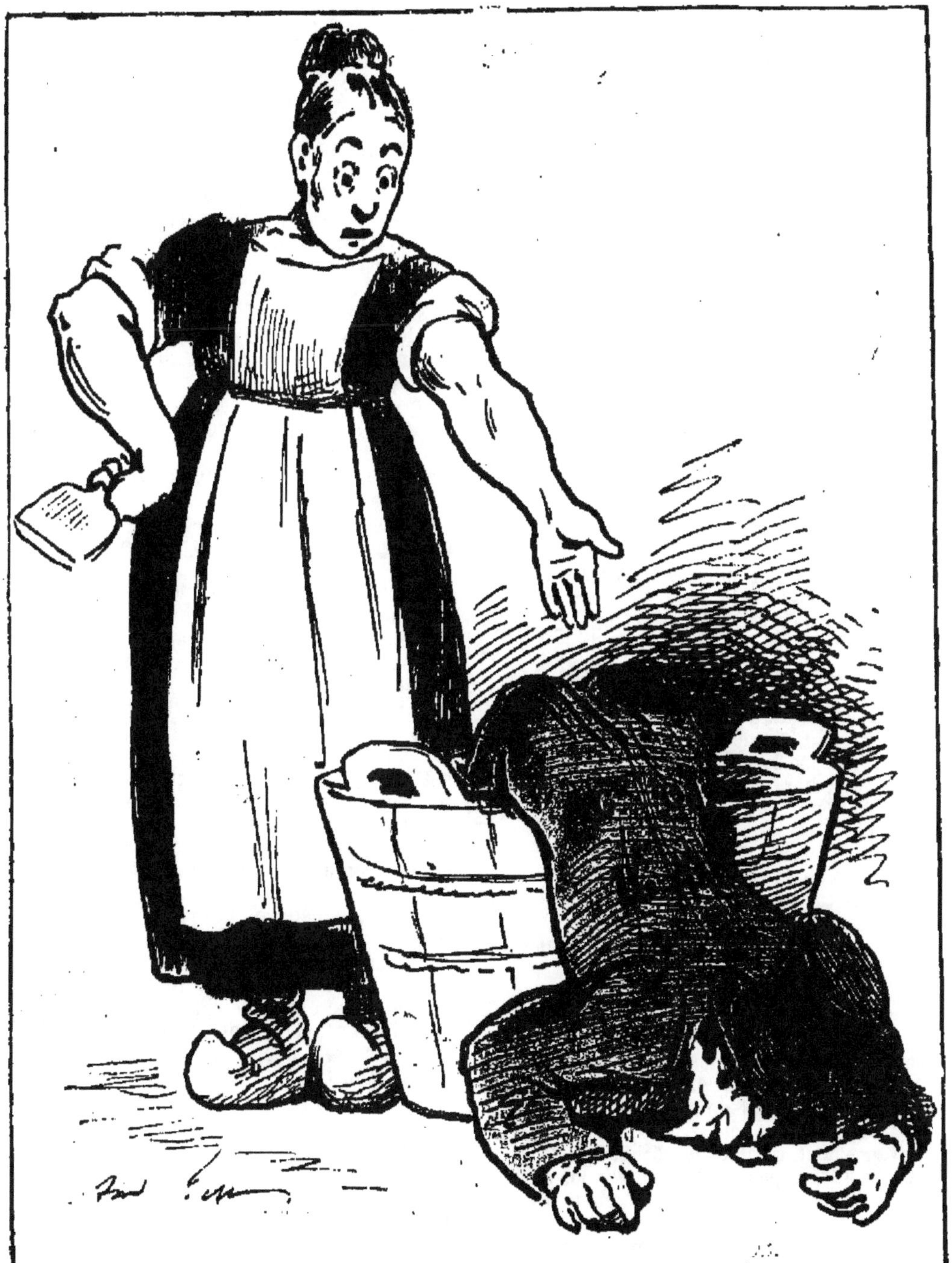

— C'ti-là qui ferait la chose de blanchir ça, oui, alors ! i serait vraiment la reine des blanchisseuses !

UNE NUIT AU POSTE

Mon vieux Populot,

On a dernièrement parlé de la Préfecture de police et des méchancetés qu'on y faisait.

Ça me donne l'idée de te raconter une histoire qui n'est pas un comtois : c'est ma poire qui en a été la victime.

Tu te rappelles que, l'an dernier, on a collé sur les murs une affiche concernant les chiens ? C'est à cette époque-là.

Il était minuit. Je sortais de chez Gallois, où toute la soirée j'avais tapé sur le piano pour accompagner des romances. Je n'étais pas poivre.

Au coin de la rue Poulet, une vieille me saute au cou. Elle avait un trac épatant. Un gros terrier, sortant d'une porte cochère, avait voulu lui boulotter les badines.

Je détache un transferrement au cab avec mon rigodon à clous. Il se tire en gueulant comme une baleine. La vieille, déboucassée, fait la paire de son côté, sans même me bonnir un remerciment.

Comme la chose aurait pu arriver à d'autres, je pense qu'on ferait bien d'avertir la police et je me ramène jusqu'à la station des fiacres où il y a toujours un cierge en faction.

Je dégotte le gas. Il était raide !

Au lieu d'écouter mes observasses, il me dit :

— De quoi vous mêlez-vous, espèce de crapule ?

Je ne m'emballe pas. Je lui explique gentiment qu'on doit secourir ceux qui n'ont pas la moelle de le faire eux-mêmes.

Il m'engueule.

Zut ! la moutarde commence à me monter au nez. Passe un gradé de ces messieurs. Mon homme l'appelle :

— Brigadier, voilà un gaillard qui m'ennuie à me raconter qu'il a été mordu par un chien enragé.

Je me récrie.

— Vous en avez menti !

V'lan ! ça y était. Ce qu'ils faisaient un foin tous les deux en me reluquant !

Le chef veut me prendre au collet en criant :

— Ah ! vous dites à un agent qu'il en a menti !

— Oui, mon petit père, que je lui réponds, je lui ai donné un démenti et un bon. Maintenant ne touchons pas. A bas les pattes, ça tache. Je me fous de vous deux à moi tout seul. Mais si ça peut vous aider à avoir de l'avancement, à passer maréchaux de France, allons-y les copains ! Seulement, vous devriez me reconnaître. Je m'appelle un tel. Il y a quinze jours, rue du Ruisseau, je me suis présenté pour entrer seul chez un paroissien qui menaçait de brûler la gueule au premier qui se présenterait. Vous étiez trente, et n'osiez y aller. Vous voyez bien que je ne suis pas un mauvais camerlucho.

Là-dessus, le brigadier :

— Ah ! c'est toi qui as été condamné pour la Commune ?...

(C'est vrai, j'ai fait trois ans ; ça n'est pas une affaire.)

— Allons, houste !

Nous voilà partis pour le poste, place du Théâtre-Montmartre.

On me colle dans le trou. J'entends refermer les grosses portes. Je ne me plains pas. Cependant ma femme, malade, m'attendait. Et c'est triste, une femme dont le mari découche. Sa tendresse lui met mille tracas en tête :

— Où peut-il être ? On l'a battu... On l'a tué... Il est à la Morgue, peut-être...

Enfin, fallait prendre son mal en patience. Lorsqu'on a fait quelques berges à Mazas, qu'on a été grivier, on est habitué à la misère.

Nous étions là huit dans la bouc. Je m'assoupis.

Sur les huit compagnons, il y avait un poivrot, — un vrai. Après le premier sommeil, la soif l'empoigne. Il cherche le bidon. Y en avait pas. Cependant, dans tous les violons, doit y en avoir deux, dont un pour boire.

Naturellement, le bougre se met à faire du pet, fout des coups de rigodons dans la lourde.

Par humanité, on aurait dû lui donner à boire... Ah bon ouiche !

Un grand sec, en bras de chemise, ouvre la porte, saute sur l'homme et lui fout un gratin à le tuer.

Les tabacs qui sonnaient sur sa tirelire m'ayant éveillé :

— Vous n'êtes pas un homme, que je bonnis au grand sec. On ne cogne pas un citoyen qui peut pas se défendre !

La porte se referme. Je me rendors en ronchonnant. Le pochard aussi.

Une heure se passe. On appelle tous mes compagnons, les uns après les autres. Ils sortaient un instant et rentraient.

Je ne me méfiais de rien. Mon tour vient.

Je n'avais pas plutôt mis le nez dans le rayon de lumière que laissait passer la porte entr'ouverte, que le même grand sec, aidé de ses compagnons, me rejette dans la boue à coups de poings.

Je n'ai rien dit. Je ne me suis pas plaint... parce qu'on dit toujours que c'est le lapin qui a commencé. J'aurais eu tort.

Voilà mon histoire. Jusqu'à ce jour-là j'avais cru, comme beaucoup de camaros, que le citoyen Capet avait aboli la torture. J'ai vu que je m'étais foutu l'apôtre dans la châsse !...

Mais j'espère que les choses ont changé depuis l'épuration du personnel de la Préfecture, et surtout depuis la nomination du citoyen Caubet.

Ton aminche,
Philippe C.

LE COMBLE DE LA PUSILLANIMITÉ

Se croire la victime d'une attaque nocturne parce qu'on vient d'être *assommé*... par la lecture de l'*Univers*.

LA PESTE

On avait conté qu' d'Astrakan
Il allait nous tomber la peste ;
Mais v'là qu'on dit qu' c'est un cancan,
Son existence, on la conteste.

Oui, je l'ai lu, j' l'ai pas rêvé :
Des docteurs nient son existence,
A la peste... Ceux qu'ont crevé
N'seraient p't-êt' pas d' l'avis d'la science.

On fait là-d'sus mill' potains... Bref,
A Pétersbourg, où le czar reste,
Y avait un nommé Prokofiew
Qu'on croyait malad' de la peste.

C'était un muff', comm' vous et moi.
Or donc, la nouvelle galope,
Et ça produit — y avait bien d' quoi —
Un aria du diab'e en Europe.

Mais les méd'cins ont déclaré
Dans un document authentique
Que c't homm' n'est pas pestiféré :
C'est un simple syphilitique.

Ça, par exemple, y en a des tas,
D'syphilitiqu's ; ça n'fait pas faute.
Ah ! pour sûr non, i n'en manqu' pas,
Surtout dans les gommeux d'la haute.

C'te histoir'là m'a fait rigoler.
Mais maint'nant — j'ai beau êt'modeste,
J'sais c'que j'vaux — j'm'en vas vous coller
Ma p'tite opinion sur la peste.

Ça n'est pas un myth'!... Moi, j'm'en fous :
Mais la pest', c'est un euphémisme ;
La peste, so t dit entre nous,
Ça doit êt' le Cléricalisme !

BIBI.

GRAND THÉATRE DE VERSAILLES
—
Incessamment première représentation
DE
BEAUCOUP DE BRUIT POUR RIEN
DE W. SHAKESPEARE
Traduction de M. ***, membre de la Gauche.

N. B. — Des places seront réservées aux principaux Seizemayeux.

SILHOUETTES DE PROLÉTAIRES
—o—

SEULE

Son nom ? Angèle. Blonde, mince, délicate. Une créature frêle et fragile. Des mirettes d'un bleu céleste. La peau très blanche, l'air très doux. Avec cette douceur, une énergie indomptable. Une de ces volontés, jamais violentes, mais obstinées, que rien ne peut plier, si ce n'est l'impitoyable Sort.

Elle appartenait à une honnête famille d'ouvriers. Fille unique. Ses père et mère l'adoraient. Jamais elle ne fut battue. Même il était rare qu'on la grondât. Une enfant gâtée. Toujours bien mise. Presque comme une fille de bourgeois. Si elle désirait quelque chose, son père se serait plutôt privé que de ne le lui donner pas. Très sage, du reste. Tout enfant, elle était déjà raisonnable.

Ce fut sur sa propre demande qu'on l'envoya en apprentissage. Dans une maison de fleurs et plumes. Un joli métier, coquet, pas salissant. Elle y devint habile vite.

×

Un jour, sa mère mourut. Une maladie. La fièvre typhoïde, — qui l'enleva en deux jours.

Ce fut pour Angèle un grand deuil.

Deuil plus grand : au bout d'une année, ne pouvant se passer d'une ménagère, son père se remaria...

Et avec une mauvaise femme.

×

Alors, tout changea.

La maison, si calme, si heureuse jadis, devint un enfer. La belle-mère d'Angèle la prit en grippe. De là des querelles, des scènes continuelles.

Le père, dominé par sa nouvelle femme, acariâtre et violente, n'osait défendre Angèle. Il la vit triste. Cela le rendit chagrin. Il maudit son second mariage. Pour oublier cet irréparable malheur, il but, devint un soûlot. Pauvre homme ! — Combien d'ivrognes, ainsi, sont, non à blâmer, mais à plaindre.

×

Entre son père, alcoolique, et sa marâtre, haineuse, Angèle devint une martyre. Elle fut le pâtira, le souffre-douleur de la maison.

Un jour, on la frappa. Cette fois, elle perdit patience.

Elle résolut de partir et de vivre seule, libre et honnête.

Elle se disait :

« — Je le peux : j'ai un état. » Hélas !

×

Un dimanche soir, quand son père et sa belle-mère furent endormis, elle fit son petit paquet et s'en alla. Elle emportait vingt francs. C'était à elle. Dans un moment lucide, son père les lui avait donnés, en cachette de la marâtre, pour qu'elle s'achetât des chiffons.

Elle alla coucher à l'hôtel. Un hôtel plus que modeste. Elle loua une petite chambre ou plutôt un cabinet, misérable et nu. Quinze francs par mois. On fit quelques difficultés pour la recevoir. Elle dut payer une quinzaine d'avance.

×

Le lendemain, elle alla demander de l'ouvrage dans la maison où elle avait fait son apprentissage. Par bonheur on lui en donna tout de suite.

— Me voilà sauvée ! pensa-t-elle.

Toute la semaine elle travailla gaîment. Elle dut vivre avec les 6 fr. 50 qui lui restaient sur son louis. Le vendredi soir elle ne dîna pas, et ne déjeuna pas le samedi matin. Mais le samedi soir, c'était la paye.

Elle croyait avoir gagné des sommes folles. On lui donna 18 fr. Elle avait gagné 3 fr. par jour.

×

Ce résultat l'épouvanta. — Calculez :

Chambre. 15 fr. par mois. Pour la nourriture, à moins de mourir de faim, impossible de dépenser moins de 2 fr. par jour ; total, 60 fr. par mois. 60 et 15, 75. 3 fr. par jour, en défalquant les dimanches, cela donne 78 fr. par mois. Il ne restait donc à Angèle que 3 fr. par mois pour l'habillement, le blanchissage, l'éclairage, etc. Elle travailla davantage. Elle arriva ainsi à gagner 3 fr. 50 et 4 fr. par jour, 91 fr. ou 104 fr. par mois. En moyenne, 90 à 92 fr.

Alors, le loyer et la nourriture payés, il resta à Angèle une quinzaine de francs pour se blanchir, s'habiller, s'éclairer. Quelle dérision !

×

Elle persévéra néanmoins.

Elle vivait dans une gêne extrême. Le jour où il lui fallut se racheter une robe et des bottines, ce fut la misère absolue.

Angèle fit des dettes. Pour arriver à les payer et à joindre les deux bouts, elle se blanchit elle-même, *oublia* de déjeuner de deux jours l'un, passa des nuits...

Mais, quand on est jeune, on a besoin — les femmes surtout, à qui la nature a imposé de fatigantes servitudes — de manger à sa faim et de dormir son soûl.

Un matin, Angèle voulut se lever et ne put. Ses forces surmenées la trahirent. Elle était épuisée. La fièvre la prit, puis le délire.

On la porta à l'hôpital.

×

Elle en est sortie, il y a un mois.

Et, quatre jours après, elle a pris un amant, — le premier venu...

Parce qu'elle ne veut pas retourner se livrer à la merci de sa marâtre, et qu'elle a vu qu'une ouvrière *ne peut pas vivre de son travail.*

MARTIAL.

L'esprit de Simon Boubée.

Un canard légitimeux annonce la publication d'un feuilleton du petit Boubée.

C'est soi-disant une relation d'un voyage dans l'Afrique Centrale, qu'il aurait traduite de l'Angliche.

Ça s'intitule :

MONGROLÉON Ier

roi du Kahor-tay

Pigez-vous la malice ?

Mongroléon, lisez *Mon gros Léon*, c'est-à-dire Gambetta...

Kahor-tay, lisez *Cahors*...

Est-ce assez fin ?

Soigne-toi, Boubée ; tu ne vivras pas : t'es trop mariol !

POUR S'AMUSER

Vaste Concours de l'Œuf de Pâques

Y a donc pas moyen de vous foutre le truc de la cryptographie dans la boule ? Vous êtes donc gnoles, nom de Dieu ? Pas une solution du n° 11, pas une. Merde, alors !

Enfin, on va, encore une fois, vous mâcher la besogne.

Oyez.

Le mot formé par la première rangée de points d'interrogation est

C.L.É.R.I.C.A.L.I.S.M.E

Pour la seconde rangée, elle est formée par trois mots qui sont :

1° Un verbe à la troisième personne du singulier du présent de l'indicatif ;

2° Un pronom personnel ;

3° Un suce-ton-pif.

Quant aux chiffres, je vous rappelle, pour la mille et unième fois, qu'aux mêmes chiffres correspondent les mêmes lettres.

Et là-dessus, foutez-vous un nouveau coup de turbin.

Le Gérant : Auguste de la BILLETTE.

Imp. du journal *La Petite Lune* : A. de la BILLETTE, 5, rue Coq-Héron, 5.

LA Petite LUNE

Bureaux : rue Coq-Héron, 5   ☙ Dessins de GILL ☙   Abonnem^ts : Paris, 3 fr. — Dépar^ts, 3 fr. 50

SOUVENIR PARLEMENTAIRE

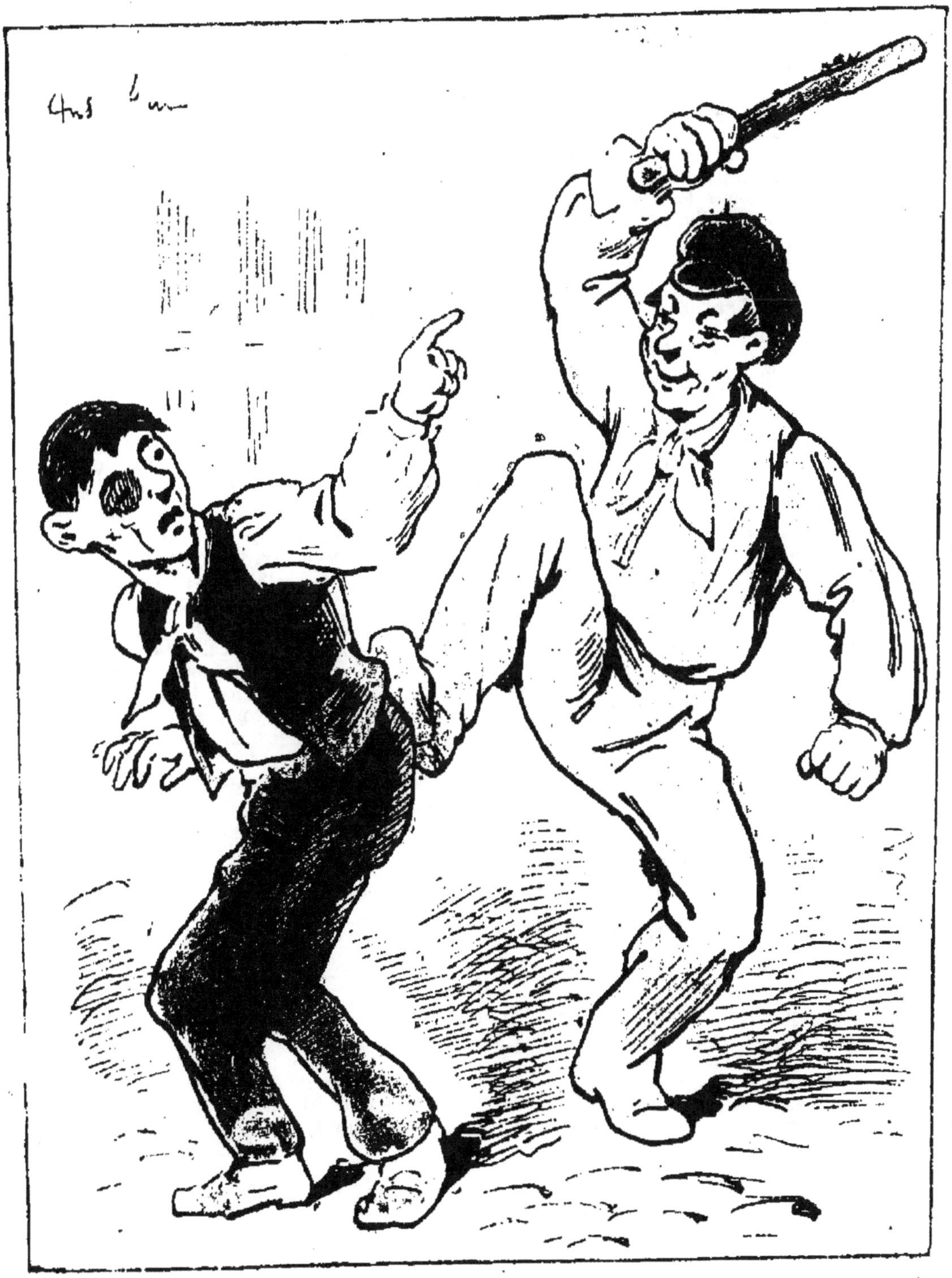

Oui ! oui, c'est bon ! mais, tu sais ?... J'te vas *flétrir*.

UNE VENGEANCE

A JEAN POPULOT

à la **P. L.**

Mon cher Populot,

Je t'écris la présente sous l'empire d'une colère à tout casser. Je suis indigné contre un sale bougre de sortier qui m'a fait voir des couleurs et joué des pieds de cochon, indignes d'un homme qui a de ça ! Je viens te prier de m'aider à me revenger du scélérat. Y a que toi qui peux me faire avoir ma vengeance comme je la comprends. Tu vas voir.

Faut d'abord que je te conte les tours que m'a joués mon gredin. Tu connais Victor, le grand Victor Bidochard? Nous nous étions connus tout gosses. Nous étions des vrais camerluches, des vieux frangins, amis comme cochons, les deux doigts de la patte.

Nous avions travaillé pas mal de temps dans la même boîte.

Puis le singe l'avait foutu à la porte comme trop flême, et je l'avais perdu de vue.

L'autre soir, je le rencontre. Je lui offre une tournée. Il accepte.

— Qué que tu fais ? qu'il me dit.

— Je boulotte. Et toi ?

— J'ai pas d'ouvrage.

— Faut en chercher.

— J'en cherche. Seulement j'ai pas le sou et ça me gêne. Prête-moi quarante ronds.

Je les lui prête.

— Où que tu demeures ? qu'il me dit.

Je lui donne mon adresse. Il me quitte. Deux jours après, Victor s'amène à ma turne. Nous allions dîner, la bourgeoise et moi. Il s'invite. Après dîner, il m'emprunte cent sous, en disant :

— Je te les rendrai demain.

Je les lui prête.

Le lendemain et les jours suivants, il repique au truc. Il se fait nourrir, et, au lieu de me rendre ma braise, il m'en remprunte chaque fois. Avec ça, je m'apercevais qu'il faisait de l'œil à ma femme. Je ne disais rien. Je suis patient.

Un beau soir, il aboule avec une malle.

— Quéque c'est que ça ? que je lui dis.

— C'est ma malle, qu'il me répond. On m'a foutu à la porte de mon garno. Je viens te demander l'hospitalité. Pour quelques jours seulement. Je suis sur le point de trouver de l'ouvrage.

Je ne dis rien. On lui met un matelas par terre. Et voilà monsieur installé.

Quelques jours se passent. Victor se gobergeait, rigolait, flânait pendant que j'allais à mon turbin, et chauffait toujours la bourgeoise. Un matin, je ne vois plus ma montre au clou où elle était accrochée.

— Où qu'est ma toquante ? que je demande.

Victor me répond :

— Ne la cherche pas. C'est moi qui l'ai portée chez ma tante. J'avais besoin d'argent.

— T'aurais bien pu me demander la permission ! que je m'écrie.

Alors il m'engueule, disant :

— T'es un muffe : tu sais bien que je la retirerai sitôt que j'aurai trouvé de l'ouvrage.

Là-dessus je me tais. Mais je commençais à rager.

Enfin, un soir, comme je rentrais, la pipelette me prend à part.

— Monsieur Cornu, qu'elle me fait, vous devriez faire attention. Tout le monde se fout de vous dans le quartier.

— A cause ? que je demande.

— Parce que votre dame vous fait des queues.

— Avec qui?

— Avec votre ami, M. Victor.

— Vous êtes sûre ?

— Oh! ils ne s'en cachent pas.

Bon! Je monte. Je trouve Victor et mon épouse en train de siroter du vermouth.

— Victor, que je dis, c'est pas gentil.

— Qu'est-ce qu'y a ?

— Eh bien, je te loge, je te nourris, je te colle de l'argent... Et on me dit que tu me fais cocu !

Ah ! nom de Dieu, le v'là qui se lève et qui se met à m'agonir.

— Enfin, que je dis, j'aimerais mieux que nous nous quittions.

— Eh ben, qu'il me dit, quittons-nous tout de suite. Fous le camp !

— Comment! que je m'exclame, mais je suis chez moi!

— Je m'en fous, qu'il me fait. Moi, j'y reste. Tire-toi !

— Jamais!

— Ah ! c'est comme ça... Et v'lan, Victor me saute sur le poil, me fout une dégelée de coups de poing sur la gueule, de coups de pied dans le cul, me poche un œil, me prend au collet et m'expulse, en me criant :

— N'aie pas le malheur de revenir ou je te crève !

J'ai pas osé revenir, et je m'en suis allé à l'hôtel. En sorte que je n'ai plus ni os, ni frusques, ni montre, ni domicile, ni femme!

Voilà, mon cher Populot, les saletés que Victor m'a faites. Tu comprends que ça ne peut pas se passer comme ça. Me faut ma revanche !

C'est pourquoi je t'adresse et te prie de publier cette lettre par laquelle je déclare hautement que j'inflige à ce filou de Victor et à ma garce de femme une **flétrissure**.

S'ils n'en meurent pas de honte tous deux, ça m'étonnera.

A toi,

Benoît Cornu.

HYGIÈNE

On prétend que c'est dangereux de s'introduire du mercure dans le tube.

Pourtant les baromètres s'en sont toujours très bien trouvés.

LE COMBLE DE LA PRECAUTION HYGIÉNIQUE

Avoir peur des maladies contagieuses, au point de ne pas vouloir porter de canne plombée.

LA MI-CARÊME

Vive la fêt' des blanchisseuses !
Dans tous les lavoirs de Paris,
Les moins noceus's, les plus masseuses,
L'ont célébrée, à cor, à cris.

On s'tordait... c'était d'la démence...
— Qui qui piqu' le mieux son chahut ?
— C'est Gervais' ! — C'est la grand' Clémence !
— A Chaillot ! — Des néfl' ! — Ohé ! — Zut !...

Quand on fut souvent à la peine
Au plaisir on peut être un brin...
C' qu'i faut voir, surtout, c'est la Reine :
J' gob' vraiment son pouvoir souv'rain.

Ça n'est pas un' rein' comm' les aut'es,
Les aut'es qu'emmiell'nt tout l'univers ;
Ça y est permis d'commett' des fautes ;
Ça y est permis d'aller d'travers.

On l'ador', mais on n'la craint guère ;
Ell' n'accab' pas les gens d'impôts,
Et ne déclar' pas de guerre
Pour fair' plaisir à dés cagots.

Ell' ne fait pas par le pauv' monde
Payer l' mâle, objet d' son amour :
Elle est mariole, elle est gironde...
Enfin son règn' ne dur' qu'un jour.

Si ça lui plait, dans c'te journée,
Ell' peut mêm' prendre des airs fiers ;
Ell' qui tout l' reste de l'année
Va passer sa vi' « dans les fers... »

S'coller douze heur's de diadème,
Douze heur's seul'ment, c'est bien permis.
C'est pourquoi viv' *la Mi*-Carême,
Qu'est vraiment l'plus bath dés *amis* !

BIRI.

DRAMES RÉELS

—○—

LE NOMMÉ BERDIER

Il y a des zigs, mais, nom de Dieu ! il y a
aussi de bien mauvais bougres.

Le nommé Berdier me fait l'effet d'être de
ceux-ci.

C'est un ouvrier serrurier, ce Berdier, mais
un ouvrier pochard et noceur. Il s'était marié.
Pendant la Commune. Sa femme était une
faible, douce, bonne créature. Un vrai agneau.

Une pâte d'ange. Son soûlot d'homme, naturellement, la victima.

Il la bourrait, la bousculait, la maltraitait.
Elle supportait tout sans mot dire. Et fidèle.
Lui, toujours en riole. Il restait des journées,
des nuits entières dehors. Il prenait l'argent
du ménage et le claquait avec des salopes,
pendant que sa femme crevait la faim.

Avec cela, malade, Mme Berdier. Phtisique.
Les querelles, les scènes continuelles la
tuaient. A plusieurs reprises, elle dut entrer
à l'hôpital. Une fois, en revenant au logis,
elle chercha ses affaires. Disparues. Berdier
dit :

— On les a volées.

C'était faux. — Il les avait données à une
garce.

Cette vie-là, pour une honnête femme, c'est
vraiment pas une existence.

×

Un jour, mon Berdier fout le camp et tire
une bordée d'un mois.

Puis, il rapplique chez lui, amenant un camarade, avec qui il avait travaillé à l'Exposition. Un nommé Lorr. Lorr devient le commensal des Berdier, prend pension chez eux.
Bref, le truc de Coupeau installant Lantier
chez Gervaise ; sauf que Lorr n'est pas un
marlou, et que la Gervaise dont s'agit n'avait
encore jamais fauté.

×

Berdier avait son plan, vous allez voir.

D'abord il répétait tout devant Lorr que son
mariage, contracté pendant la Commune, n'é-
tait pas valable.

Ensuite, un jour, il envoie sa femme chez
Lorr prendre des effets. Quand elle revient,
il l'accuse d'être la maîtresse de Lorr, et, sous
ce prétexte mensonger, la fout à la porte.

Sans un rond.

×

Beaucoup de femmes auraient sur-le-champ
cessé d'être vertueuses. Mme Berdier lutta
trois jours. Trois jours, elle erra dans Paris,
— affamée. Enfin, mourante, elle se réfugia
chez Lorr.

Alors seulement elle devint sa maîtresse.
C'était forcé. Les ouvriers n'ont pas trente-
six matelas.

Vous croyez que Berdier a été satisfait ? Du
tout. Il a osé porter une plainte en adultère
et faire foutre sa femme à Saint-Laz. Il veut
sa mort, quoi !

×

Mme Berdier et Lorr devaient passer en
jugement le 20 février. Mais la malheureuse
femme était si malade, qu'elle n'a pas pu. Le
médecin lui a donné un certificat. On a remis
l'affaire.

Enfin, allant un peu mieux, Mme Berdier a
écrit au président une lettre à faire pleurer
des tigres, pour prier qu'on la juge vite, dans
la crainte de ne pas pouvoir se présenter plus
tard.

Elle est arrivée à l'audience, exténuée, bri-
sée, cassée en deux par une toux sèche, avec
une figure de cadavre.

Tout le monde était remué. Les magistrats,

ordinairement, ça n'est pas tendre. Ça en a tant vu ! Eh bien, le président, l'avocat géné-ral eux-mêmes ont supplié Berdier de retirer sa plainte.

Il n'a pas voulu. Les murmures de l'audi-toire l'ont laissé froid. A toutes les prières il a répondu comme une brute :

— Je veux ma séparation.

Il a fallu le satisfaire. La loi est là. On a condamné Lorr à quinze jours de prison, et la poitrinaire au minimum, six jours.

Le serrurier doit être content !

Heureusement que Mme Berdier n'a plus beaucoup de temps à souffrir.

X

Maintenant, je songe à une chose : c'est que, si on avait le divorce, ces horreurs-là n'arriveraient pas.

MARTIAL.

A LA TERTULIA
MAISON HYACINTHE LOISON
EXTRAIT D'EAU DE MALICE DES CARMES

L'affaire du passage Saulnier,
Le drame de la rue Fontaine,
Bref, tous les crimes en vogue sont de la gnognotte auprès de

L'AFFAIRE LEROUGE
d'Emile GABORIAU

Que va publier le **Nouveau Journal**

La P. L. offre une pipe Gambier incrustée de diamants au mariol qui devinera le dé-nouement après le quatrième feuilleton.

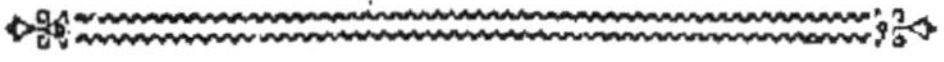

LES COMBLES POLITIQUES

Le comble de l'henriquinquisme

Pour pouvoir arborer librement une coif-fure de sa couleur, solliciter une place dans les cochers à chapeaux blancs.

Le comble de l'orléanisme

Aimer les poires à la folie et ne pas en manger, sous prétexte que ce serait un régi-cide.

Le comble du badingouinisme

Ayant un fils nouveau-né, lui faire adapter aux oreilles des appareils extenseurs afin de lui donner une lointaine ressemblance avec le prince Zouloulou.

Le comble du radicalisme

A l'écarté : avoir le roi d'atout et l'écarter avec dédain.

Le comble de l'opportunisme

Découvrir, pendant la nuit, un commence-ment d'incendie, et s'abstenir de crier : *Au feu !* pour ne pas faire du tapage nocturne.

POUR S'AMUSER

Concours de B. Douin de Kabylie

Compléter le mot en triangle suivant :

```
W H I S T
. . . .
. . .
. .
.
```

PRIX : Deux photographies arabes.

(*Note à bénêts.* — Ne vous esquintez pas ; elles sont mouches.)

Vaste Concours de l'Œuf de Pâ...

N° 12

Logogriphe

Par le Chanoine de la rue Lambert et le sacristain de la rue du Gasc, à Bordeaux.

Sur quatre pieds je suis immonde ;
Mais
Qu'on me coupe la queue et la tête : je plais
Alors à tout le monde.

Solution du n° 11

```
C l i r     E
L   i s     S
E           T
R   i o     M
I ndig      O
C   r i     N
A   i r     N
L   i       E
I l i o     N
S i n g     N
M édiu      E
E   l o     I
```

Ont deviné : Reinruof. — Eug. Arthot. — Un luna-tique de la **P. L.** — E. Guyon. — Parpaillot. — Deux Ames vierges.

A EUGÈNE ARTHOT. — Expédie-nous tous les machins. On verra si c'est présentable.

Le Gérant : Auguste de la BILLETTE.

Imp. du journal *La Petite Lune* : A. de la BILLETTE
5, rue Coq-Héron, 5.

N° 42   25 Cm

Bureaux : rue Coq-Héron, 5   Dessins de GILL   Abonnem^{tt} : Paris, 3 fr. — Départ^{ts}, 3 fr. 50

A LA FOIRE AUX PAINS D'ÉPICES

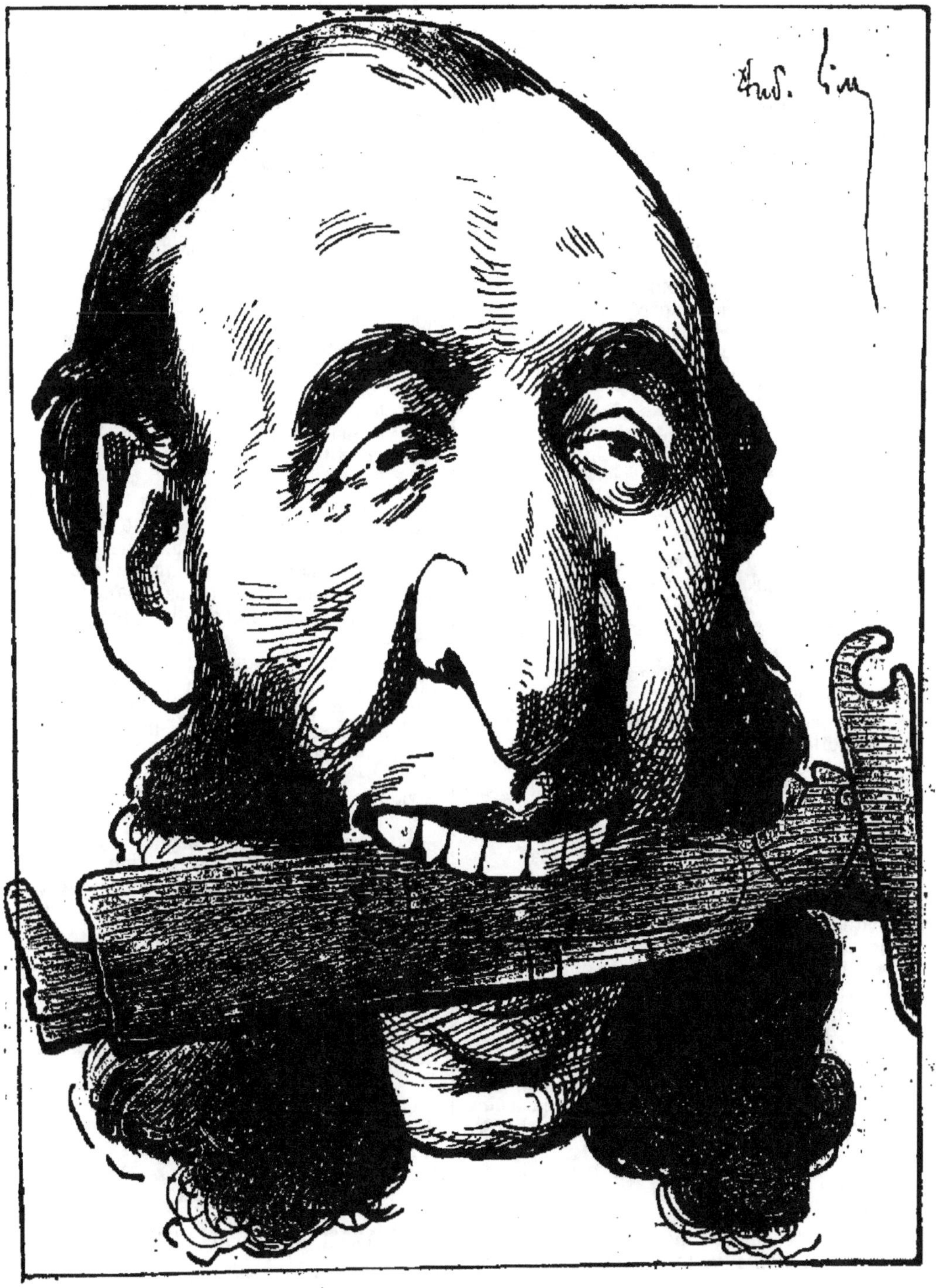

Un amateur distingué.

UNE VENGEANCE

A JEAN POPULOT

à la **P. L.**

Mon cher Populot,

Je t'écris la présente sous l'empire d'une colère à tout casser. Je suis indigné contre un sale bougre de sortier qui m'a fait voir des couleurs et joué des pieds de cochon, indignes d'un homme qui a de ça ! Je viens te prier de m'aider à me revenger du scélérat. Y a que toi qui peux me faire avoir ma vengeance comme je la comprends. Tu vas voir.

Faut d'abord que je te conte les tours que m'a joués mon gredin. Tu connais Victor, le grand Victor Bidochard ? Nous nous étions connus tout gosses. Nous étions des vrais camerluches, des vieux frangins, amis comme cochons, les deux doigts de la patte.

Nous avions travaillé pas mal de temps dans la même boîte.

Puis le singe l'avait foutu à la porte comme trop flème, et je l'avais perdu de vue.

L'autre soir, je le rencontre. Je lui offre une tournée. Il accepte.

— Qué que tu fais ? qu'il me dit.

— Je boulotte. Et toi ?

— J'ai pas d'ouvrage.

— Faut en chercher.

— J'en cherche. Seulement j'ai pas le sou et ça me gêne. Prête-moi quarante ronds.

Je les lui prête.

— Où que tu demeures ? qu'il me dit.

Je lui donne mon adresse. Il me quitte. Deux jours après, Victor s'amène à ma turne. Nous allions dîner, la bourgeoise et moi. Il s'invite. Après dîner, il m'emprunte cent sous, en disant :

— Je te les rendrai demain.

Je les lui prête.

Le lendemain et les jours suivants, il repique au truc. Il se fait nourrir, et, au lieu de me rendre ma braise, il m'en remprunte chaque fois. Avec ça, je m'apercevais qu'il faisait de l'œil à ma femme. Je ne disais rien. Je suis patient.

Un beau soir, il aboule avec une malle.

— Quéque c'est que ça ? que je lui dis.

— C'est ma malle, qu'il me répond. On m'a foutu à la porte de mon garno. Je viens te demander l'hospitalité. Pour quelques jours seulement. Je suis sur le point de trouver de l'ouvrage.

Je ne dis rien. On lui met un matelas par terre. Et voilà monsieur installé.

Quelques jours se passent. Victor se gobergeait, rigolait, flânait pendant que j'allais à mon turbin, et chauffait toujours la bourgeoise. Un matin, je ne vois plus ma montre au clou où elle était accrochée.

— Où qu'est ma toquante ? que je demande.

Victor me répond :

— Ne la cherche pas. C'est moi qui l'ai portée chez ma tante. J'avais besoin d'argent.

— T'aurais bien pu me demander la permission ! que je m'écrie.

Alors il m'engueule, disant :

— T'es un muffe : tu sais bien que je la retirerai sitôt que j'aurai trouvé de l'ouvrage.

Là-dessus je me tais. Mais je commençais à rager.

Enfin, un soir, comme je rentrais, la pipelette me prend à part.

— Monsieur Cornu, qu'elle me fait, vous devriez faire attention. Tout le monde se fout de vous dans le quartier.

— A cause ? que je demande.

— Parce que votre dame vous fait des queues.

— Avec qui ?

— Avec votre ami, M. Victor.

— Vous êtes sûre ?

— Oh ! ils ne s'en cachent pas.

Bon ! Je monte. Je trouve Victor et mon épouse en train de siroter du vermouth.

— Victor, que je dis, c'est pas gentil.

— Qu'est-ce qu'y a ?

— Eh bien, je te loge, je te nourris, je te colle de l'argent... Et on me dit que tu me fais cocu !

Ah ! nom de Dieu, le v'là qui se lève et qui se met à m'agonir.

— Enfin, que je dis, j'aimerais mieux que nous nous quittions.

— Eh ben, qu'il me dit, quittons-nous tout de suite. Fous le camp !

— Comment ! que je m'exclame, mais je suis chez moi !

— Je m'en fous, qu'il me fait. Moi, j'y reste. Tire-toi !

— Jamais !

— Ah ! c'est comme ça... Et v'lan, Victor me saute sur le poil, me fout une dégelée de coups de poing sur la gueule, de coups de pied dans le cul, me poche un œil, me prend au collet et m'expulse, en me criant :

— N'aie pas le malheur de revenir ou je te crève !

J'ai pas osé revenir, et je m'en suis allé à l'hôtel. En sorte que je n'ai plus ni os, ni frusques, ni montre, ni domicile, ni femme !

Voilà, mon cher Populot, les saletés que Victor m'a faites. Tu comprends que ça ne peut pas se passer comme ça. Me faut ma revanche !

C'est pourquoi je t'adresse et te prie de publier cette lettre par laquelle je déclare hautement que j'inflige à ce filou de Victor et à ma garce de femme une **flétrissure**.

S'ils n'en meurent pas de honte tous deux, ça m'étonnera.

A toi,

Benoît CORNU.

HYGIÈNE

On prétend que c'est dangereux de s'introduire du mercure dans le tube.

Pourtant les baromètres s'en sont toujours très bien trouvés.

LE COMBLE DE LA PRÉCAUTION HYGIÉNIQUE

Avoir peur des maladies contagieuses, au point de ne pas vouloir porter de canne plombée.

je sache dessiner, j'en ferais une, de question...

Je dessinerais un pauvre malade, maigre, hâve, dans son lit d'hôpital.

Et j'écrirais dessous, en grosses lettres :

ON A ENVOYÉ A CE MALADE
Du gibier :
lapins, faisans, perdrix, chevreuils :
CHERCHEZ LE GIBIER !

Et je vous réponds qu'on pourrait chercher !

*
* *

Vrai, tous ces machins-là m'épatent, quand j'y pense. J'en suis tout baba.

Tenez, je ne sais pas si c'est arrivé; mais on m'a soutenu que — dans les temps passés — les grands employés de l'assistance, qu'on paye très cher avec l'argent des pauvres, envoyaient comme ça à leurs copains un panier de faisans avec une petite lettre bien gentille :

« Tiens, ma vieille, prends ça, je suis heureux de trouver l'occasion de t'être agréable.

Tout à toi d'amitié,
Chose. »

Eh bien zut, ça serait épatant.

Figurez-vous que je décroche, dans la rue, la montre d'un paroissien qui passe, et que je dise à un camarade :

— Tiens, mon vieux, je te donne ça, c'est de bon cœur! Il y a longtemps que je veux te faire plaisir.

Je vous demande un peu si ça serait à faire?

Et cependant, remarquez bien :

Moi, je volerais un homme bien portant, et pas malheureux, puisqu'il aurait une montre.

Et l'autre dégringolerait des malades qui ne peuvent rien dire.

Et savez-vous ce qui arriverait?

Moi, on me foutrait dedans, (et ce serait pain bénit);

Tandis que l'autre, on le décore!

Serait-ce juste, s'il avait agi comme on me l'a conté?

Non, n'est-ce pas?

Eh bien, voilà pourquoi je demande si les choses en question sont arrivées, et s'il est bien certain qu'elles n'arriveront pas encore.

JEAN POPULOT

———◆———

DEUX GUERRIERS

———

Plonplon et le gâteux Badingue
A la guerre allèrent tous deux ;
Et voici comment je distingue
L'un de l'autre ces valeureux :

Au beau milieu de la bataille,
Quand, subitement en courroux,
Le brutal, crachant la mitraille,
Faisait sonner sa grosse toux,

Quand le boulet que rien n'arrête,
Formidable, prenait son vol,
Gaga fumait sa cigarette
Et Plonplon, lui, fumait... le sol.

———◆———

DRAMES RÉELS

—o—

ANGELINA ET BRUNO.

Quand on lit les choses qui se passent, on croit rêver. Il n'est pas de jour où un fait monstrueux ne nous vienne rappeler que la barbarie n'est pas vaincue et qu'en bien des endroits du monde règnent encore d'épaisses ténèbres.

Dernièrement, des gardiens de la paix trouvent dans la rue deux gosses. Une petite fille, un petit garçon. Douze ans, dix ans. Leurs noms? Angélina, Bruno.

Interrogés, ils disent qu'ils se sont sauvés de chez leur *maîtresse*, parce qu'elle les maltraitait trop.

De chez leur « maîtresse? » Ces petits sont donc des domestiques? Non : ce sont des ESCLAVES !

Leur maîtresse est une Indienne, mais mariée à un Russe, et habitant Paris. Récemment elle a fait un voyage à Java. C'est là qu'elle a acheté — *pour deux francs!* — Angélina et Bruno.

Cette femme est la fille d'un marchand d'esclaves, et il lui paraît inouï que l'esclavage soit aboli en France.

Ainsi, le hasard ne peut soulever un coin du voile qui dérobe aux profanes le *high-life*, sans découvrir quelque effroyable misère causée par un crime de riche.

×

Angélina et Bruno sont, à l'heure qu'il est, aux Enfants Assistés. Des personnes, qui ont lu cet horrible fait divers, offrent de les adopter.

Une enquête est ouverte.

Espérons qu'on ne rendra pas les pauvres gosses à la fille du marchand d'esclaves.

MARTIAL.

LE RETOUR A PARIS

—:—

S'i fallait qu'à Versaill's je d'meure,
C'est épatant c'que j'me frais vieux.
Je m'canul'rais à cent francs l'heure.
Versaill's, c'est l'comble d'l'ennuyeux !
C'est pourquoi je crois nécessaire
De donner à nos r'présentants,
Qui pass'nt à Versaill's tout leur temps,
Ce petit conseil bien sincère :

    Pars pour Par, pars pour Paris,
    Petit parlement que j'aime;
    Pars pour Par, pars pour Paris,
    Parlement que je chéris!

D'abord, à Versaill's, pour s'y rendre
Ça n'doit pas êt'récréatif.
Pour nos pauv' commettants de prendre,
Chaque matin, le roulant-vif.
Puis, la séance terminée,
J'n'en sais rien, mais je jur'rais qu'on
Doit rager d'rentrer en wagon
Pour se r'poser d'sa p'tit journée...

    Pars pour Par, pars pour Paris, etc.

Passer un'parti' d'l'existence
Dans un'gar' de chemin de fer,
Je suis effaré, quand j'y pense :
C'est pas un' vi', c'est un enfer!
Rien que rapport à la bagarre,
J'en suis persuadé que nos
Députés en ont plein le dos,
Oui, plein l'dos, d'la gar' Saint-Lazare!

    Pars pour Par, pars pour Paris, etc.

Et puis ce qui n'doit pas êt'rose,
C'est d's'aperc'voir, aussi loin,
Qu'on a chez soi laissé qué'qu'chose
Dont on a l'plus pressant besoin !
Vous figurez-vous la caboche
D'un qui, pourvu d'un coryza,
S'aperçoit qu'à Paris il a
Oublié son mouchoir de poche?

    Pars pour Par, pars pour Paris, etc.

Maint'nant les ceuss' qu'a des épouses,
Et, forcés chaqu'jour d's'exiler,
Pour peu qu'i's aient des âm's jalouses,
Ça doit pas les fair' jubiler !
L'inquiétude les victime,
Et tout l'temps ces pauvres maris,
Doiv'nt se dir' : « Qu'est-ce qu'à Paris
Fiche en c'moment ma légitime? »

    Pars pour Par, pars pour Paris, etc.

Enfin, dans Paris-Capitale
Pourquoi donc qu'on ne r'viendrait pas ?
Est-ce quelque émeute brutale
Qu'on rédout' ? Ah ! n'ayez pas c'tracas !
Des émeutes, à l'heur' présente
Qui qu'en f'rait ? Les bonaparteux.
Eh ben, i's n'sont pas bien dang'reux :
I nous en reste à peu près trente !

    Pars pour Par, pars pour Paris,
    Petit Parlement que j'aime ;
    Pars pour Par, pars pour Paris,
    Parlement que je chéris !

             BIBI

THÉATRES

~~~

M. Hennequin et Najac — les auteurs de *Nounou*, pièce au camphre et au bromure de potassium, — préparent, assure-t-on, pour l'hiver prochain, une nouvelle pièce pharmaceutique, également destinée au Gymnase.

Cette œuvre nouvelle s'intitulerait tout simplement : *La Syphilis*.

On compte beaucoup sur une scène où Saint-Germain avale une boite de pilules de protoiodure de mercure.

PROVERBES ANCIENS & NOUVEAUX

~~~~~~

Un homme averti en vaut deux.

        MOREAU,
    Syndic des agents de change.

POUR S'AMUSER

~~~~~~

    Mes pauvres vieux,
Je suis malade pour le quart d'heure. C'est la faute à Lisa. .

.Qu'est-ce que vous avez à rire?... Etes-vous bêtes !... Nous avons pris une cuite ensemble, voilà tout.

Pour lors, je n'ai pas pu aller lire vos lettres. Donc, contentez-vous pour aujourd'hui des solutions et d'une devinette nouvelle. Les noms des devins seront publiés la prochaine fois en bloc.

Ça ne vous fait rien, pas vrai? — Et puis, si ça vous faisait quelque chose, ça serait kifkif.

~~~~~~

Concours de B. Douin de Kabylie

Solution

  W H I S T
  H A L E
  I L E
  S E
  T

Vaste Concours de l'Œuf de Pâques

N° 13

Charade

Au lieu de *faire,*
— Avec mystère —
Dans mon *premier,*
J'ai souvent — c'est mon *troisième* —
Fait caca dans mon *deuxième.*
Que de gens aujourd'hui vivent de mon *entier* !

Solution du n° 12

PORC — OR

Le Gérant : Auguste de la BILLETTE.

Imp. du journal *La Petite Lune* : A. de la BILLETTE
5, rue Coq-Héron, 5.

Nº 43 — 25 Cᵉˢ

LA Petite LUNE

Bureaux : rue Coq-Héron, 5   ✚ Dessins de GILL ✚   Abonnem^ts : Paris, 3 fr. — Départ^ts, 3 fr. 50

L'IMMORTEL DU JOUR

Projet de peinture murale pour la chapelle Saint-Renan, d'après la fresque de Delacroix :
la lutte de l'Ange et de Jacob.

RENAN

En général, je me fous de l'Académie. L'Académie, c'est une collection de vieux bonshommes qui se réunissent sous le dôme de l'Institut, on ne sait pas au juste pourquoi. Y en a de tout vieux, tout déplumés, qui sont gagas. Ils sont soi-disant à fabriquer un dictionnaire. Mais c'est pas vrai : on leur fait croire ça pour les distraire. Quand un vieux claque, ses copains se réunissent et lui nomment un remplaçant du même tonneau. L'Institut, c'est comme qui dirait une espèce de Bicêtre réservé aux gens connus. Des fois aussi il se présente un duc, comme d'Aumale ou de Broglie, pour faire partie de l'Académie : on le nomme tout de suite, parce que les vieillards, retombés en enfance, sont comme les gosses; ils se laissent esblinder par les faiseurs d'esbrouffe.

Voilà ce qui est de l'Académie, ordinairement.

Mais il faut avouer que, récemment, les bonshommes du pont des Arts ont fait quelque chose de rigolo. Ils ont élu Renan, et le reçoivent solennellement cette semaine.

Vous avez bien entendu parler de Renan, les frangins ? Renan, c'est un ex-séminariste qui a foutu le froc aux orties, un homme épatamment savant, qui s'est un beau jour mis dans la caboche de se flanquer une pile avec son ancien Bon Dieu. Pour ça, il a écrit la *Vie de Jésus*, un bouquin qui a fait un sacré pétard, quand il a paru. Il y a eu à cette époque un potain de tous les diables dans le Landerneau clérical. Les sacristies ont retenti de cris et de grincements de dents; les ratichons se sont dévotement signés, en vouant l'apostat aux feux de l'enfer, et leurs *ouailles* ont piaillé... comme des *oies* qu'elles sont. Quant à Veuillot, fallait voir ça : il s'agitait comme un rabouin dans un bénitier; tout le catéchisme poissard a passé dans ses engueulades à Renan; il ne décolérait pas, le pauvre homme ! S'il avait eu le cou deux doigts plus court, c'était l'apoplexie, pour sûr.

A l'heure qu'il est, les cagots, bigots, matagots et autres magots n'ont pas encore pardonné à Renan d'avoir tombé leur Être suprême, et déclaré — tout en l'admirant des masses — que Jésus était un homme comme vous et moi, en un mot débiné tous les trucs du catholicisme. Ils ne lui pardonneront jamais. Ils ont contre lui une vraie dent, une grosse molaire pour le moins. A leurs yeux, Renan ou Voltaire, c'est quasiment kifkif.

Or, vous comprenez, aminches et camerluches, que, quand ledit Renan a été nommé du premier coup académicien, comme ça passe pour un honneur, quel pif ont fait les cléricailloux ! Cet homme-là, qu'ils voudraient voir dans la Seine avec une pierre au cou, le voir revêtu d'un titre estimé et d'un bel uniforme à palmes vertes, ça a été pour eux un crève-cœur. Ça a dû manquer de faire tourner leur fiel. Et sa réception solennelle, brochant juste sur les fameux projets Ferry, doit les rendre à moitié loufoques et hydrophobes.

Tout ce qui canule la clique ratichonne réjouit le cœur des bons bougres. C'est pour ça que je proclame la nomination de Renan une chose tout à fait hath, chocnosoffe et gaudissante. Et c'est pour ça que je vous engage à faire comme moi, c'est-à-dire à pouffer, bosser et vous tenir la bedaine de rire, en songeant au nazonnant des sangliers, sacristains et autres piliers de séminaires.

Maintenant, mes fistons, je dois vous mettre sur vos gardes. Faut pas non plus être des jobards et prendre Renan et les types du même genre pour des purs, des zigs et des aminches du peuple. Faut se méfler des savants. Comme ils ont de l'instruction, ils ne coupent pas dans les fables des curés, les sacrés-cœurs, les eaux de Lourdes et les miracles. Ils blaguent ça et se montrent libres-penseurs. On en conclut que c'est aussi des démocrates, et quelquefois on se fout dedans une belle affaire. Ainsi le père Littré, qu'on croyait un bon, a dernièrement presque lâché la République. Un autre libre-penseur, le nommé Taine, a dégueulé des tas d'ordures sur les hommes de la grande Révolution.

Enfin, ce Renan dont nous parlons rêve dans l'avenir — non pas la République universelle, démocratique et même mieux que ça, avec la liberté, l'égalité pour règles — mais une aristocratie de savants, jouissant de prérogatives divines, dominant toute la terre et tyrannisant le pauvre monde. Eh bien, dans cette voie-là, nous devons le lâcher carrément. L'égalité est le plus beau des principes modernes. Aucune aristocratie ne fait notre blot. De celle du Nom, 93 a fait table rase. Nous luttons à cette heure contre celle du Capital. Si on arrive à la foutre en bas, ça ne sera pas pour s'en offrir une troisième.

JEAN POPULOT

✦

Philosophie

Je suis un pauvre bougre et je m'en contrefiche.

Ça doit être souvent emmiellant d'être riche.
D'abord, dès sa jeunesse, ayant toujours été
Un douillard, être pris par la satiété,
Et, comme on peut avoir tout ce que l'on désire,
S'apercevoir qu'en sui le désir même expire,
Et que, dans votre cœur lassé, blasé de tout,
Il ne vous reste rien qu'un immense dégoût;
— En un mot se sentir vieux à vingt ans, à trente
Caduc, et n'adorer qu'une chose : la Rente ;
— N'avoir d'autre souci, tant on est cousu d'or,
Que d'acheter pour vendre et racheter encor;—
— Ne com dire jamais la circonstance heureuse
De la déche battue avec une amoureuse
Qui montre, en éclatant d'un beau rire argentin,
Sous sa robe de laine une peau de satin,
Qui ne vous compte pas les baisers, et grignote
Du pain dur, sans que ça lui casse une quenotte;
Mais être condamné, jeune aussi b en que vieux,
Au rôle peu flatteur de miché sérieux,
Et quand, vous jurant une éternelle tendresse,
Une belle petite avec art vous caresse,
Toujours songer, pour peu qu'on soit intelligent :
« Je suis gobé, mais c'est, hélas ! pour mon argent,
Non pour moi-même; » puis, douter des mains qu'on
　　　　　　　　　　　　　　　　　　　　[serre,
A tous les compliments se dire : « Est-ce sincère? »

Et, lorsque quelqu'un vous attribue un bon mot,
Penser : « Si j'étais pauvre on me trouverait so'. ; »
— N'avoir que des flatteurs et que des pique-assiettes
Ayant chez vous, comme au restaurant, leurs serviettes,
Et qui, venus afin de faire un bon repas,
Vous encensent tout haut et vous bêchent tout bas ;
— Et, comme vous n'avez jamais eu de maîtresse
Véritable, si votre humeur un jour vous presse
De prendre femme, au lieu de pouvoir en choisir
Une qui soit vraiment suivant votre désir,
Une que vous trouviez douce, aimable et gironde,
Pour ne pas être mis à l'index par le monde
Marier vos écus avec d'autres écus,
Et, forcément, grossir le nombre des cocus,
Ou faire tout au moins un très mauvais ménage,
S'il vous vient des enfants, les voir, dès leur jeune âge,
Comme s'ils avaient un stigmate originel,
Se corrompre au contact du quibus paternel,
Et se livrer à la paresse, à la débauche,
Sachant bien que quand vous passerez l'arme à gauche,
Ils trouveront de quoi rigoler amplement ;
Vieillir ainsi, dans un atroce écœurement,
Plein de mépris pour les hommes ; enfin, quand l'heure
Vient, quand vous comprenez que, malgré votre beurre,
Faut vous en aller dans la boîte aux dominos
Pioncer *ad æternum* comme les camaros,
Se dire amèrement que les larmes versées
Autour de vous sont des larmes intéressées,
Et que vos héritiers qui sanglotent si fort,
Sollicitent le ciel de hâter votre mort,
— Toutes ces choses sont peu farces.

                Je préfère
De beaucoup n'être qu'un pauvre homme et, sans me
De bile, turbiner et vivre au jour 'o jour,   [faire
Mais ne pas ignorer l'amitié ni l'amour ;
Boire de temps en temps avec un camarade ;
Dans les bois de Clamart faire une promenade
Avec une pierreuse à qui ça fait plaisir ;
Et, si jamais je prends une femme, en choisir
Une qui sur le dos porte sa garde-robe
Tout entière, mais qui me gobe et que je gobe,
Et, si j'entends chigner pendant ma crevaison,
Être certain que c'est des larmes pour de bon.

Bref, je ne porte guère aux gens riches envie ;
Et les pauvres, gagnant péniblement leur vie,
Avec les plus braiseux ne voudraient pas changer,
S'ils étaient seulement sûrs de toujours manger.

BIBI

FAÏTS DIVERS

UN MENDIGO

Les journaux en content une bien bonne.
Ça s'est passé dernièrement rue de la Paix.
En plein jour.
Un individu, pas trop mal ficelé, mais pas rupin non plus, ça va sans dire, demandait l'aumône aux passants.
Aboulent deux gardiens de la paix.
Ceux-ci voient le manège du type.
« La mendicité est interdite sur la voie publique », déclare un arrêté...
Soit dit entre parenthèses, elle devrait bien être interdite aussi dans les antichambres des gros bonnets, dans les couloirs de la Chambre et du Sénat, dans les salons officiels...
Car, depuis le temps de Beaumarchais, c'est-à-dire depuis avant la Révolution, les choses ont peu changé sous ce rapport...

C'est toujours aux quémandeurs infatigables qu'on accorde les pensions, les places et les bureaux de trèfle...
« *Recevoir, prendre et demander* », c'est toujours le secret, en trois mots, de l'art de parvenir...
Quant au vrai mérite, obscur et résigné, on ne va pas le chercher dans sa retraite, n'ayez pas peur. On le laisse dans la pommade.
Parait que, plus ça change, plus c'est la même chose.
Enfin, passons.

***

Je reviens à notre mendigo.
La mendicité étant interdite, et le flagrant délit étant bien et dûment constaté, les sergos s'approchent de l'homme pour lui foutre le grappin dessus.
Le monsieur résiste, se débat, essaie de se carapater, colle trois ou quatre pains aux cierges...
Mais les autres tiennent bon, ne le lâchent pas, finissent par s'en rendre maîtres.
On le mène chez le quart d'œil.
Là on le fouille...
Et qu'est-ce qu'on trouve dans ses valades ?...
Des picaillons.
Oui, mais combien ?
Dix balles, vingt, trente, quarante...
Nenni, mes fils,..

3849 BALLES !

Vous avez bien lu : *trois mille huit cent quarante-neuf balles...*
Et des centimes.

***

J'ignore comment vous la trouvez.
Mais moi, je l'ai trouvée tordante.
Très rigolboche, en effet, qu'un personnage qui possède 3,849 francs *d'économies* — c'est lui qui a déclaré que c'était des économies — éprouve encore le besoin de tendre la patte sur la voie publique.
On peut donc rigoler un peu de ce fait-divers hétéroclite.

***

Mais ce n'est pas à une simple rigolade qu'en le racontant j'ai voulu en venir.
Je vous l'ai dit, parce qu'il apporte une preuve à l'appui d'une chose que j'ai toujours pensée et soutenue à l'occase.
C'est que les mendigos — sauf les stropiats, ulcéreux, malades à demi crevés — ne sont pas des vrais pauvres...
Les trois quarts sont des blagueurs et des menteurs, comme le monsieur aux trois mille balles.
C'est des industriels comme d'autres, qui ont adopté un truc commercial pas fatigant.
Ils me rappellent, en petit, les financiers et gens de Bourse. Ceux-ci sont les mendigos de la haute comme les autres sont les spéculateurs de la basse.
Ce que j'en dis n'est pas pour dégoûter le monde de donner à ceux qui demandent...
En refusant, on risquerait de justement tomber sur un nécessiteux réel.

Mais, en thèse générale, les mendigos ne sont pas des pauvres.

Le véritable pauvre a, pour mendier, trop de fierté dans l'âme...

Quand le chômage ou la maladie le prive de ses ressources, il bat la dèche crânement, serre sur son ventre creux la boucle de son grimpant troué...

Tout ce qu'il accepte, c'est de puiser dans la bourse d'un camerluche plus fortuné...

Mais il refuse de solliciter la pitié banale des promeneurs...

Il en est qui préfèrent crever littéralement de faim, tomber d'inanition dans quelque rue déserte d'un quartier excentrique, sur le dur pavé de Paris, que de s'abaisser au rôle de quémand.

Quant au mendigo, ce n'est pas ça.

On peut dire, avec l'assurance de dire vrai neuf fois sur dix :

— Grattez le mendigo, vous trouverez le capitaliste.

MARTIAL.

THÉATRES DE PÉTERSBOURG

ET DES PRINCIPALES VILLES RUSSES

—:0:—

A BON CHAT, BON RAT

Proverbe en une infinité d'actes... de rébellion

Par MM. X., Y., Z., etc.

nihilistes

PÉTARD CLÉRICAL

On sait que les archevêques et évêques soi-disant français gueulent comme des brûlés, rapport au projet Ferry sur l'enseignement.

Tous les jours c'est une tartine de six colonnes dans les canards ultramontains.

Parmi les prélats catholiques qu'on voit protestant... contre le projet de loi susdit, on remarque l'archevêque de Soissons.

Pas étonnant que le porte-mitre du pays des haricots fasse du pet.

LISEZ, LISEZ :

dans

LE NOUVEAU JOURNAL

RÉPUBLICAIN

L'AFFAIRE LEROUGE

POUR S'AMUSER

Concours de R. Douin de Kabylie

A la solution déjà donnée, il faut ajouter la suivante, qui est également rupine :

W H I S T
H O L A
I L E
.S A
T

Ont deviné : La Fine-Fleur. — Arsch-Loch. — Turbin de Vapeur. — Hlodowig. — Marquis de Perreux. — Philéron Barbagna. — Lou Piou. — Parissi Lassorti. — D. Good M. — Felicissime Si op. — C. Tasro. — Un Coco. — Reinruof. — Les Chercheurs du mouvement perpétuel. — O. B. I. C. — 3 Droguistes de Périgueux. — P. Clero. — Eug. Arthot. — Un Typo en retraite. — L'Art fleur d'Olivet e. — E. Coste. — Une Pucelle de la rue du Gasc — A. C. — Parpaillot. — Pauline et H. C. — Dranem. — Deux Ames vierges. — L'Idiot de la succursale. — Jules Dyonnet. — Un Bas sain.

Le sort a désigné

L'IDIOT DE LA SUCCURSALE

comme gagnant des photographies. Nous comptons sur son idiotisme pour croire que ce sont des objets de haute valeur. Néanmoins , ce serait mufle de le faire déranger. L'Idiot est donc prié de nous faire connaître l'adresse du bicêtre où il bafouille ; on expédiera , courrier par courrier, les belles images à pauvre Gaga.

Vaste Concours de l'Œuf de Pâques

Ont deviné le n° 12 : La Fine-Fleur. — Hlodowig. — Paul Issmann. — L'abbé Mol Imbe et Cile. — Lou-Piou. — Parissi Lassorti. — Un pauvre Commis à sept. — Un Indigène de Crosnes. — D. Good M. — F. Sirop. — C. Tasro. — Leb. — Un Coco. — Duvernay. — Reinruof. — Les Chercheurs du mouvement perpétuel. — O. B. I. C. — 3 Droguistes de Périgueux. — G. Ti n H — Eug. Arthot. — E. Caste. — Clémen t Daher. — Une Pucelle de la rue du Gasc. — A. C. — Lucien D. — Un Type-Haut républicain. — Blériot, dit la Grue. — Parpaillot. — Pauline et H. C. — Dranem. — E. Guyon. — Tige de Botte.

Solution du n° 13

POLITIQUE

Pot — Lit — Tic

Les noms des devins seront publiés la prochaine fois.

Et maintenant, un ban :

Ran pataplan, planplan, pataplan ! Rrran !

Le grand, le vaste, le colossal, l'obéliscal concours de l'Œuf de Pâques est clos. — clos hermétiquement, — plus clos que le Vougeot !

Les pantes qui se montent le coup au point de se croire des droits au

MERVEILLEUX ŒUF DE PAQUES

décerné au vainqueur par la magnanime **P. L.** sont priés de nous communiquer leurs prétentions avec le nombre et les numéros des problèmes par eux devinés.

Le nom du lauréat sera proclamé la semaine prochaine...

Et, quand on lui remettra son butin, il reconnaitra que

le comble du bidardisme,

sera d'avoir gagné l'Œuf de Pâques de la **P. L.**

Le Gérant : Auguste de la BILLETTE.

Imp. du journal *La Petite Lune :* A. de la BILLETTE, 5, rue Coq-Héron, 5.

No 44   15 C^{es}

LA Petite LUNE

Bureaux : rue Coq-Héron, 5   **Dessins de GILL**   Abonnem^{ts} : Paris, 3 fr. — Départ^{ts}, 3 fr. 50

LOISIRS NATURALISTES

A quoi M. Zola perd son temps.

Occidentale

~~~

Le Maître, récemment, vit Zola dans l'espace
Le regarder. Hugo lui dit : « Veux-tu ta grâce ?
— Non ! dit Émile.— Alors, mon garçon, que veux-tu ?
— Vieux, dit Zola, qui n'est pas à moitié têtu,
Joûtons à qui de nous saura faire la chose
La plus naturaliste. — Amen. — A moi la pose :
Je prendrai l'art d'écrire et le transformerai ;
Toi, tu retoucheras l'œuvre que je pondrai.
Donc, fournis-moi d'abord un bon dictionnaire
Et tout ce que la langue a d'extraordinaire.
— Soit ! prends Lorgeril, fit le Maître avec dédain.
— J'aimerais mieux Balzac ; Lorgeril est un daim.
— Prends Balzac, prends Flaubert ; si tu veux Claretie.
Ne te gêne pas ; prends. » Sur cette repartie,
Zola s'enferma, soul, et se mit à bûcher ;
Puis ressortit, disant : « Je n'ai fait qu'ébaucher
Mon œuvre. Il me faudrait Rétif de la Bretonne. »
— C'est bien, prends, dit le grand Hugo que rien n'é-
Émile, de nouveau, forgea des mots grossiers, [tonne.
Puis cria : « Je voudrais encor des romanciers
Pour mener ma besogne à bonne fin. Je sue
Sang et eau. » Mais Hugo dit : « Prends Eugène Sue
Et Soulié, Dumas père et Ponson du Terrail. »
Formidable, Zola se remit au travail.
Et l'on voyait aller et venir dans la rue
De Boulogne une foule incessamment accrue
De zingueurs en ribote, atroces poivriots
Qui portaient à Zola d'affreux matériaux,
Et lui montaient des tas d'épluchures, des litres,
Et des trognons de choux, et des coquilles d'huîtres.
Qu'Émile, tour à tour, jetait dans son creuset.
Soudain, on l'entendit, farouche, qui disait :
« Le moment où j'aurai terminé se rapproche ;
Mais il me faut ton œuvre entière, avec Gavroche,
Fantine et Déruchette, et Gwynplaine qui rit.
Par dessus le marché, je voudrais tout l'esprit
De Voltaire et Shakespeare, et lord Byron, et Dante. »
— Prends. » Zola, de nouveau, sur sa besogne ardente
Se courba ; mais bientôt, redressant son profil
Cocasse : « J'ai besoin d'un aide ! cria-t-il.
Toi, viens ici, Goncourt. » Mais Edmond dit : « Baralquel »
Et Zola, pour l'aider, n'eut que Léon Hennique.
Hugo dit : Te faut-il que lque chose de plus ? »
Émile, s'épuisant en efforts superflus,
Dit : « Pour mener à bien l'ouvrage que je lime,
Je veux avoir Denis Poulot et son Sublime. »
— Prends.— La Petite une aussi.— C'est bien, prends-la. »
A la fin, son labour fut achevé ; Zola
Tranquillement sortit de son cabinet, ivre
De bonheur. Il avait dans sa main droite un livre,
Un volume à trois francs, et, sans être étonné,
Dit à Victor Hugo : « Voici : tu m'as donné
Une collection d'ouvrages admirables
La *Comédie Humaine* avec les *Misérables*.
Tes propres vers avec ceux de tes devanciers,
Les poètes fameux et les grands romanciers,
Et les plus immortels chefs-d'œuvre sans lacune,
Y compris le recueil de la *Petite Lune* ;
Voilà ce que j'ai fait ; je te le donne : prends !
Hugo songeait : « Tu peux écrire à tes parents. »
Il étendit sa main qui gouverne la Lyre,
Et Zola lui donna l'*Assommoir*.

       Et sans rire,
Inexorable et calme ainsi qu'un vieux troupier,
Hugo prit l'*Assommoir*, en jugea le papier.
Puis en fit des carrés, cent, deux cents, cinq cents, mille,
Sans se hâter, superbe ; et tout à coup Émile
Eut un brusque sursaut d'eshrouffe et de recul :
Hugo, de l'*Assommoir* s'était torché le cul !

          BIBI.

LA SEMAINE SAINTE

Frangins et aminches,

Y a vraiment des choses qui vous font suer des lames de rasoir en travers, des âneries et des couyonnades qui vous font hausser les épaules jusques par dessus la caboche.

C'est une réflexion que je me fais tous les ans à pareille époque, rapport au *maigre* du vendredi saint.

Quand je pense que les ratichons et cléricaux vont fourrer leur pif dans vos marmites et vos assiettes pour savoir ce que vous boulottez, ça me fait mal.

S'ils découvrent sur la table d'un pauvre bougre un bout de graisse ou de charcuterie, faut les entendre déblatérer, hurler, brailler ; crier à l'abomination de la désolation, à la corruption des masses, et autres balançoires semblables.

Ils se livrent à des prêchi-prêchas interminables, à cause d'un rond de saucisson ou d'une malheureuse couple d'andouilles...

Et ils ne s'aperçoivent pas, les gnoles, que, dans cette affaire-là, les plus andouilles, c'est encore eux.

Moi, Populot, je ne suis pas un fanatique, foutre non ! Pour la tolérance, je peux faire la pige avec n'importe qui. Je n'en crains pas sur ce chapitre. Y a même rudement des types à qui je rendrais facilement quinze de trente dans cette question-là. Aussi les cagots éprouveraient le besoin de se macérer, tous les ans, le vendredi saint, jour anniversaire de la mort de leur bon Dieu, je m'en battrais la chasse avec luxe. Mais qu'ils enguculent ceux qui, ne gobant pas la religion, ne veulent pas changer leur menu, briffent le vendredi saint comme de coutume, et tortorent du gras simple ou double, si ça les botte, — voilà ce qui me révolte et me fait dire aux curetons : « Mêlez-vous donc de vos flûtes !... »

Je bonnirai même plus : au point de vue chrétien, ça n'est pas chouette de vouloir que les impies fassent maigre comme les croyants. Quand on n'a pas la foi, se livrer à des pratiques calottines, c'est de l'hypocrisie, ni plus ni moins. Mais qu'est-ce que ça fout aux curés, qu'on coupe ou non dans leurs ponts ? L'important, pour eux, c'est qu'on se donne les apparences de la piété. Croyez ou ne croyez pas, ils s'en foutent : mais pratiquez, voilà leur blot. C'est pourquoi ils se tamponnent le coquillard de ce qui se passe dans les consciences et encouragent la tartuferie.

On me dirait : « Vous savez, M. un Tel ? c'est un fervent, un convaincu. La preuve, c'est que le vendredi saint, il se passe de morfiler. A peine s'il grignote un bout de brignolet dur et un oignon. Comme boisson, pas un doigt de picton. Rien que de la lance. Et, pour comblance, en signe de deuil, il se couvre la tronche de cendres, et se fout dans le torse des coups de poings à tout casser, en gueulant d'un ton lamentable : *C'est ma faute ! c'est ma très grande faute !* etc. »

Eh bien, je répondrais : « V'là un pante qui m'a l'air loufoque ; mais enfin, y a pas de tor-
~~~

tille, faut le respecter, il est sincère : on ne s'emmielle pas de cette façon-là pour s'amuser. »

Mais, c'est pas ça : les bons dévots ont une manière de faire pénitence qui, pour les malheureux, serait une rigolade extraordinaire.

Ainsi, j'ai su par hasard le repas qu'avait fait, vendredi dernier, un type, nommé le baron Baloche. Ce baron est le fils d'un épicemar. Il a fait de la finance et il est devenu baron. Il est millionnaire et réac. Pour rien au monde il ne brifferait du gras le vendredi saint. Mais le frichti maigre qu'il s'est foutu à lui et à ses aminches, cette semaine, c'est épatant. Y a des truites, des soles, des turbots, des huîtres, et des parfaits au café, et des machines esblindantes. Un pauvre bougre s'en serait léché les badigoinces pendant un mois. Et des vins, et des liqueurs, à pocharder un régiment.

Eh ben, vrai, les invités du sieur Baloche ont dû calter en goualant à tue-tête :

> La pénitence est douce,
> Et ron, et ron, petit patapon !
> La pénitence e-t douce,
> Nous recommencerons !...

Mais c'est pas tout. Voilà encore quelque chose de plus cocasse.

Parmi les convives à Baloche, y avait un ratichon, l'abbé Ridouillard. En s'en revenant avec un autre type, qui est banquier, il a rencontré un pauvre bougre, presque un mendigo, en train de morfiler une croûte et un bout de saucisse, peut-être ramassé dans les ordures. Aussitôt le curé et son copain, un peu allumés sans doute par les libations de leur repas *maigre*, ont attrapé ce misérable et se sont exclamés sur la dépravation du peuple.

Le pauvre hère n'avait probablement boulotté que ça dans sa journée...

Eh bien, je me fous peut-être le doigt dans l'œil, mais je crois qu'il aurait rudement échangé sa saucisse rien que contre les miettes tombées de la sainte table du baron Baloche !

JEAN POPULOT

REINE & BLANCHISSEUSES

Quand les monarques savent plus quoi faire, faut qu'ils cramponnent le pauvre monde et le dérangent dans son turbin.

Exemple :

Vous savez que la reine d'Angleterre, Mame Victoria, est en train de voyager en Italie, incognito.

Paraît que l'autre matin, faisant une ballade avec une de ses camerluches, elle a rencontré des blanchisseuses qui lavaient.

Elle les a rasées pendant une heure en les questionnant sur le lac et les îles Borromées.

Un plumitif officieux narre la chose en ces termes :

« La reine a fait aux blanchisseuses *l'honneur* de les interroger... »

As-tu fini ?

Interroger quelqu'un, c'est pas lui faire un honneur; c'est le bassiner et se faire plaisir à soi-même en satisfaisant sa curiosité.

Ce que les *baquets* ont dû être contentes quand la reine leur a lâché le coude, — je ne vous dis que ça !

NOUVELLES DE LA HAUTE

L'affaire de la Madrague

> Un' bonn' blague,
> Un' rich' blague,
> C'est l'affair' de la Madrague !
> En voyant qu'l'peup' l'élague,
> Le royalisme extravague.
> C'est un coup d'épée ou d'dague
> Dans l'eau, la lance ou la vague,
> Dans le vide ou dans le vague,
> Que c'te affair' de la Madrague...
> Vrai, ça n'est pas un' bell' bague
> Au doigt qu' d'avoir fait c'te blague !...

Vous devinez à quoi j'allude, les fistons ? Vous avez lu ça dans les feuilles.

S'agit d'une société un peu mêlée de gentilshommes et de portefaix marseillais, qui ont gueuletonné ensemble, se sont légèrement piqué le nez et ont gueulé : « *Vive le Roy !* »

Là-dessus, ils se sont fait attraper par des bons bougres qui passaient par là. Engueulade, chahut, échange de pains.

Finalement, empoignage des légitimeux, qui ont comparu devant le tribunal correctionnel.

On leur a foutu des amendes pour cris séditieux.

C'est bien fait.

Faut que les aristos sachent qu'ils sont soumis aux lois comme de simples bougres. Est-ce que vos aïeux n'ont pas voté l'abolition des privilèges, le 4 août 89, tas de rupins ?

Le plus rigolo de l'histoire, c'était qu'un des farauds, le nommé Sabran-Pontevès, était poursuivi « pour un fait accessoire, » a dit l'*Univers*.

Ce fait *accessoire*, c'était d'avoir, en pissant, exhibé à une jeune fille des choses qui ne doivent pas se montrer en public...

Mais, sur ce point-là, le sieur Sabran a été acquitté.

Le grand argument de son avocat a été que la jeune fille qui se plaignait était coiffée *à la chien*...

Paraît que si elle avait été embéguinée comme une bonne Sœur, on eût pu la croire sur parole. Mais, quand on est coiffée à la chien, nib de sincérité.

Du reste, c'est bon à savoir. La prochaine fois qu'on voudra organiser une apparition de la sainte Vierge, comme la Salette ou Lourdes, faudra bien recommander à la demoiselle qui jouera le rôle d'Immaculée-Conception, de ne pas se coiffer à la chien...

Chambord et ses féaux refuseraient de couper dans le miracle.

VIDAME OSKAR.

DRAMES RÉELS

—o—

Un Ménage de Pauvres

Les journaux de la semaine passée ont dit cette lugubre histoire.

C'était un ménage d'ouvriers. Sobres, laborieux, vaillants. Ils avaient accepté, sans se plaindre, l'existence rude des travailleurs. De l'aube au soir, l'homme et la femme, chacun de son côté, demeuraient penchés sur leur tâche.

De cette façon, ils arrivaient — je ne dirai pas à vivre (cela ne peut s'appeler *vivre*) — mais à ne pas mourir.

Encore fallait-il regarder à deux sous, manger juste de quoi soutenir ses forces, se vêtir juste assez pour ne grelotter pas.

Enfin, on se trouvait nourri, vêtu, logé tant bien que mal.

Mal plutôt que bien.

Ménage uni, aimant, d'ailleurs. Avec cela, on supporte tout. L'échange d'un baiser est un assaisonnement qui rend exquis le pain dur. Cette sauce savoureuse, la tendresse conjugale, fait passer le plus mauvais poisson.

Bref, dans le quartier, on citait ce ménage comme un modèle.

On disait :

— Sont-ils unis, et travailleurs, et rangés ! Ils méritent bien d'être heureux. »

Par malheur, les pauvres gens ont rarement ce qu'ils méritent.

***

Lorque l'on vit au jour le jour, il y a une chose terrible : c'est la maladie.

Le pauvre ne se couche guère que pour mourir.

Forcé de renoncer au travail, s'il ne meurt pas de la maladie, il meurt de faim.

Compter que son patron l'aidera, c'est de la folie.

Il y a les amis...

Mais le pauvre n'a pour amis que des pauvres, aussi besogneux que lui-même, et qui sont contraints d'assister, impuissants, à son agonie.

***

Cette catastrophe arriva dans le ménage dont je parle. La femme tomba malade.

Un voisin dit au mari :

— Vous allez être obligé d'envoyer votre dame à l'hospice...

— Jamais, dit l'homme ; je la soignerai moi-même.

Ainsi fit-il.

Après avoir passé le jour à son turbin, il passait la nuit au chevet de sa femme.

Un proverbe dit que le diable, — c'est-à-dire la malchance — est toujours à la porte des pauvres gens.

Notre homme ne tarda pas à en avoir la preuve.

Le chagrin, la préoccupation, la fatigue le vainquirent. Il tomba malade à son tour.

Dès lors, plus mèche de rester chez soi.

Fallut accepter l'hôpital. On mit la femme sur une civière, l'homme sur une autre, et on les porta à l'hospice tous deux.

Au bout de quelques semaines, l'homme entra en convalescence ; la femme mourut.

Chose étrange : quand on vint dire au mari l'affreuse nouvelle, il ne pleura point, ne sanglota point, resta calme. Il reçut le coup en pleine poitrine, sans broncher. Seulement, comme il allait mieux et pouvait se tenir sur ses pattes, il demanda la permission de sortir pour l'enterrement de sa femme.

Cette permission lui fut donnée.

Il accompagna donc au champ de Navets celle qui avait courageusement lutté avec lui pour l'existence et avait succombé dans cette lutte amère.

Il la regarda descendre dans le trou noir de la fosse commune, écouta sonner sur son cercueil les pelletées de terre caillouteuse dont le sinistre bruit vous répond dans la poitrine...

Toujours sans une larme. Mais pâle.

Puis il rentra dans son humble logis, depuis de longs jours désert.

Aux voisins qui lui venaient faire des condoléances, il parla d'un ton tranquille.

Puis il s'enferma, seul, et ne reparut plus.

Au bout de vingt-quatre heures, dans la maison on s'inquiéta, on força la porte, on entra et on trouva l'homme pendu dans un coin avec sa cravate roulée en corde.

***

Telle est la sombre vie des pauvres.

Tant qu'ils sont valides, du matin au soir, sans relâche, ils travaillent.

Et puis la maladie un beau jour les terrasse. Avec elle, vient le malheur, le veuvage, la misère atroce...

Et, s'ils ne crèvent pas de leur belle mort, les pauvres, ils s'accrochent à un clou comme un vieux paletot, ou enjambent un parapet et piquent une tête dans les eaux sales de la Seine...

MARTIAL.

———◆———

POUR S'AMUSER

Ont deviné le n° 13. — Colotte. — Parpaillot. — C. H. et Popo. — O. B. I. C. — F. Strop. — Eug. Arihot. — D. Good M. — Mathias Blaise. — Deux Ames vierges. — Deux Turbineurs. — Arschloch. — Lou Piou. — Badingouin IV. — Turbin de Vapeur. — Parissi Lassorti. — Un Type-Haut républicain. — E. Guyon. — Tom et Bibi (de Gembloux).

———※※※———

Il nous reste à proclamer le vainqueur du

Vaste Concours de l'Œuf de Pâques

Ce vainqueur, dont le nom rayonnera désormais dans l'histoire du dix-neuvième siècle, c'est le citoyen

PARPAILLOT

Donc, Parpaillot, expédie à la **P. L.** ton adresse. Et tes vœux seront comblés. Ton front olympien pourra crever la nue !

Le Gérant : Auguste de la BILLETTE.

Imp. du journal *La Petite Lune* : A. de la BILLETTE 5, rue Coq-Héron, 5.

N° 45 — LA Petite LUNE — 25 C^{mes}

Bureaux : rue Coq-Héron, 5 — Dessins de GILL — Abonnem^{ts} : Paris, 3 fr. — Départ^{ts}, 3 fr. 50

DES SIGNATURES S. V. P.

BLANQUI

Frangins et aminches,

Il est probable, presque certain même, que quand vous lirez ces choses, le citoyen Blanqui sera député de Bordeaux.

Causons donc un peu de Blanqui, comme nous causons d'habitude entre nous, sans façon, à la bonne franquette.

Je ne veux pas m'emberlificoter dans des histoires électorales, des discussions de lois, des questions d'éligibilité, des tas de trucs et de balançoires qui ne me regardent pas, qui me bassinent et dont je me fous.

Je veux parler de l'homme, dire ce qu'il fut, rendre hommage à sa vie intègre, héroïque et tant éprouvée, à cette vie qui a été une longue lutte et un long martyre.

Blanqui, voyez-vous, les fistons, c'est le combattant éternel et l'éternel prisonnier.

Ce qui d'abord le fait aimer du peuple, c'est que, comme nous, c'est un pauvre et un laborieux. Il a vécu une existence amère de travail et de gêne. Jeune, il donnait des leçons pour vivre, pour gagner sa nourriture et son logement.

Depuis, les gouvernements se sont chargés de le nourrir et de le loger à leurs frais.

On l'a surnommé le *Vieux de la Montagne.* C'est en effet un homme pétri dans la pâte des grands Jacobins, des Montagnards stoïques de la première Révolution.

Un bougre à poil, une âme de conspirateur.

Jamais rien n'a pu le plier. Ne pouvant lui faire courber la tête, plusieurs fois on a voulu la lui couper. A deux ou trois reprises différentes, le couteau de la guillotine a failli envoyer cette sorbonne puissante rouler dans le panier au son... Mais toujours les vainqueurs ont reculé devant l'accomplissement d'un tel forfait. Ils ont, pour Blanqui, commué la peine capitale en perpétuelle détention. C'est ce que dans l'argot des politiqueurs on appelle : faire grâce !

Et alors la vie de Blanqui n'a été qu'une suite de détentions, d'évasions, de commutations, de condamnations nouvelles... Blanqui, c'est le Latude de la démocratie. Seulement Latude n'a eu que trente-cinq ans de captivité ; à preuve qu'on en a fait un drame. Blanqui en compte quarante-trois à l'heure qu'il est !

C'est lui qui avait organisé, en 70, la tentative de la Villette, avec Eudes et quelques autres. Le coup rata. Mais c'est égal : c'était mariol. Avec son flair de vieux révolutionnaire, Blanqui avait deviné que l'heure de la crevaison était sonnée pour le badinguisme. Et il avait le nez creux, puisque son essai précéda de peu de jours le 4 Septembre.

Sous Louis-Philippe, j'étais trop gosse pour le voir. Je ne l'ai bien vu que pendant le siège, à cette époque maudite et déguculebite de malheur et de défaillance.

J'étais un des habitués de son club. C'était épatant de l'entendre. Avec quelle netteté, quelle vigueur il parlait des choses tragiques du moment ! On eût dit la voix d'un patriote de 93. Et dans son journal, quels accents il trouvait pour signaler la détresse de la Patrie en danger ! Comme il engueulait la flème des gouvernants mollasses et des généraux bondieusards, toute la troupe capitularde des incapables et des traîtres !

Le 31 octobre et le 22 janvier, on essaya — vous vous rappelez — de foutre à la porte les empaillés qui perdaient Paris et la France. Blanqui en fut. La réaction triomphante lui fit un crime de son patriotisme et le replongea dans le cachot où il agonise encore. La volonté du peuple, enfin, va l'en arracher.

Pauvre vieux ! les souffrances, la captivité, ont fait de lui une sorte de spectre ; et c'est de l'apparition de ce spectre-là que les repus et les engraissés ont peur à en flaquer dans leurs calintes. L'atmosphère viciée et le débilitant régime des prisons l'ont rendu chétif, maladif, anémique. Son estomac usé par les privations des geôles, ne peut plus supporter les aliments ordinaires. Il ne peut plus *boire que du lait...*

Ah ! nom de Dieu ! c'est les bons bougres et les zigs qui vont *en boire* en apprenant sa délivrance !

Jean Populot

LE COMBLE DE L'INCONSÉQUENCE

Administrer un contre-poison à un régicide qui, son coup... raté, s'est ingurgité un toxique, et lui conserver la vie... pour la lui supprimer après.

Le Rince-Gueule

Tout c'que j'pens', moi, je l'dis tout haut :
Les engueulad's me sont égales ;
J'déclar' donc qu'les gens « comme i'faut »
Ont des habitudes vraiment sales !

Savez-vous c'qui m'est arrivé ?
Vous n'allez pas vouloir me croire,
Mais je l'ai vu, j'l'ai pas rêvé.
En quat' mots, v'là ma p'tite histoire.

J'étais assez braiseux, l'aut' fois ;
J'rencontre un' jeun' fill' très rupine,
Je lui propose (on n'est pas d'bois !)
D'aller dans un' boîte ousqu'on dîne.

Elle accepte. Bon. Moi, je m'dis :
« Puisque je n'suis pas à la côte
Et qu'j'ai mêm' pas mal de radis,
Allons dans un troquet d'la haute. »

Pour lors, chez un' célébrité
Nous nous amenons. On s'attable.
Nous nous trouvions juste à côté
D'un monsieur à l'air respectable.

Ce vieux, qu'était mis très chiqu'ment,
Venait d'achever son fromage
(Un gruyèr', je crois) au moment
Où nous commencions, nous, l' potage.

V'là l' vieux qui réclam' un rinc'-bec :
On lui donne un bol plein d'eau tiède
Et l' monsieur s'gargarise avec
En faisant glouglou (j' la trouv' raide !)

Quand il s'est bien lavé l'dedans
D' la gargouenne, i' prend sa serviette,
I' s' récure la langue et les dents,
Et, flac ! i' crach' dans son assiette...

Eh bien ! c't affaire-là n' nous a pas
Ragoûté, moi ni ma poulotte ;
Ça nous a gâté not' repas...
J'aim' pas voir vomir quand j' boulotte !

Vrai, pour que les class' dirigeants,
Dès qu'ils ont diné, s' fout'nt un' douche
Dans l' tube, i' faut croir' qu' ces brav's gens
Empoisonnent bougrem'nt d' la bouche.

BIBI.

LES DRAMES DE L'IVRESSE

LE LITRE

I

Tout le monde connaît la mère Gertrude dans le quartier des Beni-Mouff-Mouff. Elle est marchande des quatre saisons, la mère Gertrude. La tête coiffée d'un madras, vêtue de laine noire été comme hiver, toujours souriante et de bonne humeur, dès l'aube elle parcourt les rues du quartier populaire, en poussant de ses bras robustes, avec une allure penchée, sa petite voiture. Son cri n'est pas, comme celui de ses collègues, la désignation des denrées qu'elle colporte. Elle ne clame point : *Des choux ! des navets ! des carottes ! — Pommes de terre nouvelles ! pommes de terre ! — Voilà la fraise ! voilà la fraise !* ou autres choses analogues. Elle se contente de crier à toute époque : « V'là la mère Gertrude ! v'là la mère Gertrude !... » Elle n'a pas besoin d'en dire davantage. Elle a sa clientèle, comme les commerçants en boutique, comme les fruitiers établis. Au simple énoncé de son nom, les ménagères paraissent sur le pas de leurs portes, et, arrêtant la charrette ambulante, font leur marché en plein vent.

La mère Gertrude est une brave femme, très gobée. Bien méritante et bien utile. Elle est veuve. Son mari était ouvrier. Un bon ouvrier. Un turbineur. Ça faisait un heureux ménage. Puis l'homme est mort. Par accident. La mère Gertrude s'est trouvée seule avec quatre gosses. Misère ! Mais, fille des fortes races d'en bas, Gertrude n'a pas perdu la boule et n'a pas désespéré. Tant qu'aux travailleurs il reste leurs deux bras, tout est sauvé. Gertrude donc s'est mise à voiturer du matin au soir des fruits, des légumes. Elle vit et fait vivre toute sa nichée grâce à son petit commerce. Elle vend bien, a des chalands sûrs, parce qu'elle est accommodante, pas fouteuse dedans et pas âpre du tout au gain.

A moins d'un malheur improbable, la mère Gertrude peut être tranquille : elle pourra élever ses mômes, en faire des hommes, les mettre à même de se tirer d'affaire et de nourrir à leur tour la vieille qui les aura nourris.

II

Auguste et Paul sont deux frangins. L'un est bouif, l'autre est loucherbem. Deux mauvais coucheurs, ces deux frères. Ils vivent en assez mauvaise intelligence. Rapport à des discussions d'intérêt. Toujours cette saloperie de question d'argent qui sème la zizanie dans les familles. Un magistrat disait, à propos de n'importe quel crime : « Cherchez la femme ! » On pourrait non moins justement dire, à propos des bisbilles entre aminches, entre frangins : « Cherchez la douille ! » La question des sous est la source des trois quarts des engueulades, des attrapages et des batailles entre particuliers. Maintenant, agrandissez-la, donnez-lui des proportions plus vastes : vous avez la question sociale.

Ce qui contribuait à tendre les rapports entre Paul et Auguste, c'est que tous deux se piquaient le nez. Quand on est un peu paf, on ne sait plus ce qu'on dit, ni ce qu'on fait. La soûlographie embrume le cerveau, abrutit ou affole. Alors on lâche des paroles, on commet des actes qu'après on regrette. Mais trop tard.

Bref, un jour qu'Auguste et Paul étaient raides, leur dissentiment se termina par une complète rupture. On se jura de ne plus se voir, de ne plus se causer. Chacun se tira des pattes de son côté, et ne s'occupa plus de l'autre. Pas plus que s'il n'existait pas. Une fois, Paul, dans un moment d'expansion, dit à un camerluche : « Je n'ai plus de fralin. Auguste est claqué pour moi. » Et Auguste, s'il ne bonnissait pas la même chose, la pensait. — C'était le plus sournois, Auguste.

Du temps passa.

Chacun des deux frères finit par se repentir de s'être brouillés. Au fond, ils n'avaient pas de motif sérieux de haine. Jadis, quand on se voyait, on se rendait des services mutuels, qui faisaient défaut. Un peu d'aide fait grand bien, et, cette aide supprimée, on s'en mord les pouces. Aussi l'un et l'autre songeait, à part soi : « Nous avons été vraiment gnoles. » Puis, des amis communs, désireux de rabibocher les frangins, leur faisaient de représentations qui portaient coup et leur donnaient à penser.

Dans cette disposition d'esprit, un bel après-midi, on se rencontre. Rue Mouffetard. Nez à nez. L'un et l'autre éméchés un brin par le tuage matinal du ver. Des fois, l'ivresse rend tendre...

Des larmes fraternelles mouillent les châsses des deux pochards.

D'un même mouvement, leurs mains se tendent, se serrent. Embrassons-nous, Folleville ! « Mon vieil Auguste ! — Mon pauvre Paul ! — Je ne t'en veux pas. — Moi non plus. — Etions-nous... choses ! — C'est pardonné ? — C'est oublié. — Passons l'éponge. — Viens prendre un verre ! »

Bras dessus, bras dessous, on entre chez un mastroquet. On s'attable. On sèche un litre, deux litres, trois litres. La cuite se dessine. On demande un quatrième litre, et, pour passer le temps, un piquet.

Première partie : Auguste perd. Deuxième partie : Auguste perd. Troisième idem : il perd encore. Cette déveine le fout de mauvais poil ; il ronchonne. Pour se consoler, il entame un nouveau litre et une nouvelle partie. Paul, au premier coup, a quinte et quatorze, — quatre-vingt-dix. Fureur d'Auguste qui l'accuse d'avoir repris dans son écart. Protestation de Paul. Dispute. Echange de démentis, d'injures, de gros mots. Allusions blessantes. Le rabot des graves discussions anciennes ne tarde pas à se greffer sur la puérile engueulade du moment. On s'échauffe, tant et si bien qu'Auguste, au paroxysme de la rage, empoigne un litre plein et, de toute sa force, l'envoie à la figure de son frère...

III

Paul se baisse. Le projectile ne l'atteint pas ; mais, lancé à toute volée, il crève un carreau de la devanture et va se briser en éclats sur la tête de la mère Gertrude, qui, en ce même instant, passait devant le mastroquet avec sa petite voiture.

La pauvre femme tombe, assommée, meurtrie, sanglante...

On la ramasse, on la transporte chez un pharmacien, puis à l'hospice...

Le médecin a secoué la tête en la voyant. La sauvera-t-on ? C'est peu probable.

Auguste est arrêté et mangera de la prison pour sa peine. Mais ça fait une belle jambe aux quatre mioches de Gertrude, brusquement plongés dans une misère atroce, parce qu'il a plu à deux frangins soûlots de fêter, le verre en main, leur réconciliation, puis de s'engueuler et de se battre sous l'empire d'une ivresse croissante.

Si, en se pochardant, on ne faisait du mal qu'à soi, il n'y aurait rien à dire. Mais on cause à des innocents d'affreux malheurs : ça devrait faire réfléchir les soûlographes !

MARTIAL.

TRIBUNAUX

La *Lune rousse* vient d'écoper 200 balles d'amende, pour publication d'un dessin non autorisé.

Ce dessin refusé blaguait les ratichons, Paraît que Basile est toujours bien en cour.

Ce qu'il y a eu de rigolo, c'est qu'à la même audience, un canard réac, le *Triboulet*, passait avant la *Lune*, pour un délit semblable.

L'avocat de ce canard a jugé à propos, pour défendre son client, de dénoncer la *Lune* et d'appeler sur elle les rigueurs du tribunal.

Le nom de cet avocat est inconnu. Ça finit en ol. *Gnol*, peut-être.

Son petit système ne lui a pas réussi. Le *Triboulet* a pincé 500 francs.

C'est bien fait : voilà ce que c'est que d'être mufle avec les confrères.

De la D'bine il fut vainqueur ;
Le dieu Succès lui fut propice.
La **P. L.**, vantant son gr nd cœur,
Lui rendit amplement justice.
Il était fort bruyant, jadis ;
Longtemps, il fit le diable à quatre ;
Mais à présent, *de profundis...*
Son grand cœur a cessé de battre !

Y A PUS D'ENFANTS !

Deux jumeaux d'un âge excessivement tendre, se disputent et se bousculent. Chacun d'eux trouve que l'autre tient trop de place dans le berceau.

Tout à coup, l'un s'écrie :

— Tais-toi, voilà papa qui entre.

L'autre regarde et répond :

— Mais non, bêta : c'est le petit cousin à maman.

Vrai, y a pus de gosses !

THÉATRES

A UN CREVÉ

A propos de la réouverture de l'Hippodrome

Crevé rupin, ne rêves-tu
Pas, les soirs de cirque, à cet ange
Qui fait valser — quel truc étrange ! —
Un gros cheval gaîment vêtu ?

Offre-lui l'hommage impromptu
De cinq jaunets, — faut qu'elle mange !
Et, sur-le-champ, cueille en échange
Les pétales de sa vertu.

Vas-y. L'affaire est bonne. Cède
A ton désir : Elle possède,
— *Fortuna te juvat, audax —*

Autant que toi le savoir-vivre,
Et, panachée opoponax,
L'odeur de crottin qui t'enivre !

POUR S'AMUSER

Concours de Le Houx (blond)

Mot carré à compléter.

    . I . 1
    . . I .
    . . . I .

PRIX : Les *Brises Sautonnes*, poésies de deux de nos meilleurs poètes... saintongeois.

En fait de « bris s, » les lecteurs de la **P. L.** auraient peut-être préféré un litre de haricots, car e haricot, c'est la lyre éolienne des légumes...

La semaine prochaine un plus sé ieux concours sera inauguré.

Le Gérant : Auguste do la BILLETTE.

Imp. du journal *La Petite Lune* : A. de la BILLETTE, 5, rue Coq-Héron, 5.

N° 46 — La Petite Lune — 25 Cᵉˢ

Bureaux : rue Coq-Héron, 5 — Dessins de GILL — Abonnem.ᵗˢ : Paris, 8 fr. — Départᵗˢ, 9 fr. 50

PRINTEMPS

LE RENOUVEAU

CRI DE JOIE

C'est le printemps : sur les gouttières,
Les greffiers, par l'amour vaincus,
Exhalent, des sorgues entières,
Leurs miaulements suraigus.

Les arbres rajeunis se couvrent
De vers feuillages éclatants ;
Les boutons de roses s'entr'ouvrent,
Prêts à fleurir : c'est le printemps !

C'est le printemps : les hirondelles,
Que nous gobons, louons, vantons,
Vont rappliquer à tire-d'ailes
Avec les premiers hannetons...

Le Czar, trouvant les nihilistes
Effroyablement embêtants,
De proscrits fait dresser des listes
Par ses mouchards... c'est le printemps !

C'est le printemps : dans sa cuisine,
Quand Madame va faire un tour,
Elle trouve avec Catherine
Un lignard jaspinant d'amour.

Il nous pousse sur la figure
Des boutons, parfois dégoûtants...
Il faut pinter de l'iodure
De potassium : c'est le printemps !

C'est le printemps : tout se complique
Dans la question d'Orient.
Mais ton soleil, ô République,
Chez nous se lève souriant...

Une extase vague, et sans bornes,
Dilate tous les palpitants ;
Nos largues nous foutent des cornes...
C'est le printemps ! c'est le printemps !

BIBI.

Aux Correspondants de la P. L.

A CEUX QUI NOUS ENGUEULENT
ET A CEUX QUI NOUS CONGRATULENT ;
AUX AMINCHES INCONNUS
ET AUX ENNEMIS ANONYMES !

Bons bougres et jean-foutres,

Toutes les semaines, aboulent à la **P. L.** les lazagnes, que vous lui balancez. Il en arrive des tas, des collections, des mares...

Les unes sont rupines, les autres dégueulbites...

Celles-là émanent de zigs, de mariols et de chics pékins...

Celles-ci de cochons, de salauds et de pantes !

Ces dernières nous réjouissent. Certains réactionnaires encroûtés, classedirigeants fu-

ribards, — révoltés et épouvantés de voir que la **P. L.** aime et défend les pauvres bougres et élève la voix en leur faveur, — s'amusent à dépenser trois sous pour nous envoyer une lettre ordurière. Ils nous traitent de gredins, de démagogues, de buveurs de sang, de terroristes et de cibourineurs. Ce que nous nous foutons des bosses de rire à la lecture de leurs choseries, c'est épatant ! Nous nous tordons ainsi que des petites loufoques.

Et puis nous foutons aux goguenots les épîtres de tous ces sinves et nous nous torchons le cul avec : ça nous fait une économie.

Ayez toujours du papier dans vos poches :
On ne sait pas ce qui peut arriver,

bonnit la chanson. Grâce à nos insulteurs, — mouchards ou chevaux de retour, — le papier ne manque jamais à la **P. L.** Aussi nous les remercions et les prions de continuer leur correspondance badinguisto-cléricanailleuse ; nous continuerons, nous, à en faire l'usage torcheculatif en question.

*
* *

Mais nous avons hâte de passer aux bons bougres, aux aminches inconnus qui nous écrivent pour nous féliciter, complimenter, encourager. A chacun de ceux-là nous voudrions répondre chaque fois individuellement. Malheureusement la place et le temps nous font défaut. Cependant, ceux qui désireront vivement une réponse de la **P. L.**, n'auront qu'à joindre un timbre pour ça à leur lazagne, et la **P. L.** leur répondra. Seulement, prière de ne faire ce truc-là que dans les cas importants, lorsque ça en vaudra la peine. Ainsi, Eugène Arthot, qui jacasse comme une pie et griffonne des quatre pages pour ne bonnir nibergue, pourra se fouiller, s'il a des valades, — les jornes où il nous adresse des questions oiseuses, — comme ça lui arrive plus souvent qu'à son tour. Attrape ça, mon gosse !

Et attendant, nous remercions les mecs à la redresse qui nous congratulent, nous foutent de bonnes idées desquelles nous profitons démocratiquement, et nous prouvent que la **P. L.** est un chic canard, estimé par ses lecteurs...

*
* *

Un mot encore :

La **P. L.** reçoit fréquemment des lazagnes d'un tas d'imbéciles, bégueules et effarés, qui paraissent scandalisés de la langue énergique, poilue et rigolotte que nous parlons...

Ces empaillés-là, nous « versons sur leurs douleurs la piété fraternelle... »

La langue de la **P. L.**, espèces de mufles que vous êtes, c'est la langue du peuple...

Et, quand nous disons : du peuple, c'est trop peu dire...

C'est la langue de tout le monde !

Je voudrais avoir autant de pièces de cent ronds que les classedirigeants les plus hurés disent de fois, dans la journée, *nom de Dieu, bougre, foutre et merde...*

Je vous fous mon billet que je serais douillard !

A preuve qu'il n'y a pas longtemps, un des personnages les plus haut placés de la République passait son temps, paraît-il, à jurer et sacrer comme un charretier, tout en sirotant des verres de chartreuse verte et strangulant des perroquets.

Ceux que le style de la **P. L.** ébouriffe sont des ânes et des andouilles !

Ou doit écrire ainsi qu'on parle, à la bonne franquette, sans tartuferie, sans pimbêcherie et sans prendre, — avant de toucher sa plume, — de longs gants gris, comme s'il s'agissait de tuer de sales insectes.

Le langage de la **P. L.**, tas de gnolles, c'est le langage de tout le monde...,

Et c'est pour ça que la **P. L.** est le journal non d'un parti, non d'un pays, mais de tout l'univers !

La P. L.

COCHERS COCHONS

SONNET

J'ai vu maintes fois un cocher
Uriner contre sa voiture.
J'estime que la Préfecture
De police devrait tâcher

D'y mettre ordre, et, sans se fâcher,
Lorsqu'une humaine créature
Satisfait ainsi la nature
Publiquement, l'en empêcher,

C'est dégueulbit ! C'est une honte !
Lorsqu'une dame avec vous monte
Dans le carrosse d'un de ces

Saligauds, crac ! à peine en fiacre,
Du pissat sentant l'odeur âcre,
C'est tuant ce que vous toussez !

Vidame Oskar.

PROLÉTAIRES ET CLASSEDIRIGEANTS

LES MINEURS

Des êtres passent leur vie dans les entrailles de la terre, courbés sur un travail effroyable, arrachant au sol avare ses richesses, — non pour eux, mais pour d'autres. Ils sont dans l'ombre, avec la mort toujours près d'eux.

A force de respirer mal, à force d'être dans la nuit et d'accomplir d'affreux labeurs, ils ont des regards clignotants, des faces noires, à peine humaines. Ce sont des hommes, cependant...

Existence horrible, en vérité, que celle des ouvriers des mines !

Nul bagne n'a de plus misérables forçats, nul enfer des damnés plus mornes.

*
* *

L'homme est une plante qui vit de lumière surtout, et d'air libre et de grand soleil. Déjà les taudis obscurs, les étroites mansardes, à l'atmosphère putride et rare, des grandes cités, sont un séjour malsain. Mais combien plus homicide le séjour souterrain des mines !

Coiffés d'un chapeau de cuir, vêtus d'un manteau de caoutchouc et d'un pantalon de futaine, des sabots aux pieds, les mineurs descendent dans les galeries profondes et enténébrées. Là, de l'aube au soir, ou du crépuscule au matin, suivant qu'ils appartiennent à tel ou tel *trait*, ils se livrent — pic au poing, ou le marteau — à la rude et sale extraction du charbon.

Leur journée — ou leur *nuit* — est de dix heures consécutives.

Ça rapportait pas mal jadis. On arrivait encore aisément à se faire ses dix francs par jour.

Mais aujourd'hui, la concurrence a fait baisser les prix du charbon et, par conséquent, diminuer la main-d'œuvre. C'est à vil prix que les mineurs remplissent leur tâche effrayante. A peine *gagnent-ils* 2 *fr.* 50 à 3 *fr. par jour*... Songez que la plupart ont femme, enfants, — et frémissez !

De même qu'à certaines époques maudites d'accaparement, le laboureur qui a fait pousser le blé n'a pas de quoi manger un morceau de pain, — de même le mineur, grâce à qui se chauffent les patrons, les bourgeois, les riches, n'a pas de quoi se chauffer, l'hiver, pas de quoi chauffer ses petits.

*
* *

Mais l'accablant labeur et la misère aiguë ne seraient rien encore, n'étaient l'incessante imminence des catastrophes et leur continuelle survenue.

La mort est là compagne fidèle du mineur ; elle le guide dans les puits sombres, elle allume sa lampe, elle manie avec lui le marteau et la pioche...

Il n'y a pas d'année, que dis-je ? pas de mois presque, où l'on n'apprenne qu'un accident épouvantable vient de se produire dans telle ou telle mine. Hier au puits Jabin ; aujourd'hui à Frameries...

Tantôt, une palissade d'étai s'est éboulée ; tantôt, une veine d'eau a brusquement envahi les galeries ; tantôt l'effroyable grisou a fait explosion...

Et il y a cent, deux cents, trois cents hommes écrasés, noyés ou brûlés...

Et à ces victimes s'ajoute le nombre lamentable des veuves, des orphelins, laissés sans pain et sans asile !...

Mais la femme dont le mari succombe n'est pas la plus à plaindre. Plus malheureuse encore celle à qui l'on rapporte son homme vivant, mais aveuglé ou mutilé : il faudra qu'elle nourrisse l'infirme. Non-seulement l'estropié ne pourra plus gagner le pain de la famille ; mais il va devenir une charge, — une bouche inutile...

Que de misères ! A la suite du seul désastre du puits d'Agrappe, il y a, dit-on, un millier d'êtres sans ressources.

*
* *

Cependant, pour certains, les mines sont une inépuisable source de richesses et de voluptés. Financiers, banquiers, capitalistes, concessionnaires, obligataires, actionnaires de mines, — palpent chaque année d'énormes bénéfices, sans risques, sans dangers, sans fatigue même. Ils s'engraissent à la sueur du front des ouvriers. Ça rapporte gros, l'exploitation des mines, à ceux qui les font exploiter. Une bonne partie de la fortune de M. Thiers est venue des mines d'Anzin.

Ainsi aux uns, l'oisiveté, la tranquillité, l'argent et les jouissances...

Aux autres, le turbin, le péril, et une vie de misère, neuf fois sur dix couronnée par une atroce crevaison...

⁂

Et, si les mineurs se plaignent, s'ils trouvent les choses mal équilibrées, s'ils insinuent que, du moment que ceux qui ne font rien et ne risquent rien gagnent des millions, on pourrait peut-être donner dix sous de plus par jour à ceux qui peinent et meurent, — les classe-dirigeants les traitent d'insurgés, de fous, et, comme au Creusot et à la Ricamarie, leur font mettre *du ; tomb dans la tête* !

MARTIAL.

LE 25 MAI

La **P. L.** engage les travailleurs à se foutre en riolle le 25 mai...

Ce jour-là, en effet, c'est la Saint-Urbain, c'est-à-dire leur fête...

Il est évident que, soudain,
Tous les bons bougres le devinent :
C'est bien clair que la *Saint-t-Urbain*,
C'est la fête à ceux qui *turbinent* !

LE CAS D'ÉMILE

Lorsque Zola déblatère
Contre Hugo dans le *Voltaire*,
Le bon sens crie à Zola :
« — Holà !... »

Mais quand, grotesque, il s'applique
A tomber la République
Dans l'immonde *Figaro* :
« — Haro ! »

POUR S'AMUSER

Concours de Le Houx (blond)

Plusieurs solutions sont rupines. En voici deux :

BIBI	MIMI
ISIS	IBIS
BIBI	MIDI
ISIS	ISIS

D'autres encore peuvent se fabriquer avec les mots *tili, fini, dixi, iris,* — excelsi, excelsa.

Mais la *une* (celle de Le Houx), est la plus chouette.

Ont deviné. — Mac-Aron. — A. Laval. — Parpaillot.— L'équipe de la *Regina*. — Les petits Lunois du café Génin. — S. P. Rhans. — Un indigène de Crosnes. — Ab. Ruty. — E. Guyon. — Un habitué de la maison Pepe, à Bordeaux. — K. Rubin. — Cartouche le Tabacoci. — Un petit lunatique. — Deux gueulards de l'Allée. — Thum-Shah Toui. — Deux turbineurs. — Jean Fonce. Amable de Brest. — M. A. V. C. E. A. P. T. — Un ovi phage. — Un admirateur de la P. L.

Ab. Ruty, c'est toi qui, désigné par le sort, as gagné les *Brises Santones.*

Dépêche-toi de les réclamer, ma vieille branche, afin de t' *ab-rutyr* encore plus !

⁂

A une fille de marbre. — Je t'écoute que le mot « *mimi* » s'emploie dans la conversation ; surtout quand on cause avec les personnes de ton sexe.

Concours de l'Œuf de Pâques.

REÇU DE L'ŒUF
(fantaisie en ique majeur).

Recevant l'œuf démocratique,
Que la **P. L.**, si magnifique,
Donna comme prime publique,
Je fis un guculeton bachique,
Pendant lequel la politique
Eut un succès assez logique. —
Sans prendre la chose au tragique,
J'ai, d'une voix patriotique,
Pour terminer la polémique,
Crié : Vive la République ! »

PARPAILLOT
34, *rue du Fer-à-Moulin.*

Le Gérant : Auguste de la BILLETTE.

Imp. du journal *La Petite Lune* : A. de la BILLETTE
5, rue Coq-Héron, 5.

LA Petite LUNE

Bureaux : rue Coq-Héron, 5 — Dessins de GILL — Abonnem^{t} : Paris, 8 fr. — Départ^{t}, 9 fr. 50

A LA 100e DE « L'ASSOMMOIR »

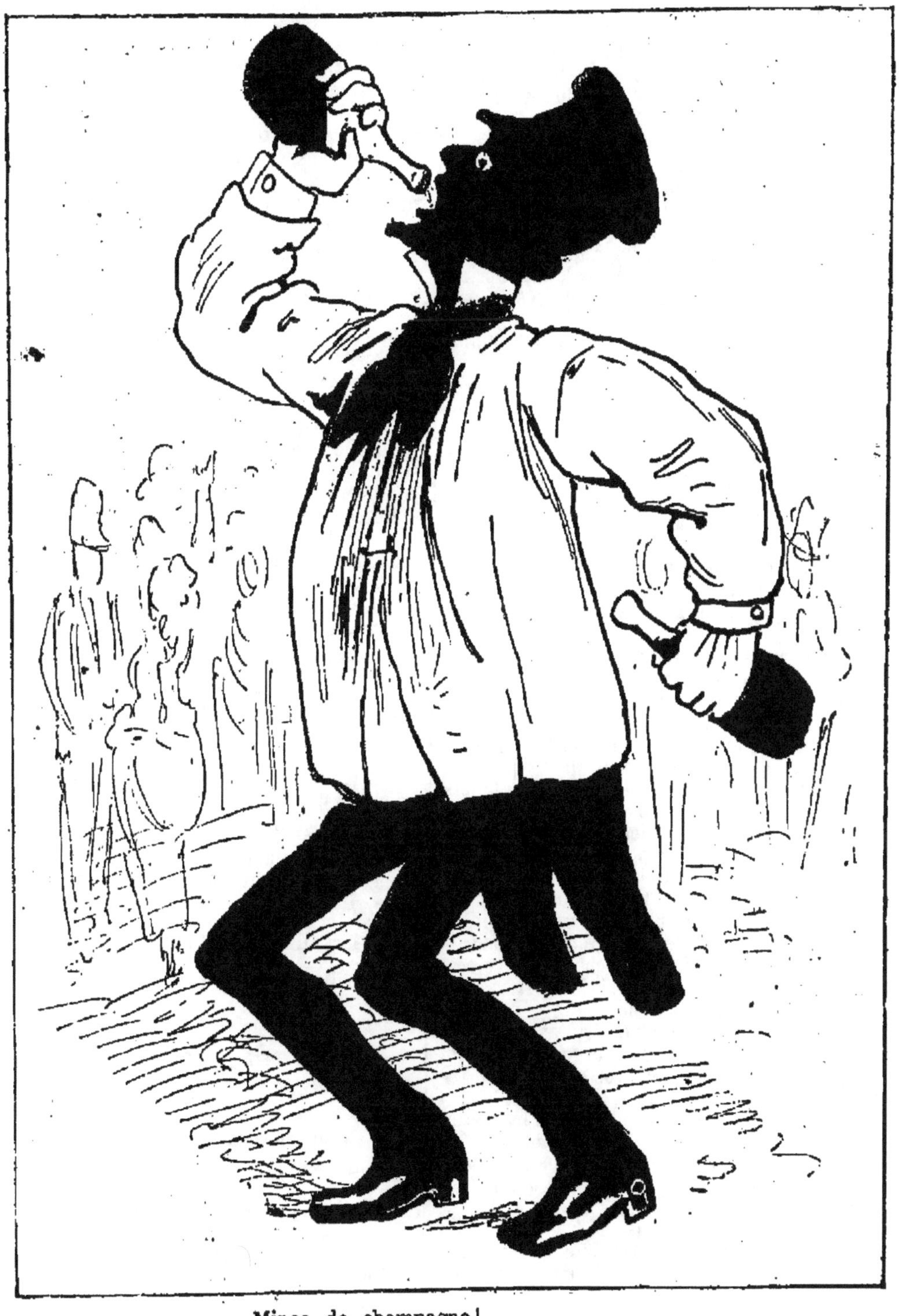

Mince de champagne !
C'était bien la peine de débiner Coupeau.

LE CENTENAIRE DE « L'ASSOMMOIR »

–o–

Frangins et aminches,

Faut vous dire que c'est l'usage, chez les gens des théâtres, quand une pièce a cent représentations, de célébrer ça par un gueuleton, une rigolade, ou un bal que le directeur et les auteurs offrent aux journalistes et aux cabots.

L'Assommoir ayant dépassé la centaine, — Zola et Chabrillat ont dû se conformer à l'usage. Seulement, ils ont voulu faire quelque chose d'original. Ils ont décidé que leur fête serait une fête naturaliste, dans la couleur de la pièce. Ils ont donc donné, à l'Elysée-Montmartre, un bal où les hommes étaient priés de se mettre en ouvriers et les dames en petits baquets ou en grisettes.

Ça a eu lieu mardi dernier. La **P. L.** y était, comme de juste.

Ç'a été excessivement chouette. Malgré les protestations et les simagrées de quelques daims qui avaient l'air de croire que ça les déshonorerait de se mettre une blouse, lors au contraire que c'est eux qui eussent déshonoré l'habit du travailleur, l'immense majorité des invités avaient pris la chose au pied de la lettre et étaient venus, les hommes en bourgeron, en cote, en jaquette, avec une casquette sur la tête, et les femmes en camisole, en jupon, en robe de calicot et en cheveux.

On a vu alors l'immense supériorité du peuple sur les bourgeois, même intelligents. Dans ces fêtes-là, d'ordinaire, on s'embête à trente francs l'heure, parce qu'on est guindé, gourmé, empaillé, et qu'on la fait à la pose. Là, pas du tout. Beaucoup de types qui étaient là portaient médiocrement les habits du turbineur et se donnaient à tort l'air voyou... Néanmoins, rien que d'avoir sur le dos le vêtement du peuple, ça leur a ôté toute solennité bête et toute béguenlerie.

On a tout de suite rigolé franchement et carrément. La gaîté populaire, — la seule, la vraie, — a conduit le bal, animé les quadrilles, endiablé les musiciens, choqué les verres, endurci les jarrets, blindé les estomacs... Vivent la joie et le sans-façon !

Cette fête peut avoir un résultat excellent : c'est de faire perdre, aux bourgeois, leur sotte habitude de revêtir des costumes d'enterrement pour aller rigoler. L'habit noir, la cravate blanche, les gants blancs et les bottes vernies, ça vous donne l'air d'un notaire, d'un croque-mort ou d'un huissier. Dès qu'on est fichu comme ça, on commence à s'emmieller. L'emmiellement n'étant pas le but qu'on se propose, pourquoi ne pas envoyer didinguer les cérémonies ? Je ne dis pas de se mettre toujours en blouse et en casquette, ça deviendrait idiot. C'est bon pour une fois. Mais des vêtements ordinaires et qui ne vous gênent pas dans les entournures. Du moment qu'on est propre, ça suffit. Quant aux *sifflets* et aux *claques*, on garderait ça pour suivre les convois des oncles dont on hériterait.

Et je dis la même chose pour les femmes. Au lieu de se parer comme des châsses, de se fourrer des affutiaux, des falbalas, qui les empêchent de remuer et qui font qu'on n'ose pas y toucher, elles feraient rudement mieux de porter des toilettes simples. Ainsi, à la fête de *l'Assommoir*, les actrices, qui ont l'habitude de se couvrir de diamants du cabochard aux trottignoles, étaient dix fois plus jolies et plus affriolantes en ouvrières que les jours où elles font de l'esbrouffe.

La **P. L.** félicite donc doublement les auteurs et le directeur de l'Ambigu de leur idée ; d'abord, parce que ç'a été une rigolade très rupine, et ensuite parce que c'est une leçon qui, nous l'espérons, portera ses fruits.

Quant aux empaillés — il y en avait quelques-uns — qui l'ont faite à la dignité et sont venus en habit et en cravate blanche, je les flétris. En v'là des moules ! Les pauvres gens, du reste, étaient tout honteux, ne savaient où se fourrer et ont calté de bonne heure.

Ce que je regrette amèrement, c'est que Zola avait donné ce déplorable exemple. Oui, Zola s'était foutu en classe dirigeant ! Zola est un zig, et quoique nous le blaguions quelquefois, la **P. L.** l'a à la bonne. Mais dans cette circonstance, il s'est conduit dégoûtamment. S'il lâche le naturalisme pour tourner au classique, qu'il le dise et se fasse nommer académicien !

Autre chose : on avait à boire du champagne ; le champagne c'est de la tisane pour malades. Nous aurions préféré des litres, c'est plus bath.

Jean Populot

EN CLASSE

Un élève lit à haute voix : « Alors, il le saisit au col... »

Le professeur :

— La terminaison *ol* est démodée. Prononcez comme s'il y avait un *u*.

L'élève :

« Alors, il le saisit au *cul*... »

Bille du pion.

A TRAVERS PANTIN

Je lis sur une boutique :

Prochainement

Ouverture du coiffeur

Est-ce une autopsie ?...
En tout cas, il y a *un cheveu.*

LA « VEUVE »

Charlot — c'est ainsi que le nomme
La foule — est mort. — Versez des pleurs,
Classedirigeants, sur cet homme
Qui chourinait les chourineurs.

On ne le verra plus, la mine
Paterne, — comme si de rien
N'était — préparer sa machine
De façon qu'elle marche bien...

Pour lui, désormais, plus de fêtes :
(Fêtes à donner le frisson!)
C'est fini d'envoyer des têtes
Rouler dans le panier au son.

Or, nous avons une espérance :
C'est que ce vieux monstre effrayant,
La veuve de Monsieur de France,
Le rejoindra dans le néant.

Elle est veuve, la guillotine,
Et ça doit la contrarier :
Mais il ne faut pas qu'on s'obstine
A vouloir la remarier.

Cette affreuse ogresse altérée
Veut sans cesse de sang humain
Faire une effroya le curée;
Et des hommes briguent sa main !

Depuis trop longtemps elle dresse
Ses deux grands bras rouges en l'air;
Il faut de la chair à l'ogresse,
De la chair, toujours de la chair...

Elle en redemande sans trêve:
L'infâme... mais le jour est près
Où l'on s'écriera : « Qu'elle crève !
Car elle fait honte au progrès ».

Allons, point de noce nouvelle,
Point d'époux, point d'autres amours;
Et que l'on puisse dire d'elle :
« La Veuve est veuve pour toujours. »

BIBI.

LES PROTECTIONNISTES

Ceux-là, on peut vraiment dire que c'est des canailles ! Quand j'ai lu leur pétition, j'en suis resté épaté...

En 1879, après huit ans de République, il y a encore des gredins qui demandent au gouvernement que les malheureux ne mangent pas à leur appétit...

Eh bien vrai, c'est raide !

Ils disent comme ça qu'ils sont une douzaine de rupins, ayant des propriétés, et que, quand les pauvres bougres ont du blé à bon marché, ça les empêche de vendre leur camelotte comme ils l'entendent...

Faut-il avoir du crime !

Ces salauds-là pensent que le peuple est devenu bon garçon et qu'on peut faire mourir de faim les femmes et les gosses... c'est écœurant !

Et ça vit, ce monde-là, ça mange, ça boit, ça pète, et ça va à la messe faire des grimaces...

Zut alors !

Et ils ont l'air de chialer, en suppliant les ministres de frapper les blés venant de l'étranger, et vite, sans quoi ils se trouveraient dans la misère et ne pourraient plus donner 15 millions de dot à leurs moutards!...

Tenez, si j'étais quelque chose dans l'administration, je réunirais toutes ces crapules-là, je les déguiserais en jupons courts, et les purgerais, devant tous les pauvres gens qui leur serviraient du bouillon aux herbes à gogo...

Et, l'opération terminée, je voudrais voir un solide luron décrocher *Catherine-Dérange-Tout* — une bonne trique, un bon bâton — et leur en mettre une volée, à les laisser sur le flanc pendant quinze jours.

Ça leur apprendrait à ne pas recommencer.

J. P.

PROLÉTAIRES ET CLASSEDIRIGEANTS

UN EXPLOIT DE M. VAUTOUR

M. Vautour est propriétaire. C'est même « le Propriétaire » par excellence.

A ses yeux, la propriété est un sacerdoce. Il l'exerce avec majesté. La moindre contestation de « ses droits » lui paraît un blasphème qui mériterait une répression sévère.

« Ses droits », il les exerce dans toute leur rigueur. Il connaît sur le bout des doigts les mille et une tracasseries qu'un proprio peut infliger à ses locataires et ne leur en épargne une seule. Cet insecte prend son plaisir à taonner les malheureux qui se sont inconsidérément exposés à sa continuelle piqûre.

Dans ses moments d'épanchements, il blâme volontiers les législateurs qui, dit-il, n'ont pas assuré aux propriétaires des garanties suffisantes, ne leur ont pas fourni un arsenal de lois, de décrets, d'arrêtés assez complet pour mater ses locataires et les réduire à l'obéissance. Le locataire peut encore trouver des faux-fuyants, des biais, il a quelques ressources, il peut se révolter et il en abuse; il n'est pas livré absolument pieds et poings liés à la merci du propriétaire. M. Vautour le regrette et ne s'en cache pas. On devrait confier à M. Vautour le soin de codifier la matière. Il s'en acquitterait, je vous jure, de la belle sorte. C'est pour le coup que les locataires marcheraient au pas et qu'ils n'oseraient plus souffler mot ni broncher!

Au physique, vous devinez l'homme. Face vipérine, nez écrasé, front aplati, poils grisonnants, hérissés, durs ; teint jaunâtre, bilieux ; des yeux verts au glacial regard ; une bouche ignorant le sourire, mince, fendue, tirée aux coins.

Devant les gens riches, Vautour montre une platitude de punaise. C'est devant les pauvres qu'il se redresse, prend un air insolent et rogue ; c'est pour eux qu'il est impitoyable.

Parmi les habitants de « son immeuble, » —comme il dit avec vanité, en soufflant ainsi qu'un phoque asthmatique, — il y a une pauvre femme, restée veuve avec trois petits enfants.

Pour comble de malheur, son mari, en mourant, l'a laissée enceinte d'un quatrième.

Elle niche avec ses trois petits sous les toits, dans une mansarde étroite et froide où manque l'air.

Elle travaille tant qu'elle peut, nuit et jour, comme une bête de somme, pour donner la becquée à son petit monde.

Mais arrive le terme ; elle ne peut le payer.

A cheval sur les principes, M. Vautour lui donne congé et lui signifie que si elle ne paie pas en s'en allant elle sera saisie.

— C'est bien, dit-elle, je m'en irai.

Elle redouble d'efforts, et parvient, au prix de privations inouïes, à mettre un peu d'argent de côté.

— Ce sera pour le propriétaire.

* *

Sa grossesse s'avance cependant.

Elle est forcée de rester chez elle.

Puis de s'aliter.

Les quelques sous d'économies sont dévorés.

Heureusement, des voisins, aussi pauvres qu'elle, mais dans une situation moins critique, l'aident un peu, lui portent des aliments, du linge ; et quelques marchands du quartier, pas trop rosses, lui *font l'œil*, sachant qu'elle est honnête, et qu'elle paiera ses dettes un jour ou l'autre.

* *

Enfin elle accouche — juste au moment du nouveau terme.

Le jour venu, avant midi, le cloporte aboule présenter sa quittance.

La pauvre femme lui explique sa position, le prie d'attendre.

Le pipelet va conter la chose au propriétaire.

Fureur de M. Vautour qui s'écrie :

— Qu'on expulse cette femme à l'instant même !

Mais l'expulsion est impossible. La malheureuse est en couches et ne peut s'en aller. Le portier soumet cette difficulté à son maître, dont la rage atteint le paroxysme.

— La gredine ! vocifère-t-il, *elle a fait exprès* de mettre bas au moment du terme pour se moquer de moi !

M. Vautour est hors de lui, et il y a de quoi. Une telle conduite est inqualifiable !

Tout à coup une idée triomphante vient à M. Vautour.

— Il faudra bien qu'elle parte ! exclame-t-il.

Et il ordonne au concierge d'enlever *la porte et les fenêtres de la mansarde* de cette locataire récalcitrante !

Ses ordres sont exécutés...

Et deux jours après, l'accouchée, exposée aux intempéries de l'atmosphère, **est morte de froid**.

M. Vautour est satisfait.

Sa locataire déguerpira... les pieds en avant ; mais qu'importe ? pourvu que force reste au propriétaire !

Cette histoire est véridique.

On n'imagine pas de semblables horreurs : un propriétaire seul peut inventer d'aussi atroces expédients.

Maintenant, que vont devenir les enfants de la morte ?

Et quel châtiment va frapper le Vautour ?... car son ingénieux procédé est bel et bien **un assassinat.**

Martial.

LE COMBLE DE LA PRÉSENCE D'ESPRIT

Péter dans un salon, se pencher vers une dame, et lui souffler de façon à être entendu de tous :

« — Dites que c'est moi !... »

LE COMBLE DE L'EXAGÉRATION

C'est, pour une girafe, de se monter le *coup.*

IL NE RESTE PLUS
chez
S. HEYMANN
15, rue du Croissant, 15
Que quelques exemplaires de

LA MUSE A BIBI

et

L'Art de se conduire dans la Société des pauvres Bougres

Prix : 1 franc

Le Gérant : Auguste de la Billette.

Imp. du journal *La Petite Lune* : A. de la BILLETTE
5, rue Coq-Héron, 5.

LA Petite LUNE

Bureaux : rue Coq-Héron, 5 — **Dessins de GILL** — Abonnem^ts : Paris, 3 fr. — Départ^ts, 3 fr. 50

PROTECTIONNISME

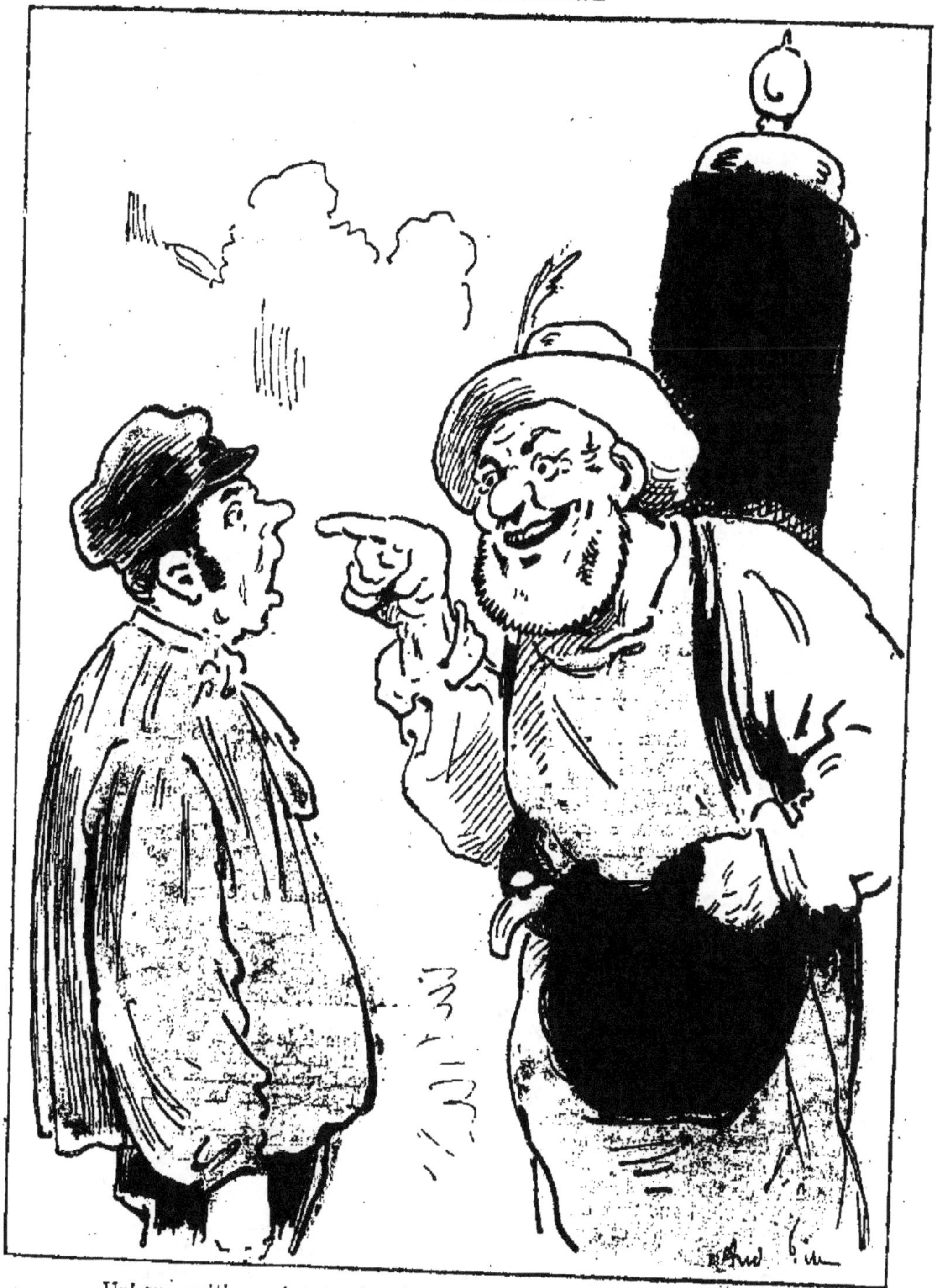

— Un' supposition qu'on protège mon coco, n'est-ce pas ; y en a pus d'autre ; bon !
je l'vends pus cher.

— Pour sûr. Mais moi j'en achète pas.

— Bon ! mais tu crèv's de soif.

— Pour sûr ! — et on m'appelle soulard.

LA LETTRE DU CANUT

A JEAN POPULOT

A Montpernasse, à Paris

—o—

Mon vieux bozon,

J'ai de choses tristes à te quincher. Y se passe à Lyon, au jor d'aujord'hui de z'affaires pas gaies du tout. Les pauves ovriers sont sans travail, Popelot, et tes mamis les gones n'ont pus de quoi se rincer le corgnolon et se garrenir l'estôme.

T'as dû reluquer çà dans les jornals : les ovriers taffetaquiers satinaires sont en grève.

En grève ! y a pas besoin d'en quincher pus. Ce mot dit tout. Toutes les fois qu'on reganise une grève, faut s'attende à n'endurer toutes sortes de misères et de z'emmiellements.

Mais nous n'ons pas pu faire autement. Je vas te devider porquoi. C'est que gn'a pas de bon sanque de voir que les ovriers n'ont beau travailler, y peuvent pas arriver à chiquer. Aussi, nous que sons pas benoîts, nous en ons eu le plein cotivet de toutes ces gougneries ; nous n'ons pas volu nous laisser fourrer pus longtemps de miel aux œils par ceusse à qui note travail rapporte tant de picaillons, et qui nous z'en aboulent si peu.

« — On nous prend donc pour de dindons de Crémieux ou pour de z'oïes de Bresse ? que nous avons quiaché. Non, non ! pas de ces blagues-là : y n'en faut pus, y n'en faut pas ! »

Et pour montrer que nous n'avions pas favette, et qu'au contraire nous n'avions de poils aux gnagnes, ça n'a pas lantibardanné : nous n'avons reganisé la grève yonnaise, sur quoi tous les rédigeurs de jornals ont tartiné tous ces temps-ci.

Et velà, mon pauve vieux t'ami, porquoi nous sons mis en grève.

Maintenant, j'ai pas fini de jabotter. Je te vas devider la raison vraie porquoi le travail marche pas. C'est pas tant seulement les patrons que sont cause de tout le mauvais sanque que nous nous fesons.

C'est z'aussi à cause d'une grande conspiration des badingueux et Cⁱ que je veux denoncer dans ton jornal, afin que le pays tout enquier en soit instruit. Tu vas vitrer que c'est pus fort que de piler de poivre avé des saucisses. Velà ce que c'est.

Les partisans du petit Bonattrape sont naturellement z'en rage de voir que la Republique est reganisée, et que ses feurces sont de pus en pus éguisées.

Alors y z'ont comploté d'empêcher le commerce d'aller, de vivre comme des grigous sans z'abouler de picaillons, et y z'interdisent à leurs femmes de s'acheter des robes chenuses. Ça fait qu'on vend pus tant de soie et de satin que sous Bonattrappe, et que les pauves cannezards et taffetaquiers sont z'obligés de faire grève...

Et je dis que c'est z'une abominaison, et qu'y gna de quoi faire pousser de cheveux sur la bobine à Broguelie !...

Les badingueux se conduisent pis que des Purschiens en c'tte affaire-là. Aussi faut pas se contenter de piailler ; faut pas de bavarde, faut de z'actes !

La quesquion est grave et il est temps d'y penser. Non, faut pas nous laisser gourer de c'tte manière et ficeler comme des paquets de couenne !

Faut pas prendre de mitaines, faut pas grignotter un brin le chou, caresser un brin la chèvre, et faire de taffe avé tous les partis. Il est temps de jourrer à notre tour la purge à la bande des conspireurs, — y a z'assez longtemps qu'y nous la fesions avaler. — Il est temps de leur nettoyer les boyes sans favette...

Et de pas permette que les hargeois qu'ont le sac gardent pour eusse leurs picaillons, tandis que l'ovrier n'a rien à se fourrer dans l'estôme.

Velà ce que j'avais à quincher, Popelot, et à porter dans ton jornal à la connaissance de tousse.

Et là dessus je te liche le bec. Les gones t'envoient tout ça qu'y z'ont de souffle et te becquottent la frimousse.

Ton vieux frangin,
GUILLAUME CAQUOL,
gréviste Yonnais.

LES RENARDS

PROTESTATION

Des tas d' pant's à l'âm' bégueule
Dans la ru' ne peuv'nt pas voir
Un pauv' pochard qui dégueule
Et met du roug' su' l' trottoir

Sans pousser des cris d'orfraie
Et sans déclarer ceci
Comme un' vérité vraie :
« — Vlà-z-un ivrogne endurci ! »

Eh bien, c'est un' foutu' blague !...
Les frangins qui piqu'nt des r'nards,
La galerie extravague
En les traitant de soulards !

Celui qui sans arrêt s'plonge
Dans la boisson, jusqu'au bout
La garde ; comme une éponge
Son estome absorbe tout ;

Mais jamais le camarade
Qui jett' du cœur su' l' carreau
Et que l' picton rend malade,
N' doit passer pour un poivreau.

L'homm' que la purö' d'Octobre
Ou d' Septembre fait vomir,
Est certain'ment un homm' sobre
Et qui mérit' qu'on l'admir' !...

Quand je m' laisse aller à boire,
Moi, j'ai l' systéme agité,
Je dégueule... et j' m'en fais gloire :
Ça prouv' ma sobriété.

BIOI.

PROLÉTAIRES ET CLASSEDIRIGEANTS

Le cas de Mme Delord

Il vient de se passer un fait d'une simplicité extrême et mystérieux cependant.

Les journaux s'en sont emparés, l'ont commenté de façons diverses. Malgré ce tapage, la lumière n'est pas faite encore là-dessus.

Dans l'état actuel de l'histoire, et jusqu'à informé plus ample, il semble bien qu'il y a iniquité sous roche.

Voici la chose.

***

Il y avait, gare Saint-Lazare, dans la salle du bas, — la *salle des pas perdus*, — une marchande de journaux, nommée Mme Delord.

De l'aveu de toute sa clientèle, de tous ceux qui avaient avec elle des rapports quotidiens, c'était une brave et digne femme. Toujours de bonne humeur, agréable, prévenante, et d'une probité au-dessus de tout soupçon. De ces probités qu'on ne saurait louer sans leur faire injure tant elles se trouvent naturelles.

***

Mme Delord exerçait son petit commerce, qui lui permettait de vivre pauvrement, mais suffisamment, depuis de longues années. Dix ans, vingt ans peut-être. Je ne sais au juste. Enfin un temps considérable.

Point très important à noter : Mme Delord professait franchement des opinions républicaines bien tranchées. C'était une bonne patriote, une démocrate résolue, aimant la France et la République, et ne s'en cachant pas. Pourquoi s'en cacher ? Il n'y a pas de honte, ce me semble, surtout au jour d'aujourd'hui...

***

Or, il y a quelques jours, Mme Delord a été expulsée par ordre de l'administration. On l'a sacquée comme une malpropre, — comme un caissier infidèle ou une cuisinière qui fait danser l'anse du panier, — du jour au lendemain, sans la prévenir d'avance, sans lui donner seulement une huitaine pour se retourner et se tirer d'affaire !

Rien, dans la conduite et les manières de Mme Delord vis-à-vis de son public n'ayant justifié cette mesure radicale, ceux qui connaissaient la brave marchande, et, un matin, ne l'ont plus trouvée à sa place habituelle, ont été grandement surpris, se sont émus, ont cherché l'explication de cette rigueur inexplicable...

***

On avait d'abord mis la chose sur le dos du badingouin Janvier de la Motte.

On avait raconté et imprimé ceci :

Le jour de l'élection Godelle, Janvier, disait-on, était allé prendre le train gare Saint-Lazare. Auparavant, il avait acheté à Mme Delord une feuille — badinguiste naturelle-ment — et jubilant du succès des bonaparteux dans le 8e, avait exprimé sa joie en des termes outrageants pour la République...

Emportée par l'ardeur de ses convictions, Mme Delord s'était permis de riposter par une phrase de moquerie — bien modérée — à l'adresse du badingouinisme...

Sur quoi, le « père des pompiers » était allé, tout chaud tout bouillant, porter plainte à la Compagnie et avait exigé l'expulsion immédiate de la marchande républicaine.

***

L'histoire était vraisemblable : on sait que les bonapartistes ont conservé leur influence dans la plupart des grandes administrations.

Mais il paraît que ce bruit est inexact.

Dans une lettre adressée aux journaux, M. de la Motte a protesté hautement contre toute espèce d'immixtion dans le brutal sacquement de Mme Delord. — Dont acte.

Mais un fait reste acquis : c'est qu'une honnête et excellente femme a été, sans avertissement préalable, privée de son gagne-pain et jetée sur le pavé.

Il semble infiniment probable qu'elle a été frappée ainsi à cause de ses opinions républicaines (et cependant, n'oublions pas que nous sommes en République...)

Si telle est la vérité, l'expulsion de Mme Delord est **une infamie...**

A qui en incombe la responsabilité ?

MARTIAL.

NOUVELLES DU CAP

Télégramme

Du gosse
Loulou
L' Zoulou
Se gausse.
Ce p'tit
Loufoque
S'est dit :
« — Il faut que,
L'âme hé-
Roïque,
Stoïque,
Armé
De patte
En cap,
Au Cap
J'éclate ! »
Hélas,
A peine
Là-bas,
Dévéine !
Voilà
Le ca-
Marade
Malade
De la c-
Olique.
Qu'explique
Le trac...

Tout comme
Plonplon
Que l'on
Renomme,
Ce P'tit
Qui prit
Sa course,
Sans rir-
E, pour se
Couvrir
De gloire,
Il a
Déjà
La foire !

AGENCE A VASE (de nuit).

UN ROMAN NATURALISTE

Non, Zola n'a rien inventé !

Zola petit aimait le bleu, le rose, le pompadour, le trumeau...

C'est un rêveur en rupture d'idéal, un mystique qui s'est gratté !

Mais, quand à avoir inventé le naturalisme, macache !

L'inventeur du naturalisme est un travailleur nommé Jules Tinette, mort à la fleur de l'âge d'une têtc piquée dans un tonneau de m... classe.

Ce penseur sublimé avait, au milieu de ses veilles ardentes, écrit le premier, le seul, le vrai roman naturaliste.

Ce chef-d'œuvre resta inédit.

Il fut égaré, après la mort du maître, passa de mains en mains, et finit par échouer dans un *quinze centimes* où on le destina, ô douleur ! à un rôle torche-culatif.

La Providence veillait.

Elle amena Zola, alors élégiaque et bucolique, dans ce *water-closet*...

Il prit un feuillet, et, avant de l'employer, le lut...

Ce fut une révélation !

Il se précipita sur le précieux manuscrit, l'emporta, et rentré chez lui, le dévora.

Le lendemain, il était naturaliste.

Cependant, l'œuvre de Tinette subit maintes autres péripéties. Finalement, elle est arrivée dans les bureaux de la **P. L.**

La **P. L.** veut tirer du néant le nom de son auteur et lui rendre enfin la justice due.

Elle commencera donc dans son prochain numéro la publication de l'**Aventure d'Oscar Durillon**, *roman naturaliste*, par feu Jules Tinette.

Ce que ça va embêter Zola !...

POUR S'AMUSER

Le concours de G. Malodo

Pantes et bugnasses,

Vous êtes invités à une nouvelle tournée de dix problèmes.

Votre amphitryon est un citoyen nommé G. Malodo.

Il offre au plus mariol

UNE SUPERBE PIPE MARSEILLAISE

Mais, comme l'a dit, ou à peu près, M. de Voltaire :

> . . . . *Malodo* se serait-il vanté
> D'égaler la **P. L.** en générosité?...

Non, n'est-ce pas ? Ou Malodo serait un loufoque !

Donc, à cette prime *Gambier*, qu'elle trouve mouche, la **P. L.** ajoute :

1° Un mirliton ;

2° Un exemplaire de la *Muse à Bibi* AVEC LE PATARAPHE DU GRAND POÈTE !!!

Une pipe, — un mirliton, — la *Muse*, — et ta flamboyante signature, Bibi ! — voilà le prix de ce tournoi...

Attention au

N° 1

Charade

PAR G. MALODO

On descend mon *premier* ;
On monte mon *dernier* ;
Une fête est l'*entier*.

Cherchez !

La **P. L.**

CORESPONDANCE

TRAVAS FULBERT. — Lis donc le n° 47 de la **P. L.** L'histoire y est.

✕

CARTOUCHE LE TABACO-CI. — Idée rupine. Certes, les boueux sont des zigs. Martial fera un de ces jours un gueulement en leur honneur.

✕

CAILLOFE. — Reçu l'ustensile hygiénique. Bibi s'en est servi. Quant à la charade, impossible à insérer, renvoyez une autre.

✕

MINETTE. — Demain soir.

Le Gérant : Auguste de la BILLETTE.

Imp. du journal *La Petite Lune* : A. de la BILLETTE
5, rue Coq-Héron, 5.

Bureaux : rue Coq-Héron, 5 — Dessins de GILL — Abonnem : Paris, 3 fr. — Départem, 3 fr. 50

OUVERTURE DES CHAMBRES

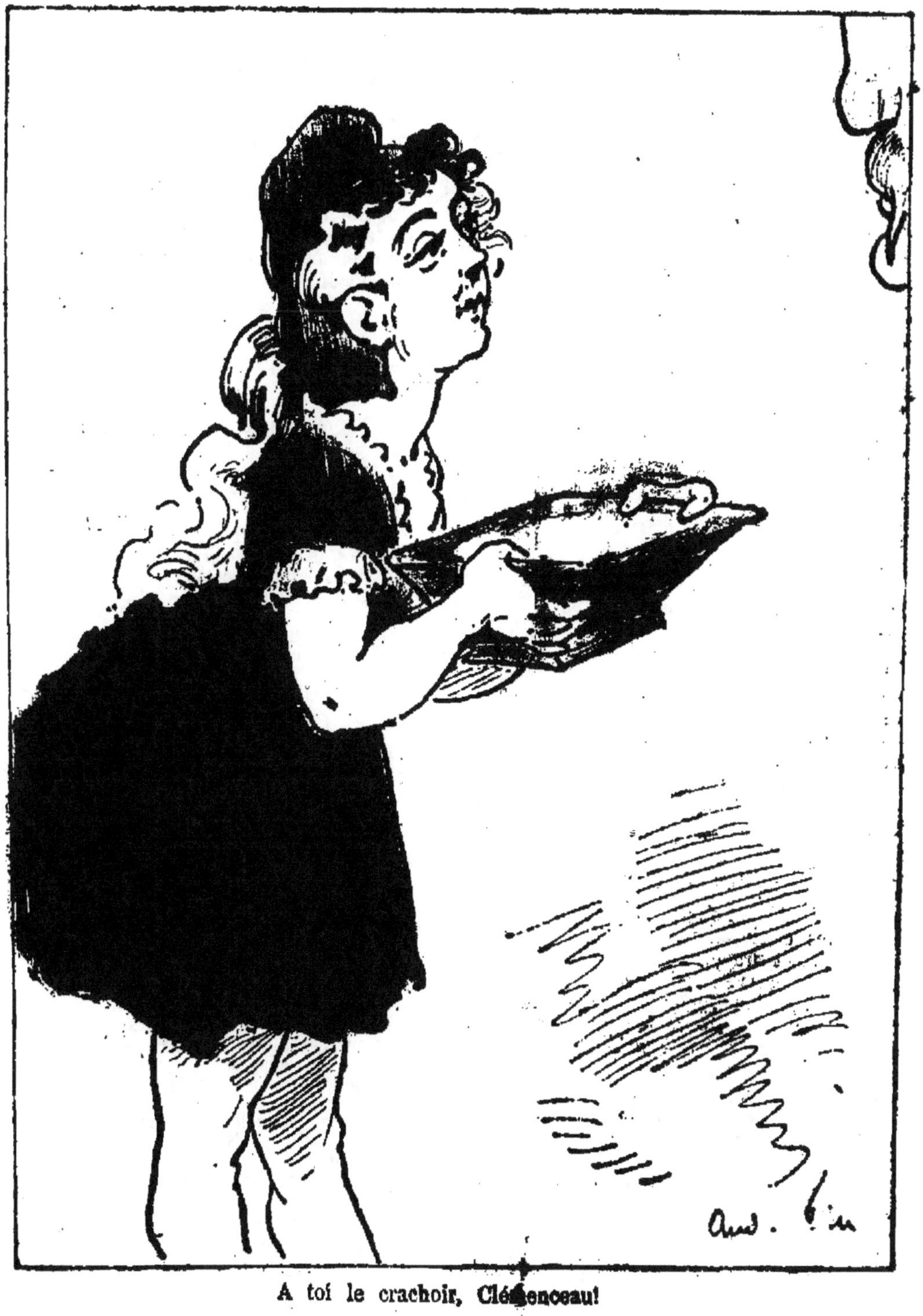

A toi le crachoir, Clémenceau!

A M. L'ABBÉ CALOTTARD

RATICHON

à Pantin.

Citoyen curé,

Tu es venu chez moi pendant que j'étais à mon turbin, et tu as demandé à Françoise Populot, ma femme, de mettre son nom au bas d'une de ces paperasses que vous faites circuler partout en faveur de l'éducation ratichonne.

Françoise, qui a oublié d'être gnolle (elle est de Pantin, c'est tout bonnir!) t'a dit de repasser dans la soirée, à l'heure où moi, Populot, son homme, je serais de retour.

Mon turbin fini, j'ai rappliqué à la turne et Françoise m'a conté l'affaire. J'ai vu de suite de quoi il retournait; lorsque tu es revenu, je t'ai envoyé bouler et tu as remporté ta veste.

Voilà les faits, n'est-ce pas, citoyen curé? et tu n'y contrediras point. C'est aussi simple que bonjour et aussi clair que de l'eau de roche.

Ce qui est moins clair et moins simple, et qui veut une explication, c'est l'idée qui dicte ma conduite, c'est le fin fond de ma pensée sur la question.

Au premier abord, on se dit :

— Populot n'est pas un cagot, Populot n'est pas un jésuite : et il refuse de combattre les projets qu'on sait, par cette raison qu'il les approuve, qu'il les gobe et qu'il s'en gaudit.

Eh bien, pas du tout. Ceux qui tiendraient ce langage se foutraient les doigts dans la châsse jusqu'à la cinquième capucine.

Je ne suis pas contre les mesures qu'on veut prendre.

Mais je ne suis pas pour, non plus.

Je ne suis pas contre, et ne ferai rien contre, — parce que je ne suis pas un calotin...

Mais je ne suis pas pour et ne ferai rien pour, parce que j'ai de la méfiance...

Il y a je ne sais quoi qui me dit que le plomb avec lequel on semble viser exclusivement les cléricaux pourrait bien s'égarer à l'occasion, et frapper, comme par mégarde, les bons bougres en pleine poitrine!

D'abord et d'une, le monsieur qui est à la tête de la chose ne me revient qu'à demi, avec ses côtelettes de *servez — boum!*...

Je n'ai pas oublié, j'ai encore sur le cœur le pain du siège, le pain qui ressemblait à du crottin de cheval et que nous boulottions du bout des pifoches, pendant que les patates pourrissaient dans les magasins et que les pauvres citoyennes crevaient en faisant la queue...

Et puis, ce n'est pas des restrictions à aucune liberté que je veux : c'est l'extension de toutes les libertés, c'est-à-dire la liberté absolue et la liberté pour tout le monde, même pour les bigots, même pour les tartufes, même pour les mufles...

Et si ça les botte d'apprendre à leurs gosses le latin d'église, le catéchisme et la règle du jeu de piquet et toutes les loufoqueries qui leur passeront par la tronche, c'est leur affaire et je m'en bats l'œil...

D'autant plus que moi, pas bête, je flaire qu'une fois la loi passée, lorsque nous aurons envie de causer un peu et de nous réunir autour d'un litre, un cierge aboulera et nous foutra la main au collet en disant :

— Qu'est-ce que c'est? Vous vous permettez de vous réunir, quand c'est interdit aux ratichons? Houste! houste! au bloc!

Non, non, il ne faut plus nous la faire à l'oseille. C'est le vieux jeu; nous la trouvons saumâtre et nous ne coupons plus dans le pont!

Voilà ma manière de voir.

Et c'est pourquoi, citoyen Calottard, si je n'ai pas signé ton papier, je ne signerai pas davantage un papier contraire.

Populot ne veut pas se mêler de la chose et vous laissera vous débrouiller. toi et les tiens, avec l'homme des rations, l'homme à la tête de limonadier.

JEAN POPULOT

ANNIVERSAIRE

Pourquoi ce printemps peu sincère?
Ce floréal triste, embrumé?
A cause de l'anniversaire
Dégueulasse du Seize-Mai!

C'est sur cette date perverse,
Que, — nous enrhumant du cerveau,
Voire des bronches, — le ciel verse
Des torrents de larmes et d'eau...

Ce qui fait la mélancolie
De ce printemps toc comme tout,
C'est ton souvenir, ô Broglie!
C'est le tien, Oscar de Fourtou!

Vous nous rendez encor moroses
Malgré de trop naïfs pardons;
Et vous avez fait fuir les roses,
Ne méritant que les chardons.

Vous faites prendre à la nature
Le grand deuil, et, nom d'un bon Dieu!
L'ombre de votre « flétrissure »
Assombrit même le ciel bleu...

D'ailleurs, les poètes lyriques,
Selon moi, font un four pommé
Avec leurs sots panégyriques
Du joli, joli mois de mai!

Vraiment, mois de mai, tu m'épates
Par ton renom... N'es-tu pas plein
De toutes les plus sales dates
Dont la République se plaint?

C'est le vingt-quatre mai, le seize
Mai, sombres jours, jours de malheurs,
Où la réaction fut aise
De nous faire voir des couleurs!...

Sans chercher dans certaine année
Un certain mois de mai sanglant
Dont, l'âme encore consternée,|
Je ne parlerais qu'en tremblant..

Mai, par toi la foule est trompée
Je te vomis, toi que j'aimai...
Ta renommée est usurpée :
A bas le masque, mois de mai !...

Puis, quand tu viens, — c'est là le pire —
Anastasie aux yeux hagards,
Tout comme du temps de l'Empire,
Devient enragée aux trois quarts;

Et bien que M. de la Forge
Parle très haut de liberté,
Anastasie encore forge.
Des chaînes au crayon dompté.

BIBI.

L'HOPITAL DE LEVALLOIS-PERRET

———

Je me suis demandé souvent pourquoi on attend que les gens soient morts pour les remercier du bien qu'ils ont fait. Ça me paraît cocasse.

Ainsi, je me vois prêtant cent sous à un ami qui me répondrait :

— Mon vieux, tu es bien gentil; je te ferai rendre ta monnaie dans une vingtaine d'années par le petit-fils de la nièce à ma concierge.

Je vous assure que ça me refroidirait considérablement et que, quand un autre copain viendrait pour me taper, je répondrais carrément *non*.

* * *

Eh bien, voilà justement ce qui arrive. Un savant se frappe le front et s'écrie :

— Nom de Dieu ! en 1560 il y avait un lapin qui possédait un rude talent : si on lui élevait une statue ?

Et le voilà qui se met en campagne et demande de l'argent, dont naturellement une bonne partie s'égare en route...

Ah çà ! pourquoi mon camarade ne me rendrait-il pas mon argent assez à temps pour que je puisse rigoler ?...

Et pourquoi, quand de braves gens se démanchent le fignard à faire le bien, le peuple ne pense-t-il jamais à les remercier pendant qu'ils sont encore de ce monde ?

D'abord, comme les hommes sont tous un peu vaniteux, ça encouragerait les autres.

Ces pensées me sont venues hier dans la salle d'exposition du *Figaro*.

Il y avait accroché au mur un dessin, et au-dessous, en petites lettres :

HOPITAL BATI A LEVALLOIS-PERRET
par sir Richard Wallace.

C'était vraiment beau; j'en étais épaté. On aurait juré un vrai palais.

Alors, je me suis dit :

— Voilà un citoyen qui est riche, c'est vrai, très-riche même; mais enfin qui n'est pas français et qui ne nous doit rien de rien. Cependant, depuis des années, il s'occupe des malheureux, tandis qu'il devrait dire : « Qu'est-ce que vous voulez que ça me foute ? je ne connais pas ces gens-là, moi. » Et, lorsque les banquiers de chez nous montent des machines pour raboter les quelques sous économisés pour nos vieux jours, il ne songe, lui, qu'à soulager les camarades. Il ne s'est pas tiré des pieds pendant la guerre; et pourtant ça lui était facile, si seulement il avait eu le moindre trac. Et, sous la Commune, quand tout le monde foutait sa course, il restait là — solide au poste; et tous les malheureux qui frappaient à sa porte étaient reçus comme des frères. En a-t-il donné, de son argent ! Et des bonnes paroles aussi...

Tenez, si, nous tous, Parisiens, nous étions des mâles, on ferait une souscription (je mets cent sous) et après avoir demandé la permission au gouvernement et au conseil municipal (parce que, sous la république, il faut toujours procéder par ordre) nous élèverions une statue à ce cadet-là, et ce serait un jour de fête pour tout le monde...

On danserait sous les fenêtres du camarade, on lui tirerait des feux d'artifice; et tous les mufles qui entassent des millions à nos dépens feraient un rude piton !...

Et l'on verrait dans le monde entier qu'en obligeant les Parisiens, on n'a pas affaire à des ingrats.

CHARLES (dit *la Pomme*),
de Montmartre.

———◆———

CORRESPONDANCE

———

UN PATRAQUEUR DE L'AVENUE MAC. — Envoie.

MARTIAL.

✕

NINICHE DE LA BRASSERIE DE LA RUE BAILLET. — Mais si tu veux un exemplaire de la *Muse*, tu n'as qu'à m'écrire directement au canard : on s'arrangera à l'amiable.

BIBI.

L'AVENTURE D'Oscar DURILLON

ROMAN NATURALISTE

I

Il était six heures du matin, quand Oscar sortit du restaurant nocturne, où il avait passé la nuit en tête à tête avec un mazagran. Il n'avait pas pris autre chose. Ce mazagran, il l'avait bu lentement, par gorgées très éloignées l'une de l'autre, en l'additionnant d'eau à de nombreuses reprises, en sorte qu'à la fin il l'avait transformé en un insipide breuvage d'une valeur douteuse, chlorotique, anémique, la couleur du pipi d'une femme malade.

Cinq grandes heures, Oscar était demeuré dans ce lieu plein de monde, de bruit et de lumières, envahi peu à peu par une espèce d'hébétude, dont l'enveloppaient la chaleur entêtante du gaz, les cris aigus des garçons, les exhalaisons alcooliques des consommations, les rôts des soupeurs indigérés et les odeurs chaudes des filles toutes suantes sous leur maquillage.

Sur le seuil de l'établissement, le froid du dehors piqua son derme et l'éveilla de sa torpeur.

Il se secoua, frisonnant, avec la brusquerie machinale d'un chien mouillé, et regarda autour de lui.

L'aube se levait.

Au-dessus de la tête d'Oscar, un peu sur sa droite, une grande lueur blafarde crevait le ciel, tombait sur Paris, dégringolait les toits, descendait le long des murailles, se traînait dans les ruisseaux comme une femme soûle, inondait les rues, éclairait les détritus, les tas d'ordures, les trottoirs maculés par les dégueulades violacées des ivrognes, et jetait des clartés crues sur tous les immondices de la nuit. Sous cette lumière, Paris avait l'air d'une garce qui s'est couchée ivre-morte et qui est brusquement surprise à son réveil dans une posture obscène.

De ce spectacle, il se dégageait des effluves d'indécence et de débauche qui s'emparèrent d'Oscar, le pénétrèrent, lui entrèrent dans tous les pores de la peau. Un désir grossier, brutal, un désir de bête bien portante le saisit.

La face soudainement empourprée, il murmura, d'une voix assourdie par les flots de sang qui lui battaient dans le cou :

— Il faut que j'aille dire bonjour à Jenny...

Alors, à travers ce Paris matinal et encore mal éveillé, il se mit en marche comme s'il avait eu un bouchon de paille allumé dans le derrière, invinciblement poussé par la hâte de l'assouvissement.

(La suite au prochain numéro.)

POUR S'AMUSER

Concours de la Pipe, de la « Muse », et du Mirliton.

N° 2

Sonnet - Charade

PAR BOBINARD

Trois objets d'aspect différent
Sont réunis dans ma charade :
Mon premier, brillant camarade,
Est tantôt d'or, tantôt d'argent.

Mon dernier, soyeux, opulent,
Dans le monde occupe un haut grade ;
Pour les costumes de parade
On aime son miroitement.

Mon entier n'est qu'un ustensile
Très vulgaire, mais très utile,
Et dont tout ménage a besoin.

Son nom indique son usage
Et l'on trouve plus d'un visage
Qui nous le rappelle de loin.

Solution du n° 1

PENTECOTE

Honte et malheur sur Malodo ! conspué soit-il ! Malodo a inauguré son concours par un four hideux...

Si puérile était sa charade que d'innombrables lecteurs l'ont devinée.

Voici la première série :

Ont deviné. — A. Laval. — Sam Hépatt. — Léon Randon. — Copahu. — Maris Fabre. — Pipi. — Francisco Rabelaisio. — Un gône de la Croix-Rousse. — E. Guyon. — Française. — Korn. — P. A. Faure. — Dranem. — Un fait quand pouah ! — Bobinard. — Cartouche le tabaco-ci. — Petit lunard. — 100 d'Arack. — Une fille de marbre. — A. Raasaurt. — Le Houx (blond). — Jules Louis. — S. P. Rhanss. — Bibi-Lolo. — Prométhée (??). — Hein-Malin. — Un client de la salle turque, à Bordeaux. — Un homme du monde. — Nabuchodonosor. — Boule de Siam. — Lou hiel de la Mariotte. — Les amin-ches du comptoir Philibert. — Sol-si-ut. — P. Tenlair. — Un idiot de l'Abeille. — A. C. — Tsoun-chine. — Acho. — Un équipier du Restenplace. — H. Servadac. — Ab. Ruty. — Mes-Bottes. — D. C. D. — Le Tavernier du Diable. — Marie R. et C. H. — G. 2 Hon.

La fin à la semaine prochaine.

RECU DES BRISES SANTONES

Citoyen Rédacteur, informe le public   [tones.
Qu'avant-hier ton caissier m'a r'mis les Bris's Sau-
Pour la solution tout à fait pourri d'chic
D'un de ces mots carrés que d'temps en temps tu
                                              [donnes.

AD. RUTY.

Le Gérant : Auguste de la BILLETTE.

Imp. du journal *La Petite Lune* : A. de la BILLETTE
5, rue Coq-Héron, 5.

LA Petite LUNE

Bureaux : rue Coq Héron, 5 — Dessins de GILL — Abonnem^t : Paris, 8 fr. — départ^t 3 fr. 50

LE NOUVEAU COLLABORATEUR DE LA **LUNE ROUSSE**

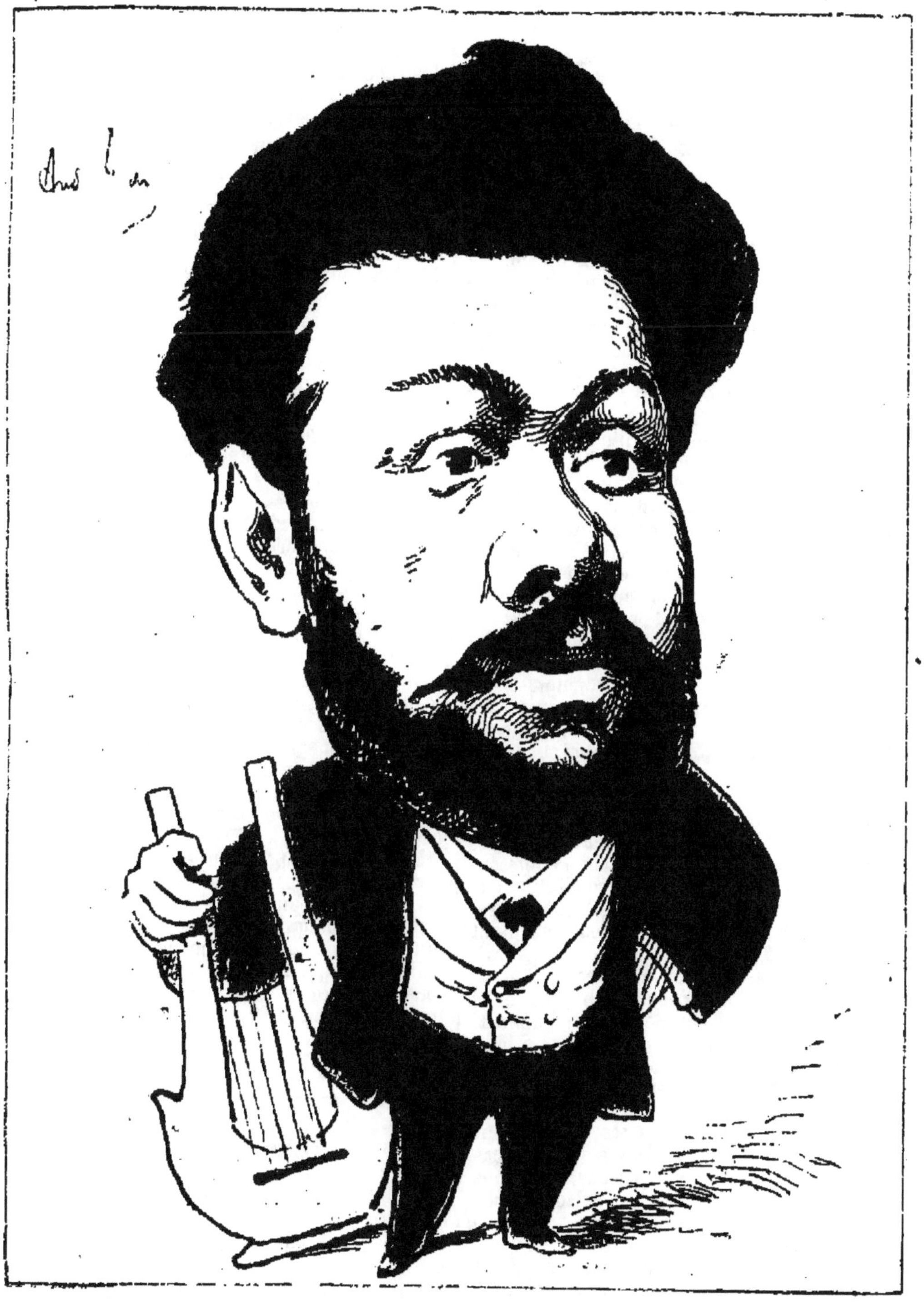

Ceux qui ne connaissent pas **Clovis Hugues** en demanderont des nouvelles à Marseille d'où il vient. Ceux qui trouvent Marseille un peu loin n'ont qu'à lire la *Lune rousse*.

A FRANÇOISE POPULOT

MA FEMME.

Ma chère et tendre,

Ça n'est pas pour dire; ça n'est pas pour te vanter ni pour me vanter. Mais il y a une chose certaine. C'est que, dans tout Montpernasse et dans les lieux d'alentour, on cite comme un ménage modèle Jean et Françoise Populot,

Le fait est qu'il n'y a pas, sur la place de Paris, beaucoup de maris et femmes aussi unis que nous le sommes.

Nous nous sommes rencontrés un soir, — tu te rappelles? — au bal Tonnelier. A cette époque, tu étais encore un petit baquet, étourneau et ébouriffé. Moi j'avais endossé déjà depuis pas mal de temps le bleu bourgeron du charpentier. Nous avons lié connaissance. Nous nous sommes appréciés l'un l'autre. Nous avons reconnu que nous étions, toi une bonne et brave petite fille faite pour être une honnête ménagère et une mère de famille sérieuse, moi un ouvrier pas feignant, propre à faire un mari pas soûlard, pas brutal, et un père qui ne donne à ses gosses que de sains exemples. Enfin tu m'as présenté à ta famille, je t'ai demandée, on t'a donnée à moi, et nous nous sommes épousés; et nous avons mené ensemble la rude vie des pauvres gens; vie de labeur, où chaque bouchée de pain que l'on mange a été gagnée par une goutte de sueur; vie de privations, d'économies, où, sitôt qu'on commence à souffler, pan! un môme aboule, qui vous rejette dans plus de gêne, en vous apportant, il est vrai, une joie nouvelle...

Mais dans les jours mauvais, comme dans les heureux, Françoise, nous n'avons pas cessé de marcher, la main dans la main, d'un pas égal, côte à côte, les cœurs battant à l'unisson, et toujours nous sentant le coude. Jamais nous n'avons eu un mot plus haut que l'autre, et en fouillant nos souvenirs, en remontant tout le passé, aucun de nous ne trouverait seulement ça à reprocher à l'autre.

Ceci, ma vieille, est pour te dire que nous irons ensemble, tranquillement et gaîment, jusqu'au jour où l'un de nous — ce sera moi, j'espère, — dira: « Bonsoir la compagnie! » soufflera sa chandelle et s'en ira attendre l'autre dans le trou noir où dorment les pauvres défunts. Nous n'avons pas le plus petit regret de nous être pour la vie associés, pas la moindre velléité de nous lâcher; nous nous esclafferions de rire, nous rigolerions, nous tordrions comme des loufoques, si quelqu'un nous parlait de ça...

Seulement, Françoise, en ce bas monde, il ne faut pas songer qu'à soi. Ne songer qu'à soi c'est de l'égoïsme, et l'égoïsme, c'est bon pour les riches, qui n'ont et ne peuvent avoir que leurs picaillons en tête. Ceux qui, comme nous, ont la poche légère, et par conséquent pas tant de soucis, doivent aussi penser un petit peu aux autres.

Eh bien, si toi et moi, en nous mariant, nous sommes bien tombés l'un et l'autre, il y en a rien qui sont tombés bougrement mal. Les mauvais ménages, on n'entend parler que de ça. Surtout dans la haute. Parce que les classes dirigeants s'épousent uniquement rapport aux écus ou aux positions, en se foutant pas mal des personnes. Mariages de convenance, ils appellent ça. D'inconvenance, faudrait-il dire.

Aussi, neuf fois sur dix, il arrive qu'au bout de quinze jours, monsieur et madame se font des traits, s'engueulent, se battent, se rendent malheureux comme les pierres.

Des choses pareilles, d'ailleurs, arrivent aussi dans les autres classes, et même chez les pauvres bougres. On se marie souvent étourdiment et, après, on s'en mord les pouces. Or, chez les pauvres, un mauvais ménage, c'est pis encore que chez les riches. C'est l'enfer, l'enfer véritable. N'ayant pas de quoi aller chercher des consolations hors de sa turne, bon gré mal gré on rapplique toujours à sa boîte: et alors c'est des scènes terribles, d'épouvantables batteries, et de vraies tueries quelquefois. Nous en avons vu plus d'un, de ces ménages à la mode de l'*Assommoir*, n'est-ce pas, Françoise? Il se passe là-dedans des choses à faire frissonner. Et quand il y a des gosses... Hélas!

Ce qui rend ça vraiment horrible, c'est qu'une fois mariés, n, i, ni, c'est fini, c'est pour la vie. Mariage indissoluble. Pas plan de s'en tirer. Jamais. On est condamné à perpète!... Dans bien des pays, non. Mais en France, si.

Alors les malmariés, qui se voient perdus sans espoir de salut, perdent la bobèche, deviennent braques et se ruent dans l'adultère, le suicide ou l'assassinat...

De là tous ces crimes, tous ces suicides, tous ces scandales dont sont remplis les journaux... C'est écœurant!

Et tout ça n'arriverait pas, si à ceux qui se sont trompés en se mariant, on offrait un sérieux refuge...

Il y a longtemps qu'on le demande. Peut-être finira-t-on par l'obtenir. Espérons-le!

Certes, on pourrait proclamer le divorce: c'est pas moi qui en profiterais! N'empêche que rapport à autrui, j'applaudirais des deux mains, car je veux l'amnistie possible pour tous les forçats, l'évasion possible pour tous les damnés.

Jean Populot

LES GRÈVES

A Lyon, les dévideuses se sont mises en grève.

Elles ne *dévident* plus que *le jars*.

L'Abus

C'est rupin d'êt' princ' de l'Eglise,
Je n'suis pas prélat et ça m'vex' !
J'aim'rais, quand j'ai fait un' bétise,
Et' traité comm' l'archevêqu' d'Aix !

Ce porte-mitre, app'lé Forcade,
Est des fois très mal embouché.
Alors i flanque une engueulade
Aux gens cont' qui qu'il est fâché !

I dit des injur's en plein' chaire,
I vomit le gouvernement...
Vrai, si c'est dans les séminaire'
Qu'on apprend ça, mon compliment !

Et ces outrag's qu'i débagoule,
I les profère étant à jeun...
C'est pas du tout un homm' qui s'soûle,
C'est un typ' qu'a son sens commun.

Eh bien ! c'prélat, qu'a pas d'excuse,
Comme en ont les homm's qui sont bus,
On s'cont·ent' de dir' qu'il abuse ;
On déclar' qu' c'est un simple abus !

Du moment qu'on ne sé courrouce
Pas plus fort que ça, c'est charmant.
Pour sûr, la pénitence est douce...
On peut s'payer un r'nouvell'ment !

Aussi dame, i n's'en fait pas faute,
Et si l'on en croit les journaux,
I répèt' partout à voix haute
Qu'les ministres sont des pourceaux !

Vrai, moi, ça m'rend mélancolique
Ces p iviléges du clergé;
Ça m'fait faire un retour' oblique
Sur moi-même et su' l'sort que j'ai..

Car, moi qu'ai pas d'mitre ni d'crosse,
Si j'avais l'tort de m'allumer
Et d'fair' des blagu's, étant en noce,
On n'se born'rait pas à m'blâmer.

C'est-i pas un destin sinistre ?
Si, moi qui n'suis pas un cagot,
J'engueulais — j'dis pas un ministre —
Mais seul'ment un simple sergot,

Ah ! malheur ! C'est des chos's certaines
Qu'on n'irait pas, d'un air craintif,
Prendre des gants et des mitaines
Pour me dir' que j'suis un peu vif...

Comm' je n'suis qu'un pauv' va-nu-patte,
Et pas du tout archevêqu' d'Aix,
Deux cierges viendraient — pas d'épate, —
M'cueillir entre l'pouce et l'index.

Et puis, crac! mon affair' s'rait clair',
Soyez calmes, ça n' s'rait pas long;
On m'amèn'rait chez l'commissaire,
Qui m' frait insérer au violon.

Et peut-êt' qu'ensuit' la justice,
Instruit' de mes fâcheux discours,
D'peur qu'au soleil mon teint s'flétrisse,
M'fourr'rait à l'ombre, pour quinz' jours.

BIBI.

Ne change pas de main, SARAH!

–o–

Sarah Bernhardt, qu'on croyait si maigre,
devient encombrante...
Elle écrit dans tous les canards...
C'est à croire qu'elle a douze mains !
Heureusement, ça va finir...
Un journal annonce, en effet, qu'il va publier une nouvelle à laquelle Sarah met la dernière main...
Allons, tant mieux !
Surtout, ne change pas de main, Sarah!
Que ce soit bien « la dernière... »
Et que ça finisse!

CAMARADES D'ÉCOLE

Ah ça ! Qu'est-ce que c'est que ces blagues-là ?

Camarade d'école !

J'en ai, moi, des camarades d'école, et je n'en connais pas un qui me prêterait quarante sous...

Ça serait vraiment rigolo de voir un citoyen glisser nos millions à une société parce que le directeur est un de ses camarades d'école..

Voyez-vous Monsieur, qui nous dit pour nous endormir :

« — Mes petits Parisiens chéris, vous êtes des bons enfants. Je vous connais. Tous les quinze ou vingt ans, on vous casse un peu les pattes... Inutile de vous dire que c'est pour votre bonheur. La salubrité avant tout : c'est notre devise !

« Les agglomérations engendrent des maladies : la gale, la petite vérole, — et le choléra pour ceux qui ne vont pas à la messe...

« Et puis, vous prenez les choses si gaîment, que c'est un vrai bonheur.

« Vous ne pouvez donc pas me refuser un petit cadeau.

« Voyons, ne soyez pas trop durs. J'ai promis. C'est pour un camarade d'école, que je chante dans les cours.

« Je sais bien que vous en avez aussi, des camarades.

« Mais ne me taquinez pas; ça n'est pas la même chose. Les vôtres sont dans les classes inférieures, tandis que le mien c'est de la haute.

« J'ai donc voulu faire un petit plaisir à un ami, un pauvre garçon, ouvrier comme vous, et qui a bien du mal à joindre les deux bouts.

« Si on faisait des apprentis dans son état, soyez tranquilles... j'y mettrais toute ma famille!

« Alors donc, nos petits amis, pour venir en aide à mon vieux compagnon, et l'empêcher de mourir de faim, je crois, la main sur la conscience, que quelques petits millions ne sont pas de trop...

» Mon Dieu, je le sais bien... vous allez vous récrier... Mais vous aurez tort.

» Calculez un peu : vous êtes tant de monde !

» Ça fera à peine 15 fr. par tête.

» Vous me répondrez un tas de bêtises : qu'on mettra un centime de plus sur l'entrée du vin ; que les allumettes vaudront un sou la pièce...

» Je le sais... et je n'hésite pas à dire :

» Tant mieux !... c'est pour votre bonheur.

» Buvez de l'eau... rien n'est mauvais comme les excès de boisson.

» Ne fumez plus : vous éviterez les incendies...

» Et puis couchez-vous avec le soleil : c'est d'un bon exemple !

» Etes-vous convaincus? Oui... Eh bien. soyez gentils, mes chers compatriotes ; donnez sans vous plaindre ces quinze millions, et dormez sur vos deux oreilles.

» Dans quelque temps je vous en demanderai quarante...

» Tout à vous,

UN CAMARADE D'ÉCOLE,

qui gémit de votre égoïsme, et prie pour vous. »

QUEL DENTISTE !

Rue Lafayette, il y a un dentiste.

Ce dentiste vivait maritalement avec une femme.

L'autre soir, ils se sont engueulés ; le dentiste a dit des choses dures à la typesse, qui a perdu la boule, s'est fichue par la fenêtre et s'est tuée...

Je trouve ça idiot de la part du dentiste.

Qu'on bassine sa légitime, puisque, le divorce n'existant pas, on ne peut s'en décramponner, passe encore...

Mais une simple concubine, qu'on peut lâcher d'un jour à l'autre, lui faire assez de misères pour qu'elle se flanque par la fenêtre, elle est mauvaise...

Ça a indigné tout le monde.

Ainsi, quand on a appris la nouvelle au *Figaro*. où cependant on n'est pas tendre, il paraît que Francis Magnard s'est écrié,

— C'est révoltant !

Bravo, Francis !

POUR S'AMUSER

Concours de la Pipe, de la « Muse », et du Mirliton.

N° 3

Mot carré syllabique

PAR P. R.

Lecteurs, trois petits noms composent ce carré. Quels ils sont? dans huit jours je vous le bennirai.

Solution du n° 2

ÉCU—MOIRE

Zut ! je suis débordé comme un fleuve après des pluies torrentielles.

Le flot des solutions justes monte toujours... c'est une avalanche, une marée, un déluge.

Vous êtes donc devenus bien mariols, tas de bugnasses ?

Ou bien c'est mes fabricants de charades qui sont des gnoles, des moules et des abrutis ?

L'avenir nous l'apprendra !

En attendant, pour ne pas remplir les colonnes de la **P. L.** de vos noms ridicules et peu intéressants, — renvoyée à huitaine la liste des devineurs de l'*Ecumoire*.

C'est assez de donner aujourd'hui la

Suite des devins du n° 1 : Niniche. — Un col vert. — P. Trifié. — Triste Bille — Reinœnf. — Un râcleur de boyaux. — Laïssa Diouf. — O. Van de Chestlnia. — Fond de Seille. — Todtenkopf. — L'artilleur d'Olivette. — Un type haut républicain. — La petite Nini. — Mourzouck. — Georgine. — Félicissime Sirop. — Un paraqueur. — Un Parie. — F. Picure. — T. Peltier. — 2 turbineurs. — Moirond et Brunet. — Jean sans gar. — C. Tusro. — Ingran. — Un Burysien. — J. Forestier. — F. Noiraud. — Bas de Cuir. — Mac Pono. — V. C. et P. T. — Louis France. — E. G. et L. B — Caillofe. — L'épaté de Vienne. — Eugène Arthot. — Un club champenois. — P. Tarade.

Assez pour aujourd'hui !

AVIS. — L'abondance des matières nous force à renvoyer à la semaine prochaine la suite de notre admirable roman naturaliste :

L'AVENTURE D'OSCAR DURILLON

CORRESPONDANCE

NINICHE DE LA BRASSERIE DE LA RUE MAILLET. — De la bégueulerie? zut alors !

BIBI.

Le Gérant: Auguste de la BILLETTE.

Imp. du journal *La Petite Lune* : A. de la BILLETTE 5, rue Coq-Héron, 5.

N° 51

LA Petite LUNE

Bureaux : rue Coq-Héron, 5 — Dessins de GILL — Abonnem¹¹ : Paris, 8 fr. — Départ¹¹, 9 fr. 13

DIVORCE

— Et si j'nous marions, la Catherine?... Tu n'dirais pas non?
— Eh ben, et vot' épouse?
— Mon épouse, j'la divorce, pardi! Faut ben rire!

A NOS LECTEURS

Fusion de la P. L. et de la LUNE ROUSSE

2 JOURNAUX EN UN SEUL

Pour 2 Ronds

Frangins et aminches,

Encore une semaine et il y aura un an que la .P. L., existe et répand sur le monde la lumière, un an qu'elle est venue dire la vérité dans un langage net et sans fard.

Cette année achevée, elle va mettre le comble à son œuvre, couronner son édifice...

Comment ?

En se transformant.

La P. L. — vous le savez tous — a une une grande sœur : la *Lune rousse*.

C'est la *Lune rousse* qui, il y a un an, est venue me trouver et me dire :

— Populot, tu n'es pas un écrivain, tu n'as pas reçu d'instruction, tu es un simple ouvrier, un pauvre bougre. Mais tu as du bon sens, de l'honnêteté et de la droiture. Tu as ta manière de voir, et ton petit avis, pas plus bête qu'un autre, sur les hommes et les choses du jour. Cet avis, veux-tu l'exprimer publiquement? Homme du peuple, tu dois avoir besoin de parler au peuple à voix haute. Le veux-tu ? Si oui, je t'en fournirai les moyens. Je te donnerai un journal, et un journal populaire, à la portée de toutes les bourses, et là tu seras libre d'écrire tout ce que tu as sur le cœur. Ça te va-t-il ?

— Ça me va, que je réponds. Tope!

— Tope !

Et voilà comment la P. L. naquit.

Voilà comment depuis cinquante-deux semaines, tous les huit jours, Jean Populot a causé avec vous gentiment, à la bonne franquette, sans cérémonie et sans bégueulerie...

Et nous n'avons — n'est-il pas vrai ? — jamais eu ensemble un mot plus haut que l'autre.

Seulement vous comprenez, moi, je ne suis pas journaliste. Je suis charpentier. J'ai pas de temps à perdre à la bagatelle. C'est bon de dire ce qu'on a à dire. Mais quand c'est fait, c'est fait. Une fois au bout de son rouleau, à quoi ça sert de le rerouler, pour le redérouler encore et ainsi de suite jusqu'à plus soif? C'est inutile, et j'ai autre chose à faire. Faut que je m'occupe de mon turbin, de mon ménage, d'apprendre un métier à mon gosse Pierre, de marier Catherine, et tout le tremblement. Avec ça que Françoise, ma femme, qui d'abord avait approuvé, pour la rigolade, que je prenne une plume, commence à faire sa pifasse et trouve que c'est assez.

C'est pour ça que je vais me taire.

Mais la **P. L.** ne va pas disparaître pour ça.

— Bien au contraire !

Maintenant qu'elle est lancée, connue, qu'elle a son public, ses aminches, ses fidèles, je vais la prendre par la main et la ramener à sa grande sœur la *Lune rousse*, qui la gardera avec elle. Après quoi, je leur tirerai ma révérence, et je redeviendrai Gros-Jean Populot comme devant.

Alors voici ce qui se passera :

La *Lune rousse* et la *Petite Lune*, ça faisait deux journaux distincts : le premier à quatre sous, c'est-à-dire pour les braiseux ; et l'autre, celui-ci, à un rond, pour le peuple.

Eh bien, on veut que le peuple et les douillards se donnent la main, fraternisent, deviennent un seul et même public...

Pour ça, la *Lune rousse* et la *Petite Lune* vont être réunies en un seul et même journal qui ne coûtera que

Deux ronds,
Dix centimes,
Deux sous !

C'est-à-dire que pour deux sous vous aurez à la fois la *Lune* et la *P. L.* qui, séparément, vous auraient coûté cinq sous.

Voici comment ça se fera :

Une feuille. En première page le dessin de la *Lune rousse*. Deux pages de texte. Puis, à la quatrième page, le dessin de la *Petite Lune* avec son texte, où vous retrouverez vos aminches : Bibi, Martial, Cric, le loufoque du « Pour s'amuser, » et moi-même, quand j'aurai quelque chose de spécial à bonnir, mais seulement dans les grandes occases.

Et tout ça pour deux ronds. Deux ronds!

Qu'on se le dise !

Qu'on se le répète !

Du reste, puisque j'ai encore, pour finir l'année, un numéro à ma dispose, nous en reparlerons la semaine prochaine, et je répondrai aux explications que vous pourrez me demander par lettre d'ici-là.

Votre aminche,

Jean POPULOT

QU'ON SE LE TIENNE POUR DIT

~o~

Scie du Jour

Cherchant dans ma comprenette,
Afin d'en faire mon bio',
Un refrain de chansonnette
Qui fût bath et rigolo,
Je me creusais la cervelle,
Quand mon escoute entendit
Cette phrase officielle :
« Qu'on se le tienne pour dit! »

Un mari, qui pour un ange,
Tenait sa femme, dans un
Tête-à-tête fort étrange,
La pige avec un beau brun.
Mais la douce créature
A cet époux interdit
Clame : « Sortez! je suis pure...
Qu'on se le tienne pour dit! »

Un monsieur sent dans sa poche
Un filou glisser sa main.
Mais, comme il le lui reproche,
L'autre se dresse soudain
Et réplique : « Etes-vous bête!
Vous me croyez un bandit?
Plus que vous je suis honnête...
Qu'on se le tienne pour dit! »

Un banquier, pour une affaire,
Promet aux gens des ors fous .
Mais, lorsque l'actionnaire
Pense palper quelques sous :
« Hélas! l'affaire est mauvaise,
Dit-il. Faites-nous crédit
Cent ans encor... Nib de braise :
Qu'on se le tienne pour dit! »

Un mari part en voyage.
Après deux ans révolus,
Il revient; dans son ménage
Il voit trois gosses de plus.
Comme il crie à l'adultère,
Sa femme dit : « Mon petit,
Tu dois te croire leur père...
Qu'on se le tienne pour dit! »

Figaro, qui fit la nique
Aux « puissants de quatre jours »
Pourrait, même en République,
Rééditer ses discours.
Mais pour s'en prendre à la presse
Il faut être bien hardi ;
C'est une rude bougresse...
Qu'on se le tienne pour dit !

Bux.

ASILE ! ASILE !

On fait la nuit, dans Paris, bien des rencontres.

Ceux qu'on croise sont de deux sortes :

Il y a des gens qui passent et il y a des gens qui errent. Ceux qui ont un but et ceux qui n'en ont pas. Ceux qui vont quelque part, et ceux qui ne vont nulle part.

×

Les premiers, c'est des boulevardiers, des gommeux, des fils de famille.

Ils sortent des soirées, des théâtres, des cercles, des restaurants nocturnes. Souvent ils ont copieusement soupé, bu plus que de raison, et titubent, quelque peu ivres, ou chantonnent, gais seulement. Ils sont repus et satisfaits. D'un pas qui, s'il est lourd, n'est alourdi que par la plénitude, ils s'en vont chez eux ou chez leur maîtresse, trouver un bon lit, muni d'un édredon bien chaud et de rideaux protecteurs, derrière lesquels les attend le repos ou l'amour.

Ces gens-là, c'est les heureux, les classe-dirigeants, les jouisseurs.

×

De la seconde catégorie de noctambules autre est l'histoire.

Ceux-ci ont erré tout le jour, et de même ils errent la nuit. La fatigue rend pesante leur démarche, le sommeil brûle leurs pau-

pières. Ils vont sans savoir où, sinistres, écrasés, n'espérant rien, ne pensant plus. Ils ne rentreront pas chez eux, parce qu'ils n'ont pas de « chez eux »...

Ceux-ci, c'est les vagabonds.

×

Il n'y a pas que des hommes sans feu ni lieu. Il y a aussi des femmes.

Si tragique est le sort de ceux-là, combien plus navrante la destinée de celles-ci !

La misère pousse les hommes au suicide ou au crime ; et dans l'un de ces deux gouffres ils tombent avec quelque chose de grand, dans la fureur d'une résistance, après une lutte, en exhalant des blasphêmes de foudroyés, et laissant après eux de la terreur pour les lâches...

Mais les femmes ! hélas, pauvres êtres !

Devant le suicide leur chair faible frissonne; il est rare qu'elles s'y précipitent. Du crime, non plus, elles n'ont pas l'affreux courage, et c'est au vice mesquin et bas qu'elles sont livrées, — proies qu'il dévorera lentement par une succion de pieuvre...

Vagabondes de cette nuit, vous êtes les prostituées de la nuit prochaine !

×

A ces cruels maux, quel remède ? Il est simple, et déjà mainte fois ici même indiqué :

Ouvrir des asiles, des refuges, et beaucoup, et partout, et sans cesse, — afin qu'il ne soit pas dit que, quand les riches ont des palais, les pauvres gens ne savent où reposer leur tête !

Or, d'aucuns se préoccupent de ces choses. L'œuvre est commencée...

Deux asiles de nuit existent : un rue Tocqueville, pour les hommes; un autre, rue Saint-Jacques, pour les femmes et les enfants.

Ceux qui les ont fondés ont bien mérité du paupérisme.

Mais ce n'est pas assez, — ce n'est rien...

On ne saurait trop crier — et sans trêve je le crierai :

— Encore ! encore !...

×

Il faut des asiles, encore des asiles, et toujours des asiles !...

Et que nul, en s'y présentant, n'ait besoin de dire qui il est, d'où il vient, où il ira...

Mais qu'il lui suffise de dire :

— Je suis sans abri...

Pour qu'il lui soit sur-le-champ répondu :

« — Cette maison est vôtre : entrez et dormez en paix. »

MARTIAL.

VAUCORBEIL AU GRAND OP.

Ta nomination est saine
Vaucorbeil ! Car de l'Opéra
Tu vas reconstruire la scène...
Quand le bâtiment va, tout va!

L'AVENTURE D'OSCAR DURILLON

ROMAN NATURALISTE

I

(Suite)

Le restaurant d'où sortait Oscar était situé auprès des Halles.

Il traversa donc le grand brouhaha, le tumultueux va-et-vient du marché colossal chargé de sustenter le ventre de Paris. Il vit les approvisionnements énormes, journellement absorbés par le formidable appétit de la Ville-gloutonne ; les amoncellements de légumes, choux, poireaux, carottes, navets, trempés encore de gouttes de rosée campagnarde, et dont les couleurs végétales, éclatant dans la lumière du matin, mettaient de vives notes vertes, blanches, rouges, sur le gris sale des trottoirs ; les quartiers de viande, pendant à des crocs, et sous lesquels s'étendaient des mares de sang à demi caillé, exhalant une odeur de meurtre ; et les tas de poissons, où toutes les espèces marines, pêle-mêle jetées les unes sur les autres, répandaient autour d'elles une senteur à la fois nauséabonde et voluptueuse.

Oscar fut saisi au passage par cette atmosphère de mangeaille. Comme il avait passé la nuit entière dans l'absorption d'un seul mazagran, les atomes de nourriture respirés lui piquèrent le nez et la bouche, et il sentit sa muqueuse stomacale se recroqueviller en proie aux crampes de la faim.

Mais une bestialité plus forte l'entraînait. Il était talonné d'un désir plus brutal que celui de la mastication. Il pressa le pas, arriva à la pointe Saint-Eustache, grimpa rapidement la rue Montmartre, non encombrée à cette heure par le croisement des piétons et des voitures, et ne s'arrêta pour respirer qu'en débouchant sur le boulevard.

(La suite au prochain numéro.)

AU « CŒUR LÉGER »

Après avoir, d'un cœur léger,
Livré la France à l'étranger,
Tu n'avais à jouer qu'un rôle :
Faire le mort. Mais foutre non !
Autour de ton funeste nom
Faire du pet te semble d'ôle...
Au lieu de te voir oublier,
Tu veux nous entendre crier :

    Emile, Emile !
T'es vraiment pas habile !
Pour être maladroit,
    Sur mille,
    Emile,
Y en a pas deux comme toi !

CRIC.

POUR S'AMUSER

Concours de la Pipe, de la « Muse », et du Mirliton.

Zut ! il y a trop de devineurs... Si je laisse les solutions s'accumuler, je n'en finirai pas. Faut que je liquide la situasse. Je termine donc avant tout les *Pentecôte* et les *Ecumoire*.

Fin des « Pentecôte : » A. Perrichon. — Chô VII. — Pitt. — La Regina. — Ariste. — Un musicien en loge. — G. Néral. — Cabin et des Zances.

Ont deviné le n° 2 : Mourzouck. — Ch. de Tasseraut. — Un ébranlé de Chantenay. — P. Z. — E. Q. Moire. — Hein Malin. — Emile Milan. — Ariste. — J. Forestier. — G. B. Z. — 2 gadz' Arts d'Angers. — 50 he n. — R. zim I Roquoi. — V. L. — A. P — Fond de seille. — Les coupeurs bouchonniers. — Club champenois. — O. Van de Chestlinia. — K. tap l'Asthme. — Cop. A. U. — M. J. Daudelot. — Un barbouilleur. — L. France. — Druilhet. — Martin gale. — 2 turbineurs lyonnais. — E. G. Ri. — M. A. C. H. A. U. T. — H. Gounin. — Cabine et des Zance. — Large-inplâtre. — Un musicien en loge. — Nini Illiste. — Sékateur — Pipi. — L'abbé Mol. — Noiraud. — Un fait quand pouah. — Cél. Tasro. — Un soudeur lillois. — Henri Ladrix. — Chô VII. — Stripp Garry. — Le rapin de la rue Carnot. — Commission des courses de Nérac. — Et. Levallois. — G. Néral. — L' F. S. — Le frison. — Flamme de zinc...

La fin au prochain numéro !

Quant au n° 3, à huitaine également la solution et les solutionnistes. Mais qu'on ne m'envoie plus une lettre... ou aux goguenots.

GRAND BAZAR PARISIEN

PEAUX DE NUIT

A LA PORTÉE DE TOUTES LES BOURSES

CORRESPONDANCE

CABIN ET DES ZANCES. — Voir article de Populot. **P. L.** en train de se transformer, obligée de se borner à choses indispensables. D'ailleurs, pas assez rigoloche.

UN MODÈLE FEMELLE. — Dis donc, eh ! jeune gonzesse, tu sais : celui qui t'a appris la politesse t'a rien volé ta douille. Allons, un bécot, et la paix.

Le Gérant: Auguste de la BILLETTE.

Imp. du journal *La Petite Lune* : A. de la BILLETTE 5, rue Coq-Héron, 5.

N° 52   25 C^{es}

Bureaux : rue Coq-Héron, 5 — Dessins de GILL — Abonnem¹ : Paris, 8 fr. — Départ¹, 8 fr. 50

LA GRRRANDE NOUVELLE...

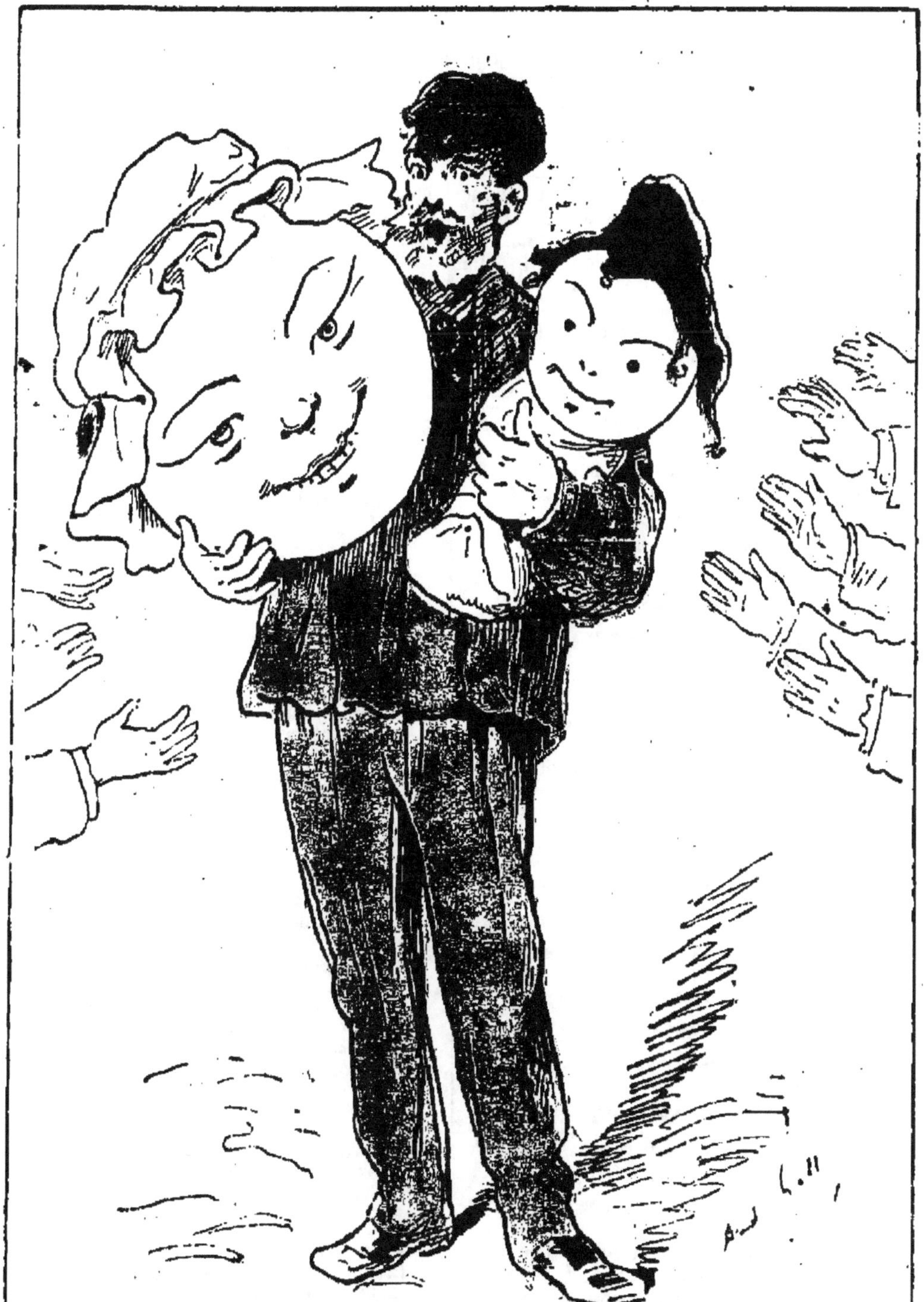

A partir de la semaine prochaine, L. R. et P. L. réunies : 10 centimes.

A deux sous, tout l' paquet :
Les bêt's noir's de Basile
Et du p'tit Badinguet !

POUR AVOIR L'HONNEUR DE VOUS REMERCIER

La P. L., par sa propre grâce et la volonté du public, organe des zigs, des bons bougres, des mariols et des chics pékins, à ses amés et féaux lecteurs, à tous, présents à venir, salut !... comme disaient les roys de France en argot officiel.

Ce numéro est le 52e et dernier de la P. L.

Quand je dis : *dernier*, entendons-nous !

C'est le dernier de la P. L., petit format, de la P. L., telle qu'elle a été jusqu'à ce jour, telle qu'elle est encore aujourd'hui ; le dernier de la P. L. distincte de sa grande sœur la *Lune Rousse*.

Car, — vous le savez, — Populot vous l'a bonni dimanche dernier — à partir de la semaine prochaine, la P. L. rentrera dans le giron de la *Lune Rousse*, et se pavanera, grandie, à la page quatre de ladite *Lune*...

En d'autres termes, la fusion des deux *lunes*, la grande et la petite, en une seule va s'opérer...

C'est-à-dire que l'éclat de *l'une* va s'ajouter à celui de *l'autre*... Lune...

Et qu'au firmament du canardisme parisien, dorénavant brillera une *Lune* unique, mais aussi étincelante — plus même — que les deux autres séparées.

Quant au prix, c'est ici que flamboie notre générosité, éblouissant tous les regards !

La *Lune Rousse* coûtait :

QUATRE SOUS

La P. L. coûtait :

UN SOU

QUATRE ET UN FONT CINQ.

La *Lune Rousse* et la P. L. devraient donc coûter

Vingt-cinq centimes...

Eh bien, non ! non ! ! non ! ! !

Ce prix serait au-dessus de la portée des bourses des pauvres bougres...

Ce serait un prix pour riches, pour braiseux, pour classe dirigeants...

Nous avons dit :

« La *Lune* sera populaire ou ne sera pas...

« Et elle sera ! »

C'est pourquoi — grâce aux plus grands sacrifices, à des sacrifices intenses, dont le succès nous rémunérera largement, ça, c'est sûr ! — nous avons décrété que

La *Lune Rousse* et la P. L.

RÉUNIES

ne coûteraient que

DIX CENTIMES

DEUX SOUS

DEUX RONDS LE NUMÉRO !

Prodige du bon marché ! dernier mot de l'économie !

La double *Lune* pour deux sous ! Jamais il n'aura fallu moins « éclairer » pour être *éclairé* autant... La lumière électrique est vaincue par la lumière lunaire !

Donc, qu'on se le dise, qu'on se le trompette :

C'est jeudi !

Jeudi !

Jeudi prochain !

que paraît le 1er numéro de la *Lune Rousse* et de *Petite Lune* réunies, à 10 centimes le numéro.

Vous y trouverez :

En première page, un dessin de Gill.

Aux pages deux et trois, le texte de la grande *Lune*, où étincelleront les vers de Clovis Hugues, le barde marseillais, avec des fantaisies, des nouvelles, d'autres vers, et la gazette à la main du clerc de la Lune.

Enfin, à la page quatre, la P. L., avec un nouveau dessin de Gill, les vers de Bibi, les articles de Martial, le *Pour s'amuser*... Il n'y a que Populot, qui se tire. Dame, c'est un ouvrier, il a de la famille ; faut qu'il aille à son turbin, cet homme !

Sur ce, il reste à la P. L., à remercier son bon bougre de public de la faveur immense qu'il lui a, pendant toute cette première année, témoignée...

Et, confiante dans l'avenir, sûre qu'il ne la lâchera pas dans sa nouvelle incarnation, elle lui crie, non pas :

— Adieu !

Mais :

— Au revoir ! A Jeudi ! A Jeudi prochain !

La P. L.

LE LITRE A DOUZE

Pour les rich's qu'ont l' palais blasé
Par les excès et par l'orgie,
Et d' qui l'estomac est usé,
C'est bon d'avaler d' l'eau rougie,
Ou du vin fade et délicat,
Comm' le Frontignan ou l'Muscat.
Mais les zigs poilus qu'ont un' blouse,
C' qui fait leur blot, c'est l' litre à douze !

Le vin douceâtre, je l' veux bien,
Ça fait du plaisir quand ça entre :
Mais, assurément, ça n' vaut rien
Pour vous foutre du cœur au ventre.
Pour rester d'aplomb d'vant un choc,
I' n'y a rien d' tel que l' vin du broc...
Les bons troupiers, si je n'me blouse,
Doivent aimer le litre à douze !

Il font conspuer ces méd'cins
Qui vous fout'nt des drogu's, des tisanes,
Sous prétext' de vous rendre sains :
Ces esculap's-là sont des ânes !
Contr' les maux les plus emmerdants,
Colique, angine, mal de dents,
Syphilis, coryza, grattouse,
I' n'y a rien d' tel que l' litre à douze !

Ne m'parlez pas d'un' gonzess' qui
Fait sa sucrée et devient blême
D'vant un p'tit verr' de riquiqui,
Et n'os' mêm' pas boire un cintième !
La vrai' femm' c'est cell' qu'a pas l' taf
D' licher du bleu, d' licher d' l'eau d'aff...
Bref, n'ayez jamais d'aut' épouse
Qu'un' dam' qui gob' le litre à douze !

BIBI.

LES ENFANTS

—

La cour d'assises de Poitiers vient de juger une affaire dont les détails sont à faire dresser les cheveux sur la tête.

Il s'agit d'une pauvre gosseline de deux ans et demi — *deux ans et demi !* — assassinée hideusement, après un long martyre, par sa marâtre.

La femme Guiot a vingt-sept ans.

Restée veuve, avec un petit garçon, un an après elle se remaria. Elle épousa Guiot, un fermier, veuf aussi, et ayant une petite fille, — la victime.

✕

La femme Guiot prit tout de suite en exécration la pauvre enfant et résolut de se débarrasser d'elle.

Elle se mit à la brutaliser, à la rouer de coups. Elle la renversait par terre, la piétinait avec acharnement...

En outre elle la laissait sans nourriture. L'enfant ne vivait que des bribes de pain et de viande dûes à la charité des voisins. Sa maigreur était effrayante...

✕

Cependant elle ne mourait pas assez vite au gré de la femme Guiot.

Atrocité sans nom : la mégère fit avaler à la petite martyre des *aiguilles*, des *épingles* et un *morceau de bois*, destinés à lui perforer les intestins... On devine quelles dûrent être les souffrances de la malheureuse petite !

✕

Comme son horrible agonie se prolongeait outre mesure, la monstrueuse marâtre, par une glaciale soirée, remplit un grand baquet d'eau froide, y plongea la petite, et, malgré ses hurlements de douleur, l'abandonna ainsi.

Quand elle revint, l'enfant était morte. Elle avait été gelée vive !

✕

Telle est l'épouvantable histoire qui s'est déroulée devant les jurés de Poitiers.

Ceux-ci n'ont pu trouver la moindre circonstance atténuante en faveur de la femme Guiot.

Et l'odieuse marâtre a été condamnée à mort.

La peine capitale ne me compte pas parmi ses partisans. Mais j'avoue que si jamais elle a été bien appliquée, c'est dans le cas présent.

Et je déclare que si, au moment où l'on arrêtait la femme Guiot, la foule furieuse s'était jetée sur elle, et l'avait écharpée et mise en lambeaux, ce n'est pas moi qui la pleurerais.

✕

Mais cette affaire douloureuse soulève une question grave :

La question des enfants.

Il est monstrueux que de malheureux petits êtres, sans défense, puissent être ainsi victimes de parents féroces.

A côté du principal coupable, que la loi atteint et frappe, il y a toujours ou presque toujours des complices qu'elle épargne.

Car, ces petits martyrs, on ne les martyrise pas en secret.

Leur agonie est publique.

Les autres membres de leur famille, les gens de la maison, les voisins savent qu'on tue ces pauvres petits...

Et ils n'interviennent pas...

Et ils ne dénoncent pas les bourreaux !

Je dis qu'il y a là complicité morale du crime.

Et, tant que la loi ne punira pas, et sévèrement, tous ceux qui, sachant qu'on assassine lentement un enfant, se taisent par lâcheté, indifférence ou bêtise, et ne préviennent pas la justice, il se perpétrera encore de ces abominables infanticides à petit feu comme celui commis par la femme Guiot.

—

Autre histoire, d'un tout autre genre, mais où reparaît la question du **Droit de l'Enfant,** — ce droit non proclamé encore légalement, et qui pourtant est le plus sacré de tous.

C'est l'histoire du comte Missiessy et de ses filles.

✕

Ce comte Missiessy est un espèce d'halluciné, un fanatique, un toqué de religion et de cléricalisme.

Il avait cinq filles.

Il s'est imaginé entendre des *voix*, des avertissements du ciel, lui enjoignant de consacrer ses filles à Dieu.

Il a donc fait entrer les trois aînées au couvent.

Restaient les deux cadettes.

Quand elles ont commencé à devenir grandes, il a manifesté l'intention de les cloîtrer également.

✕

Heureusement pour elles, ces jeunes filles ont leur mère.

Celle-ci, à qui on avait déjà pris trois enfants, voyant qu'on lui voulait enlever les deux dernières, s'est révoltée enfin...

Devant l'entêtement d'illuminé du comte, elle en a appelé aux tribunaux.

Les juges lui ont donné gain de cause, ou à peu près.

Bref, les deux filles cadettes de M. de Missiessy ont, grâce à l'énergie maternelle, échappé au Minotaure clérical dont leur père voulait qu'elles fussent la proie.

Le couvent n'a que trois victimes au lieu de cinq.

✕

Je n'ai aucun dessein de comparer le comte de Missiessy à la femme Guiot, entre cette monstrueuse femelle et cet homme, simplement exalté et atteint de monomanie religieuse, il n'y a aucun rapport.

Mais cette histoire montre une fois de plus l'abus de l'autorité paternelle.

Vouloir absolue cette autorité, c'est risquer de faire le malheur des enfants.

La loi, en cette circonstance, est intervenue, et s'est faite protectrice.

Mais, grâce à qui ?

Grâce à la mère.

Et si la comtesse de Missiessy était morte ? Probablement personne alors n'intervenait, et l'illuminé sacrifiait ses cadettes comme les autres.

✕

Tout ceci prouve qu'il y a lieu de ne pas laisser illimitée, et sans contrôle, l'autorité des parents...

Et de poser en face du droit du père le droit de l'enfant.

On doit surtout et avant tout, bien entendu, veiller à ce que des enfants ne puissent être ignoblement chourinés par de barbares marâtres.

Mais on doit aussi empêcher que des jeunes filles puissent être séquestrées par un père aux trois quarts fou, — pour la plus grande gloire de Dieu.

MARTIAL.

L'AVENTURE D'OSCAR DURILLON

—

ROMAN NATURALISTE

I

(Suite)

Tout le long des boulevards, une armée de travailleurs s'offrit aux yeux d'Oscar.

La toilette de Paris commençait. Il faut, chaque matin, débarbouiller, laver et décrasser ce Paris, qui passe ses nuits à se rouler dans les fanges de l'ivresse et les ordures de l'obscénité.

Les balayeurs, les balayeuses étaient donc là, occupés à nettoyer le sol, sali d'innombrables détritus. Ils balayaient d'un mouvement lent, rhythmé, régulier. Dans le grincement des crins des balais sur les pavés et sur l'asphalte, il y avait une espèce de musique énervante.

On aurait dit que quelqu'un jouait d'une immense crécelle, aux sons à la fois criards et plaintifs.

A chaque coup de balai, un grand tourbillon de poussière grise s'envolait, montait, puis, entrant dans la lumière du soleil levant devenait rousse et s'emplissait de paillettes d'or, puis continuait de monter, devenait toute rose et disparaissait enfin, en s'étaiant, dans le bleu du ciel.

Cependant sous des coups de balai nouveaux, des nouveaux tourbillons s'étaient élevés ; en sorte qu'il y avait, du pavé au ciel, une nappe ininterrompue de tremblante poussière, tour à tour grise, rousse, dorée, rose et azur...

Les balayeurs, hommes et femmes, poussaient les ordures contre les trottoirs en petits tas, où s'amalgamaient les mille et un résidus des nuits parisiennes : tessons, mégots, crottes de cheval, chiffons, rubans flétris, débris de victuailles, excréments, bouteilles cassées, morceaux de charognes.

Tout cela se coagulait, formait une pâte avec les crachats, les dégueulades liquides des ivrognes et l'eau boueuse des ruisseaux. Mais auprès de chaque tas un tombereau s'arrêtait. Un homme poussait une pelle en bois dans le cône d'ordures, l'enlevait, et donnant un vigoureux tour de reins, l'envoyait rejoindre les tas déjà ramassés, dans le tombereau d'où s'exhalait une odeur de boue et de putréfaction, et à travers les planches duquel suintait un liquide noir et fétide; quintessence de fange, extrait d'infection distillé par le tassement.

(La suite au prochain numéro.)

POUR S'AMUSER

—

Concours de la Pipe, de la Muse et du Mirliton.

N° 4

Charade

Mon premier produit mon dernier
Et l'on boulotte mon entier.

Fin (enfin !) *des* « *Ec imoires* » : Saint-Maur P. — Grenouillard. — Altho Broges. — La p tite Nini. — L. Randon. — D. C. D. — Gourdé. — L'artilleur d'Olivetta. — D. Modeste Gorenflot. — Pitt. — L'épaté de Vienne. — Boule de Sia n. — Bas de Cuir. — V. C. et P. T. — La Régina. — Prométhée. — Tige de Bottes. — Cartouche le Tabico-ci. — A. Laval. — Type-haut républicain. — M. Col-Vert. — Saint-Trobert. — A. Faure — A. Perrichon. — Marius Fabre. — F. Sirop. — Ab. Ruty. — P. Roquet. — Dranem. — Petit Lunard — Charles comme y marche en devin. — Franç isc. — Hop. — Un ébéniste. — 100 d'Arack. — Un flutard. — Fille de marbre. — T. Taclack. — La petite Nana. — A. Le Houx. — Un goret thée. — P. Tarade. — Mes Bottes. — Un Buryssien. — E. Robinet. — Aminches du comptoir Philibert. — Théos de Lyon. — Un Brignolais. — Client de la salle turque. — A. Ranssaurt. — Sam Hépatt. — Equipier du Restenplace. — Marie R. — C. H. — L'abbé Quille. — Sol Si Ut. — Tsoun-Chi e. — Lon Hill dé la Mariotte. — Champavert. — Tod en Kopf. — Mac-R. — Ririe Chanchaud. — Amer Picon. — S. P. Rhasss. — A. Héno. — C. Ladet. — Un homme du monde. — E. Guyon. — P. Habilla. — 3 En-long-laids. — Un patraqueur. — F. Rabelaisio. — Un gône. — P. Tenlair. — Ninche de la rue Baillet. — De Cisterne. — P. Trifler.

Solution du n° 3.

BA	SI	LE
SI	MÉ	ON
LÉ	ON	CE

Ont deviné : Un équipier du Restenplace. — Tsoun-Chin . — La Régina. — A. Laval. — E. Q. Moire. — E. Randon. — Goret Athée. — E. Guyon. — La petite Nini.

Voir la solution du n° 4 et les noms des devins dans le prochain numéro de la *Lune Rousse*. Prix : 10 centimes.

Le Gérant: Auguste de la BILLETTE.

Imp. du journal *La Petite Lune* : A. de la BILLETTE 5, rue Coq-Héron, 5.